경기도
공공기관
통합채용

모의고사 7회분

경기도
공공기관 통합채용
모의고사 7회분

초판 발행		2022년 3월 31일
개정판 발행		2023년 5월 4일

편 저 자	|	취업적성연구소
발 행 처	|	(주)서원각
등록번호	|	1999-1A-107호
주 소	|	경기도 고양시 일산서구 덕산로 88-45(가좌동)
대표번호	|	031-923-2051
팩 스	|	031-923-3815
교재문의	|	카카오톡 플러스 친구 [서원각]
홈페이지	|	www.goseowon.com

PREFACE

우리나라 기업들은 1960년대 이후 현재까지 비약적인 발전을 이루었다. 이렇게 급속한 성장을 이룰 수 있었던 배경에는 우리나라 국민들의 근면성 및 도전정신이 있었다. 그러나 빠르게 변화하는 세계 경제의 환경에 적응하기 위해서는 근면성과 도전정신 이외에 또 다른 성장 요인이 필요하다.

최근 많은 공사·공단에서는 기존의 직무 관련성에 대한 고려 없이 인·적성, 지식 중심으로 치러지던 필기전형을 탈피하고, 산업현장에서 직무를 수행하기 위해 요구되는 능력을 산업부문별·수준별로 체계화 및 표준화한 NCS를 기반으로 하여 채용공고 단계에서 제시되는 '직무 설명자료'에서 제시되는 직업기초능력과 직무수행능력을 측정하기 위한 직업기초능력평가, 직무수행능력평가 등을 도입하고 있다.

경기도 공공기관에서도 업무에 필요한 역량 및 책임감과 적응력 등을 구비한 인재를 선발하기 위하여 고유의 필기전형을 치르고 있다. 본서는 경기도 공공기관 채용대비를 위해 경기도 공공기관 필기전형의 출제경향을 철저히 분석하여 응시자들이 보다 쉽게 시험유형을 파악하고 효율적으로 대비할 수 있도록 NCS 직업기초능력평가 모의고사 7회분으로 구성하였다.

신념을 가지고 도전하는 사람은 반드시 그 꿈을 이룰 수 있습니다. 처음에 품은 신념과 열정이 취업 성공의 그 날까지 빛바래지 않도록 서원각이 수험생 여러분을 응원합니다.

STRUCTURE

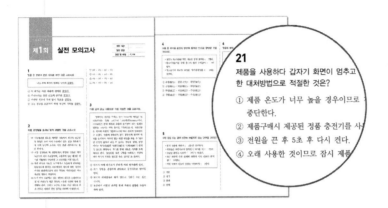

실전 모의고사

실전과 같은 문항수로 구성한 NCS 직업기초능력평가 7회분 모의고사로 최종점검이 가능하도록 하였습니다. 또한 상세한 해설을 통해 마지막 이론정리를 할 수 있습니다.

정답 및 해설

문제의 핵심을 꿰뚫는 명쾌하고 자세한 해설로 수험생들의 이해를 돕습니다.

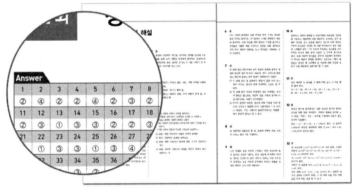

인성검사

인성검사의 개요와 인성검사의 유형으로 인성검사에 대비할 수 있습니다.

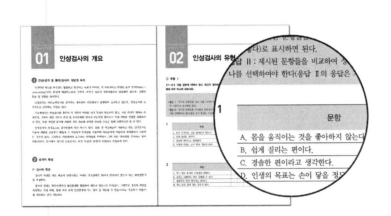

CONTENTS

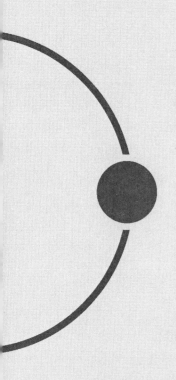

PART

I

경기도 공공기관
소개

기관소개

(1) '경기(京畿)'의 기원

경기라는 이름이 역사에 처음 등장한 것은 1018년(현종 8)이며 왕도인 개경의 외곽지역을 일컬어 '경기'라고 하면서부터이다. '경기제(京畿制)'는 당나라에서 도성 안을 경현, 밖을 기현으로 구분하여 다스렸던 데서 비롯되었으며 고려 성종 때 그 개념을 도입하였고 현종 때 공식적인 명칭으로 경기를 사용하였다.

경기의 기(畿)자를 나누어 보면 전(田;밭)과 과(戈;창), 즉 ① 도성의 관리를 위한 녹봉을 책임지는 곳, ② 도성 방어의 역할을 하는 곳이라는 의미임을 알 수 있다. 경기도를 기전(畿甸)지역이라고 하는데 전라도를 호남, 강원도를 관서·관동 등으로 부르는 것과 같은 맥락이다. 현재의 행정구역을 떠나 지역을 지칭할 때 적합한 개념으로 원래의 경기지역, 즉 인천, 강남(서울), 강화, 충청 일부를 포함하는 땅을 말한다.

(2) 기본현황

① 인구 ⋯ 13,970,000명

② 세대수 ⋯ 5,936,411세대

③ 위치 ⋯ 경기도는 동북아시아에 길게 뻗은 한반도의 서부중앙지역으로 동경 126°와 127°, 북위 36°와 38° 사이에 위치해 있으며, 경기도청의 위치는 동경 127° 0′도와 북위 37° 16′도에 위치해 있다.

④ 면적 ⋯ 경기도의 면적은 전 국토의 약 10%인 10,185㎢이며 북쪽으로는 86km의 휴전선에 서쪽으로는 332km의 해안선에 접해있으며, 동쪽으로는 강원도, 남쪽으로는 충청도와 인접해 있고 그 중앙에는 서울이 위치하고 있다.

⑤ 행정구역 ⋯ 28시, 3군, 17구, 38읍, 99면, 419동

(3) 슬로건

① 도정슬로건

 ㉠ 변화의 중심 : 대한민국의 변화를 선도

 ㉡ 기회의 경기 : 더 많은 기회, 더 고른 기회, 더 나은 기회

② 디자인 의미 … 경기도 민선 8기의 핵심 가치인 혁신·기회·통합을 시각적으로 표현한 슬로건이다. 유기적인 형태가 겹쳐지는 모습은 유연하고 합리적인 자세로 소통하는 경기도를 의미하며, 비대칭적으로 교차되는 모습은 경기도가 변화와 기회를 계속 완성해 나간다는 의미를 담고 있다. 부드러운 외곽 형태와 대비되는 강한 로고타입은, 대한민국의 중심이자 더 나은 미래를 위한 변화의 중심으로 책임있는 경기도의 자세를 나타낸다.

③ 도정 3대 비전
　㉠ 더 많은 기회 : 민간의 혁신과 성장을 뒷받침하는 도정
　㉡ 더 고른 기회 : 모두의 삶의 질을 높이는 도정
　㉢ 더 나은 기회 : 가치 있는 미래를 약속하는 도정

(4) 핵심가치

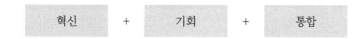

(5) 5대 기회

① 기회사다리 : 청년과 베이비부머에게 도약의 기회를

② 기회소득 : 사회적 기여에 정당한 보상을

③ 기회안전망 : 경제위기에 대응하는 촘촘한 사회안전망

④ 기회발전소 : 혁신성장과 미래산업 선도

⑤ 기회터전 : 사회적 가치의 확산, 품격 있고 즐거운 도민의 삶

(6) 경기도 상징물

① 도의 나무 … 은행나무
　은행나무의 웅대한 모습은 큰 번영을 뜻하며 양질의 목질과 과실을 맺고 신록과 단풍은 관상수로 손꼽힙니다.

② 도의 새 … 비둘기

인류의 영원한 평화를 상징하며 도민 평화를 통한 조국 평화통일의 염원을 담고 있습니다.

③ 도의 꽃 … 개나리

대량으로 도내에서 자생하며 번식이 용이하여 큰 번영을 뜻하고 친근, 명랑, 고귀한 빛을 나타냅니다.

(7) 경기도가 하는 일

① 함께 추진하는 일(고속철도 건설, 공항건설 등)

② 잘 할 수 있도록 도와주는 일(주민불편사항 해결 등)

③ 활동을 도와주는 일

④ 교통을 편리하게 하는 일

⑤ 하지 못하도록 감시하는 일

⑥ 하천을 보수하는 일

⑦ 119구조대의 응급구조활동

⑧ 문화재 관리

⑨ 일자리제공과 어려운 이웃을 도와주는 일

⑩ 불편을 느끼고 있는 것을 찾아서 개선하는 일

(8) 2023년 주요 업무 계획

① 더 많은 기회

㉠ 성장의 기회가 풍부한 경기

• 반도체, 미래차, 바이오, AI, 빅데이터 글로벌 첨단산업 육성

• 스마트 제조업, 스타트업 지원과 혁신성장 기반 마련

• 산업구조 변환에 대비한 인력양성 및 신산업·신기술 규제혁신

㉡ 주택, 교통이 유쾌한 경기

• 노후 신도시와 원도심의 조화로운 재정비

• 따뜻하고 안전한 보금자리 마련

• 수도권 광역 철도망 확충

• 새로운 도약을 준비하는 경기국제공항

• 교통혁신 · 교통복지 강화

© 문화, 예술, 여가가 일상이 되는 경기
- 예술인의 창작활동 지원
- K-콘텐츠 생태계 조성
- 생활 속에서 누리는 문화와 예술, 스포츠

② 더 고른 기회
  ㉠ 더불어 살아가는 복지 경기
  - 여성의 사회활동 지원과 돌봄의 공적기능 강화
  - 공익활동 노인 일자리 확대 추진과 건강한 노후생활 지원
  - 장애인 사회참여 활성화와 기회보장
  - 복지사각지대의 발굴과 취약계층 지원
  ㉡ 미래세대의 기회가 보장되는 경기
  - 청소년과 청년에게 꿈과 희망을 키우는 기회사다리 제공
  - 베이비부머의 재도약과 사회적 기여 지원
  - 지속가능한 사회를 만드는 인구정책
  ㉢ 북부에 변화와 평화의 기회를 만드는 경기
  - 경기 동·북부 균형발전 추진
  - 경기북부특별자치도 설치
  - 문화가 흐르고 매력이 넘치는 DMZ 조성

③ 더 나은 기회
  ㉠ 소통, 협치로 만드는 자치 경기
  - 협치를 통한 도정 운영과 도민의 참여 확대
  - 도민이 안심하는 안전한 생활환경 조성
  ㉡ 기후위기 대응으로 지속가능한 경기
  - 2050 탄소중립 정책 추진
  - 깨끗하고 쾌적한 생활환경 조성
  - 농어촌·농어민 지원과 안전한 먹거리 보장
  ㉢ 사회적 가치, 평등한 기회가 보장되는 경기
  - 사회적가치 확산으로 지속가능한 사회
  - 평등한 기회의 보장, 공공의 책임성 강화

(9) 최근 도 연혁

① 2018년

1.22 화성시 조례 제1313호로 "동탄면" 폐지, "동탄5동", "동탄6동", "새솔동(송산그린시티 동측지구)" 설치

② 2017년

ㄱ 12.26 수원시 조례 제3732호로 "영통1동", "영통2동", "태장동" 일부구역 조정 "영통3동" 설치

ㄴ 12.18 남양주시 조례 제1487호로 "도농동"을 "다산1동"으로 "지금동"을 "다산2동"으로 명칭변경

ㄷ 12.11 용인시 조례 제1736호로 "모현면"을 "모현읍"으로, "이동면"을 "이동읍"으로 승격

ㄹ 11.13 화성시 송산면 일원(송산그린시티, 동측지구) 공유수면 3,401,148㎡ 화성시 귀속결정(행정안전부 자치분권과-1414호)

ㅁ 9.29 용인시 모현읍, 이동읍 설치 승인(행정안전부 제2017-2호)

ㅂ 7.1 안산시 조례 제2070호로 상록구 "사1동"을 "사동"으로, "사2동"을 "사이동"으로, "사3동"을 "해양동"으로 명칭변경, 단원구 "고잔1동"을 "고잔동"으로, "고잔2동"을 "중앙동"으로, "원곡본동"을 분할 "원곡동"과 "신길동"설치, "원곡1동"과 "원곡2동"을 통합 "백운동" 설치

ㅅ 4.18 김포시 조례 제1388호로 "김포1동"을 "김포본동"으로 "김포2동"을 "장기본동"으로 명칭변경

ㅇ 4.3 의정부시 공고 제2017-524호로 흥선동 업무개시

③ 2016년

ㄱ 9.28 의정부시 조례 제2708호로 "가능2동" "가능3동" 통합 "흥선동" 설치

ㄴ 7.28 평택시 청북읍(행정자치부, 제2016-159호) 설치 승인 평택시 조례 제1360호로 "청북면"을 "청북읍"으로 승격

ㄷ 7.26 가평군 조례 제2558호로 "태봉2리"를 "원흥리"로, "하판리"를 "운악리"로 명칭변경

ㄹ 7.4 부천시 자치구가 아닌 구 3개 구(원미구, 소사구, 오정구) 폐지 승인(행정자치부, 2011. 11. 13.) 부천시 조례 제3034호(2015.12.30.)로 3개 구(원미구, 소사구, 오정구) 폐지

ㅁ 3.1 성남시 조례 제2962호(2016.2.17.)로 "서울특별시 송파구와 경기도 성남시, 하남시의 관할구역 변경에 관한 규정(대통령령 제26665호, 2015.11.26.)" 공포에 따른 성남시 구·동의 명칭 및 위치에 관한 구역확정

ㅂ 3.1 하남시 조례 제1347호(2016.2.)로 "서울특별시 송파구와 경기도 성남시, 하남시의 관할구역 변경에 관한 규정(대통령령 제26665호, 2015.11.26.)" 하남시 동의명칭 및 관할구역 확정

ㅅ 1.1 수원시 조례 제3448호로 "금호동"을 "금곡동"과 "호매실동"으로 분동

채용안내

(1) 기본응시자격

채용 공공기관별 자격요건에 따름

(2) 접수방법

① 경기도 통합 홈페이지(http://gg.saramin.co.kr) 접속 후 기관별 채용 홈페이지 이동 통한 개별 접수

② 각 기관별 중복지원 불가(하나의 기관만 지원 가능)

(3) 전형 일정

내용	일정	비고
시험공고	2023. 04. 13.(목) ~ 05. 03.(수)	
원서접수	2023. 04. 26.(수) ~ 05. 03.(수)	
필기시험	2023. 05. 20.(토)	※ 단, 필기시험 일정은 기관의 사정이나 코로나바이러스감염증-19 확산 추세 및 대응상황에 따라 변경될 수 있음. 필기시험 장소, 유의사항 등 세부사항은 2023. 05. 11.(목) 통합채용 홈페이지에 공지 예정
필기합격 발표	2023. 05. 31.(수)	
면접진행	2023. 6월중 (예정)	※ 기관별 일정에 따름
최종합격	2023. 6월 ~ 7월중 (예정)	※ 기관별 일정에 따름

※ 상기 모든 전형은 코로나19 감염병 확산 상황 등에 따라 변경될 수 있음

(4) 기관별 채용인원 및 시험과목

① 선발예정인원 ··· 총 24개 기관 139명

② 기관별 시험과목

※ 상세 내용은 기관별 채용 홈페이지 내 채용공고 참조

기관명	구분			공통(문항수)	전공(문항수)
경기 주택도시 공사	행정직 6급	노무사	경력	인성검사(210) NCS 직업기초능력평가 (50)	–
	행정직 6급	행정	신입		① 민법(20) ② 행정법(20)
		상경			① 경영학(20) ② 회계학(20)
		IT			① 인공지능론(20) ② 정보보호론(20)
	기술직 6급	건축			① 건축계획학(20) ② 건축시공학(20)
	공무직	운전/장애인	신입		–
경기 평택항만 공사	사무직 5급	기록물	경력	인성검사(210) NCS 직업기초능력평가 (50)	① 기록물관리학개론(20) ② 전자기록관리론(20)
	사무직 6급	행정/장애인	신입		① 경영학(20) ② 경제학(20)
	사무직 6급	행정/보훈			① 경영학(20) ② 경제학(20)
	기술직 6급	전산			① 전산론(40)
	기술직 6급	건축			① 건축공학(40)
경기 관광공사	사무직 7급	일반행정(관광)	신입	인성검사(210) NCS 직업기초능력평가 (50)	① 관광학(40)
	사무직 7급	일반행정(경영)	신입		① 경영학(40)
	공무직	일반행정 (경영지원)/장애인	신입		–

경기 연구원	관리직 5급	일반행정	경력	인성검사(210) NCS 직업기초능력평가 (50)	① 경영학(20) ② 행정학(20)
	무기 계약직 (연구원 가급)	도시계획분야	경력		
		교통분야			
		경제분야			
		문화관광분야			
		환경분야			
		사회분야			
		행정학분야			
경기 신용보증 재단	일반직(5급)	사무직	신입	인성검사(210) NCS 직업기초능력평가 (50)	① 경영학(20) ② 민·상법(20)
경기 문화재단	문화행정 6급	일반행정	신입	인성검사(210) NCS 직업기초능력평가 (50)	① 예술경영(20) ② 행정학(20)
		문화사업 및 기획			① 예술경영(20) ② 행정학(20)
	학예연구 6급	학술연구 및 전시·교육			① 박물관학(20) ② 교육학(20)
	운영직 6단계 (공무직)	시설원			① 안전관리론(20)
		안내·매표			① 고객관리실무(20)
		운영스텝			① 고객관리실무(20)
경기도 경제과학 진흥원	일반직 5급	일반행정	신입	인성검사(210) NCS 직업기초능력평가 (50)	-
경기 테크노파크	공무직	사무보조	신입	인성검사(210) NCS 직업기초능력평가 (50)	-

기관	직급	분야	구분	시험과목	선택과목
경기도 농수산 진흥원	일반 9급	일반행정	신입	인성검사(210) NCS 직업기초능력평가 (50)	① 경영학(20) ② 행정학(20)
		일반행정(보훈)			① 경영학(20) ② 행정학(20)
		일반행정(장애인)			① 경영학(20) ② 행정학(20)
		전산			① 정보시스템일반(20) ② 정보보호론(20)
	무기계약직	사무보조(보훈)			−
		사무보조(장애인)			−
경기도 의료원	행정직 8급	일반행정	신입	인성검사(210) NCS 직업기초능력평가 (50)	① 보건행정학(20)
	행정직 8급	전산	신입		① 컴퓨터일반(20)
경기 복지재단	사무직 8급	일반행정(정보보안, 홈페이지 관리, 홍보 및 일반행정)	경력	인성검사(210) NCS 직업기초능력평가 (50)	① 정보보호학(20), 행정학(20) 중 택1
경기도 평생교육 진흥원	관리전문직 7급	사업운영 및 일반행정	신입	인성검사(210) NCS 직업기초능력평가 (50)	① 교육학(20) ② 행정학(20)
	공무직 라급	교육운영	경력		−
경기도 일자리 재단	공무직	직업상담	경력	인성검사(210) NCS 직업기초능력평가 (50)	① 직업상담학(20) ② 직업정보론(20)
		비서			−
	일반직 7급	일반행정	신입		① 경영학(40)
차세대 융합기술 연구원	일반직(원급)	일반행정	신입	인성검사(210) NCS 직업기초능력평가 (50)	−

				인성검사(210)	
경기도 시장상권 진흥원	일반직 5급	일반행정	신입	NCS 직업기초능력평가 (50)	① 경영학(40)
경기도 사회 서비스원	일반행정 6급	일반행정	신입	인성검사(210) NCS 직업기초능력평가 (50)	① 사회복지학(20)
	공무직	돌봄직			① 사회복지학(20)
		요양서비스직			–
경기 환경에너지 진흥원	일반직 2급	일반직 (업사이클플라자)	경력	인성검사(210) NCS 직업기초능력평가 (50)	–
	일반직 3급	일반직(경영기획)			① 경영학(20)
	일반직 3급	일반직(재무회계)			① 회계학(20)

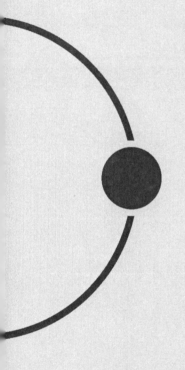

PART

II

실전 모의고사

제1회 실전 모의고사

제한 시간	
맞힌 문항	
정답 및 해설	P.174

1

밑줄 친 부분과 같은 의미로 쓰인 것을 고르시오.

> 나는 우리 회사의 장래를 너에게 걸었다.

① 이 작가는 이번 작품에 생애를 걸었다.
② 우리나라는 첨단 산업에 승부를 걸었다.
③ 마지막 전투에 주저 없이 목숨을 걸었다.
④ 그는 친구를 보호하기 위해 자신의 직위를 걸었다.

2

다음 문장들을 순서에 맞게 배열한 것을 고르시오.

> (가) 사유재산권 제도를 채택한 사회에서 재산의 신규취득 유형은 누가 이미 소유하고 있는 것을 취득하거나 아직 누구의 소유도 아닌 것을 취득하거나 둘 중 하나다.
> (나) 시장 경제에서 매 생산단계의 투입과 산출은 각각 누군가의 사적 소유물이며, 소유주가 있는 재산은 대가를 지불하고 구입하면 그 소유권을 이전 받는다.
> (다) 사적 취득의 자유를 누구에게나 동등하게 허용하는 동등자유의 원칙은 사유재산권 제도에 대한 국민적 지지의 출발점으로서 신규 취득의 기회균등은 사유재산권 제도의 핵심이다.
> (라) 누가 이미 소유하고 있는 재산의 취득을 인정받으려면 원 소유주가 해당 재산의 소유권 이전에 대해 동의해야 한다. 그리고 누구의 소유도 아닌 재산의 최초 취득은 사회가 정한 절차를 따라야 인정받는다.

① (가) – (다) – (라) – (나)
② (다) – (가) – (나) – (라)
③ (다) – (라) – (가) – (나)
④ (다) – (가) – (라) – (나)

3

다음 글의 중심 내용으로 가장 적절한 것을 고르시오.

> 영어에서 위기를 뜻하는 단어 'crisis'의 어원은 '분리하다'라는 뜻의 그리스어 '크리네인(Krinein)'이다. 크리네인은 본래 회복과 죽음의 분기점이 되는 병세의 변화를 가리키는 의학 용어로 사용되었는데, 서양인들은 위기에 어떻게 대응하느냐에 따라 결과가 달라진다고 보았다. 상황에 위축되지 않고 침착하게 위기의 원인을 분석하여 사리에 맞는 해결 방안을 찾을 수 있다면 긍정적 결과가 나올 수 있다는 것이다. 한편, 동양에서는 위기(危機)를 '위험(危險)'과 '기회(機會)'가 합쳐진 것으로 해석하여, 위기를 통해 새로운 기회를 모색하라고 한다. 동양인들 또한 상황을 바라보는 관점에 따라 위기가 기회로 변모될 수도 있다고 본 것이다.

① 위기가 아예 다가오지 못하게 미리 대처해야 한다.
② 위기 상황을 냉정하게 판단하고 긍정적으로 받아들인다.
③ 위기가 지나갔다고 해서 반드시 기회가 오는 것은 아니다.
④ 욕심에서 비롯된 위기를 통해 자신의 상황을 되돌아봐야 한다.

4

다음 중 제시된 문장의 빈칸에 들어갈 단어로 알맞은 것을 고르시오.

- 정부는 저소득층을 위한 새로운 경제 정책을 (　)했다.
- 불우이웃돕기를 통해 총 1억 원의 수익금이 (　)되었다.
- 청소년기의 중요한 과업은 자아정체성을 (　)하는 것이다.

① 수립(樹立) – 정립(正立) – 확립(確立)
② 수립(樹立) – 적립(積立) – 확립(確立)
③ 확립(確立) – 적립(積立) – 수립(樹立)
④ 기립(起立) – 적립(積立) – 수립(樹立)

5

다음 문장 또는 글의 빈칸에 어울리지 않는 단어를 고르면?

- 돈의 사용에 대해서 (　)을/를 달리한다.
- 학생들은 과학자보다 연예인이 되기를 더 (　)한다.
- 오늘날 흡연은 사회적 (　)이/가 되었다.
- 최근 북한의 인권 문제에 대하여 미국 의회가 문제를 (　)하였다.
- 직장 내에서 갈등의 양상은 다양하게 (　)된다.

① 선호
② 제기
③ 견해
④ 전제

6

윗글로 보아 다음의 ⓐ에 대한 판단으로 타당한 것은?

한 개발 업체가 어느 지역의 자연 환경을 개발하여 놀이동산을 건설하려고 한다. 해당 지역 주민들은 자연 환경의 가치를 중시하여 놀이동산의 건설에 반대하는 사람들과 지역 경제 활성화를 중시하여 찬성하는 사람들로 갈리어 있다. 그래서 개발 업체와 지역 주민들은 ⓐ놀이동산으로부터 장기간 파급될 지역 경제 활성화의 이익을 추정하고, 이를 현재 가치로 환산한 값을 계산해 보기로 하였다.

① 사업의 전망이 불확실하다고 판단하는 주민들은 낮은 할인율을 적용할 것이다.
② 후손을 위한 환경의 가치를 중시하는 주민들은 높은 할인율을 적용할 것이다.
③ 개발 업체는 놀이동산 개발의 당위성을 확보하기 위해 높은 할인율을 적용할 것이다.
④ 놀이동산이 소득 증진의 좋은 기회라고 생각하는 주민들은 높은 할인율을 적용할 것이다.

7

다음 글에 나타난 '플로티노스'의 견해와 일치하는 것은?

여기에 대리석 두 개가 있다고 가정해 보자. 하나는 거칠게 깎아낸 그대로이며, 다른 하나는 조각술에 의해 석상으로 만들어져 있다. 플로티노스에 따르면 석상이 아름다운 이유는, 그것이 돌이기 때문이 아니라 조각술을 통해 거기에 부여된 '형상' 때문이다. 형상은 그 자체만으로는 질서가 없는 질료에 질서를 부여하고, 그것을 하나로 통합하는 원리이다.

형상은 돌이라는 질료가 원래 소유하고 있던 것이 아니며, 돌이 찾아오기 전부터 돌을 깎는 장인의 안에 존재하던 것이다. 장인 속에 있는 이 형상을 플로티노스는 '내적 형상'이라 부른다. 내적 형상은 장인에 의해 돌에 옮겨지고, 이로써 돌은 아름다운 석상이 된다. 그러나 내적 형상이 곧 물체에 옮겨진 형상과 동일한 것은 아니다. 플로티노스는 내적 형상이 '돌이 조각술에 굴복하는 정도'에 응해서 석상 속에 내재하게 된다고 보았다.

그렇다면 우리가 어떤 석상을 '아름답다'고 느낄 때는 어떠한 일이 일어날까? 플로티노스는 우리가 물체 속의 형상을 인지하고, 이로부터 질료와 같은 부수적 성질을 버린 후 내적 형상으로 다시 환원할 때, 이 물체를 '아름답다'고 간주한다고 보았다. 즉, 내적 형상은 장인에 의해 '물체 속의 형상'으로 구현되고, 감상자는 물체 속의 형상으로부터 내적 형상을 복원함으로써 아름다움을 느끼는 것이다.

---

① 장인의 조각술은 질료에 내재되어 있던 '형상'이 밖으로 표출되도록 도와주는 역할을 한다.

② 물체에 옮겨진 '형상'은 '내적 형상'과 동일할 수 없으므로 질료 자체의 질서와 아름다움에 주목해야 한다.

③ 동일한 '내적 형상'도 '돌이 조각술에 굴복하는 정도'에 따라 서로 다른 '형상'의 조각상으로 나타날 수 있다.

④ 자연 그대로의 돌덩어리라 할지라도 감상자가 돌덩어리의 '내적 형상'을 복원해 낸다면 '아름답다'고 느낄 수 있다.

8

다음을 읽고, 빈칸에 들어갈 내용으로 가장 알맞은 것을 고르면?

우리 민족은 반만년의 역사만큼이나 오랜 문화적 전통을 지니고 있다. 현재까지 남아 있는 문화재들은 찬란한 우리 문화의 일면을 잘 보여 준다. 그리고 그동안 숱한 전란을 겪으면서 많은 문화재가 소실되거나 파괴되었다. 이러한 우리 문화의 현실은 관광 산업을 위축시키는 한 요인으로 작용하기도 한다. 외국 관광객들이 우리나라를 방문했을 때, 볼만한 문화재가 없다면 관광의 욕구가 충족되지 못할 것은 자명하기 때문이다. 따라서 _____

---

① 다양한 문화 관광시설을 설립하여야 한다.

② 문화재 복원을 통해 관광 산업을 활성화시키도록 해야 한다.

③ 외국의 관광객들이 익숙할만한 외국의 관광시설을 본받아야 한다.

④ 한국을 찾아온 외국인 관광객들에게 친절하게 대해야 한다.

정부나 기업이 사업에 투자할 때에는 현재에 투입될 비용과 미래에 발생할 이익을 비교하여 사업의 타당성을 진단한다. 이 경우 물가 상승, 투자 기회, 불확실성을 포함하는 할인의 요인을 고려하여 미래의 가치를 현재의 가치로 환산한 후, 비용과 이익을 공정하게 비교해야 한다. 이러한 환산을 가능케 해 주는 개념이 할인율이다. 할인율은 이자율과 유사하지만 역으로 적용되는 개념이라고 생각하면 된다. 현재의 이자율이 연 10%라면 올해의 10억 원은 내년에는 (1+0.1)을 곱한 11억 원이 되듯이, 할인율이 연 10%라면 내년의 11억 원의 현재 가치는 (1+0.1)로 나눈 10억 원이 된다.

공공사업의 타당성을 진단할 때에는 대개 미래 세대까지 고려하는 공적 차원의 할인율을 적용하는데, 이를 사회적 할인율이라고 한다. 사회적 할인율은 사회 구성원이 느끼는 할인의 요인을 정확하게 파악하여 결정하는 것이 바람직하나, 이것은 현실적으로 매우 어렵다. 그래서 시장 이자율이나 민간 자본의 수익률을 사회적 할인율로 적용하자는 주장이 제기된다.

시장 이자율은 저축과 대출을 통한 자본의 공급과 수요에 의해 결정되는 값이다. 저축을 하는 사람들은 원금을 시장 이자율에 의해 미래에 더 큰 금액으로 불릴 수 있고, 대출을 받는 사람들은 시장 이자율만큼 대출금에 대한 비용을 지불한다. 이때의 시장 이자율은 미래의 금액을 현재 가치로 환산할 때의 할인율로도 적용할 수 있으므로, 이를 사회적 할인율로 간주하자는 주장이 제기되는 것이다. 한편 민간 자본의 수익률을 사회적 할인율로 적용하자는 주장은, 사회 전체적인 차원에서 공공사업에 투입될 자본이 민간 부문에서 이용될 수도 있으므로, 공공사업에 대해서도 민간 부문에서만큼 높은 수익률을 요구해야 한다는 것이다.

그러나 시장 이자율이나 민간 자본의 수익률을 사회적 할인율로 적용하자는 주장은 수용하기 어려운 점이 있다. 우선 ㉠공공 부문의 수익률이 민간 부문만큼 높다면, 민간 투자가 가능한 부문에 굳이 정부가 투자할 필요가 있는가 하는 문제가 제기될 수 있다. 더욱 중요한 것은 시장 이자율이나 민간 자본의 수익률이, 비교적 단기적으로 실현되는 사적 이익을 추구하는 자본 시장에서 결정된다는 점이다. 반면에 사회적 할인율이 적용되는 공공사업은 일반적으로 그 이익이 장기간에 걸쳐 서서히 나타난다. 이러한 점에서 공공사업은 미래 세대를 배려하는 지속 가능한 발전의 이념을 반영한다. 만일 사회적 할인율이 시장 이자율이나 민간 자본의 수익률처럼 높게 적용된다면, 미래 세대의 이익이 저평가되는 셈이다. 그러므로 사회적 할인율은 미래 세대를 배려하는 공익적 차원에서 결정되는 것이 바람직하다.

9

㉠이 전제하고 있는 것은?

① 민간 투자도 공익성을 고려해서 이루어져야 한다.

② 정부는 공공 부문에서 민간 투자를 선도하는 역할을 해야 한다.

③ 공공 투자와 민간 투자는 동등한 투자 기회를 갖는 것이 바람직하다.

④ 정부는 민간 기업이 낮은 수익률로 인해 투자하기 어려운 공공 부문을 보완해야 한다.

10

윗글의 글쓴이가 상정하고 있는 핵심적인 질문으로 가장 적절한 것은?

① 시장 이자율과 사회적 할인율은 어떻게 관련되는가?

② 자본 시장에서 미래 세대의 몫을 어떻게 고려해야 하는가?

③ 사회적 할인율이 민간 자본의 수익률에 어떤 영향을 미치는가?

④ 공공사업에 적용되는 사회적 할인율은 어떤 수준에서 결정되어야 하는가?

11

다음에 나열된 숫자의 규칙을 찾아 빈칸에 들어가기 적절한 수를 고르시오.

| 78 86 92 94 98 106 ( ) |

① 110
② 112
③ 114
④ 116

12

입구부터 출구까지의 총 길이가 840m인 터널을 열차가 초속 50m의 속도로 달려 열차가 완전히 통과할 때까지 걸린 시간이 25초라고 할 때, 이보다 긴 1,400m의 터널을 동일한 열차가 동일한 속도로 완전히 통과하는 데 걸리는 시간은 얼마인가?

① 34.5초
② 35.4초
③ 36.2초
④ 36.8초

13

어떤 네 자리수가 있다. 백의 자리 숫자에서 1을 빼면 십의 자리 숫자와 같게 되고, 십의 자리 숫자의 2배가 일의 자리 숫자와 같다. 또, 이 네 자리수의 네 숫자를 순서가 반대가 되도록 배열하여 얻은 수에 원래의 수를 더하면 8778이 된다. 이 숫자의 각 자리수를 모두 더한 값은 얼마인가?

① 15
② 16
③ 17
④ 18

14

수레 A와 B에는 각각 백과사전과 국어사전이 같은 개수만큼 실려 있다. 백과사전과 국어사전 무게의 비는 3 : 2이다. 백과사전을 실은 수레가 너무 무거워서 백과사전 10권을 수레 B로 옮겼더니 두 수레에 실린 책의 무게가 같아졌을 때, 처음 수레에 실려 있던 백과사전은 총 몇 권인가?

① 50권
② 55권
③ 60권
④ 65권

15

다음 표는 각국의 연구비에 대한 부담원과 사용 조직을 제시한 것이다. 알맞은 것은?

(단위 : 억 엔)

부담원	사용 조직	일본	미국	독일	프랑스	영국
정부	정부	8,827	33,400	6,590	7,227	4,278
	산업	1,028	71,300	4,526	3,646	3,888
	대학	10,921	28,860	7,115	4,424	4,222
산업	정부	707	0	393	52	472
	산업	81,161	145,000	34,771	11,867	16,799
	대학	458	2,300	575	58	322

① 독일 정부가 부담하는 연구비는 미국 정부가 부담하는 연구비의 약 반이다.
② 정부부담 연구비 중에서 산업의 사용 비율이 가장 높은 것은 프랑스이다.
③ 산업이 부담하는 연구비를 산업 자신이 사용하는 비율이 가장 높은 것은 프랑스이다.
④ 미국의 대학이 사용하는 연구비는 일본의 대학이 사용하는 연구비의 약 두 배이다.

16

다음 〈표〉는 콩 교역에 관한 자료이다. 이 자료에 대한 설명으로 옳지 않은 것은?

(단위 : 만 톤)

순위	수출국	수출량	수입국	수입량
1	미국	3,102	중국	1,819
2	브라질	1,989	네덜란드	544
3	아르헨티나	871	일본	517
4	파라과이	173	독일	452
5	네덜란드	156	멕시코	418
6	캐나다	87	스페인	310
7	중국	27	대만	169
8	인도	24	벨기에	152
9	우루과이	18	한국	151
10	볼리비아	12	이탈리아	144

① 이탈리아 수입량은 볼리비아 수출량의 12배이다.

② 수출량과 수입량 모두 상위 10위에 들어있는 국가는 네덜란드뿐이다.

③ 캐나다의 콩 수출량은 중국, 인도, 우루과이, 볼리비아 수출량을 합친 것보다 많다.

④ 수출국 1위와 10위의 수출량은 약 250배 이상 차이 난다.

▌17~18▐ 다음 표는 법령에 근거한 신고자 보상금 지급기준과 신고자별 보상대상가액 사례이다. 물음에 답하시오.

〈표 1〉 신고자 보상금 지급기준

보상대상가액	지급기준
1억 원 이하	보상대상가액의 10 %
1억 원 초과 5억 원 이하	1천만 원 + 1억 원 초과금액의 7 %
5억 원 초과 20억 원 이하	3천8백만 원 + 5억 원 초과금액의 5 %
20억 원 초과 40억 원 이하	1억1천3백만 원 + 20억 원 초과금액의 3 %
40억 원 초과	1억7천3백만 원 + 40억 원 초과금액의 2 %

※ 보상금 지급은 보상대상가액의 총액을 기준으로 함

※ 공직자가 자기 직무와 관련하여 신고한 경우에는 보상금의 100분의 50 범위 안에서 감액할 수 있음

〈표 2〉 신고자별 보상대상가액 사례

신고자	공직자 여부	보상대상가액
A	예	8억 원
B	예	21억 원
C	예	4억 원
D	아니요	6억 원
E	아니요	2억 원

17

다음 설명 중 옳은 것을 모두 고르면?

> ⊙ A가 받을 수 있는 최대보상금액은 E가 받을 수 있는 최대보상금액의 3배 이상이다.
>
> ⓒ B가 받을 수 있는 최대보상금액과 최소보상금액의 차이는 6,000만 원 이상이다.
>
> ⓒ C가 받을 수 있는 보상금액이 5명의 신고자 가운데 가장 적을 수 있다.
>
> ⓔ B가 받을 수 있는 최대보상금액은 다른 4명의 신고자가 받을 수 있는 최소보상금액의 합계보다 적다.

① ⊙, ⓒ

② ⊙, ⓒ

③ ⊙, ⓔ

④ ⓒ, ⓒ

18

올해부터 공직자 감면액을 30%로 인하한다고 할 때 B의 최소보상금액은 기존과 비교하여 얼마나 증가하는가?

① 2,218만 원

② 2,220만 원

③ 2,320만 원

④ 2,325만 원

19

A, B, C 직업을 가진 부모 세대 각각 200명, 300명, 400명을 대상으로 자녀도 동일 직업을 갖는지 여부를 물은 설문조사 결과가 다음과 같았다. 다음 조사 결과를 올바르게 해석한 설명을 〈보기〉에서 모두 고른 것은 어느 것인가?

〈세대 간의 직업 이전 비율〉

(단위 : %)

자녀 직업 부모 직업	A	B	C	기타
A	35	20	40	5
B	25	25	35	15
C	25	40	25	10

* 한 가구 내에서 부모의 직업은 따로 구분하지 않으며, 모든 자녀의 수는 부모 당 1명이라고 가정한다.

> ─ 〈보기〉 ─
>
> ㈎ 부모와 동일한 직업을 갖는 자녀의 수는 C직업이 A직업보다 많다.
>
> ㈏ 부모의 직업과 다른 직업을 갖는 자녀의 비중은 B와 C직업이 동일하다.
>
> ㈐ 응답자의 자녀 중 A직업을 가진 사람은 B직업을 가진 사람보다 더 많다.
>
> ㈑ 기타 직업을 가진 자녀의 수는 B직업을 가진 부모가 가장 많다.

① ㈏, ㈐, ㈑

② ㈎, ㈏, ㈑

③ ㈎, ㈐, ㈑

④ ㈎, ㈏, ㈐

20

다음 〈표〉는 5종류의 작물의 재배 특성에 관한 자료이다. 이에 따를 때 〈보기〉에서 적절하지 않은 것을 모두 고르면? (단, 모든 재배 결과는 항상 〈표〉의 특성을 따름)

〈표〉 작물의 재배 특성

재배 특성 \ 작물	A	B	C	D	E
1m²당 파종 씨앗 수(개)	60	80	50	25	50
발아율(%)	25	25	20	20	16
1m²당 연간 수확물(개)	40	100	30	10	20
수확물 개당 무게(g)	20	15	30	60	50

* 발아율(%) = $\dfrac{\text{발아한 씨앗 수}}{\text{파종 씨앗 수}} \times 100$
* 연간 수확물(개) = 1m²당 연간 수확물(개) × 재배면적(m²)

〈보기〉

㉠ 20m²의 밭에 C의 씨앗을 파종할 때, 발아한 씨앗 수는 200개이다.

㉡ 100m²의 밭 전체 면적을 1/5씩 나누어 서로 다른 작물의 씨앗을 각각 파종하면, 밭 전체 연간 수확물의 총무게는 94kg 이하이다.

㉢ 5종류의 작물을 각각 연간 3kg씩 수확하기 위해 필요한 밭의 총면적은 16m²보다 작다.

① ㉠

② ㉡

③ ㉢

④ ㉡, ㉢

┃21~22┃ 다음은 테블릿 PC의 사용설명서이다. 이를 보고 물음에 답하시오.

[고장이라고 생각하기 전에]	
이런 증상일 때는?	이렇게 확인하세요.
제품 사용 중 입력이 되지 않거나 화면이 멈추고 꺼질 때	잠금/전원 버튼을 8초 이상 누를 경우 자동 전원 리셋되며, 작동하지 않을 경우 15초 이상 누르면 전원이 꺼집니다. 제품의 전원을 끈 후 다시 켤 때는 약 5초 정도 경과 후 켜 주세요. 그래도 변함이 없다면 배터리를 충분히 충전시킨 후 사용해 보거나 고객상담실로 문의 후 가까운 서비스센터에서 제품확인을 받으세요.
제품에서 열이 날 때	게임, 인터넷 등을 오래 사용하면 열이 발생할 수도 있습니다. 제품의 수명과 성능에는 영향이 없습니다.
충전 중 터치 오작동 또는 동작 안 할 때	미 인증 충전기 사용 시 발생할 수 있습니다. 제품 구매 시 제공된 충전기를 사용하세요.
배터리가 충분히 남았는데 제품이 켜지지 않을 때	고객상담실로 문의 후 가까운 서비스센터에서 제품 확인을 받으세요.
제품에 있는 데이터가 지워졌을 때	제품 재설정, 고장 등으로 인해 데이터가 손상된 경우에 백업한 데이터가 없으면 복원할 수 없습니다. 이를 대비하여 미리 데이터를 백업하세요. 제조업체는 데이터 유실에 대한 피해를 책임지지 않으니 주의하세요.
사진을 찍으려는데 화면이 깨끗하지 않을 때	카메라 렌즈에 이물질이 묻어 있을 수 있으니 부드러운 천으로 깨끗이 닦은 후, 사용해 보세요.
사용 중 화면이 어두워질 때	제품 온도가 너무 높거나, 배터리 레벨이 낮아지면 사용자 안전과 절전을 위해 화면 밝기가 제한될 수 있습니다. 제품 사용을 잠시 중단하고 배터리 충전 후 재사용 해 주시기 바랍니다.

사진/동영상, 멀티미디어 콘텐츠가 재생되지 않을 때	부가 서비스 업체에서 공식 제공된 콘텐츠를 지원합니다. 그 외 인터넷을 통해 유포되는 콘텐츠(동영상, 배경화면 등)는 재생되지 않을 수 있습니다.
충전전류 약함 현상 알림 문구가 뜰 때	USB케이블로 PC와 제품을 연결해서 충전을 하는 경우 또는 비정품 충전기로 충전을 하는 경우 전류량이 낮아 충전이 늦어질 수 있어 충전 지연 현상 알림 문구가 표시됩니다. 제품 구매 시 제공된 정품 충전기로 충전하세요. 정품 충전기 사용 시 충전 지연 현상 알림 문구는 표시되지 않습니다.

21

제품을 사용하다 갑자기 화면이 멈추고 꺼질 경우 이에 대한 대처방법으로 적절한 것은?

① 제품 온도가 너무 높을 경우이므로 제품사용을 잠시 중단한다.
② 제품구매시 제공된 정품 충전기를 사용하여 충전한다.
③ 전원을 끈 후 5초 후 다시 켠다.
④ 오래 사용한 것이므로 잠시 제품사용을 중단한다.

22

배터리가 충분히 남아있는데도 불구하고 전원이 켜지지 않을 경우 이에 대한 대처방법으로 적절한 것은?

① 고객상담실로 문의 후 가까운 서비스센터를 방문한다.
② 정품 충전기를 사용하여 다시 충전을 한다.
③ 전원버튼을 8초 이상 눌러 리셋을 시킨다.
④ 전원버튼을 15초 이상 눌러 완전히 전원을 끈 후 다시 켠다.

│23~24│ 다음은 광파오븐기의 사용설명서에 나타난 조치사항에] 대한 내용이다. 물음에 답하시오.

고장신고 전에 확인하세요.
제품 사용 중 아래의 증상이 나타나면 다시 한 번 확인해 주세요. 고장이 아닐 수 있습니다.

증상	조치방법
진행표시부에 불이 들어오지 않아요	절전 기능이 설정되어 있습니다. 제품 문을 열거나 취소 버튼을 누른 후 사용하세요. 220볼트 콘센트에 꽂혀 있는지 확인하세요.
실내 조리등이 꺼져요	절전 기능이 설정되어 있습니다. 제품 문을 열거나 취소 버튼을 누른 후 사용하세요.
버튼을 눌러도 작동되지 않아요.	제품 문에 덮개 등 이물질이 끼어 있는지 확인한 후 제품 문을 잘 닫고 눌러 보세요. 혹시 잠금장치 기능이 설정되어 있을 수 있습니다. 취소버튼을 4초간 누르면 잠금기능이 해제됩니다.
내부에서 연기나 악취가 나요	음식찌꺼기, 기름 등이 내부에 붙어 있을 수 있습니다. 항상 깨끗이 청소해 주세요. 탈취 기능을 사용하세요.
제품 작동시 옆으로 바람이 나와요	냉각팬이 작동되어 바람의 일부가 내부 전기부품을 식혀주기 위해 옆으로 나올 수 있습니다. 고장이 아니므로 안심하고 사용하세요.
처음 사용할 때 냄새가 나요	제품을 처음 사용시 히터 등 내부 부품이 가열되면서 타는 냄새가 나거나 소리가 날 수 있습니다. 사용상 문제가 없으니 안심하고 사용하세요. 탈취기능을 5~10분 사용하면 초기 냄새가 빨리 없어집니다.
조리 후 문이나 진행 표시부에 습기가 생겨요	조리 완료 후 음식물을 꺼내지 않고 방치하면 습기가 찰 수 있으므로 문을 열어 두세요.

조리 중에 불꽃이 일어나요	조리실 내부에 알루미늄 호일이나 금속이 닿지 않았는지 확인하세요. 금선이나 은선이 있는 그릇은 사용하지 마세요.
시작 버튼을 눌러도 동작을 하지 않아요	문이 제대로 닫혀 있지 않은 경우 시작 버튼을 누르면 표시창에 'door'라고 표시됩니다. 문틈에 이물질이 끼어 있는지 확인하고 문을 제대로 닫았는데도 동작하지 않으면 전원코드를 뽑고 서비스 기사에게 전화해 주세요.

23

광파오븐기를 작동시키려고 하는데 자꾸 실내 조리등이 꺼진다. 이럴 경우 적절한 조치 방법은?

① 콘센트에 전원이 제대로 꽂혀 있는지 확인한다.

② 조리실 내부에 금속이나 알루미늄 호일 등이 있는지 확인한다.

③ 제품의 문을 열거나 취소버튼을 누른 후 사용한다.

④ 음식물에 랩 또는 뚜껑을 벗겼는지 확인한다.

24

아무리 시작 버튼을 눌러도 제품이 작동을 하지 않을 경우 취할 수 있는 적절한 조치로 알맞은 것은?

① 문을 다시 연 후 취소버튼을 누르고 사용한다.

② 취소 버튼을 4초간 누른다.

③ 문을 제대로 닫았는지 확인한다.

④ 내부를 깨끗이 청소를 한 후 다시 눌러 본다

▌25~27▐ 다음의 내용을 보고 물음에 답하시오.

하드 디스크 교환하기

1. 데이터 백업하기
2. 하드 디스크 교환하기
3. 시스템 소프트웨어 재설치하기
4. 백업한 데이터를 PS4에 복사하기

※ 주의사항

• 하드 디스크를 교환하실 때는 AC 전원 코드의 플러그를 콘센트에서 빼 주십시오. 또한 어린이의 손이 닿지 않는 곳에서 해 주십시오. 나사 등의 부품을 실수로 삼킬 위험이 있습니다.

• 본 기기를 사용한 직후에는 본체 내부가 뜨거워져 있습니다. 잠시 그대로 두어 내부열을 식힌 후 작업을 시작해 주십시오.

• 부품 사이에 손가락이 끼거나, 부품의 모서리에 손이나 손가락이 다치지 않도록 충분히 주의해 주십시오.

• 전원을 켤 때는 반드시 HDD 베이 커버를 고정해 주십시오. HDD 베이 커버가 분리되어 있으면 본체 내부 온도 상승의 원인이 됩니다.

• 하드 디스크는 충격이나 진동, 먼지에 약하므로 주의해서 다루어 주십시오.

-진동이 있거나 불안정한 장소에서 사용하거나 강한 충격을 가하지 마십시오.

-내부에 물이나 이물질이 들어가지 않게 하십시오.

-하드 디스크의 단자부를 손으로 만지거나 이물질을 넣지 마십시오. 하드 디스크 고장 및 데이터 파손의 원인이 됩니다.

-하드 디스크 근처에 시계 등의 정밀기기나 마그네틱 카드 등을 두지 마십시오. 기기 고장이나 마그네틱 카드 손상의 원인이 됩니다.

-위에 물건을 얹지 마십시오.

-고온다습하거나 직사광선이 비추는 장소에 두지 마십시오.

• 나사를 조이거나 풀 때는 나사의 크기에 맞는 드라이버를 사용해 주십시오. 사이즈가 맞지 않으면 나사 머리의 홈이 으스러지는 경우가 있습니다.

• 데이터는 정기적으로 백업해 두시기를 권장합니다. 어떤 원인으로 데이터가 소실/파손된 경우, 데이터를 복구/복원할 수 없습니다. 데이터가 소실/피손되어도 당사는 일절 책임을 지지 않습니다. 이 점 양해해 주십시오.

- 시스템 소프트웨어를 설치 중에는 PS4의 전원을 끄거나 USB저장장치를 빼지 마십시오. 설치가 도중에 중단되면 고장의 원인이 됩니다.
- 시스템 소프트웨어 설치중에는 본체의 전원 버튼 및 컨트롤러의 PS 버튼이 기능하지 않게 됩니다.

게임의 저장 데이터 백업하기

PS4에 저장된 게임의 저장 데이터를 USB 저장장치에 복사할 수 있습니다. 필요에 따라 백업해 주십시오.
1. 본체에 USB 저장장치를 연결합니다.
2. 기능 영역에서 설정을 선택합니다.
3. 애플리케이션 저장 데이터 관리 → 본체 스트리지의 저장 데이터 → USB 저장장치에 복사하기를 선택합니다.
4. 타이틀을 선택합니다.
5. 복사할 저장 데이터의 체크 박스에 체크 표시를 한 후 복사를 선택합니다.

25

다음 중 하드 디스크를 교환할 경우 제일 먼저 행해야 할 행동은 무엇인가?

① 데이터 백업하기
② 하드 디스크 교환하기
③ 시스템 소프트웨어 재설치하기
④ 백업한 데이터를 PS4에 복사하기

26

하드 디스크 교환시 주의사항으로 옳지 않은 것은?

① 하드 디스크를 교환할 때에는 AC 전원 코드의 플러그를 콘센트에서 빼야 한다.
② 내부에 물이나 이물질이 들어가지 않게 하여야 한다.
③ 나사를 조이거나 풀 때는 나사의 크기에 상관없이 십자 드라이버를 사용해야 한다.
④ 시스템 소프트웨어를 설치 중에는 PS4의 전원을 끄거나 USB저장장치를 빼면 안 된다.

27

게임의 저장 데이터 백업하는 방법으로 옳지 않은 것은?

① 본체에 USB 저장장치를 연결하여야 한다.
② 기능 영역에서 설정을 선택하도록 한다.
③ 애플리케이션 저장 데이터 관리 → 본체 스트리지의 저장 데이터 → USB 저장장치에 복사하기를 선택한다.
④ 타이틀을 선택하면 바로 복사가 시작된다.

28

다음 네 개의 진술로부터 도출된 결론으로 가장 타당한 것은 어느 것인가?

> (가) 자신이 읽은 글을 제대로 분석할 줄 모르는 사람은 모두 인문적 소양이 부족한 사람이다.
> (나) 논리학을 공부한 어떤 사람은 자신이 읽은 글을 제대로 분석할 줄 모른다.
> (다) 균형 잡힌 비판 능력을 결여한 사람은 그 누구도 정부의 고위 관리 자격을 갖춘 사람이 아니다.
> (라) 인문적 소양을 잘 갖추지 못한 사람은 모두 균형 잡힌 비판 능력을 결여한 사람이다.

① 인문적 소양을 갖추기 위해서는 논리학을 공부할 필요가 있다.
② 논리학을 공부한 어떤 사람은 정부의 고위 관리 자격을 갖추지 못하고 있다.
③ 균형 잡힌 비판 능력을 결여한 어떤 사람들은 인문적 소양을 갖추고 있다.
④ 정부의 고위 관리라고 해서 인문적 소양을 잘 갖추고 있는 것은 아니다.

29

다음은 지역 간의 시차를 계산하는 방법에 대한 설명이다. 다음을 참고할 때, 동경 135도에 위치한 인천에서 서경 120도에 위치한 로스앤젤레스로 출장을 가야 하는 최 과장이 도착지 공항에 현지 시각 7월 10일 오전 11시까지 도착하기 위해서 탑승해야 할 가장 늦은 항공편은 어느 것인가? (비행시간 이외의 시간은 고려하지 않는다.)

시차 계산 요령은 다음과 같은 3가지의 원칙을 적용할 수 있다.
1. 같은 경도(동경과 동경 혹은 서경과 서경)인 경우는 두 지점을 빼서 15로 나누되, 더 숫자가 큰 쪽이 동쪽에 위치한다는 뜻이므로 시간도 더 빠르다.
2. 또한, 본초자오선과의 시차는 한국이 영국보다 9시간 빠르다는 점을 적용하면 된다.
3. 경도가 다른 경우(동경과 서경)는 두 지점을 더해서 15로 나누면 되고 역시 동경이 서경보다 더 동쪽에 위치하므로 시간도 더 빠르게 된다.

항공편명	출발일	출발 시각	비행시간
KR107	7월 9일	오후 11시	
AE034	7월 9일	오후 2시	
KR202	7월 9일	오후 7시	12시간
AE037	7월 10일	오후 10시	
KR204	7월 10일	오후 4시	

① KR107

② AE034

③ KR202

④ KR204

│30~31│ 홍보팀 신 대리는 회사인 A지점을 출발하여 B~F 5군데 거래처를 모두 방문하려 한다. 다음 각 지점 간의 거리와 비용 관련 자료를 보고 이어지는 물음에 답하시오.

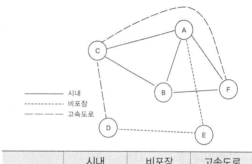

〈각 지점 간 거리〉

(단위: km)

구분	B지점	C지점	D지점	E지점	F지점
회사(A지점)	7.5	10		12	6.5
B지점		8			4
C지점			3		11
D지점				6	

―――― 시내
------ 비포장
―――― 고속도로

	시내	비포장	고속도로
연비	10.5km/L	12km/L	15km/L

* 휘발유 가격 1,500원/L

30

신 대리는 회사에서 출발하여 5군데 거래처를 모두 방문하고 다시 회사로 복귀하였다. 신 대리가 최단거리로 이동하였을 경우, 다시 회사로 돌아오기까지 이동한 총 거리는 몇 km인가?

① 39.5km

② 40km

③ 42.5km

④ 44km

31

위와 같이 최단거리를 통해 5군데를 방문하고 복귀한 신 대리가 사용한 총 연료비는 얼마인가?

① 5,750원

② 5,330원

③ 5,150원

④ 5,050원

32

다음으로부터 추론한 것으로 옳은 것은?

갑, 을, 병, 정이 문구점에서 산 학용품에 대해서 다음과 같은 사실이 있다.
- 갑은 연필, 병은 지우개, 정은 샤프심을 샀다.
- 을은 매직을 사지 않았다.
- 갑이 산 학용품을 을도 샀다.
- 갑과 병은 같은 학용품을 사지 않았다.
- 갑, 을, 병은 각각 2종류의 학용품을 샀다.
- 갑은 매직을 사지 않았다.
- 갑, 을, 병, 정은 연필, 지우개, 샤프심, 매직 외의 학용품을 사지 않았다.

① 을은 연필을 사지 않았다.
② 을과 병이 공통으로 산 학용품이 있다.
③ 병은 사지 않았지만 정이 산 학용품이 있다.
④ 3명이 공통으로 산 학용품은 없다.

33

다음의 조건이 모두 참일 때, 반드시 참인 것을 고르시오.

- 어떤 육식동물은 춤을 잘 춘다.
- 모든 호랑이는 노래를 잘한다.
- 모든 늑대는 춤을 잘 춘다.
- 호랑이와 늑대는 육식동물이다.

① 어떤 육식동물은 노래를 잘한다.
② 어떤 늑대는 노래를 잘한다.
③ 모든 호랑이는 춤도 잘 추고, 노래도 잘한다.
④ 모든 육식동물은 춤을 잘 춘다.

34

다음은 L사의 xx동 지점으로 배치된 신입사원 5명의 인적사항과 부서별 추가 인원 요청 사항이다. 인력관리의 원칙 중 하나인 적재적소의 원리에 의거하여 신입사원들을 배치할 경우에 대한 가장 적절한 설명은 어느 것인가?

〈신입사원 인적사항〉

성명	성별	전공	자질/자격	기타
갑	남	스페인어	바리스타 자격 보유	남미 8년 거주
을	남	경영	모의경영대회 입상	폭넓은 대인관계
병	여	컴퓨터 공학	컴퓨터 활용능력 2급 자격증 보유	논리적·수학적 사고력 우수함
정	남	회계	–	미국 5년 거주, 세무사 사무실 아르바이트 경험
무	여	광고학	과학잡지사 우수편집인 상 수상	강한 호기심, 융통성 있는 사고

〈부서별 인원 요청 사항〉

부서명	필요인원	필요자질
영업팀	2명	영어 능통자 1명, 외부인과의 접촉 등 대인관계 원만한 자 1명
인사팀	1명	인사 행정 등 논리 활용 프로그램 활용 가능자
홍보팀	2명	홍보 관련 업무 적합자, 외향적 성격 소유자 등 2명

	영업팀	인사팀	홍보팀
①	갑, 정	병	을, 무
②	을, 병	정	갑, 무
③	을, 정	병	갑, 무
④	병, 무	갑	을, 정

35

다음은 H사의 품목별 4~5월 창고 재고현황을 나타낸 표이다. 다음 중 재고현황에 대한 올바른 설명이 아닌 것은 어느 것인가?

(단위 : 장, 천 원)

Brand	재고	품목	SS			FW		
			수량	평균단가	금액	수량	평균단가	금액
Sky peak	4월 재고	Apparel	1,350	33	44,550	850	39.5	33,575
		Footwear	650	25	16,250	420	28	11,760
		Equipment	1,800	14.5	26,100	330	27.3	9,009
		소계	3,800		86,900	1,600		54,344
	5월 입고	Apparel	290	32	9,280	380	39.5	15,010
		Footwear	110	22	2,420	195	28	5,460
		Equipment	95	16.5	1,567.5	210	27.3	5,733
		소계	495		13,267.5	785		26,203
		Apparel	1,640	32.8	53,792	1,230	79	97,170
		Footwear	760	24.5	18,620	615	56	34,440
		Equipment	1,895	14.7	27,856.5	540	54.6	29,484
		총계	4,295		100,268.5	2,385		161,094

① 5월에는 모든 품목의 FW 수량이 SS 수량보다 더 많이 입고되었다.

② 6월 초 창고에는 SS 품목의 수량과 재고 금액이 FW 보다 더 많다.

③ 품목별 평균 단가가 높은 순서는 SS와 FW가 동일하다.

④ 입고 수량의 많고 적음이 재고 수량의 많고 적음에 따라 결정된 것은 아니다.

36

사무실 2개를 임대하여 사용하던 M씨는 2개의 사무실을 모두 이전하고자 한다. 다음과 같은 조건을 참고할 때, M씨가 주인과 주고받아야 할 금액에 대한 올바른 설명은 어느 것인가? (모든 계산은 소수점 이하 절사하여 원 단위로 계산함)

큰 사무실 임대료 : 54만 원

작은 사무실 임대료 : 35만 원

오늘까지의 이번 달 사무실 사용일 : 10일

☞ 임대료는 부가세와 함께 입주 전 선불 계산한다.

☞ 임대료는 월 단위이며 항상 30일로 계산한다.

☞ 부가세 별도

☞ 보증금은 부가세 포함하지 않은 1개월 치 임대료이다.

① 주고받을 금액이 정확히 상계 처리된다.

② 사무실 주인으로부터 979,000원을 돌려받는다.

③ 사무실 주인에게 652,667원을 지불한다.

④ 사무실 주인으로부터 1,542,667원을 돌려받는다.

37

다음은 특정 시점의 국가별 에너지 순위를 나타낸 자료이다. 다음 자료를 보고 해석한 〈보기〉와 같은 의견 중 자료의 내용에 비추어 합리적이라고 볼 수 없는 것을 모두 고른 것은 무엇인가?

구분	1위	2위	3위	4위	5위	6위	7위	8위	9위	10위
에너지 소비 (백만toe)	중국 3,052	미국 2,216	인도 823	러시아 711	일본 442	독일 306	브라질 303	캐나다 280	한국 268	프랑스 243
석유 소비 (백만 tco2)	미국 838	중국 527	일본 197	인도 181	사우디 160	러시아 151	브라질 143	독일 110	한국 108	캐나다 103
전력 소비 (TWh)	중국 5,357	미국 4,137	인도 1,042	일본 995	러시아 949	독일 569	캐나다 552	한국 533	브라질 531	프랑스 460

― 〈보기〉 ―

가. 인구가 많은 나라는 에너지와 전력의 소비가 대체적으로 많다고 볼 수 있다.

나. 1~5위권 국가 중, 에너지 소비량 대비 석유 소비량이 가장 많은 나라는 사우디를 제외하면 미국이다.

다. 1~5위권 국가 중, 석유와 전력의 소비량 비율 차이가 가장 큰 나라는 인도이다.

① 가, 나
② 가, 다
③ 나, 다
④ 다

38

다음 중 같은 성질을 가진 비용끼리 올바르게 묶은 것은?

㉠ 재료비	㉡ 시설비
㉢ 사무실 관리비	㉣ 인건비
㉤ 광고비	㉥ 비품비

① ㉠㉡㉣
② ㉡㉢㉣
③ ㉢㉣㉤
④ ㉣㉤㉥

39

다음 중 SMART법칙에 따라 목표를 설정하지 못한 사람을 모두 고른 것은?

지민 : 나는 올해 안에 토익 800점을 넘을 거야.

상수 : 나는 점심시간 전까지 팀장님께 제출할 보고서 10페이지를 작성할거야.

민식 : 올해에는 좀 더 가족을 챙기는 가장이 되어야겠어.

소희 : 난 올해 안에 중국어와 일본어를 마스터하겠어.

① 지민, 상수
② 상수, 민식
③ 민식, 소희
④ 지민, 소희

40

다음 글에서 암시하고 있는 '자원과 자원관리의 특성'을 가장 적절하게 설명한 것은 다음 보기 중 어느 것인가?

더 많은 토지를 사용하고 모든 농장의 수확량을 최고의 농민들이 얻은 수확량으로 올리는 방법으로 식량 공급을 늘릴 수 있다. 그러나 우리의 주요 식량 작물은 높은 수확량을 달성하기 위해 좋은 토양과 물 공급이 필요하며 생산 단계에 있지 않은 토지는 거의 없다. 실제로 도시의 스프롤 현상, 사막화, 염화 및 관개용으로 사용된 대수층의 고갈은 미래에 더 적은 토지가 농업에 제공될 수 있음을 암시한다. 농작물은 오늘날 사용되는 것보다 더 척박한 땅에서 자랄 수 있고, 수확량이 낮고 환경 및 생물 다양성이 저하될 환경일지도 모른다. 농작물의 수확량은 농장과 국가에 따라 크게 다르다. 예를 들어, 2013년 미국의 옥수수 평균 수확량은 10.0t/ha, 짐바브웨가 0.9t/ha였는데, 두 국가 모두 작물 재배를 위한 기후 조건은 비슷했다 (2015년 유엔 식량 농업기구). 미국의 수확률이 다른 모든 나라의 목표겠지만 각국의 정책, 전문가의 조언, 종자 및 비료에 접근하는 데 크게 의존할 수밖에 없다. 그리고 그 중 어느 것도 새로운 농지에서 확실한 수확률을 보장하지는 않는다. 따라서 좋은 시기에는 수확 잠재력이 개선된 종자가 필요하지 않을 수도 있지만, 아무것도 준비하지 않는 건 위험하다. 실험실에서 혁신적인 방법을 개발하는 것과 그걸 바탕으로 농민에게 종자를 제공하는 것 사이에 20년에서 30년의 격차가 있다는 걸 감안할 때, 분자 공학과 실제 작물 육종 간의 격차를 줄이고 더 높은 수율을 달성하는 일은 시급하다.

① 누구나 동일한 자원을 가지고 있으며 그 가치와 밀도도 모두 동일하다.
② 특정 자원이 없음으로 해서 다른 자원을 확보하는 데 문제가 발생할 수 있다.
③ 자원은 유한하며 따라서 어떻게 활용하느냐 하는 일이 무엇보다 중요하다.
④ 사람들이 의식하지 못하는 사이에 자원은 습관적으로 낭비되고 있다.

41

다음에 설명하고 있는 합리적인 인사관리 원칙은?

근로자의 인권을 존중하고 공헌도에 따라 노동의 대가를 지급한다.

① 적재적소 배치의 원리
② 공정 보상의 원칙
③ 공정 인사의 원칙
④ 종업원 안정의 원칙

42

조직문화는 흔히 관계지향 문화, 혁신지향 문화, 위계지향 문화, 과업지향 문화의 네 가지로 분류된다. 다음 글에서 제시된 (개)~(래)와 같은 특징 중 과업지향 문화에 해당하는 것은 어느 것인가?

(개) A팀은 무엇보다 엄격한 통제를 통한 결속과 안정성을 추구하는 분위기이다. 분명한 명령계통으로 조직의 통합을 이루는 일을 제일의 가치로 삼는다.
(내) B팀은 업무 수행의 효율성을 강조하며 목표 달성과 생산성 향상을 위해 전 조직원이 산출물 극대화를 위해 노력하는 문화가 조성되어 있다.
(대) C팀은 자율성과 개인의 책임을 강조한다. 고유 업무 뿐 아니라 근태, 잔업, 퇴근 후 시간활용 등에 있어서도 정해진 흐름을 배제하고 개인의 자율과 그에 따른 책임을 강조한다.
(래) D팀은 직원들 간의 응집력과 사기 진작을 위한 방안을 모색 중이다. 인적자원의 가치를 개발하기 위해 직원들 간의 관계에 초점을 둔 조직문화가 D팀의 특징이다.

① (개)   ② (내)
③ (대)   ④ (래)

43

다음과 같은 업무 태도와 행위들 중, 효과적으로 업무를 수행하는 데 방해하는 요인이 내포되어 있다고 볼 수 있는 것은 어느 것인가?

① 메신저나 사적인 전화는 시간을 정하여 그것을 넘기지 않도록 한다.

② 다른 사람들과 무조건적인 대화 단절보다는 선별적으로 시간을 할애하는 것이 바람직하다.

③ 출근 전부터 이미 도착해 수십 통씩 쌓여 있는 이메일에 빠짐없이 답하는 일을 우선 처리한다.

④ 외부 방문이나 거래처 내방 등은 사전에 약속해 두어 계획에 의해 진행될 수 있게 한다.

┃44~45┃ 다음은 어느 회사의 전화 사용 요령이다. 다음을 읽고 물음에 답하시오.

---

1. 일반 전화 걸기

회사 외부에 전화를 걸어야 하는 경우

→수화기를 들고 9번을 누른 후 (지역번호)+전화번호를 누른다.

2. 전화 당겨 받기

다른 직원에게 전화가 왔으나, 사정상 내가 받아야 하는 경우

→수화기를 들고 *(별표)를 두 번 누른다.

※ 다른 팀에게 걸려온 전화도 당겨 받을 수 있다.

3. 회사 내 직원과 전화하기

→수화기를 들고 내선번호를 누르면 통화가 가능하다.

4. 전화 넘겨주기

외부 전화를 받았는데 내가 담당자가 아니라서 다른 담당자에게 넘겨 줄 경우

→통화 중 상대방에게 양해를 구한 뒤 통화 종료 버튼을 짧게 누른 뒤 내선번호를 누른다. 다른 직원이 내선 전화를 받으면 어떤 용건인지 간략하게 얘기한 뒤 수화기를 내려놓으면 자동적으로 전화가 넘겨진다.

---

5. 회사 전화를 내 핸드폰으로 받기

외근 나가 있는 상황에서 중요한 전화가 올 예정인 경우

→내 핸드폰으로 착신을 돌리기 위해서는 사무실 수화기를 들고 *(별표)를 누르고 88번을 누른다. 그리고 내 핸드폰 번호를 입력한다.

→착신을 풀기 위해서는 #(샵)을 누르고 88번을 누른 다음 *(별)을 누르면 된다.

※ 회사 전화를 내 핸드폰으로 받는 기능은 팀장급 이상의 자리에 있는 대표 전화기로만 가능하며, 그 이하의 직급 자리에 있는 일반 전화기로는 이 기능을 사용할 수 없다.

44

인사팀에 근무하고 있는 사원S는 신입사원들을 위해 전화기 사용 요령에 대해 교육을 진행하려고 한다. 다음 중 신입사원들에게 교육하지 않아도 되는 항목은?

① 일반 전화 걸기

② 전화 당겨 받기

③ 전화 넘겨 주기

④ 회사 전화를 내 핸드폰으로 받기

45

사원S는 전화 관련 정보들을 신입사원이 이해하기 쉽도록 표로 정리하였다. 정리한 내용으로 옳지 않은 내용이 포함된 항목은?

상황	항목	눌러야 하는 번호
회사 외부로 전화 걸 때	일반 전화 걸기	9+(지역번호)+(전화번호)
다른 직원에게 걸려온 전화를 내가 받아야 할 때	전화 당겨 받기	*(별표) 한번
회사 내 다른 직원과 전화 할 때	회사 내 직원과 전화하기	내선번호
내가 먼저 전화를 받은 경우 다른 직원에게 넘겨 줄 때	전화 넘겨주기	종료버튼(짧게)+내선번호

① 일반 전화 걸기
② 전화 당겨 받기
③ 전화 넘겨 주기
④ 회사 내 직원과 전화하기

▮46~47▮ 다음 결재규정을 보고 주어진 상황에 맞게 작성된 양식을 고르시오.

〈결재규정〉
• 결재를 받으려는 업무에 대해서는 대표이사를 포함한 이하 직책자의 결재를 받아야 한다.
• '전결'은 회사의 경영·관리 활동에 있어서 대표이사의 결재를 생략하고, 자신의 책임 하에 최종적으로 결정하는 행위를 말한다.
• 전결사항에 대해서도 위임 받은 자를 포함한 이하 직책자의 결재를 받아야 한다.
• 표시내용 : 결재를 올리는 자는 대표이사로부터 전결사항을 위임 받은 자가 있는 경우 결재란에 전결이라고 표시하고 최종결재란에 위임받은 자를 표시한다. 다만, 결재가 불필요한 직책자의 결재란은 상향대각선으로 표시한다.
• 대표이사의 결재사항 및 대표이사로부터 위임된 전결

구분	내용	금액기준	결재서류	팀장	부장	대표이사
접대비	거래처 식대, 경조사비 등	20만 원 이하	접대비지출품의서 지출결의서	●■		
		30만 원 이하			●■	
		30만 원 초과				●■
교통비	국내 출장비	30만 원 이하	출장계획서 출장비 신청서	●■		
		50만 원 이하		●	■	
		50만 원 초과		●		■
	해외 출장비			●		■
소모품비	사무용품		지출결의서	■		
	문서, 전산소모품					■
	잡비	10만 원 이하		■		
		30만 원 이하			■	
		30만 원 초과				■
교육비	사내·외 교육		기안서 지출결의서	●		■
법인카드	법인카드 사용	50만 원 이하	법인카드 신청서	■		
		100만 원 이하			■	
		100만 원 초과				■

※ ● : 기안서, 출장계획서, 접대비지출품의서
※ ■ : 지출결의서, 각종신청서

영업부 사원 甲씨는 부산출장으로 450,000원을 지출했다. 甲씨가 작성한 결재 양식으로 옳은 것은?

①

출장계획서			
결 담당	팀장	부장	최종결재
재 甲	/	/	팀장

②

출장계획서			
결 담당	팀장	부장	최종결재
재 甲		전결	부장

③

출장비신청서			
결 담당	팀장	부장	최종결재
재 甲		/	팀장

④

출장비신청서			
결 담당	팀장	부장	최종결재
재 甲		전결	부장

기획팀 사원 乙씨는 같은 팀 사원 丙씨의 부친상 부의금 500,000원을 회사 명의로 지급하기로 했다. 乙씨가 작성한 결재 양식으로 옳은 것은?

①

접대비지출품의서			
결 담당	팀장	부장	최종결재
재 乙		전결	부장

②

접대비지출품의서			
결 담당	팀장	부장	최종결재
재 乙			대표이사

③

지출결의서			
결 담당	팀장	부장	최종결재
재 乙	전결	/	팀장

④

지출결의서			
결 담당	팀장	부장	최종결재
재 乙		전결	부장

다음 중 조직목표에 대한 설명 중 옳은 것은?

① 공식적인 목표인 사명은 측정 가능한 형태로 기술되는 단기적인 목표이다.

② 조직목표는 환경이나 여러 원인들에 의해 변동되거나 없어지지 않는다.

③ 구성원들이 자신의 업무만을 성실하게 수행하면 조직목표는 자연스럽게 달성된다.

④ 조직은 다수의 목표를 추구할 수 있으며 이들은 상하관계를 가지기도 한다.

49

다음 내용은 서원의 기업혁신에 관한 것인데, 이 기업에서는 종합생산성 혁신을 통해 각 단위로 목표에 의한 관리를 추진할 예정이라고 한다. 아래의 내용을 참조하여 밑줄 친 부분에 관한 설명으로 가장 적합하지 않은 것을 고르면?

동합금 제조기업 서원은 연간 40억 원의 원가 절감을 목표로 '원가혁신 2030' 출범 행사를 열었다고 26일 밝혔다. 원가혁신 2030은 오는 2020년까지 경영혁신을 통해 원가 또는 비용은 20% 줄이고 이익은 30% 향상시키는 혁신활동의 일환이라고 회사 측은 설명했다.

이 회사는 원가혁신 2030을 통해 연간 40억 원을 절감한다는 계획이다. 이를 달성하기 위해 체계적으로 원가코스트 센터를 통해 예산을 통제하고, 원가활동별로 비용 절감을 위한 개선활동도 진행한다. 또 종합생산성혁신(Total Productivity Innovation)을 통해 팀별, 본부별 단위로 <u>목표에 의한 관리</u>를 추진할 예정이다. 이에 대한 성과 평가와 보상을 위한 성과관리시스템도 구축 중이다.

서원은 비용 및 원가 절감뿐 아니라 원가혁신 2030을 통해 미래 성장비전도 만들어가기로 했다. 정직, 인재, 도전, 창조, 상생의 5개 핵심가치를 중심으로 지식을 공유하는 조직문화를 정착시키는 계획도 추진한다. 박기원 원가혁신위원장은 "내실을 다지면서 변화와 혁신을 도구 삼아 지속 성장이 가능한 기업으로 거듭나야 한다"며 제2의 창업이라는 각오로 혁신활동을 안착 시키겠다"고 말했다.

① 목표에 의한 관리가 제대로 수행되어질 수 있게끔 조직을 분권화 하는 등의 조직시스템의 재정비가 뒤따라야 한다.

② 의사소통의 통로 및 종업원들의 태도와 그들의 행위 변화에 대한 대책을 마련하여, 올바른 조직문화 형성에 노력을 아끼지 말아야 한다.

③ 종업원들끼리의 지나친 경쟁과 리더의 역할갈등으로 인해 집단 저항의 우려가 있다.

④ 기업 조직의 사기 및 분위기나 문화 등이 경영환경에 대응해야만 하는 조직의 단기적인 안목에 대한 전략이 약화될 수 있으므로 주의해야 한다.

50

다음은 관리조직의 일반적인 업무내용을 나타내는 표이다. 표를 참고할 때, C대리가 〈보기〉와 같은 업무를 처리하기 위하여 연관되어 있는 팀만으로 나열된 것은 어느 것인가?

부서명	업무내용
총무팀	집기비품 및 소모품의 구입과 관리, 사무실 임차 및 관리, 차량 및 통신시설의 운영, 국내외 출장 업무 협조, 사내외 홍보 광고업무, 회의실 및 사무 공간 관리, 사내·외 행사 주관
인사팀	조직기구의 개편 및 조정, 업무분장 및 조정, 인력수급계획 및 관리, 노사관리, 평가관리, 상벌관리, 인사발령, 교육체계 수립 및 관리, 임금제도, 복리후생제도 및 지원업무, 복무관리, 퇴직관리
기획팀	경영계획 및 전략 수립, 전사기획업무 종합 및 조정, 경영정보 조사 및 기획보고, 경영진단업무, 종합예산수립 및 실적관리, 단기사업계획 종합 및 조정, 사업계획, 손익추정, 실적관리 및 분석
외환팀	수출입 외화자금 회수, 외환 자산 관리 및 투자, 수출 물량 해상 보험 업무, 직원 외환업무 관련 교육 프로그램 시행, 영업활동에 따른 환차손익 관리 및 손실 최소화 방안 강구
회계팀	회계제도의 유지 및 관리, 재무상태 및 경영실적 보고, 결산 관련 업무, 재무제표 분석 및 보고, 법인세, 부가가치세, 국세 지방세 업무자문 및 지원, 보험가입 및 보상업무, 고정자산 관련 업무

〈보기〉

C대리는 오늘 매우 바쁜 하루를 보내야 한다. 항공사의 파업으로 비행 일정이 아직 정해지지 않아 이틀 후로 예정된 출장이 확정되지 않고 있다. 일정 확정 통보를 받는 즉시 지사와 연락을 취해 현지 거래처와의 미팅 일정을 논의해야 한다. 또한, 지난 주 퇴직한 선배사원의 퇴직금 정산 내역을 확인하여 이메일로 자료를 전해주기로 하였다. 오후에는 3/4분기 사업계획 관련 전산입력 담당자 회의에 참석하여야 하며, 이를 위해 회의 전 전년도 실적 관련 자료를 입수해 확인해 두어야 한다.

① 인사팀, 기획팀, 외환팀

② 총무팀, 기획팀, 회계팀

③ 총무팀, 인사팀, 외환팀, 회계팀

④ 총무팀, 인사팀, 기획팀, 회계팀

CHAPTER

제2회

실전 모의고사

제한 시간	
맞힌 문항	
정답 및 해설	P.182

1

밑줄 친 부분과 같은 의미로 쓰인 것을 고르시오.

> 그는 해결하기만 하면 좋은 기회가 될 수 있는 사건을 하나 물어왔다.

① 사장은 과장에게 이번 일의 책임을 물었다.
② 친구는 나에게 그 일이 어떻게 되어가고 있는지 물어왔다.
③ 나는 입에 음식을 물고 말하다가 혼이 났다.
④ 여자들은 그녀가 부자를 물어 팔자가 피었다며 속닥거렸다.

2

다음 문장들을 순서에 맞게 배열한 것을 고르시오.

> (가) 인물 그려내기라는 말은 인물의 생김새나 차림새 같은 겉모습을 그려내는 것만 가리키는 듯 보이기 쉽다.
>
> (나) 여기서 눈에 보이는 것의 대부분을 뜻하는 공간에 대해 살필 필요가 있다. 공간은 이른바 공간적 배경을 포함한, 보다 넓은 개념이다.
>
> (다) 하지만 인물이 이야기의 중심적 존재이고 그가 내면을 지닌 존재임을 고려하면, 인물의 특질을 제시하는 것의 범위는 매우 넓어진다. 영화, 연극 같은 공연 예술의 경우, 인물과 직접적·간접적으로 관련된 것들, 무대 위나 화면 속에 자리해 감상자의 눈에 보이는 것 거의 모두가 인물 그려내기에 이바지한다고까지 말할 수 있다.
>
> (라) 그것은 인물과 사건이 존재하는 곳과 그곳을 구성하는 물체들을 모두 가리킨다. 공간이라는 말이 다소 추상적이므로, 경우에 따라 그곳을 구성하는 물체들, 곧 비나 눈 같은 기후 현상, 옷, 생김새, 장신구, 가구, 거리의 자동차 등을 '공간소'라고 부를 수 있다.

① (가) – (나) – (다) – (라)
② (가) – (다) – (나) – (라)
③ (가) – (라) – (나) – (다)
④ (라) – (나) – (가) – (다)

3

다음 글의 중심 내용으로 가장 적절한 것을 고르시오.

> 한 번에 두 가지 이상의 일을 할 때 당신은 마음에게 흩어지라고 지시하는 것입니다. 그것은 모든 분야에서 좋은 성과를 내는 데 필수적인 요소가 되는 집중과는 정반대입니다. 당신은 자신의 마음이 분열되는 상황에 처하도록 하는 경우도 많습니다. 마음이 흔들리도록, 과거나 미래에 사로잡히도록, 문제들을 안고 낑낑거리도록, 강박이나 충동에 따라 행동하는 때가 그런 경우입니다. 예를 들어, 읽으면서 동시에 먹을 때 마음의 일부는 읽는 데 가 있고, 일부는 먹는 데 가 있습니다. 이런 때는 어느 활동에서도 최상의 것을 얻지 못합니다. 다음과 같은 부처의 가르침을 명심하세요. '걷고 있을 때는 걸어라. 앉아 있을 때는 앉아 있어라. 갈팡질팡하지 마라.' 당신이 하는 모든 일은 당신의 온전한 주의를 받을 가치가 있는 것이어야 합니다. 단지 부분적인 주의를 받을 가치밖에 없다고 생각하면, 그것이 진정으로 할 가치가 있는지 자문하세요. 어떤 활동이 사소해 보이더라도, 당신은 마음을 훈련하고 있다는 사실을 명심하세요.

① 일을 시작하기 전에 먼저 사소한 일과 중요한 일을 구분하는 습관을 기르라.
② 한 번에 두 가지 이상의 일을 성공적으로 수행할 수 있도록 훈련하라.
③ 자신이 하는 일에 전적으로 주의를 집중하라.
④ 과거나 미래가 주는 교훈에 귀를 기울이라.

4

다음 중 제시된 문장의 빈칸에 들어갈 단어로 알맞은 것을 고르시오.

> • 환전을 하기 위해 현금을 (   )했다.
> • 장기화 되던 법정 다툼에서 극적으로 합의가 (   )되었다.
> • 회사 내의 주요 정보를 빼돌리던 스파이를 (   )했다.

① 입출(入出) – 도출(導出) – 검출(檢出)
② 입출(入出) – 검출(檢出) – 도출(導出)
③ 인출(引出) – 도출(導出) – 색출(索出)
④ 인출(引出) – 검출(檢出) – 색출(索出)

5

다음 문장 또는 글의 빈칸에 어울리지 않는 단어를 고르면?

> • 선약이 있어서 모임에 (   )이(가) 어렵게 되었다.
> • 홍보가 부족했는지 사람들의 (   )이(가) 너무 적었다.
> • 그 대회에는 (   )하는 데에 의의를 두자.
> • 손을 뗀다고 했으면 (   )을(를) 마라.
> • 대중의 (   )가 배제된 대중문화는 의미가 없다.

① 참여
② 참석
③ 참가
④ 참관

6

다음 제시된 글에 이어질 내용으로 알맞은 것은?

한 기업이 여러 분야에 걸쳐서 사업을 확장하는 것을 다각화라고 한다. 우리는 흔히 한 기업이 무분별하게 다각화를 많이 전개하는 경우를 문어발식 확장이라고 비난한다. 그렇다면 기업들은 왜 다각화를 하는 것일까? 기업이 다각화를 하는 이유에 대해서는 여러 가지 설명들이 제시되었는데 크게 보자면 주주들의 이익에서 그 이유를 찾는 설명들과 경영자들의 이익에서 그 이유를 찾는 설명들로 나눌 수 있다. 주주들의 이익을 위해 다각화를 한다는 설명들은 하나의 기업이 동시에 복수의 사업 활동을 하는 것이 지출되는 총비용을 줄이고 기업의 효율성을 높일 수 있다는 범위의 경제에 바탕을 두고 있다. 이와 관련된 설명으로는 첫째, 다양한 제품들을 생산하는 기술들이나 그 제품들을 구매하는 소비자들 사이의 공통성을 활용함으로써 범위의 경제가 발생한다고 보는 견해가 있다. 각각의 제품을 생산하여 판매하는 일을 서로 다른 기업들이 따로 하는 것보다 한 기업이 전담하는 방법을 통해 비용의 효율성을 높일 수 있다는 것이다. 둘째, 기업이 충분히 활용하지 못하고 있는 인적 · 물적 자원을 새로운 영역에 확대 사용함으로써 범위의 경제가 발생한다고 보는 견해가 있다. 예를 들어 경영자가 가지고 있는 경영 재능이나 기업의 생산 및 유통 시스템을 여러 사업 분야에 확산시키는 방법을 통해 자원을 보다 효율적으로 활용할 수 있다고 보는 것이다. 셋째, 기업 내부의 자본 운용 효율성을 높임으로써 범위의 경제가 발생한다고 보는 견해가 있다. 여유 자금이 있는 사업 부문에서 벌어들인 돈을 이용하여 새로운 사업 부문의 투자 기회를 잘 살리는 방법을 통해 수익성을 높일 수 있다는 것이다. 이러한 설명들은 다각화를 통해 효율성을 높이며 기업의 수익 구조가 개선되어 주주들의 이익이 증진된다고 본다.

① 다각화를 전개하는 방법
② 다각화를 통해 이익을 얻는 주체
③ 다각화를 추진해야 하는 적절 시기
④ 경영자들의 이익 추구가 다각화의 목적이라는 입장

7

다음 글을 읽고 답을 구할 수 있는 질문이 아닌 것은?

미술에서 19세기 사실주의는 낭만주의의 지나친 주관주의와 감성적 접근에 거부감을 느끼고 사실을 객관적으로 재현하려 한 유파이다. 그러나 넓은 의미에서 사실주의는 외부 세계를 충실하게 재현하려는 모든 미술적 시도에 다 적용된다.

라스코 동굴 벽화 같은 선사 시대의 동물 그림, 르네상스 이후 사실적인 표현을 발달시켜 온 다 빈치, 미켈란젤로, 렘브란트 등의 그림에는 사실주의의 정신이 면면히 깔려 있다. 감각이 경험한 대로 자연을 모방하는 행위에 대해 사실주의라는 말이 쓰인 것이다. 그런가 하면 추상 미술과 대립하는 형상 미술 일반을 가리켜 사실주의 미술이라고 부르기도 한다.

19세기 중반 도미에, 쿠르베, 밀레 등의 그림에 처음으로 사실주의라는 이름이 붙은 것은 이들의 작품이 이전 작품들과 달리 외부 세계를 객관적으로 묘사하되, 그것을 수단이 아닌 최고의 목표로 삼았기 때문이다. 사실주의 화가들은 고전주의가 추구한 이상이나 규범을 거부하고 낭만주의가 추구한 주관과 감정의 세계와도 맞서며 오로지 눈으로 보고 경험한 세계를 객관적으로 묘사하는 데 심혈을 기울였다. 자연히 그림의 대상은 객관화가 가능한 당대의 현실이 됐다.

사조로서 19세기 사실주의는 그리 오래 존속되지 못했다. 그러나 사실주의의 영향은 이후에도 오래 지속되었다. 현대인의 합리적이고 이성적인 세계관과 잘 어울리는 까닭에 '거짓과 허황됨이 없는 미술의 표본으로 받아들여졌고, 더불어 더 이상 종교나 신화, 주관적인 감상에 기대지 않고 과학적으로 관찰하고 객관적으로 표현하는 미술의 길을 열어 주었다. 미술이 현실을 비판하는 기능을 수행하도록 새 지평을 열어 준 셈이다.

이렇게 과학적이고 객관적인 가치를 중시한 사실주의는 19세기 말에서 20세기 초 사회적 사실주의나 사회주의 사실주의 같은 새로운 사실주의 운동의 뿌리로 기능한다. 사회적 사실주의란 도시화, 산업화 등 현대 사회의 여러 문제를 사회악과 부정의의 차원에서 이해하고 이를 비판적으로 혹은 냉소적으로 묘사한 회화이다. 현대 도시 사회의 문제점을 파헤친 사회적 사실주의 미술은 다큐멘터리 성격을 띠는 경우가 많았는데, 특히 시위나 파업 같은 반향이 큰 소재를 생생하게 묘사했다. 19세기 후반 영국에서 사회적 사실주의 그림이 많이 그려진 것은 당시 영국이 산업화와 근대화, 도시화의 최선봉에 서 있었던 점과 무관하지 않다.

사회주의 사실주의란 사회주의 시각에서 현실 속에 '역사적 구체성'을 담아 표현한 옛 공산권의 미술을 가리킨다. 여기서 역사적 구체성이란 노동 계급을 사회주의 정신으로 교화·개조하는 일을 고무·찬양하는 제반 시도를 가리킨다. 사회주의 사실주의는 이렇듯 철저히 이념 지향적인 미술을 추구했다. 그러나 이념에 대한 과도한 집착은 사회주의 사실주의가 사실주의 미술로서 실패하는 원인이 된다. 사실주의의 힘은 이념이 아니라 사실 그 자체에서 나오는 것이기 때문이다. 사실주의는 여전히 현대의 미술 사조에 큰 영향을 미치고 있으며 현실과의 관계 속에서 뚜렷한 자취를 남기고 있다.

① 사회주의 사실주의가 실패한 원인은 무엇인가?
② 사회적 사실주의와 사회주의 사실주의의 차이점은 무엇인가?
③ 사조로서의 19세기 사실주의가 오래 존속되지 못한 이유는 무엇인가?
④ 사조로서의 사실주의 작품들이 이전의 작품들과 다른 점은 무엇인가?

8

다음을 읽고, 빈칸에 들어갈 내용으로 가장 알맞은 것을 고르면?

> _____ 왜냐하면 추위로부터 자신을 보호하기 위해서는 지방을 많이 비축하고 털이 발달되어야기 때문에 영양분을 많이 섭취하여 몸집을 키우고, 몸집이 커지면 자연스럽게 밖으로 노출되는 표면적이 줄어들기 때문에 추운 지방에서 살기 적합한 몸이 되기 때문이다.

① 따뜻한 곳에 사는 동물은 추운 곳에 사는 동물보다 행동이 민첩하다.
② 추운 곳에 사는 동물들은 따뜻한 곳에 사는 동물보다 몸집이 크다.
③ 추운 곳에 사는 동물들은 동면을 한다.
④ 따뜻한 곳에서 사는 동물들은 추운 곳에 사는 동물보다 새끼를 잘 낳는다.

▌9~10 ▌ 다음 글을 읽고 이어지는 물음에 답하시오.

'여가'는 개인의 문제인 동시에 요즘 사회적인 뜨거운 화두이기도 하다. 주 5일 근무제로 매주 2박3일의 휴가가 생겼는데도 그 휴가를 제대로 사용하지 못하고 무의미하게 흘려보낸다면 그것은 심각한 사회문제일 수 있다. 이처럼 사회 구성원들이 여가를 어떻게 보내는가 하는 문제는 개인의 차원에서 벗어나 사회학적·심리학적·경제학적 연구 대상이 되고 있다.

'레저 사이언스'(Leisure Science)라고 불리는 여가학은 서구 사회에서는 이미 학문의 한 영역에 편입된 지 오래다. 미국의 일리노이 주립대와 조지아대, 캐나다의 워털루대 등에 학과가 개설돼 있다. 사회과학, 사회체육, 관광학 등이 여가학의 모태다. 사회과학자들은 심리학, 사회학 문화이론의 관점에서 여가학을 연구하는 데 반해, 사회체육은 '여가치료'라는 개념으로 여가학을 조망한다. 반면 관광학 쪽은 산업의 측면에서 여가학을 다루고 있다. 국내에서도 M대학에 여가정보학과가 개설되어 있다.

M대학 여가정보학과의 김 교수는 "여가를 즐기는 것은 단순히 노는 게 아니라 문화를 구성하는 과정입니다. 세계 어느 나라나 일하는 패턴은 비슷합니다. 그러나 각 나라마다 노는 방식은 천차만별이죠. 따라서 여가학은 문화연구의 한 분야라고 할 수 있습니다."라고 말한다. 그는 또 '여가에 대한 환상을 버리'라고 충고한다. 개개인이 가족과 함께 놀 수 있는 능력을 개발하지 않는 한, 긴 여가는 오히려 괴로운 시간이 될지도 모른다는 것이다. "한국의 성인 남성들은 '독수리 5형제 증후군'에 빠져 있습니다. 무언가 대단한 일을 하지 않으면 인생의 의미가 없다는 식의 시각이죠. 하지만 여가를 잘 보내기 위해서는 사소하고 작은 일에도 재미를 느끼고 그 재미를 가족과 공유할 수 있는 자세가 필요합니다."

그렇다면 왜 한국인들은 여가를 제대로 즐기지 못하는 것일까? 적잖은 기성세대는 '놀이'라고 하면 기껏해야 술을 마시거나 고스톱 정도밖에 떠올리지 못하는 것이 현실이다. 지난 91년 일찌감치 한국인의 여가문화 분야에서 박사학위를 받은 부산대의 한 교수는 여가를 규정하는 중요한 변수 두 가지로 시간과 경제적 요인, 즉 돈을 꼽았다. 휴일이 늘어난다고 해도 경제적 여유와 직업의 안정성이 함께 충족되지 않는 한, 여가를 즐길 수 있는 마음의 여유가 생겨나기는 어렵다. 결

국 잠을 자거나 아무 생각 없이 몰두할 수 있는 술, 도
박 등에 빠지게 된다는 것이다.

사실 진정한 의미의 여가는 주말에만 국한되는 것이
아니다. 최근의 직장인들이 느끼는 '체감정년'은 38세라
고 한다. 반면 평균수명은 이미 70세를 훌쩍 넘어 80
세를 넘고 있다. 직장 은퇴 이후 30여년의 여가를
어떻게 보내는가는 어떠한 직장을 선택하느냐 못지않
게 중요한 문제가 되었다. 결국 여가학은 단순히 주말
을 어떻게 보내는가의 차원이 아니라 좀 더 잘살 수
있는 방법에 대한 연구, 즉 삶의 질을 높이기 위한 학
문인 셈이다.

9

윗글에서 궁극적으로 의미하는 바를 가장 적절하게 요약한
것은 어느 것인가?

① 한국인들의 놀이문화는 한두 가지 방법에 국한되어
있다.
② 놀 줄 모르는 한국인들은 여가학에 관심을 가질 필
요가 있다.
③ 국내에도 여가학을 공부할 수 있는 대학 과정이 보
강되어야 한다.
④ 여가를 즐기기 위해 경제적인 독립을 이루어야 한다.

10

다음 중 윗글에서 이야기하는 논지에 부합하지 않는 것은
어느 것인가?

① 여가는 평소에 하지 못했던 대단한 활동을 해야만
하는 것은 아니다.
② 여가는 오히려 아무 일 없이 내적인 자유를 누리는
것이 진정한 향유 방법이다.
③ 한국인들은 여가를 보다 다양한 활동들로 구성할 필
요가 있다.
④ 여가의 가장 큰 목적은 삶의 질을 제고할 수 있어야
한다는 것이다.

11

다음에 나열된 숫자의 규칙을 찾아 빈칸에 들어가기 적절
한 수를 고르시오.

13	17	20	10	27	3	( )	−4

① 38
② 34
③ 30
④ 26

12

형이 학교를 향해 분속 50m로 걸어간 지 24분 후에 동생
이 자전거를 타고 분속 200m로 학교를 향해 출발하여 학
교 정문에서 두 사람이 만났다. 형이 학교까지 가는 데 걸
린 시간은?

① 24분
② 26분
③ 30분
④ 32분

13

통신사 A의 월별 기본료는 40,000원이고 무료통화는 300
분이 제공되며 무료통화를 다 쓴 후의 초과 1분당 통화료
는 60원이다. 통신사 B의 월별 기본료는 50,000원이고
무료통화는 400분 제공되고 초과 1분당 통화료는 50원이
다. 통신사 B를 선택한 사람의 통화량이 몇 분이 넘어야
통신사 A를 선택했을 때 보다 이익인가?

① 600분
② 650분
③ 750분
④ 800분

14

C사의 사내 설문조사 결과, 전 직원의 $\frac{2}{3}$가 과민성대장증상을 보이고 있으며, 이 중 $\frac{1}{4}$이 출근길에 불편을 겪어 아침을 먹지 않는 것으로 조사되었다. 과민성대장증상을 보이는 직원 중 아침 식사를 하는 직원의 수가 144명이라면, C사의 전 직원의 수는 몇 명인가?

① 280명
② 282명
③ 285명
④ 288명

15

다음 그림에 대한 설명으로 가장 옳은 것은?

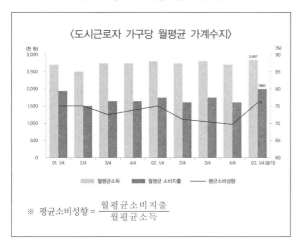

① 소득이 증가할수록 소비지출도 소득에 비례하여 증가하였다.
② 월평균 소득과 평균소비성향은 서로 반비례적인 관계를 보인다.
③ 우리나라 도시 근로자 가구는 대개 소득의 75 ~ 80% 정도를 지출하고 있다.
④ 매년 1/4분기에는 동일 연도 다른 분기에 비해 소득에서 더 많은 부분을 소비하였다.

16

다음은 A제품과 B제품에 대한 연간 판매량을 분기별로 나타낸 자료이다. 이 자료에 대한 설명으로 적절하지 않은 것은 어느 것인가?

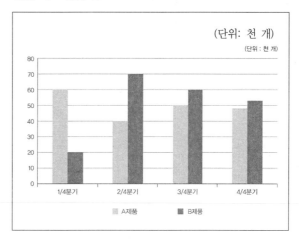

① A 제품과 B 제품은 동일한 시기에 편차가 가장 크게 나타난다.
② 연간 판매량은 B제품이 A제품보다 더 많다.
③ 4/4분기 전까지 두 제품의 분기별 평균 판매량은 동일하다.
④ 두 제품의 판매량 차이는 연말이 다가올수록 점점 감소한다.

▌17~18▐ 다음 표는 정책대상자 294명과 전문가 33명을 대상으로 정책과제에 대한 정책만족도를 조사한 자료이다. 물음에 답하시오.

〈표 1〉 정책대상자의 항목별 정책만족도

(단위 : %)

만족도 \ 항목	매우 만족	약간 만족	보통	약간 불만족	매우 불만족
의견수렴도	4.8	28.2	34.0	26.9	6.1
적절성	7.8	44.9	26.9	17.3	3.1
효과성	6.5	31.6	32.7	24.1	5.1
체감만족도	3.1	27.9	37.4	26.5	5.1

〈표 2〉 전문가의 항목별 정책만족도

(단위 : %)

만족도 \ 항목	매우 만족	약간 만족	보통	약간 불만족	매우 불만족
의견수렴도	3.0	24.2	30.3	36.4	6.1
적절성	3.0	60.6	21.2	15.2	–
효과성	3.0	30.3	30.3	36.4	–
체감만족도	–	30.3	33.3	33.3	3.0

※ 만족비율 = '매우 만족' 비율 + '약간 만족' 비율
※ 불만족비율 = '매우 불만족' 비율 + '약간 불만족' 비율

17

다음 중 위 자료에 근거한 설명으로 옳은 것은?

① 정책대상자의 정책만족도를 조사한 결과, 만족비율은 불만족 비율보다 약간 낮은 수준이다.
② 효과성 항목에서 '약간 불만족'으로 응답한 전문가 수는 '매우 불만족'으로 응답한 정책대상자 수보다 많다.
③ 체감만족도 항목에서 만족비율은 정책대상자가 전문가보다 낮다.
④ 적절성 항목이 타 항목에 비해 만족비율이 높다.

18

정책대상자 중 의견수렴도 항목에 만족하는 사람의 비율은 몇 명인가? (단, 소수점 첫째자리에서 반올림한다)

① 97명   ② 99명
③ 100명   ④ 102명

19

다음 자료를 통해 알 수 있는 사항을 올바르게 설명하지 못한 것은 어느 것인가?

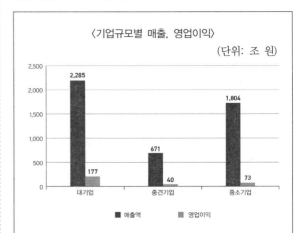

〈기업규모별 매출, 영업이익〉

(단위: 조 원)

〈기업 및 종사자 현황〉

(단위: 개, 만 명)

	대기업	중견기업	중소기업
기업 수	2,191(0.3%)	3,969(0.6%)	660,003(99.1%)
종사자 수	204.7(20.4%)	125.2(12.5%)	675.3(67.1%)

① 1개 기업당 매출액과 영업이익 실적은 대기업에 속한 기업이 가장 우수하다.
② 기업군 전체의 매출액 대비 영업이익은 대기업, 중견기업, 중소기업 순으로 높다.
③ 1개 기업 당 종사자 수는 대기업이 중견기업의 3배에 육박한다.
④ 전체 기업 수의 약 99%에 해당하는 기업이 전체 매출액의 40% 이상을 차지한다고 할 수 있다.

20

다음은 매장별 에어컨 판매 조건과 판매가격 표이다. 이 표에 대한 설명으로 옳지 않은 것은?

매장	판매 조건	한 대당 판매 가격
A	10대 구매하면, 1대 무료로 추가 증정	1대당 100만 원
B	9대당 1대 50% 할인	1대당 100만 원
C	20대 구매하면, 1대 무료로 추가 증정	1대당 99만 원

① 50대를 구매하는 경우 C매장에서는 2대를 추가로 받을 수 있다.

② A매장에서는 3,000만 원에 33대를 구매할 수 있다.

③ 10대를 구매하는 경우 B매장이 C매장보다 저렴하다.

④ 20대를 구매하려고 할 때 가장 저렴하게 구매할 수 있는 매장은 C매장이다.

▌21~22▐ 다음 내용을 보고 물음에 답하시오.

L씨는 도서출판 서원각의 편집부에 인턴사원으로 입사하였다. L씨는 선임 직원인 지은씨로부터 다음과 같은 사내 연락망을 전달 받았다.

〈사내 연락망〉

한글편집팀 (대표번호:1420)		편집기획팀 (대표번호:2420)	
이름	직통	이름	직통
이○미팀장	1400	김수○팀장	2400
이미○	1421	신○근대리	2410
최○정	1422	류○은	2421
디자인팀(대표번호:3420)		L씨	2422
정○정팀장	3400		
이혜○	3421		
김○숙	3422		

도서출판 서원각 (tel : 070-1234-직통번호)

당겨받기 : 수화기를 들고 + # + #

사내통화 : 내선번호

돌려주기 : # + 내선번호 + # + 연결 확인 후 끊기

전화를 받았을 경우 : 안녕하십니까? 도서출판 서원각 ○○팀 ○○○입니다.

21

L씨가 사내 연락망을 살펴보는 과정에서 직통번호에 일정한 규칙이 있음을 발견하였다. 이 규칙은 자릿수에 적용되어 있다. 이 규칙은 무엇인가?

① 첫 번째 자릿수는 부서를 나타낸다.

② 두 번째 자릿수는 근무년수를 나타낸다.

③ 세 번째 자릿수는 나이를 나타낸다.

④ 네 번째 자릿수는 직위를 나타낸다.

22

도서출판 서원각의 직통번호 중 세 번째 자릿수가 나타내는 것은 무엇인가?

① 근속연수 ② 직위

③ 나이 ④ 부서

|23~25| 다음 글을 읽고 물음에 답하시오.

신입사원 L씨는 중요한 회의의 자료를 출력하여 인원수에 맞게 복사를 해두라는 팀장님의 지시를 받았는데 아무리 인쇄버튼을 눌러도 프린터에서는 서류가 나오지 않는다. 이 때 서랍 속에서 프린터기의 사용설명서를 찾았다.

프린터 인쇄 문제 해결사

항목	문제	점검사항	조치사항
A	인쇄 출력 품질이 떨어집니다.	올바른 용지를 사용하고 있습니까?	• 프린터 권장 용지를 사용하면 인쇄 출력 품질이 향상됩니다. • 본 프린터는 ○○용지 또는 ◇◇용지의 사용을 권장합니다.
		프린터기의 상태메뉴에 빨간 불이 들어와 있습니까?	• 프린터기의 잉크 노즐이 오염된 신호입니다. • 잉크 노즐을 청소하십시오.
B	문서가 인쇄되지 않습니다.	인쇄 대기열에 오류 문서가 있습니까?	인쇄 대기열의 오류 문서를 취소하십시오.
		네트워크가 제대로 연결되어 있습니까?	컴퓨터와 프린터의 네트워크 연결을 확인하고 연결하십시오.
		프린터기에 용지 또는 토너가 공급되어 있습니까?	프린터기에 용지 또는 토너를 공급하십시오.
C	프린터의 기능이 일부 작동하지 않습니다.	본사에서 제공하는 드라이버를 사용하고 있습니까?	본사의 홈페이지에서 제공하는 프린터 드라이버를 받아 설치하십시오.
D	인쇄 속도가 느립니다.	인쇄 대기열에 오류 문서가 있습니까?	인쇄 대기열의 오류 문서를 취소하십시오.
		인쇄하려는 파일에 많은 메모리가 필요합니까?	하드디스크의 사용 가능한 공간의 양을 늘려 보십시오.

23

신입사원인 L씨가 확인해야 할 항목은 무엇인가?

① A
② B
③ C
④ D

24

신입사원인 L씨가 확인하지 않아도 될 사항은 무엇인가?

① 인쇄 대기열에 오류 문서가 있는지 확인한다.
② 네트워크가 제대로 연결되어 있는지 확인한다.
③ 프린터기에 용지나 토너가 제대로 공급되어 있는지 확인한다.
④ 올바른 용지를 사용하고 있는지 확인한다.

25

다음 중 인쇄가 진행되는데 인쇄 속도가 느릴 경우 신입사원 L씨가 취할 수 있는 행동으로 적절한 것은?

① 잉크 노즐을 청소한다.
② 프린터 회사에서 제공하는 프린터 드라이버를 다시 설치한다.
③ 인쇄 대기열에 오류 문서가 있는지 확인한다.
④ 용지 또는 토너를 다시 공급한다.

압력밥솥으로 맛있는 밥짓기

쌀은 계량컵으로! 물은 내솥눈금으로 정확히!	• 쌀은 반드시 계량컵을 사용하여 정확히 계량합니다.(시중에 유통되고 있는 쌀통은 제품에 따라 쌀의 양이 다소 차이가 날 수도 있습니다.) • 물의 양은 내솥을 평평한 곳에 놓고 내솥의 물 높이에 맞춥니다.	쌀의 양과 물의 양이 맞지 않으면 밥이 퍼석하거나 설익거나 질게 될 수가 있습니다.
쌀은 보관방법이 중요!	• 쌀은 가급적이면 소량으로 구입하여 통풍이 잘되고 직사광선이 없는 서늘한 곳에 쌀의 수분이 잘 증발되지 않도록 보관합니다. • 쌀을 개봉한 지 오래되어 말라 있는 경우는 물을 반눈금 정도 더 넣고 취사를 하면 좋습니다.	쌀이 많이 말라 있는 경우는 계량을 정확히 하더라도 밥이 퍼석할 수가 있습니다.
예약 취사 시간은 짧을수록 좋습니다!	쌀이 많이 말라 있는 경우는 가급적 예약취사를 피하시고 물을 반눈금 정도 더 넣고 취사합니다.	10시간 이상 예약취사하거나 말라있는 쌀을 예약취사할 경우는 밥이 퍼석하거나 설익을 수가 있으며 심한 경우는 층밥이 될 수도 있습니다. 예약 설정 시간이 길어질수록 멜라노이징 현상이 증가할 수 있습니다.
보온시간은 짧을수록 좋습니다!	보온은 12시간 이내로 하는 것이 좋습니다.	장시간 보온을 하게 되면 밥색깔이 변하거나 밥에서 냄새가 날 수도 있습니다.
제품은 깨끗하게	청소를 자주 하십시오. 특히, 뚜껑부에 이물질이 묻어 있지 않도록 자주 닦아 주십시오.	청소를 자주 하지 않으면 세균이 번식하여 보온시 밥에서 냄새가 날 수 있습니다.

고장 신고 전에 확인하십시오.

상태	확인사항	조치사항
밥이 되지 않을 때	[취사/쾌속]버튼을 눌렀습니까?	원하는 메뉴 선택 후 반드시 [취사/쾌속] 버튼을 1회 눌러 화면에 '취사 중' 문구가 표시되는지 확인하십시오.
밥이 설익거나 퍼석할 때 또는 층밥이 될 때	계량컵을 사용하셨습니까?	쌀의 양을 계량컵을 사용하여 정확히 계량하여 주십시오. 쌀을 계량컵의 윗면 기준하여 평평하게 맞추면 1인분에 해당됩니다.
	물 조절은 정확히 하셨습니까?	물 조절을 정확히 하십시오. 바닥이 평평한 곳에 내솥을 올려 놓고 내솥에 표시된 눈금에 맞춰 물의 양을 조절하십시오. 내솥에 표시된 눈금은 쌀과 물을 함께 부었을 때의 물눈금을 표시합니다.
콩(잡곡/현미)이 설익을 때	콩(현미/잡곡)이 너무 마르지 않았습니까?	콩(현미/잡곡)을 불리거나 삶아서 잡곡메뉴에서 취사를 하십시오. 잡곡의 종류에 따라 설익을 수도 있습니다.
밥이 너무 질거나 된밥일 때	물 조절은 정확히 하셨습니까?	물 조절을 정확히 하십시오. 바닥이 평평한 곳에 내솥을 올려 놓고 내솥에 표시된 눈금에 맞춰 물의 양을 조절하십시오. 내솥에 표시된 눈금은 쌀과 물을 함께 부었을 때의 물눈금을 표시합니다.
취사 도중 밥물이 넘칠 때	계량컵을 사용하셨습니까?	쌀의 양을 계량컵을 사용하여 정확히 계량하여 주십시오. 쌀을 계량컵의 윗면 기준으로 평평하게 맞추면 1인분에 해당됩니다.
밥이 심하게 눌을 때	온도감지기, 내솥 외면에 밥알이 심하게 눌어 붙어 있거나 이물질이 있지는 않습니까?	온도감지기, 내솥외면의 이물질을 제거하여 주십시오.
보온 중 냄새가 날 때	12시간 이상 보온하였거나 너무 적은 밥을 보온하지 않았습니까?	보온시간은 가능한 12시간 이내로 하십시오.
보온 중 보온경과 시간 표시가 깜빡일 때	보온 후 24시간이 경과하지 않으셨습니까?	보온 24시간이 경과하면 보온이 장시간 경과 되었음을 알리는 기능입니다.

뚜껑 사이로 증기가 누설되거나 '삐'하는 휘파람 소리가 날 때	패킹에 이물질(밥알 등)이 묻어 있지 않습니까?	패킹을 행주나 부드러운 헝겊으로 깨끗이 닦은 후 사용하십시오.
취사 또는 요리 중 [취소]버튼이 눌러지지 않을 때	내솥의 내부가 뜨겁지 않습니까?	취사 또는 요리 중 부득이 하게 취소할 경우 내솥 내부 온도가 높으면 안전을 위해 [취소]버튼을 1초간 눌러야 취사 또는 요리가 취소됩니다.
LCD화면에 아무것도 나타나지 않고, 상태 LED에 보라색이 점등될 때	LCD 통신에 이상이 있을 때 나타납니다.	전원을 차단한 후 고객상담실로 문의하십시오.
취사나 보온시 이상한 소음이 날 때	취사 및 보온 중 '찌'하는 소리가 납니까?	취사 및 보온 중 '찌'하는 소리는 IH 압력밥솥이 동작될 때 나는 소리입니다. 정상입니다.

26
다음 중 보온의 적정시간은 얼마인가?

① 8시간
② 12시간
③ 18시간
④ 24시간

27
다음 중 압력밥솥을 이용하여 맛있는 밥짓기 방법이 아닌 것은?

① 쌀과 물은 계량컵을 사용하여 눈금에 정확히 맞춘다.
② 쌀은 가급적이면 소량으로 구입하여 통풍이 잘되고 직사광선이 없는 서늘한 곳에 쌀의 수분이 잘 증발되지 않도록 보관한다.
③ 쌀이 많이 말라 있는 경우는 가급적 예약취사를 피하고 물을 반눈금 정도 너 넣고 취사한다.
④ 뚜껑부에 이물질이 묻어 있지

28
취사 또는 요리 중 [취소]버튼이 눌러지지 않을 때의 조치 사항으로 옳은 것은?

① 패킹을 행주나 부드러운 헝겊으로 깨끗이 닦은 후 사용한다.
② 쌀의 양을 계량컵을 사용하여 정확히 계량하여 사용한다.
③ [취소]버튼을 1초간 눌러 준다.
④ 전원을 차단한 후 고객상담실로 문의한다.

29

다음 제시문을 읽고 바르게 추론한 것을 〈보기〉에서 모두 고른 것은?

A회사에서는 1,500명의 소속직원들이 마실 생수를 구입하기로 하였다. 모든 조건이 동일한 두 개의 생수 회사가 최종 경쟁을 하게 되었다. 구입 담당자는 직원들에게 시음하게 하여 직원들이 가장 좋아하는 생수를 선정하고자 하였다. 다음과 같은 절차를 통하여 구입 담당자가 시음회를 주관하였다.
- 직원들로부터 더 많이 선택 받은 생수회사를 최종적으로 선정한다.
- 생수 시음회 참여를 원하는 직원을 대상으로 신청자를 접수하고 그 중 남자 15명과 여자 15명을 무작위로 선정하였다.
- 두 개의 컵을 마련하여 하나는 1로 표기하고 다른 하나는 2로 표기하여 회사이름을 가렸다.
- 참가직원들은 1번 컵의 생수를 마신 후 2번 컵의 생수를 마시고 둘 중 어느 쪽을 선호하는지 표시하였다.

───── 〈보기〉 ─────

㉠ 참가자들이 특정 번호를 선호할 가능성을 고려하지 못하였다.
㉡ 참가자가 무작위로 선정되었으므로 전체 직원에 대한 대표성이 확보되었다.
㉢ 참가자의 절반은 2번 컵을 먼저 마시고 1번 컵을 나중에 마시도록 했어야 한다.
㉣ 우리나라의 남녀 비율이 50대 50이므로 남자직원과 여자직원을 동수로 뽑은 것은 적절하였다.

① ㉠, ㉡
② ㉠, ㉢
③ ㉡, ㉢
④ ㉡, ㉣

30

다음의 조건이 모두 참일 때, 반드시 참인 것을 고르시오.

- 동호회 정모에 찬수가 참석하면 민희도 반드시 참석한다.
- 지민이와 태수 중 적어도 한 명은 반드시 참석한다.
- 저번 주 동호회 정모에서 지민이는 민희를 만났다.
- 이번 주 동호회 정모에 지민이와 민희 둘 다 나오지 않았다.

① 찬수는 이번 주 동호회 모임에 나왔다.
② 태수는 이번 주 동호회 모임에 나왔다.
③ 찬수는 저번 주 동호회 모임에 나왔다.
④ 태수는 저번 주 동호회 모임에 나왔다.

31

다음은 N사 판매관리비의 2분기 집행 내역과 3분기 배정 내역이다. 자료를 참고하여 판매관리비 집행과 배정 내역을 올바르게 파악하지 못한 것은 어느 것인가?

〈판매관리비 집행 및 배정 내역〉

(단위 : 원)

항목	2분기	3분기
판매비와 관리비	236,820,000	226,370,000
직원급여	200,850,000	195,000,000
상여금	6,700,000	5,700,000
보험료	1,850,000	1,850,000
세금과 공과금	1,500,000	1,350,000
수도광열비	750,000	800,000
잡비	1,000,000	1,250,000
사무용품비	230,000	180,000
여비교통비	7,650,000	5,350,000
퇴직급여충당금	15,300,000	13,500,000
통신비	460,000	620,000
광고선전비	530,000	770,000

① 직접비와 간접비를 합산한 3분기의 예산 배정액은 전 분기보다 10% 이내로 감소하였다.
② 간접비는 전 분기의 5%에 조금 못 미치는 금액이 증가하였다.
③ 2분기와 3분기 모두 간접비에서 가장 큰 비중을 차지하는 항목은 보험료이다.
④ 3분기에는 직접비와 간접비가 모두 2분기 집행 내역보다 더 많이 배정되었다.

32

'국외부문 통화와 국제수지'에 대한 다음 설명을 참고할 때, 〈보기〉와 같은 네 개의 대외거래가 발생하였을 경우에 대한 설명으로 올바른 것은 어느 것인가?

> 모든 대외거래를 복식부기의 원리에 따라 체계적으로 기록한 국제수지표상의 경상수지 및 자본수지는 거래의 형태에 따라 직·간접적으로 국외부문 통화에 영향을 미치게 된다. 수출입 등의 경상적인 무역수지 및 서비스 수지 등의 거래는 외국환은행과의 외화 교환과정에서 국외부문 통화에 영향을 미치게 된다. 경상 및 자본수지 상의 민간, 정부의 수지가 흑자일 경우에는 민간 및 정부부문의 외화 총수입액이 총지급액을 초과한다는 것을 의미하므로 민간 및 정부부문은 이 초과 수입분을 외국환은행에 원화를 대가로 매각한다. 이 과정에서 외국환은행은 외화자산을 늘리면서 이에 상응한 원화를 공급한다. 즉 외국환은행은 국외순자산을 늘리고 이에 상응한 원화를 비은행 부문으로 공급하게 된다. 반대로 적자일 경우 외국환은행은 외화자산을 줄이면서 원화를 환수하게 된다.

─── 〈보기〉 ───
• 상품 A를 100달러에 수출
• 상품 B를 50달러에 수입
• C 기업이 외화단기차입금 20달러를 상환
• D 외국환은행이 뱅크 론으로 50달러를 도입

① 경상수지는 120달러 흑자, 자본수지가 100달러 흑자로 나타나 총 대외수지는 220달러 흑자가 된다.
② 경상수지는 50달러 흑자, 자본수지가 70달러 적자로 나타나 총 대외수지는 20달러 적자가 된다.
③ 경상수지는 70달러 흑자, 자본수지가 150달러 적자로 나타나 총 대외수지는 80달러 적자가 된다.
④ 경상수지는 50달러 흑자, 자본수지가 30달러 흑자로 나타나 총 대외수지는 80달러 흑자가 된다.

33

아래의 도표가 〈보기〉와 같은 내용의 근거 자료로 제시되었을 경우, 밑줄 친 ㉠~㉣ 중 도표의 내용에 비추어 올바르지 않은 설명은 어느 것인가?

〈미국 멕시코 만에서 각 경로별 수송 거리〉

(단위: 해리)

구분		파나마 운하	수에즈 운하	희망봉	케이프 혼
아시아	일본(도쿄만)	9,141	14,441	15,646	16,687
	한국(통영)	9,954	–	15,375	–
	중국(광동)	10,645	13,020	14,297	17,109
	싱가포르	11,955	11,569	12,972	16,878
	인도	14,529	9,633	12,079	–
남미	칠레	4,098	–	–	8,965

─────〈보기〉─────

㉠ 미국 멕시코만–파나마 운하–아시아로 LNG를 운송할 경우, 수송거리 단축에 따라 수송시간도 단축될 것으로 보인다. 특히, 전 세계 LNG 수입 시장의 75%를 차지하는 중국, 한국, 일본, 대만 등 아시아 시장으로의 수송 시간 단축은 자명하다. 예를 들어, ㉡미국 멕시코만–파나마–일본으로 LNG 수송 시간은 대략 20일 정도 소요되는 반면, 수에즈 운하 통과 시 약 31일 소요되고, 아프리카의 남쪽 이용 시 약 34일 정도 소요된다. 같은 아시아 시장이라고 할지라도 인도, 파키스탄의 경우는 수에즈 운하나 남아프리카 희망봉을 통과하는 것이 수송시간 단축에 유리하며, ㉢ 싱가포르의 경우는 수에즈 운하나 희망봉을 경유하는 것이 파나마 운하를 이용하는 것보다 적은 수송시간이 소요된다. 또한, 미국 멕시코만–남미 수송시간도 단축될 것으로 예상되는데, 콜롬비아 및 에콰도르의 터미널까지는 20일이 단축이 되어 기존 25일에서 5일이 걸리고, ㉣ 칠레의 기화 터미널까지는 기존 20일에서 8~9일로 약 12일이 단축이 된다 파나마 운하를 통과함으로써 수송거리 단축에 따른 수송비용 절감효과도 있다. 3.5bcf LNG 수송선을 기준으로 파나마운하관리청(Panama Canal Authrity)의 신규 통행료를 적용하여 왕복 통행료를 추정하면 대략 $0.2/MMBtu이다. 이를 적용하여 미국 멕시코만–파나마–아시아시장으로의 LNG 왕복 수송비용을 계산하면 파나

마 운하 대신 수에즈 운하나 케이프 혼을 통과하는 경로에 비해서 대략 9~12%의 비용절감이 예상된다. 한편, IHS 자료를 바탕으로 비용 절감효과를 계산해 보면, 파나마 운하 이용 시 미국 멕시코만–수에즈–아시아 경로보다 대략 $0.3/MMBtu~$0.8/MMBtu 정도 비용이 절감되고, 희망봉 통과 경로보다 약 $0.2/MMBtu~$0.7/MMBtu 정도 절약되는 것으로 분석된다.

① ㉠
② ㉡
③ ㉢
④ ㉣

34

U회사에서 사원 김씨, 이씨, 정씨 3인을 대상으로 승진시험을 치렀다. 다음 〈보기〉에 따라 승진이 결정된다고 할 때 승진하는 사람은?

─────〈보기〉─────

• U회사에서 김씨, 이씨, 정씨 세 명의 승진후보자가 시험을 보았으며, 상식 30문제, 영어 20문제가 출제되었다.
• 상식은 정답을 맞힌 개수 당 5점씩, 틀린 개수 당 –3점씩을 부여하고, 영어의 경우 정답을 맞힌 개수 당 10점씩, 틀린 개수 당 –5점씩을 부여한다.
• 채점 방식에 따라 계산했을 때 250점 이하이면 승진에서 탈락한다.
• 각 후보자들이 정답을 맞힌 문항의 개수는 다음과 같고, 이 이외의 문항은 모두 틀린 것이다.

	상식	영어
김씨	24	16
이씨	20	19
정씨	28	15

① 김씨와 이씨
② 김씨와 정씨
③ 이씨와 정씨
④ 모두 승진

35

자원관리능력이 필요한 이유와 가장 관련 있는 자원의 특성은?

① 가변성 ② 유한성

③ 편재성 ④ 상대성

36

다음은 공무원에게 적용되는 '병가' 규정의 일부이다. 다음을 참고할 때, 규정에 맞게 병가를 사용한 것으로 볼 수 없는 사람은 누구인가?

병가(복무규정 제18조)

▲ 병가사유
- 질병 또는 부상으로 인하여 직무를 수행할 수 없을 때
- 감염병의 이환으로 인하여 그 공무원의 출근이 다른 공무원의 건강에 영향을 미칠 우려가 있을 때

▲ 병가기간
- 일반적 질병 또는 부상 : 연 60일의 범위 내
- 공무상 질병 또는 부상 : 연 180일의 범위 내

▲ 진단서를 제출하지 않더라도 연간 누계 6일까지는 병가를 사용할 수 있으나, 연간 누계 7일째 되는 시점부터는 진단서를 제출하여야 함.

▲ 질병 또는 부상으로 인한 지각 · 조퇴 · 외출의 누계 8시간은 병가 1일로 계산, 8시간 미만은 계산하지 않음

▲ 결근 · 정직 · 직위해제일수는 공무상 질병 또는 부상으로 인한 병가일수에서 공제함.

① 공무상 질병으로 179일 병가 사용 후, 같은 질병으로 인한 조퇴 시간 누계가 7시간인 K씨

② 일반적 질병으로 인하여 직무 수행이 어려울 것 같아 50일 병가를 사용한 S씨

③ 정직 30일의 징계와 30일의 공무상 병가를 사용한 후 지각 시간 누계가 7시간인 L씨

④ 일반적 질병으로 60일 병가 사용 후 일반적 부상으로 인한 지각 · 조퇴 · 외출 시간이 각각 3시간씩인 H씨

37

다음 중 시간자원에 대한 설명으로 틀린 것은?

① 시간은 누구에게나 똑같은 속도로 흐른다.

② 시간은 빌리거나 저축할 수 없다.

③ 시간은 시절에 관계없이 그 밀도가 같다.

④ 시간은 어떻게 사용하느냐에 따라 가치가 달라진다.

▎38~39 ▎ 다음 자료는 O회사 창고다음은 특정 시점 A국의 B국에 대한 주요 품목의 수출입 내역을 나타낸 것이다. 이를 보고 이어지는 물음에 답하시오.

(단위: 천 달러)

수출		수입		합계	
품목	금액	품목	금액	품목	금액
섬유류	352,165	섬유류	475,894	섬유류	828,059
전자전기	241,677	전자전기	453,907	전자전기	695,584
잡제품	187,132	생활용품	110,620	생활용품	198,974
생활용품	88,354	기계류	82,626	잡제품	188,254
기계류	84,008	화학공업	38,873	기계류	166,634
화학공업	65,880	플라스틱/고무	26,957	화학공업	104,753
광산물	39,456	철강금속	9,966	플라스틱/고무	51,038
농림수산물	31,803	농림수산물	6,260	광산물	39,975
플라스틱/고무	24,081	잡제품	1,122	농림수산물	38,063
철강금속	21,818	광산물	519	철강금속	31,784

38

다음 중 위의 도표에서 알 수 있는 A국↔B국간의 주요 품목 수출입 내용이 아닌 것은 어느 것인가? (언급되지 않은 품목은 고려하지 않는다)

① A 국은 B국과의 교역에서 수출보다 수입을 더 많이 한다.

② B 국은 1차 산업의 생산 또는 수출 기반이 A 국에 비해 열악하다고 볼 수 있다.

③ 양국의 상호 수출입 액 차이가 가장 적은 품목은 기계류이다.

④ A 국의 입장에서, 총 교역액에서 수출액이 차지하는 비중이 가장 큰 품목은 광산물이다.

39

A 국에서 무역수지가 가장 큰 품목의 무역수지 액은 얼마인가? (무역수지=수출액−수입액)

① 27,007천 달러

② 38,937천 달러

③ 186,010천 달러

④ 25,543천 달러

┃40~41┃ 다음 한국 주식회사의 조직도 및 전결규정을 보고 이어지는 물음에 답하시오.

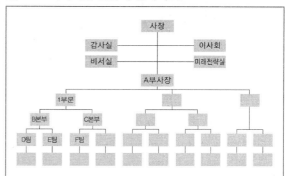

〈전결규정〉

업무내용	결재권자			
	사장	부사장	본부장	팀장
주간업무보고				○
팀장급 인수인계		○		
백만 불 이상 예산집행	○			
백만 불 이하 예산집행		○		
이사회 위원 위촉	○			
임직원 해외 출장	○ (임원)		○ (직원)	
임직원 휴가	○ (임원)		○ (직원)	
노조관련 협의사항		○		

☞ 결재권자가 출장, 휴가 등 사유로 부재중일 경우에는 결재권자의 차상급 직위자의 전결사항으로 하되, 반드시 결재권자의 업무 복귀 후 후결로 보완한다.

40

한국 주식회사의 업무 조직도로 보아 사장에게 직접 보고를 할 수 있는 조직원은 모두 몇 명인가?

① 2명

② 3명

③ 4명

④ 5명

41

한국 주식회사 임직원들의 다음과 같은 업무 처리 내용 중 사내 규정에 비추어 적절한 행위로 볼 수 있는 것은 어느 것인가?

① C본부장은 해외 출장을 위해 사장 부재 시 비서실장에게 최종 결재를 득하였다.
② B본부장과 E팀 직원의 동반 출장 시 각각의 출장신청서에 대해 사장에게 결재를 득하였다.
③ D팀에서는 50만 불 예산이 소요되는 프로젝트의 최종 결재를 위해 부사장 부재 시 본부장의 결재를 득하였고, 중요한 결재 서류인 만큼 결재 후 곧바로 문서보관함에 보관하였다.
④ F팀에서는 그간 심혈을 기울여 온 300만 불의 예산이 투입되는 해외 프로젝트의 최종 계약 체결을 위해 사장에게 동반 출장을 요청하기로 하였다.

▌42~44▐ 다음 설명을 읽고 분석 결과에 대응하는 가장 적절한 전략을 고르시오.

> SWOT분석이란 기업의 환경 분석을 통해 마케팅 전략을 수립하는 기법이다. 조직 내부 환경으로는 조직이 우위를 점할 수 있는 강점(Strength), 조직의 효과적인 성과를 방해하는 자원·기술·능력 면에서의 약점(Weakness), 조직 외부 환경으로는 조직 활동에 이점을 주는 기회(Opportunity), 조직 활동에 불이익을 미치는 위협(Threat)으로 구분된다.
> ※ SWOT분석에 의한 마케팅 전략
>   ㉠ SO전략(강점-기회전략) : 시장의 기회를 활용하기 위해 강점을 사용하는 전략
>   ㉡ ST전략(강점-위협전략) : 시장의 위협을 회피하기 위해 강점을 사용하는 전략
>   ㉢ WO전략(약점-기회전략) : 약점을 극복함으로 시장의 기회를 활용하려는 전략
>   ㉣ WT전략(약점-위협전략) : 시장의 위협을 회피하고 약점을 최소화하는 전략

42

다음은 A화장품 기업의 SWOT분석이다. 가장 적절한 전략은?

강점 (Strength)	• 화장품과 관련된 높은 기술력 보유 • 기초화장품 전문 브랜드라는 소비자인식과 높은 신뢰도
약점 (Weakness)	• 남성전용 화장품 라인의 후발주자 • 용량 대비 높은 가격
기회 (Opportunity)	• 남성들의 화장품에 대한 인식변화와 화장품 시장의 지속적인 성장 • 화장품 분야에 대한 정부의 지원
위협 (Threat)	• 경쟁업체들의 남성화장품 시장 공략 • 내수경기 침체로 인한 소비심리 위축

① SO전략 : 기초화장품 기술력을 통한 경쟁적 남성 기초화장품 개발
② ST전략 : 유통비조정을 통한 제품의 가격 조정
③ WO전략 : 남성화장품 이외의 라인에 주력하여 경쟁력 강화
④ WT전략 : 정부의 지원을 통한 제품의 가격 조정

43

다음은 여성의류 인터넷쇼핑몰의 SWOT분석이다. 가장 적절한 전략은?

강점 (Strength)	• 쉽고 빠른 제품선택, 시 · 공간의 제약 없음 • 오프라인 매장이 없어 비용 절감 • 고객데이터 활용의 편리성
약점 (Weakness)	• 높은 마케팅비용 • 보안 및 결제시스템의 취약점 • 낮은 진입 장벽으로 경쟁업체 난립
기회 (Opportunity)	• 업체 간 업무 제휴로 상생 경영 • IT기술과 전자상거래 기술 발달
위협 (Threat)	• 경기 침체의 가변성 • 잦은 개인정보유출사건으로 인한 소비자의 신뢰도 하락 • 일부 업체로의 집중화에 의한 독과점 발생

① SO전략 : 악세사리 쇼핑몰과의 제휴로 마케팅비용을 줄인다.

② ST전략 : 높은 IT기술을 이용하여 보안부문을 강화한다.

③ WO전략 : 남성의류 쇼핑몰과 제휴를 맺어 연인컨셉으로 경쟁력을 높인다.

④ WT전략 : 고객데이터를 이용하여 이벤트를 주기적으로 열어 경쟁력을 높인다.

44

다음은 K모바일메신저의 SWOT분석이다. 가장 적절한 전략은?

강점 (Strength)	• 국내 브랜드 이미지 1위 • 무료 문자&통화 가능 • 다양한 기능(쇼핑, 뱅킹서비스 등)
약점 (Weakness)	• 특정 지역에서의 접속 불량 • 서버 부족으로 인한 잦은 결함
기회 (Opportunity)	• 스마트폰의 사용 증대 • App Store 시장의 확대
위협 (Threat)	• 경쟁업체의 고급화 • 안정적인 해외 업체 메신저의 유입

① SO전략 : 다양한 기능과 서비스를 강조하여 기타 업체들과 경쟁한다.

② ST전략 : 접속 불량이 일어나는 지역의 원인을 파악하여 제거한다.

③ WO전략 : 서버를 추가적으로 구축하여 이용자를 유치한다.

④ WT전략 : 국내 브랜드 이미지를 이용하여 마케팅전략을 세운다.

45

다음의 혁신 사례 보고서를 통해 알 수 있는 기업의 활동으로 옳은 것만을 〈보기〉에서 있는 대로 모두 고른 것은?

– (주)K그룹 혁신 사례 보고서 –

〈인적자원관리부문〉
▸ 주택 자금 저금리 대출, 자녀 학비 보조금 등 지원
▸ 구성원들이 소외감을 갖지 않고 유대감을 높일 수 있도록 사내 동아리 활성화

〈생산관리부문〉
▸ 자재를 필요한 시기에 공급하여 원활한 생산이 가능한 시스템 구축
▸ 품질에 영향을 끼칠 수 있는 모든 활동을 분석하여 기업의 구성원 전체가 품질 관리에 참여

〈보기〉

㉠ 근로자들에게 법정 외 복리 후생을 지원하였다.
㉡ 인사 관리 원칙 중 창의력 계발의 원칙을 적용하였다.
㉢ 적시 생산 시스템(JIT)을 도입하여 재고를 관리하였다.
㉣ 품질을 관리하기 위해 종합적 품질 관리(TQC)시스템을 도입하였다.
---

① ㉠㉣
② ㉡㉢
③ ㉠㉡㉢
④ ㉠㉢㉣

46

조직이 유연하고 자유로운지 아니면 안정이나 통제를 추구하는지, 조직이 내부의 단결이나 통합을 추구하는지 아니면 외부의 환경에 대한 대응성을 추구하는지의 차원에 따라 집단문화, 개발문화, 합리문화, 계층문화로 구분된다. 지문에 주어진 특징을 갖는 조직문화의 유형은?

과업지향적인 문화로, 결과지향적인 조직으로써의 업무의 완수를 강조한다. 조직의 목표를 명확하게 설정하여 합리적으로 달성하고, 주어진 과업을 효과적이고 효율적으로 수행하기 위하여 실적을 중시하고, 직무에 몰입하며, 미래를 위한 계획을 수립하는 것을 강조한다. 이 문화는 조직구성원 간의 경쟁을 유도하는 문화이기 때문에 때로는 지나친 성과를 강조하게 되어 조직에 대한 조직구성원들의 방어적인 태도와 개인주의적인 성향을 드러내는 경향을 보인다.
---

① 집단문화
② 개발문화
③ 합리문화
④ 계층문화

47

다음 중 해당 팀 자체의 업무보다 타 팀 및 전사적인 업무 활동에 도움을 주는 업무가 주된 역할인 팀으로 묶인 것은 어느 것인가?

① 총무팀, 마케팅팀
② 생산기술팀, 영업팀
③ 홍보/광고팀, 연구개발팀
④ 홍보/광고팀, 총무팀

48

다음의 기사와 관련성이 가장 높은 것을 고르면?

지난 2월초 소주 업계에서는 두산주류 BG의 '처음처럼'과 진로의 '참이슬'에서 20도 소주를 출시하면서 두 회사 간 치열한 경쟁이 벌어지고 있다. 특히 이 두 소주 회사들은 화장품을 증정하는 프로모션을 함께 벌이면서 고객 끌어들이기에 안간힘을 쓰고 있다.

처음처럼은 지난 4월부터 5월까지 서울 경기 강원 지역 중에 대학가와 20대가 많이 모이는 유흥상권에서 화장품을 이용한 판촉행사를 진행하고 있다. '처음처럼'을 마시는 고객에게 게임을 통해 마스크 팩과 핸드크림을 나눠주고 있다. 또한 참이슬에서도 서울 경기 지역에서 폼 클렌징을 증정하고 있다. 두 소주 회사들의 주요 목표 층은 20대와 30대 남성들로 멋내기에도 관심 있는 계층이어서 화장품에 대한 만족도도 매우 높은 것으로 알려지고 있다. 처음처럼 판촉팀 관계자는 수십 개 판촉팀을 나눠 진행하는데 마스크 팩이나 핸드크림을 증정 받은 남성들의 반응이 좋아 앞으로 화장품 프로모션은 계속 될 것이라고 말했다. 이 관계자는 또 "화장품이 소주의 판촉물로 선호되는 것은 무엇보다도 화장품이라는 아이템이 깨끗하고, 순수한 느낌을 주고 있어 가장 적합한 제품"이라고 덧붙였다. 특히 폼 클렌징을 증정 받아 사용해본 고객들은 사용 후 폼 클렌징을 직접 구매하고 있어 판매로 이어지면서 화장품 업계에서도 적극 권유하고 있다. 업계 관계자는 "화장품과 식품음료업체간의 이러한 마케팅은 상대적으로 적은 비용으로 브랜드 인지도와 매출을 동시에 높일 수 있는 효과를 거둘 수 있다"며 "비슷한 소비층을 목표로 한 업종 간의 마케팅이 더욱 활발하게 전개될 것"이라고 전망했다.

① 제품의 수요 또는 공급을 선택적으로 조절해 장기적인 측면에서 자사의 이미지 제고와 수익의 극대화를 꾀하는 마케팅 활동이다.
② 시장의 경쟁체제는 치열해지고 이러한 레드 오션 안에서 틈새를 찾아 수익을 창출하는 마케팅 활동이다.
③ 유통 경로 수준에 있는 기업들이 자본, 생산, 마케팅 기능 등을 결합해 각 기업의 경쟁 우위를 공유하려는 마케팅 활동이다.
④ 이메일이나 또는 다른 전파 가능한 매체를 통해서 자발적으로 어떤 기업이나 기업의 제품을 홍보할 수 있도록 제작하여 널리 퍼지게 하는 마케팅 활동이다.

49

아래의 기사를 읽고 이 글에서 다루고 있는 회의방식에 관련한 사항으로 적절하지 않은 것을 고르면?

2018러시아 월드컵을 앞둔 축구국가대표팀은 11일(한국시간) 오스트리아 레오 강에서 진행된 사전훈련 캠프를 모두 마쳤다. 볼리비아~세네갈과 두 차례 A매치를 통해 경기감각을 끌어올렸고 체력훈련과 세부전술까지 소화하며 조금씩 희망을 키워갔다.

여기에 치열했던 브레인스토밍도 희망요소다. 태극전사들은 틈날 때마다 머리를 맞대고 자체 미팅을 가졌다. 주제도, 방식도 아주 다양했는데 특히 훈련 내용과 실전에서의 효율적인 움직임에 대한 이야기가 많았다는 후문이다. 장소는 가리지 않았다. 선수들이 옹기종기 모여 이미지 트레이닝을 하는 장면은 곳곳에서 포착됐다. 대표 팀이 전용훈련장으로 활용한 슈타인베르크 슈타디온은 물론이고 숙소 식당과 커피숍, 숙소~훈련장(경기장)을 왕복한 버스, 심지어 아침식사 전 머리를 깨우기 위해 갖는 가벼운 산책길에서도 선수들은 수시로 토론을 했다. 경기도 파주 국가대표트레이닝센터를 시작으로 대구~전주를 찍은 국내캠프에서도 그랬지만 최종엔트리 23명 체제로 본격적인 강화훈련을 시작한 레오 강에서 미팅이 눈에 띄게 늘었다. 주장 기성용의 주도로 전체 미팅을 하고나면 선수들이 패턴을 수시로 바꿔가며 2차 대화를 갖는 형태다.

① 위와 같은 회의방식은 1941년에 미국의 광고회사 부사장 알렉스 F. 오즈번의 제창으로 그의 저서 「독창력을 신장하라」로 널리 소개되었다.
② 한 사람보다 다수인 쪽이 제기되는 아이디어가 많다.
③ 이러한 회의방법에서는 어떠한 내용의 발언이라도 그에 대한 비판을 해서는 안 되며, 오히려 자유분방하고 엉뚱하기까지 한 의견을 출발점으로 하여 구성원들이 아이디어를 전개시켜 나가도록 하고 있는데, 일종의 자유연상법이라고도 할 수 있다.
④ 아이디어 수가 많을수록 양적으로 우수한 아이디어가 나올 가능성이 많다.

50

아래의 표는 어느 기업의 조직도를 나타내고 있다. 아래의 내용을 참조하여 분석 및 추론한 것으로 가장 옳지 않은 항목을 고르면?

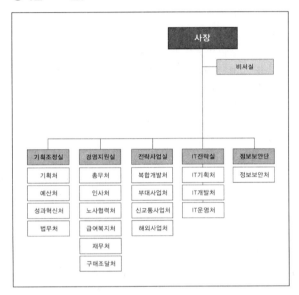

① 위 조직도의 가장 상위의 업무를 관장하게 되는 것은 비서실이며, 사장의 부속실 역할을 수행함을 알 수 있다.
② 기획조정실은 1실 4처로 구성되어 있다.
③ 경영지원실은 1실 6처로 구성되어 있다.
④ 사장 아래에 있는 부서는 5실 2단으로 구성되어 있다.

CHAPTER

제3회

실전 모의고사

제한 시간	
맞힌 문항	
정답 및 해설	P.189

1

다음의 밑줄 친 단어의 의미와 동일하게 쓰인 것은?

기재부 예산실장은 "내년에 정부는 일자리 창출, 4차 산업 혁명 대응, 저출산 극복, 양극화 완화 등 4대 핵심 분야에 예산을 집중적으로 투자할 계획이라며 이를 위해 신규 사업 관리 강화 등 10대 재정 운용 전략을 활용, 재정 투자의 효율성을 높여갈 것"이라고 밝혔다. 이어 각 지방자치단체에서도 정부의 예산 편성 방향에 부합하도록 사업을 신청해 달라고 요청했다.

기재부는 이날 논의한 지역 현안 사업이 각 부처의 검토를 거쳐 다음달 26일까지 기재부에 신청되면, 관계 기관의 협의를 거쳐 내년도 예산안에 반영한다.

① 학생들은 초등학교부터 중학교, 고등학교를 거쳐 대학에 입학하게 된다.
② 가장 어려운 문제를 해결했으니 이제 특별히 거칠 문제는 없다.
③ 이번 출장 때는 독일 베를린을 거쳐 오스트리아 빈을 다녀올 예정이다.
④ 오랜만에 뒷산에 올라 보니, 무성하게 자란 칡덩굴이 발에 거친다.

2

다음 글의 주제로 가장 적절한 것을 고른 것은?

유럽의 도시들을 여행하다 보면 여기저기서 벼룩시장이 열리는 것을 볼 수 있다. 벼룩시장에서 사람들은 낡고 오래된 물건들을 보면서 추억을 되살린다. 유럽 도시들의 독특한 분위기는 오래된 것을 쉽게 버리지 않는 이런 정신이 반영된 것이다.

영국의 옥스팜(Oxfam)이라는 시민단체는 헌옷을 수선해 파는 전문 상점을 운영해, 그 수익금으로 제3세계를 지원하고 있다. 파리 시민들에게는 유행이 따로 없다. 서로 다른 시절의 옷들을 예술적으로 배합해 자기만의 개성을 연출한다.

땀과 기억이 배어 있는 오래된 물건은 실용적 가치만으로 따질 수 없는 보편적 가치를 지닌다. 선물로 받아서 10년 이상 써 온 손때 묻은 만년필을 잃어버렸을 때 느끼는 상실감은 새 만년필을 산다고 해서 사라지지 않는다. 그것은 그 만년필이 개인의 오랜 추억을 담고 있는 증거물이자 애착의 대상이 되었기 때문이다. 그러기에 실용성과 상관없이 오래된 것은 그 자체로 아름답다.

① 서양인들의 개성은 시대를 넘나드는 예술적 가치관으로부터 표현된다.
② 실용적 가치보다 보편적인 가치를 중요시해야 한다.
③ 만년필은 선물해준 사람과의 아름다운 기억과 오랜 추억이 담긴 물건이다.
④ 오래된 물건은 실용적 가치만으로 따질 수 없는 개인의 추억과 같은 보편적 가치를 지니기에 그 자체로 아름답다.

3

다음 글을 읽고 알 수 있는 매체와 매체 언어의 특성으로 가장 적절한 것은?

텔레비전 드라마는 텔레비전과 드라마에 대한 각각의 이해를 전제로 하고 보아야 한다. 즉 텔레비전이라는 매체에 대한 이해와 드라마라는 장르적 이해가 필요하다.

텔레비전은 다양한 장르, 양식 등이 교차하고 공존한다. 텔레비전에는 다루고 있는 내용이 매우 무거운 시사토론 프로그램부터 매우 가벼운 오락 프로그램까지 섞여서 나열되어 있다. 또한 시청률에 대한 생산자들의 강박관념까지 텔레비전 프로그램 안에 들어있다. 텔레비전 드라마의 경우도 마찬가지로 이러한 강박이 존재한다. 드라마는 광고와 여러 문화 산업에 부가가치를 창출하며 드라마의 장소는 관광지가 되어서 지방의 부가가치를 만들어 내기도 한다. 이 때문에 시청률을 걱정해야 하는 불안정한 텔레비전 드라마 시장의 구조 속에서 상업적 성공을 거두기 위해 텔레비전 드라마는 이미 높은 시청률을 기록한 드라마를 복제하게 되는 것이다. 이것은 드라마 제작자의 수익성과 시장의 불확실성을 통제하기 위한 것으로 구체적으로는 속편이나 아류작의 제작이나 유사한 장르 복제 등으로 나타난다. 이러한 복제는 텔레비전 내부에서만 일어나는 것이 아니라 문화 자본과 관련되는 모든 매체, 즉 인터넷, 영화, 인쇄 매체에서 동시적으로 나타나는 현상이기도 하다.

이들은 서로 역동적으로 자리바꿈을 하면서 환유적 관계를 형성한다. 이 환유에는 수용자들, 즉 시청자나 매체 소비자들의 욕망이 투사되어 있다. 수용자의 욕망이 매체나 텍스트의 환유적 고리와 만나게 되면 각각의 텍스트는 다른 텍스트나 매체와의 관련 속에서 의미화 작용을 거치게 된다.

이렇듯 텔레비전 드라마는 시청자의 욕망과 텔레비전 안팎의 다른 프로그램이나 텍스트와 교차하는 지점에서 생산된다. 상업성이 검증된 것의 반복적 생산으로 말미암아 텔레비전 드라마는 거의 모든 내용이 비슷해지는 동일화의 길을 걷게 된다고 볼 수 있다.

① 텔레비전과 같은 매체는 문자 언어를 읽고 쓰는 능력을 반드시 필요로 한다.

② 디지털 매체 시대에 독자는 정보의 수용자이면서 동시에 생산자가 되기도 한다.

③ 텔레비전 드라마 시청자들의 욕구는 매체의 특성을 변화시키는 경우가 많다.

④ 영상 매체에 있는 자료들이 인터넷, 영화 등과 결합하는 것은 사실상 불가능하다.

4

다음 글의 빈칸에 들어갈 내용으로 가장 적절한 것은?

자본주의 경제체제는 이익을 추구하는 인간의 욕구를 최대한 보장해 주고 있다. 기업 또한 이익 추구라는 목적에서 탄생하여, 생산의 주체로서 자본주의 체제의 핵심적 역할을 수행하고 있다. 곧, 이익은 기업가로 하여금 사업을 시작하게 된 동기가 된다. 이익에는 단기적으로 실현되는 이익과 장기간에 걸쳐 지속적으로 실현되는 이익이 있다. 기업이 장기적으로 존속, 성장하기 위해서는 _____ 실제로 기업은 단기 이익의 극대화가 장기 이익의 극대화와 상충될 때에는 단기 이익을 과감하게 포기하기도 한다.

① 두 마리의 토끼를 다 잡으려는 생각으로 운영해야 한다.

② 당장의 이익보다 기업의 이미지를 생각해야 한다.

③ 단기 이익보다 장기 이익을 추구하는 것이 더 중요하다.

④ 장기 이익보다 단기 이익을 추구하는 것이 더 중요하다.

| 5~6 | 다음은 정부의 세금 부과와 관련된 설명이다. 물음에 답하시오.

정부가 어떤 재화에 세금을 부과하면 그 부담을 누가 지는가? 그 재화를 구입하는 구입자인가, 그 재화를 판매하는 공급자인가? 구입자와 공급자가 세금을 나누어 부담한다면 각각의 몫은 어떻게 결정될까? 이러한 질문들을 경제학자들은 조세의 귀착이라 한다. 앞으로 살펴보겠지만 ㉠단순한 수요 공급 모형을 이용하여 조세의 귀착에 관한 놀라운 결론을 도출할 수 있다.

개당 3달러 하는 아이스크림에 정부가 0.5달러의 세금을 공급자에게 부과하는 경우를 보자. 세금이 구입자에게는 부과되지 않으므로 주어진 가격에서 아이스크림에 대한 수요량은 변화가 없다. 반면 공급자는 세금을 제외하고 실제로 받는 가격은 0.5달러만큼 준 2.5달러로 하락한다. 이에 따라 공급자는 시장가격이 이 금액만큼 하락한 것으로 보고 공급량을 결정할 것이다. 즉, 공급자들이 세금 부과 이전과 동일한 수량의 아이스크림을 공급하도록 하려면 세금 부담을 상쇄할 수 있도록 개당 0.5달러만큼 가격이 높아져야 한다. 따라서 [그림1]에 표시된 것처럼 공급자에게 세금이 부과되면 공급 곡선이 S1에서 S2로 이동한다. 공급 곡선의 이동 결과 새로운 균형이 형성되면서 아이스크림의 균형 가격은 개당 3달러에서 3.3달러로 상승하고, 균형 거래량은 100에서 90으로 감소한다. 따라서 구입자가 내는 가격은 3.3달러로 상승하지만 공급자는 세금을 제외하고 실질적으로 받는 가격은 2.8달러가 된다. 세금이 공급자에게 부과되지만 실질적으로 구입자와 공급자가 공동으로 세금을 부담하게 된다.

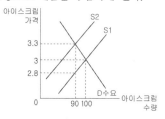

그림1 〈공급자에 대한 과세〉

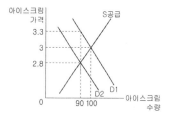

그림2 〈구입자에 대한 과세〉

이번에는 구입자에게 세금이 부과되는 경우를 보자. 구입자에게 세금이 부과되면 아이스크림의 공급 곡선은 이동하지 않는다. 반면에 구입자들은 이제 세금도 납부해야 하므로 각 가격 수준에서 구입자들의 희망 구입량은 줄어들어 수요곡선은 [그림2]처럼 D1에서 D2로 이동한다. 이에 따라 균형거래량은 100에서 90으로 감소한다. 따라서 아이스크림 공급자들이 받는 가격은 개당 3달러에서 2.8달러로 하락하고, 구입자들이 내는 가격은 세금을 포함하여 3.3달러로 상승한다. 형식적으로는 세금이 구입자에게 부과되지만 이 경우에도 구입자와 공급자가 공동으로 세금을 부담하는 것이다.

어떤 재화에 세금이 부과되면 그 재화의 구입자와 공급자들이 세금을 나누어 부담한다고 했는데, 이때 세금 부담의 몫은 어떻게 결정될까? 그것은 수요와 공급 탄력성의 상대적 크기에 달려 있다. 공급이 매우 탄력적이고 수요는 상대적으로 비탄력적인 시장에 세금이 부과되면 공급자가 받는 가격은 큰 폭으로 하락하지 않으므로 공급자의 세금 부담은 작다. 반면에 구입자들이 내는 가격은 큰 폭으로 상승하기 때문에 구입자가 세금을 대부분 부담한다. 거꾸로 공급이 상대적으로 비탄력적이고 수요는 매우 탄력적인 시장인 경우에는 구입자가 내는 가격은 큰 폭으로 상승하지 않지만, 공급자가 받는 가격은 큰 폭으로 하락한다. 따라서 공급자가 세금을 대부분 부담한다. 본질적으로 탄력성이 작다는 것은 구입자가 세금이 부과된 재화를 대체할 다른 재화를 찾기 어렵다는 뜻이고 공급의 탄력성이 작다는 것은 공급자가 세금이 부과된 재화를 대체할 재화를 생산하기 어렵다는 의미다. 재화에 세금이 부과될 때, 대체재를 찾기 어려운 쪽일수록 그 재화의 소비를 포기하기 어려우므로 더 큰 몫의 세금을 부담할 수밖에 없는 것이다.

5

위 내용을 바탕으로 다음에 대해 분석할 때 적절하지 않은 결론을 도출한 사람은?

> △△국가는 요트와 같은 사치품은 부자들만 살 수 있으므로 이들 품목에 사치세를 부과할 정책을 계획 중이다. 그런데 요트에 대한 수요는 매우 탄력적이다. 부자들은 요트를 사는 대신에 자가용 비행기나 크루즈 여행 등에 그 돈을 쓸 수 있기 때문이다. 반면에 요트 생산자는 다른 재화의 생산 공장으로 쉽게 전환할 수 없기 때문에 요트의 공급은 비탄력적이다.

① A : 금이 부과되면 부자들의 요트 구입량은 감소하겠군.
② B : 수요와 공급 중 보다 탄력적인 쪽이 세금을 더 많이 부담하겠군.
③ C : 사치세를 부과하면 요트 공급자가 세금을 더 부담하게 되겠군.
④ D : 사치세를 통해 부자에게 세금을 부과하려는 정책은 실패할 가능성이 있겠군.

6

밑줄 친 ㉠을 통해 알 수 있는 내용으로 적절하지 않은 것은?

① 세금이 부과되면 균형 거래량은 줄어든다.
② 구입자와 공급자가 세금을 나누어 부담한다.
③ 세금으로 인해 재화 거래의 시장 규모가 줄어든다.
④ 세금을 구입자에게 부과하면 공급 곡선이 이동한다.

▮7~8▮ 다음은 보험 제도와 관련된 설명이다. 물음에 답하시오.

보험은 같은 위험을 보유한 다수인이 위험 공동체를 형성하여 보험료를 납부하고 보험 사고가 발생하면 보험금을 지급받는 제도이다. 보험 상품을 구입한 사람은 장래의 우연한 사고로 인한 경제적 손실에 대비할 수 있다. 보험금 지급은 사고 발생이라는 우연적 조건에 따라 결정되는데, 이처럼 보험은 조건의 실현 여부에 따라 받을 수 있는 재화나 서비스가 달라지는 조건부 상품이다.

[A] 위험 공동체의 구성원이 납부하는 보험료와 지급받는 보험금은 그 위험 공동체의 사고 발생 확률을 근거로 산정된다. 특정 사고가 발생할 확률은 정확히 알 수 없지만 그동안 발생된 사고를 바탕으로 그 확률을 예측한다면 관찰 대상이 많아짐에 따라 실제 사고 발생 확률에 근접하게 된다. 본래 보험 가입의 목적은 금전적 이득을 취하는 데 있는 것이 아니라 장래의 경제적 손실을 보상받는 데 있으므로 위험 공동체의 구성원은 자신이 속한 위험 공동체의 위험에 상응하는 보험료를 납부하는 것이 공정할 것이다. 따라서 공정한 보험에서는 구성원 각자가 납부하는 보험료와 그가 지급받을 보험금에 대한 기댓값이 일치해야 하며 구성원 전체의 보험료 총액과 보험금 총액이 일치해야 한다. 이때 보험금에 대한 기댓값은 사고가 발생할 확률에 사고 발생 시 수령할 보험금을 곱한 값이다. 보험금에 대한 보험료의 비율(보험료 / 보험금)을 보험료율이라 하는데, 보험료율이 사고 발생 확률보다 높으면 구성원 전체의 보험료 총액이 보험금 총액보다 더 많고, 그 반대의 경우에는 구성원 전체의 보험료 총액이 보험금 총액보다 더 적게 된다. 따라서 공정한 보험에서는 보험료율과 사고 발생 확률이 같아야 한다.

물론 현실에서 보험사는 영업 활동에 소요되는 비용 등을 보험료에 반영하기 때문에 공정한 보험이 적용되기 어렵지만 기본적으로 위와 같은 원리를 바탕으로 보험료와 보험금을 산정한다. 그런데 보험 가입자들이 자신이 가진 위험의 정도에 대해 진실한 정보를 알려 주지 않는 한, 보험사는 보험 가입자 개개인이 가진 위험의 정도를 정확히 파악하여 거기에 상응하는 보험료를 책정하기 어렵다. 이러한 이유로 사고 발생 확률이 비슷하다고 예상되는 사람들로 구성된 어떤 위험 공동체에 사고 발생 확률이 더 높은 사람들이 동일한 보험료를 납부하고 진입하게 되면, 그 위험 공동체의 사고 발생 빈도가 높아져 보험사가 지급하는 보험금의 총액이 증가한다. 보험사는 이를 보전하기 위해 구성원이 납부해야 할 보험료를 인상할 수밖에 없다. 결국 자신의 위험 정도에 상응하는 보험료보다 더 높은 보험료를 납부하는 사람이 생기게 되는 것이다. 이러한 문제는 정보의 비대칭성에서 비롯되는데 보험 가입자의 위험 정도에 대한 정보는 보험 가입자가 보험사보다 더 많이 갖고 있기 때문이다. 이를 해결하기 위해 보험사는 보험 가입자의 감춰진 특성을 파악할 수 있는 수단이 필요하다.

우리 상법에 규정되어 있는 고지 의무는 이러한 수단이 법적으로 구현된 제도이다. 보험 계약은 보험 가입자의 청약과 보험사의 승낙으로 성립된다. 보험 가입자는 반드시 계약을 체결하기 전에 '중요한 사항'을 알려야 하고, 이를 사실과 다르게 진술해서는 안 된다. 여기서 '중요한 사항'은 보험사가 보험 가입자의 청약에 대한 승낙을 결정하거나 차등적인 보험료를 책정하는 근거가 된다. 따라서 고지 의무는 결과적으로 다수의 사람들이 자신의 위험 정도에 상응하는 보험료보다 더 높은 보험료를 납부해야 하거나, 이를 이유로 아예 보험에 가입할 동기를 상실하게 되는 것을 방지한다.

보험 계약 체결 전 보험 가입자가 고의나 중대한 과실로 '중요한 사항'을 보험사에 알리지 않거나 사실과 다르게 알리면 고지 의무를 위반하게 된다. 이러한 경우에 우리 상법은 보험사에 계약 해지권을 부여한다. 보험사는 보험 사고가 발생하기 이전이나 이후에 상관없이 고지 의무 위반을 이유로 계약을 해지할 수 있고, 해지권 행사는 보험사의 일방적인 의사 표시로 가능하다. 해지를 하면 보험사는 보험금을 지급할 책임이 없게 되며, 이미 보험금을 지급했다면 그에 대한 반환을 청구할 수 있다. 일반적으로 법에서 의무를 위반하게 되면 위반한 자에게 그 의무를 이행하도록 강제하거나 손해 배상을 청구할 수 있는 것과 달리, 보험 가입자가 고지 의무를 위반했을 때에는 보험사가 해지권만 행사할 수 있다. 그런데 보험사의 계약 해지권이 제한되는 경우도 있다. 계약 당시에 보험사가 고지 의무 위반에 대한 사실을 알았거나 중대한 과실로 인해 알지 못한 경우에는 보험 가입자가 고지 의무를 위반했어도 보험사의 해지권은 배제된다. 이는 보험 가입자의 잘못보다

보험사의 잘못에 더 책임을 둔 것이라 할 수 있다. 또 보험사가 해지권을 행사할 수 있는 기간에도 일정한 제한을 두고 있는데, 이는 양자의 법률관계를 신속히 확정함으로써 보험 가입자가 불안정한 법적 상태에 장기간 놓여 있는 것을 방지하려는 것이다. 그러나 고지해야 할 '중요한 사항' 중 고지 의무 위반에 해당되는 사항이 보험 사고와 인과 관계가 없을 때에는 보험사는 보험금을 지급할 책임이 있다. 그렇지만 이때에도 해지권은 행사할 수 있다.

보험에서 고지 의무는 보험에 가입하려는 사람의 특성을 검증함으로써 다른 가입자에게 보험료가 부당하게 전가되는 것을 막는 기능을 한다. 이로써 사고의 위험에 따른 경제적 손실에 대비하고자 하는 보험 본연의 목적이 달성될 수 있다.

7

[A]를 바탕으로 다음의 상황을 이해한 내용으로 적절한 것은?

> 사고 발생 확률이 각각 0.1과 0.2로 고정되어 있는 위험 공동체 A와 B가 있다고 가정한다. A와 B에 모두 공정한 보험이 항상 적용된다고 할 때, 각 구성원이 납부할 보험료와 사고 발생 시 지급받을 보험금을 산정하려고 한다.
>
> 단, 동일한 위험 공동체의 구성원끼리는 납부하는 보험료가 같고, 지급받는 보험금이 같다. 보험료는 한꺼번에 모두 납부한다.

① A에서 보험료를 두 배로 높이면 보험금은 두 배가 되지만 보험금에 대한 기댓값은 변하지 않는다.

② B에서 보험금을 두 배로 높이면 보험료는 변하지 않지만 보험금에 대한 기댓값은 두 배가 된다.

③ A에 적용되는 보험료율과 B에 적용되는 보험료율은 서로 같다.

④ A와 B에서의 보험료가 서로 같다면 A와 B에서의 보험금에 대한 기댓값은 서로 같다.

8

위 설명을 바탕으로 다음의 사례를 검토한 내용으로 가장 적절한 것은?

> 보험사 A는 보험 가입자 B에게 보험 사고로 인한 보험금을 지급한 후, B가 중요한 사항을 고지하지 않았다는 사실을 뒤늦게 알고 해지권을 행사할 수 있는 기간 내에 보험금 반환을 청구했다.

① 계약 체결 당시 A에게 중대한 과실이 있었다면 A는 계약을 해지할 수 없으나 보험금은 돌려받을 수 있다.

② 계약 체결 당시 A에게 중대한 과실이 없다 하더라도 A는 보험금을 이미 지급했으므로 계약을 해지할 수 없다.

③ 계약 체결 당시 A에게 중대한 과실이 있고 B 또한 중대한 과실로 고지 의무를 위반했다면 A는 보험금을 돌려받을 수 있다.

④ B가 고지하지 않은 중요한 사항이 보험 사고와 인과관계가 없다면 A는 보험금을 돌려받을 수 없다.

9

다음에 제시된 문장 ㈎~㈐의 빈칸 어디에도 사용될 수 없는 단어는 어느 것인가?

> ㈎ 우리나라의 사회보장 체계는 사회적 위험을 보험의 방식으로 (   )함으로써 국민의 건강과 소득을 보장하는 사회보험이다.
>
> ㈏ 노인장기요양보험은 고령이나 노인성질병 등으로 인하여 6개월 이상 동안 혼자서 일상생활을 (   ) 하기 어려운 노인 등에게 신체활동 또는 가사지원 등의 장기요양급여를 사회적 연대원리에 의해 제공하는 사회보험 제도이다.
>
> ㈐ 사회보험 통합징수란 국민건강보험공단, 국민연금공단, 근로복지공단에서 각각 (   )하였던 건강보험, 국민연금, 고용보험, 산재보험의 업무 중 유사·중복성이 높은 보험료 징수업무(고지, 수납, 체납)를 국민건강보험공단이 통합하여 운영하는 제도이다.
>
> ㈑ 보장구 제조·판매업자가 장애인으로부터 서류일체를 위임받아 청구를 (   )하였을 경우 지급이 가능한가요?
>
> ㈒ 우리나라 장기요양제도의 발전방안을 모색하고 급속한 고령화에 능동적으로 (   )할 수 있는 능력을 배양하며, 장기요양분야 전문가들로 구성된 인적네트워크 형성 지원을 목적으로 한 사례발표와 토론형식의 참여형 역량강화 프로그램이다.

① 완수　　　　　　　② 대처

③ 대행　　　　　　　④ 수행

10

중의적 표현에 대한 다음 설명을 참고할 때, 구조적 중의성의 사례가 아닌 것은?

> 중의적 표현(중의성)이란 하나의 표현이 두 가지 이상의 의미로 해석되는 표현을 일컫는다. 그 특징은 해학이나 풍자 등에 활용되며, 의미의 다양성으로 문학 작품의 예술성을 높이는 데 기여한다. 하지만 의미 해석의 혼동으로 인해 원활한 의사소통에 방해를 줄 수도 있다.
>
> 이러한 중의성은 어휘적 중의성과 구조적 중의성으로 크게 구분할 수 있다. 어휘적 중의성은 다시 세 가지 부류로 나누는데 첫째, 다의어에 의한 중의성이다. 다의어는 의미를 복합적으로 가지고 있는데, 기본 의미를 가지고 있는 동시에 파생적 의미도 가지고 있어서 그 어휘의 기본적 의미가 내포되어 있는 상태에서 다른 의미로도 쓸 수 있다. 둘째, 어휘적 중의성으로 동음어에 의한 중의적 표현이 있다. 동음어에 의한 중의적 표현은 순수한 동음어에 의한 중의적 표현과 연음으로 인한 동음이의어 현상이 있다. 셋째, 동사의 상적 속성에 의한 중의성이 있다.
>
> 구조적 중의성은 문장의 구조 특성으로 인해 중의성이 일어나는 것을 말하는데, 이러한 중의성은 수식 관계, 주어의 범위, 서술어와 호응하는 논항의 범위, 수량사의 지배범위, 부정문의 지배범주 등에 의해 일어난다.

① 나이 많은 길동이와 을순이가 결혼을 한다.

② 그 녀석은 나와 아버지를 만났다.

③ 영희는 친구들을 기다리며 장갑을 끼고 있었다.

④ 그녀가 보고 싶은 친구들이 참 많다.

11

어떤 제품을 만들어서 하나를 팔면 이익이 5,000원 남고, 불량품을 만들게 되면 10,000원 손실을 입게 된다. 이 제품의 기댓값이 3,500원이라면 이 제품을 만드는 공장의 불량률은 몇 %인가?

① 4% ② 6%

③ 8% ④ 10%

12

다음 일차방정식 $3x - 5 = 2x - 3$의 해는?

① 2 ② 4

③ 6 ④ 8

13

다음은 기업유형별 직업교육 인원에 대한 지원비용 기준이다. 대규모기업 집단에 속하는 A사의 양성훈련 필요 예산이 총 1억 3,000만 원일 경우, 지원받을 수 있는 비용은 얼마인가?

기업구분	훈련구분	지원비율
우선지원대상기업	향상, 양성훈련 등	100%
대규모기업	향상, 양성훈련	60%
	비정규직대상훈련/전직훈련	70%
상시근로자 1,000인 이상 대규모 기업	향상, 양성훈련	50%
	비정규직대상훈련/전직훈련	70%

① 5,600만 원

② 6,200만 원

③ 7,800만 원

④ 8,200만 원

14

다음은 해외 주요 금융지표를 예시로 나타낸 표이다. 표에 대한 설명으로 옳지 않은 것은?

(단위 : %, %p)

구분	'18년 말	'19년 말	'20년			'21년
			2분기	3분기	12.30	1.7
다우지수	13,104	16,577	16,818	17,056	18,038	17,372
나스닥지수	3,020	4,177	4,350	4,509	4,807	4,593
일본 (Nikkei)	10,395	16,291	15,267	16,167	17,451	16,885
중국 (상하이종합)	2,269	2,116	2,026	2,344	3,166	3,374

① 2021년 1월 7일 다우지수는 전주 대비 약 3.69% 하락하였다.

② 2020년 3분기 중국 상하이종합 지수는 전분기 대비 약 14.70% 상승하였다.

③ 2020년 12월 30일 일본 니케이 지수는 전년 말 대비 약 7.12% 상승하였다.

④ 2020년 3분기 나스닥 지수는 2018년 말 대비 1,489p 상승하였다.

15

다음은 2021년 1월 7일 지수를 예시로 작성한 국내 금융 지표를 나타낸 표이다. A에 들어갈 수로 가장 알맞은 것은?

(단위 : %, %p)

구분	'19년 말	'20년			'21년	전주 대비
		2분기	3분기	12.30	1.7	
코스피 지수	2,011.34	1,981.77	2,035.64	1,915.59	1,883.83	−1.66
코스닥 지수	499.99	527.26	580.42	542.97	561.32	(A)
국고채 (3년)	2.86	2.69	2.34	2.10	2.08	−0.95
회사채 (3년)	3.29	3.12	2.72	2.43	2.41	−0.82
국고채 (10년)	3.58	3.22	2.97	2.60	2.56	−1.54

① 3.18

② 3.28

③ 3.38

④ 3.48

16

다음은 2010년 기초노령연금 수급 현황에 관한 조사결과 보고서이다. 보고서의 내용과 부합하지 않는 자료는?

보건복지부의 자료에 의하면 2010년 12월 말 현재 65세 이상 노인 중 약 373만 명에게 기초노령연금이 지급된 것으로 나타났다.

시도별 기초노령연금 수급률은 전남이 85.5%로 가장 높았고 그 다음이 경북(80.4%), 전북(79.3%), 경남(77.8%) 순이며, 서울(51.3%)이 가장 낮았다. 시군구별 기초노령연금 수급률은 전남 완도군이 94.1%로 가장 높았고 서울 서초구는 26.5%로 가장 낮았다. 특히 농어촌의 57개 지역과 대도시의 14개 지역은 기초노령연금 수급률이 80%를 넘었다.

여성(65.1%)이 남성(34.9%)보다 기초노령연금 혜택을 더 많이 받는 것으로 나타났는데, 이는 여성의 평균수명이 남성보다 더 길기 때문인 것으로 보인다. 기초노령연금을 받는 노인 중 70대가 수급자의 49.7%를 차지해 가장 비중이 높았다. 연령대별 수급자 비율을 큰 것부터 나열하면 80대, 90대, 70대 순이고, 80대의 경우 82.3%가 기초노령연금을 수령하였다.

① 2010년 시도별 기초노령연금 수급률

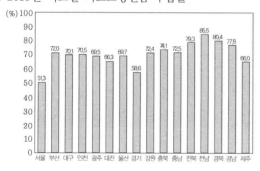

② 2010년 기초노령연금 수급자의 연령대별 구성비율

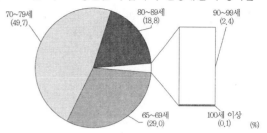

③ 2010년 시군구별 기초노령연금 수급률(상위 5개 및 하위 5개)

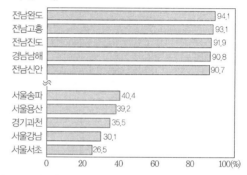

④ 2010년 기초노령연금 수급률별·도시규모별 지역 수

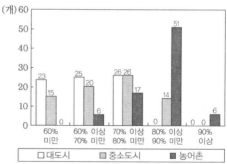

17

다음은 최근 3년간 우리나라 귀농·귀촌 동향을 예시로 나타낸 표이다. 표에 대한 설명으로 옳지 않은 것은?

〈표 1〉 연도별 귀농·귀촌 가구 수

구분		가구 수(호)	비중(%)
2019년	귀촌	15,788	58.5
	귀농	11,220	41.5
	계	27,008	100.0
2020년	귀촌	21,501	66.3
	귀농	10,923	33.7
	계	32,424	100.0
2021년	귀촌	33,442	75.0
	귀농	11,144	25.0
	계	44,586	100.0

〈표 2〉 가구주 연령대별 귀농·귀촌 추이

구분		귀촌			귀농		
		'19년	'20년	'21년	'19년	'20년	'21년
합계		15,788	21,501	33,442	11,220	10,923	11,144
가구주 연령	30대 이하	3,369	3,807	6,546	1,292	1,253	1,197
	40대	3,302	4,748	7,367	2,766	2,510	2,501
	50대	4,001	6,131	9,910	4,298	4,289	4,409
	60대	3,007	4,447	6,378	2,195	2,288	2,383
	70대 이상	2,109	2,368	3,241	669	583	654

① 귀농·귀촌 가구는 2019년 27,008가구에서 2021년 44,586가구로 최근 2년 동안 약 65.1% 증가하였다.

② 귀농 가구 수는 2019년 11,220호에서 2021년 11,144호로 약 0.6% 감소하였다.

③ 귀촌 가구의 경우 가구주의 전 연령대에서 증가하였는데 특히 가구주 연령이 50대인 가구가 가장 많이 늘었다.

④ 가구주 연령이 40대인 귀촌 가구는 2019~2021년 기간 동안 약 147.7% 증가하였다.

18

다음 자료에 대한 설명으로 올바른 것은?

〈한우 연도별 등급 비율〉

(단위 : %, 두)

연도	육질 등급					합계	한우등급 판정두수
	1++	1+	1	2	3		
2015	7.5	19.5	27.0	25.2	19.9	99.1	588,003
2016	8.6	20.5	27.6	24.7	17.9	99.3	643,930
2017	9.7	22.7	30.7	25.2	11.0	99.3	602,016
2018	9.2	22.6	30.6	25.5	11.6	99.5	718,256
2019	9.3	20.2	28.6	27.3	14.1	99.5	842,771
2020	9.2	21.0	31.0	27.1	11.2	99.5	959,751
2021	9.3	22.6	32.8	25.4	8.8	98.9	839,161

① 1++ 등급으로 판정된 한우의 두수는 2017년이 2018년보다 더 많다.

② 1등급 이상이 60%를 넘은 해는 모두 3개년이다.

③ 3등급 판정을 받은 한우의 두수는 2017년이 가장 적다.

④ 전년보다 1++ 등급의 비율이 더 많아진 해에는 3등급의 비율이 매번 더 적어졌다.

〈연도별 대기오염물질 배출량 현황〉

(단위 : 톤)

구분	황산화물	일산화탄소	질소산화물	미세먼지	유기화합물질
2017	401,741	766,269	1,061,210	116,808	866,358
2018	433,959	718,345	1,040,214	131,176	873,108
2019	417,645	703,586	1,075,207	119,980	911,322
2020	404,660	696,682	1,090,614	111,563	913,573
2021	343,161	594,454	1,135,743	97,918	905,803

19

다음 중 각 대기오염물질의 연도별 증감 추이가 같은 것끼리 짝지어진 것은?

① 일산화탄소, 유기화합물질

② 황산화물, 질소산화물

③ 미세먼지, 유기화합물질

④ 황산화물, 미세먼지

20

다음 중 2017년 대비 2021년의 총 대기오염물질 배출량의 증감률로 올바른 것은?

① 약 4.2%

② 약 3.9%

③ 약 2.8%

④ 약 −4.2%

21

다음 조건을 바탕으로 할 때, 김 교수의 연구실 위치한 건물과 오늘 갔던 서점이 위치한 건물을 순서대로 올바르게 짝지은 것은?

• 최 교수, 김 교수, 정 교수의 연구실은 경영관, 문학관, 홍보관 중 한 곳에 있으며 서로 같은 건물에 있지 않다.

• 이들은 오늘 각각 자신의 연구실이 있는 건물이 아닌 다른 건물에 있는 서점에 갔었으며, 서로 같은 건물의 서점에 가지 않았다.

• 정 교수는 홍보관에 연구실이 있으며, 최 교수와 김 교수는 오늘 문학관 서점에 가지 않았다.

• 김 교수는 정 교수가 오늘 갔던 서점이 있는 건물에 연구실이 있다.

① 문학관, 경영관

② 경영관, 문학관

③ 경영관, 홍보관

④ 문학관, 홍보관

22

다음 〈표〉는 주식매매 수수료율과 증권거래세율에 대한 자료이다. 주식매매 수수료는 주식 매도 시 매도자에게, 매수 시 매수자에게 부과되며 증권거래세는 주식 매도 시에만 매도자에게 부과된다고 할 때, 이에 대한 〈보기〉의 설명 중 옳은 것을 모두 고르면?

〈표 1〉 주식매매 수수료율과 증권거래세율

(단위 : %)

구분 ＼ 연도	2001	2003	2005	2008	2011
주식매매 수수료율	0.1949	0.1805	0.1655	0.1206	0.0993
유관기관 수수료율	0.0109	0.0109	0.0093	0.0075	0.0054
증권사 수수료율	0.1840	0.1696	0.1562	0.1131	0.0939
증권거래세율	0.3	0.3	0.3	0.3	0.3

〈표 2〉 유관기관별 주식매매 수수료율

(단위 : %)

유관기관 ＼ 연도	2001	2003	2005	2008	2011
한국거래소	0.0065	0.0065	0.0058	0.0045	0.0032
예탁결제원	0.0032	0.0032	0.0024	0.0022	0.0014
금융투자협회	0.0012	0.0012	0.0011	0.0008	0.0008
합계	0.0109	0.0109	0.0093	0.0075	0.0054

※ 주식거래 비용 = 주식매매 수수료 + 증권거래세

※ 주식매매 수수료 = 주식매매 대금 × 주식매매 수수료율

※ 증권거래세 = 주식매매 대금 × 증권거래세율

〈보기〉

㉠ 2001년에 '갑'이 주식을 매수한 뒤 같은 해에 동일한 가격으로 전량 매도했을 경우, 매수 시 주식거래 비용과 매도 시 주식거래 비용의 합에서 증권사 수수료가 차지하는 비중은 50%를 넘지 않는다.

㉡ 2005년에 '갑'이 1,000만원 어치의 주식을 매수할 때 '갑'에게 부과되는 주식매매 수수료는 16,550원이다.

㉢ 모든 유관기관은 2011년 수수료율을 2008년보다 10% 이상 인하하였다.

㉣ 2011년에 '갑'이 주식을 매도할 때 '갑'에게 부과되는 주식거래 비용에서 유관기관 수수료가 차지하는 비중은 2% 이하이다.

① ㉠, ㉡

② ㉠, ㉢

③ ㉡, ㉢

④ ㉡, ㉣

▌23~24▐ 다음은 기업여신 상품설명서의 일부이다. 물음에 답하시오.

1. 연체이자율(지연배상금률)
(1) 연체이자율은 [여신이자율 + 연체기간별 연체가산이자율]로 적용한다.
  연체가산이자율은 연체기간별로 다음과 같이 적용하며 연체 기간에 따라 구분하여 부과하는 방식(계단방식)을 적용한다.
  • 연체기간이 30일 이하 : 연 6%
  • 연체기간이 31일 이상 90일 이하일 경우 : 연 7%
  • 연체기간이 91일 이상 : 연 8%
(2) 연체이자율은 최고 15%로 한다.
(3) 연체이자(지연배상금)을 내야 하는 경우
  • 「이자를 납입하기로 약정한 날」에 납입하지 아니한 때
  이자를 납입하여야 할 날의 다음날부터 14일까지는 내야 할 약정이자에 대해 연체이자가 적용되고, 14일이 경과하면 기한이익상실로 인해 여신원금에 연체이율을 곱한 연체이자를 내야 한다.

(예시) 원금 1억 2천만 원, 약정이자율 연 5%인 여신의 이자(50만 원)를 미납하여 연체가 발생하고, 연체 발생 후 31일 시점에 납부할 경우 연체이자 (일시상환)

연체기간	계산방법	연체이자
연체발생 ~14일분	지체된 약정이자(50만 원)×연 11%(5%+6%)×14/365	2,109원
연체 15일~30일분	원금(1억 2천만 원)×연 11%(5%+6%)×16/365	578,630원
계		580,739원

* 기한이익상실 전 발생한 약정이자는 별도
* 위 내용은 이해를 돕기 위해 연체이자만을 단순하게 계산한 예시임. 연체이자는 여신조건, 여신 종류 등에 따라 달라질 수 있으며 실제 납부금액은 연체이자에 약정이자를 포함하여 계산됨

  • 「원금을 상환하기로 약정한 날」에 상환하지 아니한 때
  원금을 상환하여야 할 날의 다음날부터는 여신원금에 대한 연체이자를 내야 한다.

  • 「분할상환금(또는 분할상환 원리금)을 상환하기로 한 날」에 상환하지 아니한 때
  분할상환금(또는 분할상환 원리금)을 상환하여야 할 날의 다음날부터는 해당 분할상환금(또는 분할상환 원리금)에 대한 연체이자를, 2회 이상 연속하여 지체한 때에는 기한이익상실로 인해 여신원금에 대한 연체이자를 내야 한다.

2. 유의사항
(1) 여신기한 전에 채무를 상환해야 하는 경우
  채무자인 고객 소유의 예금, 담보 부동산에 법원이나 세무서 등으로부터의 (가)압류명령 등이 있는 때에는 은행으로부터 별도 청구가 없더라도 모든 여신(또는 해당 여신)을 여신기한에 이르기 전임에도 불구하고 곧 상환해야 한다.
(2) 금리인하요구권
  채무자는 본인의 신용상태가 호전되거나 담보가 보강되었다고 인정되는 경우(회사채 등급 상승, 재무상태 개선, 특허취득, 담보제공 등)에는 증빙자료를 첨부한 금리인하신청서를 은행에 제출, 금리변경을 요구할 수 있다.

23

분할상환금을 2회 이상 연속하여 상환하지 아니한 경우에는 어떻게 되는가?

① 해당 분할상환금에 대한 연체이자를 내야 한다.
② 기한이익상실로 인해 여신원금에 대한 연체이자를 내야 한다.
③ 증빙자료를 첨부한 금리인하신청서를 은행에 제출하여야 한다.
④ 은행으로부터 별도 청구가 없더라도 모든 여신(또는 해당 여신)을 여신기한에 이르기 전임에도 불구하고 곧 상환해야 한다.

24

원금 1억 5천만 원, 약정이자율 연 5%인 여신의 이자(62만 5천 원)를 미납하여 연체가 발생하고, 연체 발생 후 31일 시점에 납부할 경우 실제 납부금액은 얼마인가?

① 1,150,923원

② 1,250,923원

③ 1,350,923원

④ 1,450,923원

25

다음 내용과 전투능력을 가진 생존자 현황을 근거로 판단할 경우 생존자들이 탈출할 수 있는 경우로 옳은 것은? (단, 다른 조건은 고려하지 않는다)

- 좀비 바이러스에 의해 라쿤 시티에 거주하던 많은 사람들이 좀비가 되었다. 건물에 갇힌 생존자들은 동, 서, 남, 북 4개의 통로를 이용해 5명씩 탈출을 시도한다. 탈출은 통로를 통해서만 가능하며, 한 쪽 통로를 선택하면 되돌아올 수 없다.
- 동쪽 통로에 11마리, 서쪽 통로에 7마리, 남쪽 통로에 11마리, 북쪽 통로에 9마리의 좀비들이 있다. 선택한 통로의 좀비를 모두 제거해야만 탈출할 수 있다.
- 남쪽 통로의 경우, 통로 끝이 막혀 탈출을 할 수 없지만 팀에 폭파전문가가 있다면 다이너마이트를 사용하여 막힌 통로를 뚫고 탈출할 수 있다.
- 전투란 생존자가 좀비를 제거하는 것을 의미하며 선택한 통로에서 일시에 이루어진다.
- 전투능력은 정상인 건강상태에서 해당 생존자가 전투에서 제거하는 좀비의 수를 의미하며, 질병이나 부상상태인 사람은 그 능력이 50%로 줄어든다.
- 전투력 강화에는 건강상태가 정상인 생존자들 중 1명에게만 사용할 수 있으며, 전투능력을 50% 향상시킨다. 사용 가능한 대상은 의사 혹은 의사의 팀 내 구성원이다.
- 생존자의 직업은 다양하며, 아이와 노인은 전투능력과 보유품목이 없고 건강상태는 정상이다.

전투능력을 가진 생존자 현황

직업	인원	전투능력	건강상태	보유품목
경찰	1명	6	질병	-
헌터	1명	4	정상	-
의사	1명	2	정상	전투력 강화제 1개
사무라이	1명	8	정상	-
폭파전문가	1명	4	부상	다이너마이트

	탈출 통로	팀 구성 인원
①	동쪽 통로	폭파전문가 – 사무라이 – 노인 3명
②	서쪽 통로	헌터 – 경찰 – 아이 2명 – 노인
③	남쪽 통로	헌터 – 폭파전문가 – 아이 – 노인 2명
④	북쪽 통로	경찰 – 의사 – 아이 2명 – 노인

26

다음에 주어진 조건이 모두 참일 때 옳은 결론을 고르면?

- A, B, C, D, E가 의자가 6개 있는 원탁에서 토론을 한다.
- 어느 방향이든 A와 E 사이에는 누군가가 앉는다.
- D 맞은 편에는 누구도 앉아 있지 않다.
- A와 B는 서로 마주보고 앉는다.
- C 주변에는 자리가 빈 곳이 하나 있다.

A : A와 E 사이에 있는 사람이 적은 방향은 한 명만 사이에 있다.

B : A와 D는 서로 떨어져 있다.

① A만 옳다.

② B만 옳다.

③ A와 B 모두 옳다.

④ A와 B 모두 그르다.

▌27~28 ▌ 다음은 블루투스 이어폰을 구매하기 위하여 전자제품 매장을 찾은 K씨가 제품 설명서를 보고 점원과 나눈 대화와 설명서 내용의 일부이다. 다음을 보고 이어지는 물음에 답하시오.

K씨 : "블루투스 이어폰을 좀 사려고 합니다."
점원 : "네 고객님, 어떤 조건을 원하시나요?"
K씨 : "제 것과 친구에게 선물할 것 두 개를 사려고 하는데요, 두 개 모두 가볍고 배터리 사용시간이 좀 길었으면 합니다. 무게는 42g까지가 적당할 거 같고요, 저는 충전시간이 짧으면서도 통화시간이 긴 제품을 원해요. 선물하려는 제품은요, 일주일에 한 번만 충전해도 통화시간이 16시간은 되어야 하고, 음악은 운동하면서 매일 하루 1시간씩만 들을 수 있으면 돼요. 스피커는 고감도인 게 더 낫겠죠."
점원 : "그럼 고객님께는 (   )모델을, 친구 분께 드릴 선물로는 (   )모델을 추천해 드립니다."

〈제품 사양서〉

구분	무게	충전시간	통화시간	음악재생시간	스피커감도
A모델	40.0g	2.2H	15H	17H	92db
B모델	43.5g	2.5H	12H	14H	96db
C모델	38.4g	3.0H	12H	15H	94db
D모델	42.0g	2.2H	13H	18H	85db

※ A, B모델 : 통화시간 1시간 감소 시 음악재생시간 30분 증가
※ C, D모델 : 음악재생시간 1시간 감소 시 통화시간 30분 증가

27

다음 중 위 네 가지 모델에 대한 설명으로 옳은 것을 〈보기〉에서 모두 고르면?

─── 〈보기〉 ───

㈎ 충전시간 당 통화시간이 긴 제품일수록 음악재생시간이 길다.
㈏ 충전시간 당 통화시간이 5시간 이상인 것은 A, D 모델이다.
㈐ A모델은 통화에, C모델은 음악재생에 더 많은 배터리가 사용된다.
㈑ B모델의 통화시간을 10시간으로 제한하면 음악재생시간을 C모델과 동일하게 유지할 수 있다.

① ㈎, ㈏
② ㈏, ㈑
③ ㈐, ㈑
④ ㈎, ㈐

28

다음 중 점원이 K씨에게 추천한 빈칸의 제품이 순서대로 올바르게 짝지어진 것은 어느 것인가?

	K씨	선물
①	C모델	A모델
②	C모델	D모델
③	A모델	C모델
④	A모델	B모델

29

다음에 주어진 조건이 모두 참일 때 옳은 결론을 고르면?

- 민지, 영수, 경호 3명이 1층에서 엘리베이터를 탔다. 5층에서 한 번 멈추었다.
- 3명은 나란히 서 있었다.
- 5층에서 맨 오른쪽에 서 있던 영수가 내렸다.
- 민지는 맨 왼쪽에 있지 않다.

A : 5층에서 엘리베이터가 다시 올라갈 때 경호는 맨 오른쪽에 서 있게 된다.

B : 경호 바로 옆에는 항상 민지가 있었다.

---

① A만 옳다.
② B만 옳다.
③ A와 B 모두 옳다.
④ A와 B 모두 그르다.

30

한국전자는 영업팀 6명의 직원(A~F)과 관리팀 4명의 직원(갑~정)이 매일 각 팀당 1명씩 총 2명이 당직 근무를 선다. 2일 날 A와 갑 직원이 당직 근무를 서고 팀별 순서(A~F, 갑~정)대로 돌아가며 근무를 선다면, E와 병이 함께 근무를 서는 날은 언제인가? (단, 근무를 서지 않는 날은 없다고 가정한다)

① 10일
② 11일
③ 12일
④ 13일

31

다음은 N사의 ○○동 지점으로 배치된 신입사원 5명의 인적사항과 부서별 추가 인원 요청 사항이다. 인력관리의 원칙 중 하나인 적재적소의 원리에 의거하여 신입사원들을 배치할 경우 가장 적절한 것은?

〈신입사원 인적사항〉

성명	성별	전공	자질/자격	기타
甲	남	스페인어	바리스타 자격 보유	서비스업 관련 아르바이트 경험 다수
乙	남	경영	모의경영대회 입상	폭넓은 대인관계
丙	여	컴퓨터 공학	컴퓨터 활용능력 2급 자격증 보유	논리적·수학적 사고력 우수함
丁	남	회계	–	미국 5년 거주, 세무사 사무실 아르바이트 경험
戊	여	광고학	과학잡지사 우수편집인상 수상	강한 호기심, 융통성 있는 사고

〈부서별 인원 요청 사항〉

부서명	필요인원	필요자질
영업팀	2명	영어 능통자 1명, 외부인과의 접촉 등 대인관계 원만한 자 1명
인사팀	1명	인사 행정 등 논리 활용 프로그램 사용 적합자
홍보팀	2명	홍보 관련 업무 적합자, 외향적 성격 소유자 등 2명

	영업팀	인사팀	홍보팀
①	甲, 丁	丙	乙, 戊
②	乙, 丙	丁	甲, 戊
③	乙, 丁	丙	甲, 戊
④	丙, 戊	甲	乙, 丁

32

다음 〈그림〉과 〈표〉는 K은행의 직원채용절차에 대한 자료이다. 이를 근거로 1일 총 접수건수를 처리하기 위한 각 업무단계별 총 처리비용이 두 번째로 큰 업무단계는?

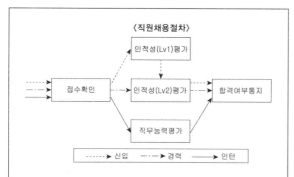

〈직원채용절차〉

〈지원유형별 1일 접수건수〉

지원유형	접수(건)
신입	20
경력	18
인턴	16
–	–
계	54

〈업무단계별 1건당 처리비용〉

업무단계	처리비용(원)
접수확인	500
인적성(Lv1)평가	2,000
인적성(Lv2)평가	1,000
직무능력평가	1,500
합격여부통지	400

※ 직원채용절차에서 중도탈락자는 없음
※ 업무단계별 1건당 처리비용은 지원유형에 관계없이 동일함

① 접수확인
② 인적성(Lv1)평가
③ 인적성(Lv2)평가
④ 직무능력평가

33

홍보팀장은 다음 달 예산안을 정리하며 예산 업무 담당자에게 간접비용이 전체 직접비용의 30%를 넘지 않게 유지되도록 관리하라는 지시를 내렸다. 홍보팀의 다음과 같은 예산안에서 빈칸 A와 B에 들어갈 수 있는 금액으로 적당한 것은 어느 것인가?

〈예산안〉
- 원재료비 : 1억 3천만 원
- 보험료 : 2천 5백만 원
- 장비 및 시설비 : 2억 5천만 원
- 시설 관리비 : 2천 9백만 원
- 출장비 : (A)
- 광고료 : (B)
- 인건비 : 2천 2백만 원
- 통신비 : 6백만 원

① A : 6백만 원, B : 7천만 원
② A : 8백만 원, B : 6천만 원
③ A : 1천만 원, B : 7천만 원
④ A : 5백만 원, B : 7천만 원

34

다음 (가)~(아) 중 시간계획을 함에 있어 명심하여야 할 사항으로 적절하지 않은 설명을 모두 고른 것은?

(가) 자신에게 주어진 시간 중 적어도 60%는 계획된 행동을 해야 한다.

(나) 계획은 다소 어렵더라도 의지를 담은 목표치를 반영한다.

(다) 예정 행동만을 계획하는 것이 아니라 기대되는 성과나 행동의 목표도 기록한다.

(라) 여러 일 중에서 어느 일이 가장 우선적으로 처리해야 할 것인가를 결정한다.

(마) 유연하고 융통성 있는 시간계획을 정하기보다 가급적 변경 없이 계획대로 밀고 나갈 수 있어야 한다.

(바) 예상 못한 방문객 접대, 전화 등의 사건으로 예정된 시간이 부족할 경우를 대비하여 여유시간을 확보한다.

(사) 반드시 해야 할 일을 끝내지 못했을 경우, 다음 계획에 영향이 없도록 가급적 빨리 잊는다.

(아) 자기 외의 다른 사람(비서, 부하, 상사)의 시간 계획을 감안하여 계획을 수립한다.

---

① (가), (나), (사)

② (다), (마), (바)

③ (나), (마), (사)

④ (나), (다), (마)

35

대한은행이 출시한 다음 적금 상품에 대한 설명으로 올바르지 않은 것은?

---

1. 상품특징
■ 영업점 창구에서 가입 시보다 높은 금리(+0.3%p)가 제공되는 비대면 채널 전용상품

2. 거래조건

구분	내용
가입자격	개인(1인 1계좌)
가입금액	초입금 5만 원 이상, 매회 1만 원 이상(계좌별), 매월 2천만 원 이내(1인당), 총 불입액 2억 원 이내(1인당)에서 자유적립(단, 계약기간 3/4 경과 후 월 적립 가능 금액은 이전 월 평균 적립금액의 1/2 이내)
가입기간	1년 이상 3년 이내 월 단위

적용금리	가입기간	1년 이상	2년	3년
	기본금리(연%)	2.18	2.29	2.41

우대금리	■ 가입일 해당월로부터 만기일 전월말까지 대한카드 이용실적이 100만 원 이상인 경우 : 0.2%p ■ 예금가입고객이 타인에게 이 상품을 추천하고 타인이 이 상품에 가입한 경우 : 추천 및 피추천계좌 각 0.1%p(최대 0.3%p)
예금자 보호	이 예금은 예금자보호법에 따라 예금보험공사가 보호하되, 보호한도는 본 은행에 있는 귀하의 모든 예금보호대상 금융상품의 원금과 소정의 이자를 합하여 1인당 최고 5천만 원이며, 5천만 원을 초과하는 나머지 금액은 보호하지 않습니다.

---

① 은행원의 도움을 직접 받아야 하는 어르신들이라도 창구를 직접 찾아가서 가입할 수 있는 상품이 아니다.

② 1년 계약을 한 가입자가 9개월이 지난 후 불입 총액이 90만 원이었다면, 10개월째부터는 월 5만 원이 적립 한도금액이 된다.

③ 가입기간이 길수록 우대금리가 적용되는 상품이다.

④ 상품의 특징을 활용하여 적용받을 수 있는 가장 높은 금리는 연리 2.71%이다.

36

A사는 다음과 같이 직원들의 부서 이동을 단행하였다. 다음 부서 이동 현황에 대한 올바른 설명은?

이동 전 \ 이동 후	영업팀	생산팀	관리팀
영업팀	25	7	11
생산팀	9	16	5
관리팀	10	12	15

① 이동 전과 후의 인원수의 변화가 가장 큰 부서는 생산팀이다.
② 이동 전과 후의 부서별 인원수가 많은 순위는 동일하다.
③ 이동 후에 인원수가 감소한 부서는 1개 팀이다.
④ 가장 많은 인원이 이동해 온 부서는 관리팀이다.

37

다음 중 조직에서 인적자원이 예산이나 물적자원보다 중요한 이유로 적절하지 않은 것은?

① 예산이나 물적자원을 활용하는 것이 바로 사람, 즉 인적자원이기 때문에
② 수동적인 예산이나 물적자원에 비해 능동적이기 때문에
③ 개발될 수 있는 많은 잠재능력과 자질을 보유하고 있기 때문에
④ 조직의 영리 추구에 부합하는 이득은 인적자원에서만 나오기 때문에

38

다음 글에서 의미하는 자원의 특성을 가장 적절하게 설명한 것은?

> 물적자원을 얼마나 확보하고 활용할 수 있느냐가 큰 경쟁력이 된다. 국가의 입장에 있어서도 자국에서 생산되지 않는 물품이 있으면 다른 나라로부터 수입을 하게 되고, 이러한 물품으로 인해 양국 간의 교류에서 비교우위가 가려지게 된다. 이러한 상황에서 자신이 보유하고 있는 자원을 얼마나 잘 관리하고 활용하느냐 하는 물적자원 관리는 매우 중요하다고 할 수 있다.
>
> 한편, 물적자원 확보를 위해 경쟁력 있는 해외의 물건을 수입하는 경우가 있다. 이때, 필요한 물적자원을 얻기 위하여 예산이라는 자원을 쓰게 된다. 또한 거꾸로 예산자원을 벌기 위해 내가 확보한 물적자원을 내다 팔기도 한다.

① 물적자원을 많이 보유하고 있는 것이 다른 유형의 자원을 보유한 것보다 가치가 크다.
② 양국 간에 비교우위 물품이 가려지게 되면, 더 이상 그 국가와의 물적자원 교류는 무의미하다.
③ 서로 다른 자원이 상호 반대급부로 작용할 수 있고, 하나의 자원을 얻기 위해 다른 유형의 자원이 동원될 수 있다.
④ 물적자원의 유한성은 외국과의 교류를 통해 극복될 수 있다.

39

다음은 B사의 특정 시점 경영 상황을 나타내고 있는 자료이다. 다음 자료를 보고 판단한 의견 중 적절하지 않은 것은?

계정과목			금액(단위 : 백만 원)
1. 매출액			5,882
2. 매출원가			4,818
상품매출원가			4,818
3. 매출총이익			1,064
4. 판매/일반관리비			576
	직접비용	직원급여	256
		복리후생비	56
		보험료	3.7
		출장비	5.8
		시설비	54
	간접비용	지급임차료	44
		통신비	2.9
		세금과공과	77
		잡비	4.5
		여비교통비	3.8
		장비구매비	6
		사무용품비	0.3
		소모품비	1
		광고선전비	33
		건물관리비	28
5. 영업이익			488

① 영업이익이 해당 기간의 최종 순이익이라고 볼 수 없다.
② 여비교통비는 직접비용에 포함되어야 한다.
③ 위와 같은 표는 특정한 시점에서 그 기업의 자본 상황을 알 수 있는 자료이다.
④ 매출원가는 기초재고액에 당기 제조원가를 합하고 기말 재고액을 차감하여 산출한다.

40

다음에 설명하는 RFID 관리시스템이 사용되기에 적절하지 않은 것은?

'RFID'는 무선 주파수(RF, Radio Frequency)를 이용하여 물건이나 사람 등과 같은 대상을 식별할 수 있도록 해 주는 기술을 말한다. 이것은 기존의 바코드(Barcode)를 읽는 것과 비슷한 방식으로 이용된다. 그러나 바코드와는 달리 물체에 직접 접촉을 하거나 어떤 조준선을 사용하지 않고도 데이터를 인식할 수 있다. 또한, 여러 개의 정보를 동시에 인식하거나 수정할 수도 있으며, 태그와 리더 사이에 장애물이 있어도 정보를 인식하는 것이 가능하다. RFID는 바코드에 비해 많은 양의 데이터를 허용한다. 그런데도 데이터를 읽는 속도 또한 매우 빠르며 데이터의 신뢰도 또한 높다. RFID 태그의 종류에 따라 반복적으로 데이터를 기록하는 것도 가능하며, 물리적인 손상이 없는 한 반영구적으로 이용할 수 있다.

① 교통카드 및 고속도로 하이패스
② 의류 매장에서 판매되는 옷
③ 기업이나 제품의 홍보, 마케팅
④ 유통이나 물류 분야에서의 재고관리

41

다음은 국내 화장품 산업의 SWOT분석이다. 주어진 전략 중 가장 적절한 것은?

> SWOT이란 강점(Strength), 약점(Weakness), 기회(Opportunity), 위협(Threat)의 머리글자를 모아 만든 단어로 경영 전략을 수립하기 위한 도구이다. SWOT분석을 통해 도출된 조직의 외부/내부 환경을 분석 결과를 통해 각각에 대응하는 전략을 도출하게 된다.
>
> SO 전략이란 기회를 활용하면서 강점을 더욱 강화하는 공격적인 전략이고, WO 전략이란 외부환경의 기회를 활용하면서 자신의 약점을 보완하는 전략으로 이를 통해 기업이 처한 국면의 전환을 가능하게 할 수 있다. ST 전략은 외부환경의 위험요소를 회피하면서 강점을 활용하는 전략이며, WT 전략이란 외부환경의 위협요인을 회피하고 자사의 약점을 보완하는 전략으로 방어적 성격을 갖는다.

내부 / 외부	강점(Strength)	약점(Weakness)
기회 (Opportunity)	SO 전략 (강점-기회 전략)	WO 전략 (약점-기회 전략)
위협 (Threat)	ST 전략 (강점-위협 전략)	WT 전략 (약점-위협 전략)

강점 (Strength)	• 참신한 제품 개발 능력과 상위의 생산시설 보유 • 한류 콘텐츠와 연계된 성공적인 마케팅 • 상대적으로 저렴한 가격 경쟁력
약점 (Weakness)	• 아시아 외 시장에서의 존재감 미약 • 대기업 및 일부 브랜드 편중 심화 • 색조 분야 경쟁력이 상대적으로 부족
기회 (Opportunity)	• 중국·동남아 시장 성장 가능성 • 중국 화장품 관세 인하 • 유럽에서의 한방 원료 등을 이용한 'Korean Therapy' 관심 증가
위협 (Threat)	• 글로벌 업체들의 중국 진출(경쟁 심화) • 중국 로컬 업체들의 추격 • 중국 정부의 규제 강화 가능성

내부 / 외부	강점(Strength)	약점(Weakness)
기회 (Opportunity)	① 색조 화장품의 개발로 중국·동남아 시장 진출	② 다양한 한방 화장품 개발로 유럽 시장에 존재감 부각
위협 (Threat)	③ 저렴한 가격과 높은 품질을 강조하여 유럽 시장에 공격적인 마케팅	④ 한류 콘텐츠와 연계한 마케팅으로 중국 로컬 업체들과 경쟁

42

집단의사결정과정의 하나인 브레인스토밍에 대한 설명으로 바르지 않은 것은?

① 다른 사람이 아이디어를 제시할 때 비판하지 않는다.
② 모든 아이디어들이 제안되면 이를 결합하여 해결책을 마련한다.
③ 문제에 대한 제안이 자유롭게 이루어진다.
④ 아이디어는 적을수록 결정이 빨라져 좋다.

43

조직의 유형과 그 예로 바르게 짝지어지지 않은 것은?

① 비영리 조직 – 정부조직, 병원
② 대규모 조직 – 대기업, 가족 소유의 상점
③ 공식 조직 – 조직의 규모·규정이 조직화된 조직
④ 비공식 조직 – 인간관계에 따라 형성된 자발적 조직

44

다음은 U기업의 조직도와 팀장님의 지시사항이다. 다음 중 K씨가 해야 할 행동으로 가장 적절한 것은?

<팀장 지시사항>

K씨, 다음 주에 신규직원 공채시작이지? 실무자에게 부탁해서 공고문 확인하고 지난번에 우리 부서에서 제출한 자료랑 맞게 제대로 들어갔는지 확인해주고 공채 절차하고 채용 후에 신입직원 교육이 어떻게 진행되는지 정확한 자료를 좀 받아와요.

---

① 인사부에서 신규직원 공채 공고문을 받고, 총무부에서 신입직원 교육 자료를 받아온다.
② 홍보실에서 신규직원 공채 공고문을 받고, 인사부에서 신입직원 교육 자료를 받아온다.
③ 총무부에서 신규직원 공채 공고문과 신입직원 교육 자료를 받아온다.
④ 인사부에서 신규직원 공채 공고문과 신입직원 교육 자료를 받아온다.

45

다음 중 아래의 조직도를 올바르게 이해한 것은?

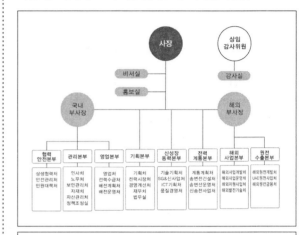

ⓐ 사장직속으로는 3개 본부, 13개 처, 2개 실로 구성되어 있다.
ⓑ 국내·해외부사장은 각 3개의 본부를 이끌고 있다.
ⓒ 감사실은 다른 부서들과는 별도로 상임 감사위원 산하에 따로 소속되어 있다.
ⓓ 노무처와 재무처는 서로 업무협동이 있어야 하므로 같은 본부에 소속되어 있다.

---

① ⓐ   ② ⓒ
③ ⓑⓒ   ④ ⓒⓓ

46

다음 〈보기〉와 같은 조직문화의 형태와 그 특징에 대한 설명 중 적절한 것만을 모두 고른 것은?

─── 〈보기〉 ───

㉮ 위계를 지향하는 조직문화는 조직원 개개인의 능력과 개성을 존중한다.
㉯ 과업을 지향하는 조직문화는 업무 수행의 효율성을 강조한다.
㉰ 혁신을 지향하는 조직문화는 조직의 유연성과 외부 환경에의 적응에 초점을 둔다.
㉱ 관계를 지향하는 조직문화는 구성원들의 상호 신뢰와 인화 단결을 중요시한다.

① ㉯, ㉰, ㉱
② ㉮, ㉰, ㉱
③ ㉮, ㉯, ㉱
④ ㉮, ㉯, ㉰

47

다음과 같은 문서 결재 양식을 보고 알 수 있는 사항이 아닌 것은?

결재	담당	팀장	본부장	부사장	사장
	박 사원 서명	강 팀장 서명	전결		본부장

출장보고서

① 박 사원 출장을 다녀왔으며, 전체 출장 인원수는 알 수 없다.
② 출장자에 강 팀장은 포함되어 있지 않다.
③ 팀장 이하 출장자의 출장보고서 전결권자는 본부장이다.
④ 부사장은 결재할 필요가 없는 문서이다.

48

길동이는 다음과 같이 직장 상사의 지시사항을 전달받았다. 이를 순서대로 모두 수행하기 위하여 업무 협조가 필요한 조직의 명칭이 순서대로 바르게 나열된 것은?

"길동 씨, 내가 내일 하루 종일 외근을 해야 하는데 몇 가지 업무 처리를 좀 도와줘야겠습니다. 이 서류는 팀장님 결재가 끝난 거니까 내일 아침 출근과 동시에 바로 유관부서로 넘겨서 비용 집행이 이루어질 수 있도록 해 주세요. 그리고 지난 번 퇴사한 우리 팀 오 부장님 퇴직금 정산이 좀 잘못되었나 봅니다. 오 부장님이 관계 서류를 나한테 보내주신 게 있는데 그것도 확인 좀 해 주고 결재를 다시 요청해 줘야할 것 같아요. 또 다음 주 바이어들 방문 일정표 다시 한 번 확인해 보고 누락된 사항 있으면 잘 준비해 두고요. 특히 공항 픽업 관련 배차 결재 서류 올린 건 처리가 되었는지 반드시 재점검해 주길 바랍니다. 지난번에 차량 배차에 문제가 생겨서 애먹은 건 길동 씨도 잘 알고 있겠죠? 부탁 좀 하겠습니다."

① 회계팀, 인사팀, 총무팀
② 인사팀, 홍보팀, 회계팀
③ 인사팀, 총무팀, 마케팅팀
④ 총무팀, 회계팀, 마케팅팀

49

'조직몰입'에 대한 다음 설명을 참고할 때, 조직몰입의 유형에 대한 설명으로 적절하지 않은 것은?

> 몰입이라는 용어는 사회학에서 주로 다루어져 왔는데 사전적 의미에서 몰입이란 "감성적 또는 지성적으로 특정의 행위과정에서 빠지는 것"이므로 몰입은 타인, 집단, 조직과의 관계를 포함하며, 조직몰입은 종업원이 자신이 속한 조직에 대해 얼마만큼의 열정을 가지고 몰두하느냐 하는 정도를 가리키는 개념이다. 즉, 조직에 대한 충성 동일화 및 참여의 견지에서 조직구성원이 가지는 조직에 대한 성향을 의미한다. 또한 조직몰입은 조직의 목표와 가치에 대한 강한 신념과 조직을 위해 상당한 노력을 하고자 하는 의지 및 조직의 구성원으로 남기를 바라는 강한 욕구를 의미하기도 한다. 최근에는 직무만족보다 성과나 이직 등의 조직현상에 대한 설명력이 높다는 관점에서 조직에 대한 조직구성원의 태도를 나타내는 조직몰입은 많은 연구의 관심사가 되고 있다.

① '도덕적 몰입'은 비영리적 조직에서 찾아볼 수 있는 조직몰입 형태이다.
② 조직과 구성원 간의 관계가 타산적이고 합리적일 때의 유형은 '계산적 몰입'에 해당된다.
③ 조직과 구성원 간의 관계가 부정적, 착취적 상태인 몰입의 유형은 '소외적 몰입'에 해당된다.
④ '도덕적 몰입'은 몰입의 정도가 가장 낮다고 할 수 있다.

50

다음과 같은 '갑'사의 위임전결규칙을 참고할 때, 다음 중 적절한 행위로 볼 수 없는 것은? (단, 전결권자 부재 시 차상위자가 전결권자가 된다)

업무내용(소요예산 기준)	전결권자				이사장
	팀원	팀장	국(실)장	이사	
가. 공사 도급					
3억 원 이상					○
1억 원 이상				○	
1억 원 미만			○		
1,000만 원 이하		○			
나. 물품(비품, 사무용품 등) 제조/구매 및 용역					
3억 원 이상					○
1억 원 이상				○	
1억 원 미만			○		
1,000만 원 이하		○			
다. 자산의 임(대)차 계약					
1억 원 이상					○
1억 원 미만				○	
5,000만 원 미만			○		
라. 물품수리					
500만 원 이상			○		
500만 원 미만		○			
마. 기타 사업비 예산집행 기본품의					
1,000만 원 이상			○		
1,000만 원 미만		○			

① 국장이 부재중일 경우, 소요예산 5,000만 원인 공사 도급 계약은 팀장이 전결권자가 된다.
② 소요예산이 800만 원인 인쇄물의 구매 건은 팀장의 전결 사항이다.
③ 이사장이 부재중일 경우, 소요예산이 2억 원인 자산 임대차 계약 건은 국장이 전결권자가 된다.
④ 소요예산이 600만 원인 물품수리 건은 이사의 결재가 필요하지 않다.

제4회 실전 모의고사

제한 시간	
맞힌 문항	
정답 및 해설	P.196

1

다음 밑줄 친 부분과 가장 가까운 의미로 쓰인 것은?

> 저 멀리 연기를 뿜으며 앞서가는 기차의 <u>머리</u>가 보였다.

① 그는 우리 모임의 <u>머리</u> 노릇을 하고 있다.
② <u>머리</u>도 끝도 없이 일이 뒤죽박죽이 되었다.
③ 그는 테이블 <u>머리</u>에 놓인 책 한 권을 집어 들었다.
④ 주머니에 비죽이 술병이 <u>머리</u>를 내밀고 있었다.

2

다음 단락을 논리적 흐름에 맞게 바르게 배열한 것은?

> (가) 자본주의 사회에서 상대적으로 부유한 집단, 지역, 국가는 환경적 피해를 약자에게 전가하거나 기술적으로 회피할 수 있는 가능성을 가진다.
>
> (나) 오늘날 환경문제는 특정 개별 지역이나 국가의 문제에서 나아가 전 지구적 문제로 확대되었지만, 이로 인한 피해는 사회·공간적으로 취약한 특정 계층이나 지역에 집중적으로 나타나는 환경적 불평등을 야기하고 있다.
>
> (다) 인간사회와 자연환경 간의 긴장관계 속에서 발생하고 있는 오늘날 환경위기의 해결 가능성은 논리적으로 뿐만 아니라 역사적으로 과학기술과 생산조직의 발전을 규정하는 사회적 생산관계의 전환을 통해서만 실현될 수 있다.
>
> (라) 부유한 국가나 지역은 마치 환경문제를 스스로 해결한 것처럼 보이기도 하며, 나아가 자본주의 경제체제 자체가 환경문제를 해결(또는 최소한 지연)할 수 있는 능력을 갖춘 것처럼 홍보되기도 한다.

① (가) - (나) - (다) - (라)
② (가) - (나) - (라) - (다)
③ (나) - (가) - (라) - (다)
④ (나) - (라) - (가) - (다)

3

다음 내용에서 주장하고 있는 것은?

> 기본적으로 한국 사회는 본격적인 자본주의 시대로 접어들었고 그것은 소비사회, 그리고 사회 구성원들의 자기표현이 거대한 복제기술에 의존하는 대중문화 시대를 열었다. 현대인의 삶에서 대중매체의 중요성은 더욱 더 높아지고 있으며 따라서 이제 더 이상 대중문화를 무시하고 엘리트 문화지향성을 가진 교육을 하기는 힘든 시기에 접어들었다. 세계적인 음악가로 추대받고 있는 비틀즈도 영국 고등학교가 길러낸 음악가이다.

① 대중문화에 대한 검열이 필요하다.
② 한국에서 세계적인 음악가의 탄생을 위해 고등학교에서 음악 수업의 강화가 필요하다.
③ 한국 사회에서 대중문화를 인정하는 것은 중요하다.
④ 교양 있는 현대인의 배출을 위해 고전음악에 대한 교육이 필요하다.

4

다음 두 글에서 공통적으로 말하고자 하는 것은 무엇인가?

(가) 많은 사람들이 기대했던 우주왕복선 챌린저는 발사 후 1분 13초만에 폭발하고 말았다. 사건조사단에 의하면, 사고원인은 챌린저 주엔진에 있던 O－링에 있었다. O－링은 디오콜사가 NASA로부터 계약을 따내기 위해 저렴한 가격으로 생산될 수 있도록 설계되었다. 하지만 첫 번째 시험에 들어가면서부터 설계상의 문제가 드러나기 시작하였다. NASA의 엔지니어들은 그 문제점들을 꾸준히 제기했으나, 비행시험에 실패할 정도의 고장이 아니라는 것이 디오콜사의 입장이었다. 하지만 O－링을 설계했던 과학자도 문제점을 인식하고 문제가 해결될 때까지 챌린저 발사를 연기하도록 회사 매니저들에게 주지시키려 했지만 거부되었다. 한 마디로 그들의 노력이 미흡했기 때문이다.

(나) 과학의 연구 결과는 사회에서 여러 가지로 활용될 수 있지만, 그 과정에서 과학자의 의견이 반영되는 일은 드물다. 과학자들은 자신이 책임질 수 없는 결과를 이 세상에 내놓는 것과 같다. 과학자는 자신이 개발한 물질을 활용하는 과정에서 나타날 수 있는 위험성을 충분히 알리고 그런 물질의 사용에 대해 사회적 합의를 도출하는 데 적극 협조해야 한다.

① 과학적 결과의 장단점
② 과학자와 기업의 관계
③ 과학자의 윤리적 책무
④ 과학자의 학문적 한계

5

다음 글을 참고할 때, '깨진 유리창의 법칙'이 시사하는 바로 가장 적절한 설명은 무엇인가?

1969년 미국 스탠포드 대학의 심리학자인 필립 짐바르도 교수는 아주 흥미로운 심리실험을 진행했다. 범죄가 자주 발생하는 골목을 골라 새 승용차 한 대를 보닛을 열어놓은 상태로 방치시켰다. 일주일이 지난 뒤 확인해보니 그 차는 아무런 이상이 없었다. 원상태대로 보존된 것이다. 이번에는 똑같은 새 승용차를 보닛을 열어놓고, 한쪽 유리창을 깬 상태로 방치시켜 두었다. 놀라운 일이 벌어졌다. 불과 10분이 지나자 배터리가 없어지고 차 안에 쓰레기가 버려져 있었다. 시간이 지나면서 낙서, 도난, 파괴가 연이어 일어났다. 1주일이 지나자 그 차는 거의 고철상태가 되어 폐차장으로 실려 갈 정도가 되었던 것이다. 훗날 이 실험결과는 '깨진 유리창의 법칙'이라는 이름으로 불리게 된다.

1980년대의 뉴욕 시는 연간 60만 건 이상의 중범죄가 발생하는 범죄도시로 악명이 높았다. 당시 여행객들 사이에서 '뉴욕의 지하철은 절대 타지 마라'는 소문이 돌 정도였다. 미국 라토가스 대학의 겔링 교수는 '깨진 유리창의 법칙'에 근거하여, 뉴욕 시의 지하철 흉악 범죄를 줄이기 위한 대책으로 낙서를 철저하게 지울 것을 제안했다. 낙서가 방치되어 있는 상태는 창문이 깨져있는 자동차와 같은 상태라고 생각했기 때문이다.

① 범죄는 대중교통 이용 공간에서 발생확률이 가장 높다.
② 문제는 확인되기 전에 사전 단속이 중요하다.
③ 작은 일을 철저히 관리하면 큰 사고를 막을 수 있다.
④ 낙서는 가장 핵심적인 범죄의 원인이 된다.

6

다음 글의 문맥상 빈칸에 들어갈 말로 가장 적절한 것은?

기본적으로 전기차의 충전수요는 주택용 및 직장용 충전방식을 통해 상당부분 충족될 수 있다. 집과 직장은 우리가 하루 중 대부분의 시간을 보내는 장소이며, 그만큼 우리의 자동차가 가장 많은 시간을 보내는 장소이다. 그러나 서울 및 대도시를 포함하여, 전국적으로 주로 아파트 등 공동주택에 거주하는 가구비중이 높은 국내 현실을 감안한다면, 주택용 충전방식의 제약은 단기적으로 해결하기는 어려운 것이 또한 현실이다. 더욱이 우리가 자동차를 소유하고 활용할 때 직장으로의 통근용으로만 사용하지는 않는다. 때론 교외로 때론 지방으로 이동할 때 자유롭게 활용 가능해야 하며, 이때 (   ), 전기차의 시장침투는 그만큼 제약될 수밖에 없다. 직접 충전을 하지 않더라도 적어도 언제 어디서나 충전이 가능하다는 인식이 자동차 운전자들에게 보편화되지 않는다면, 배터리에 충전된 전력이 다 소진되어, 도로 한가운데서 꼼짝달싹할 수 없게 될 수도 있다는 두려움, 즉 주행가능거리에 대한 우려로 인해 기존 내연기관차에서 전기차로의 전환은 기피대상이 될 수밖에 없다.

결국 누구나 언제 어디서나 접근이 가능한 공공형 충전소가 도처에 설치되어야 하며, 이를 체계적으로 운영 관리하여 전기차 이용자들이 편하게 사용할 수 있는 분위기 마련이 시급하다. 이를 위해서는 무엇보다 전기차 충전서비스 시장이 두터워지고, 잘 작동해야 한다.

① 이동하고자 하는 거리가 너무 멀다면
② 충전 요금이 과도하게 책정된다면
③ 전기차 보급이 활성화되어 있지 않다면
④ 기존 내연기관차보다 불편함이 있다면

| 7~8 | 다음은 우리나라의 공적연금제도와 관련된 설명이다. 물음에 답하시오.

사람들은 은퇴 이후 소득이 급격하게 줄어드는 위험에 처할 수 있다. 이러한 위험이 발생할 경우 일정 수준의 생활(소득)을 보장해 주기 위한 제도가 공적연금제도이다. 우리나라의 공적연금제도에는 대표적으로 국민의 노후 생계를 보장해 주는 국민연금이 있다. 공적연금제도는 강제가입을 원칙으로 한다. 연금은 가입자가 비용은 현재 지불하지만 그 편익은 나중에 얻게 된다. 그러나 사람들은 현재의 욕구를 더 긴박하고 절실하게 느끼기 때문에 불확실한 미래의 편익을 위해서 당장은 비용을 지불하지 않으려는 경향이 있다. 또한 국가는 사회보장제도를 통하여 젊은 시절에 노후를 대비하지 않은 사람들에게도 최저생계를 보장해준다. 이 경우 젊었을 때 연금에 가입하여 성실하게 납부한 사람들이 방만하게 생활한 사람들의 노후생계를 위해 세금을 추가로 부담해야 하는 문제가 생긴다. 그러므로 국가가 나서서 강제로 연금에 가입하도록 하는 것이다.

공적연금제도의 재원을 충당하는 방식은 연금 관리자의 입장과 연금 가입자의 입장에서 각기 다르게 나누어 볼 수 있다. 연금 관리자의 입장에서는 '적립방식'과 '부과방식'의 두 가지가 있다. '적립방식'은 가입자가 낸 보험료를 적립해 기금을 만들고 이 기금에서 나오는 수익으로 가입자가 납부한 금액에 비례하여 연금을 지급하지만, 연금액은 확정되지 않는다. '적립방식'은 인구 구조가 변하더라도 국가는 재정을 투입할 필요가 없고, 받을 연금과 내는 보험료의 비율이 누구나 일정하므로 보험료 부담이 공평하다. 하지만 일정한 기금이 형성되기 전까지는 연금을 지급할 재원이 부족하므로, 제도 도입 초기에는 연금 지급이 어렵다. '부과방식'은 현재 일하고 있는 사람들에게서 거둔 보험료로 은퇴자에게 사전에 정해진 금액만큼 연금을 지급하는 것이다. 이는 '적립방식'과 달리 세대 간 소득재분배 효과가 있으며, 제도 도입과 동시에 연금 지급을 개시할 수 있다는 장점이 있다. 다만 인구 변동에 따른 불확실성이 있다. 노인 인구가 늘어나 역삼각형의 인구구조가 만들어질 때는 젊은 세대의 부담이 증가되어 연금 제도를 유지하기가 어려워질 수 있다.

연금 가입자의 입장에서는 납부하는 금액과 지급 받을 연금액의 관계에 따라 확정기여방식과 확정급여방식으로 나눌 수 있다. 확정기여방식은 가입자가 일정한

액수나 비율로 보험료를 낼 것만 정하고 나중에 받을 연금의 액수는 정하지 않는 방식이다. 이는 연금 관리자의 입장에서 보면 '적립방식'으로 연금 재정을 운용하는 것이다. 그래서 이 방식은 이자율이 낮아지거나 연금 관리자가 효율적으로 기금을 관리하지 못하는 경우에 개인이 손실 위험을 떠안게 된다. 또한 물가가 인상되는 경우 확정기여에 따른 적립금의 화폐가치가 감소되는 위험도 가입자가 감수해야 한다. 확정급여방식은 가입자가 얼마의 연금을 받을 지를 미리 정해 놓고, 그에 따라 개인이 납부할 보험료를 정하는 방식이다. 이는 연금 관리자의 입장에서는 '부과방식'으로 연금 재정을 운용하는 것이다. 나중에 받을 연금을 미리정하면 기금 운용 과정에서 발생하는 투자의 실패는 연금 관리자가 부담하게 된다. 그러나 이 경우에도 물가상승에 따른 손해는 가입자가 부담해야 하는 단점이 있다.

7

공적연금의 재원 충당 방식 중 '적립방식'과 '부과방식'을 비교한 내용으로 적절하지 않은 것은?

	항목	적립방식	부과방식
①	연금 지급 재원	가입자가 적립한 기금	현재 일하는 세대의 보험료
②	연금 지급 가능 시기	일정한 기금이 형성된 이후	제도 시작 즉시
③	세대 간 부담의 공평성	세대 간 공평성 미흡	세대 간 공평성 확보
④	소득 재분배 효과	소득 재분배 어려움	소득 재분배 가능

8

위 내용을 바탕으로 다음 상황에 대해 분석할 때 적절하지 않은 결론을 도출한 사람은?

> ○○회사는 이번에 공적연금 방식을 준용하여 퇴직연금 제도를 새로 도입하기로 하였다. 이에 회사는 직원들이 퇴직연금 방식을 확정기여방식과 확정급여방식 중에서 선택할 수 있도록 하였다.

① 확정기여방식은 부담금이 공평하게 나눠지는 측면에서 장점이 있어.

② 확정기여방식은 기금을 운용할 회사의 능력에 따라 나중에 받을 연금액이 달라질 수 있어.

③ 확정기여방식은 기금의 이자 수익률이 물가상승률보다 높으면 연금액의 실질적 가치가 상승할 수 있어.

④ 확정급여방식은 투자 수익이 부실할 경우 가입자가 보험료를 추가로 납부해야 하는 문제가 있어.

선물 거래는 경기 상황의 변화에 의해 자산의 가격이 변동하는 데서 올 수 있는 경제적 손실을 피하려는 사람과 그 위험을 대신 떠맡으면서 그것이 기회가 될 수 있는 상황을 기대하며 경제적 이득을 얻으려는 사람 사이에서 이루어지는 것이다.

[A]
배추를 경작하는 농민이 주변 여건에 따라 가격이 크게 변동하는 데서 오는 위험에 대비해 3개월 후 수확하는 배추를 채소 중개상에게 1포기당 8백 원에 팔기로 미리 계약을 맺었다고 할 때, 이와 같은 계약을 선물 계약, 8백 원을 선물 가격이라고 한다. 배추를 경작하는 농민은 선물 계약을 맺음으로써 3개월 후의 배추 가격이 선물 가격 이하로 떨어지더라도 안정된 소득을 확보할 수 있게 된다. 그렇다면 채소 중개상은 왜 이와 같은 계약을 한 것일까? 만약 배추 가격이 선물 가격 이상으로 크게 뛰어오르면 그는 이 계약을 통해 많은 이익을 챙길 수 있기 때문이다. 즉 배추를 경작한 농민과는 달리 3개월 후의 배추 가격이 뛰어오를지도 모른다는 기대에서 농민이 우려하는 위험을 대신 떠맡는 데 동의한 것이다.

선물 거래의 대상에는 농산물이나 광물 외에 주식, 채권, 금리, 외환 등도 있다. 이 중 거래 규모가 비교적 크고 그 방식이 좀 더 복잡한 외환 즉, 통화 선물 거래의 경우를 살펴보자. 세계 기축 통화인 미국 달러의 가격, 즉 달러 환율은 매일 변동하기 때문에 달러로 거래 대금을 주고받는 수출입 기업의 경우 뜻하지 않은 손실의 위험이 있다. 따라서 달러 선물 시장에서 약정된 가격에 달러를 사거나 팔기로 계약해 환율 변동에 의한 위험에 대비하는 방법을 활용한다.

미국에서 밀가루를 수입해 식품을 만드는 A 사는 7월 25일에 20만 달러의 수입 계약을 체결하고 2개월 후인 9월 25일에 대금을 지급하기로 하였다. 7월 25일 현재 원/달러 환율은 1,300원/US$이고 9월에 거래되는 9월물 달러 선물의 가격은 1,305원/US$이다. A 사는 2개월 후에 달러 환율이 올라 손실을 볼 경우를 대비해 선물 거래소에서 9월물 선물 20만 달러어치를 사기로 계약하였다. 그리고 9월 25일이 되자 A 사가 우려한 대로 원/달러 환율은 1,350원/US$, 9월물 달러 선물의 가격은 1,355원/US$으로 올랐다. A 사는 아래의 〈표〉와 같이 당장 미국의 밀가루 제조 회사에 지급해야 할 20만 달러를 준비하는 데 2개월 전에 비해 1천만 원이 더 들어가는 손실을 보았다. 하지만 선물 시장에서 달러당 1,305원에 사서 1,355원에 팔 수 있으므로 선물 거래를 통해 1천만 원의 이익을 얻어 현물 거래에서의 손실을 보전할 수 있게 된다.

외환 거래	환율 변동에 의한 손익 산출	손익
현물	−50원(1,300원−1,350원) × 20만 달러	−1,000만 원
선물	50원(1,355원−1,305원) × 20만 달러	1,000만 원

〈표〉 A 사의 외환 거래로 인한 손익

반대로 미국에 상품을 수출하고 그 대금을 달러로 받는 기업의 경우 받은 달러의 가격이 떨어지면 손해이므로, 특정한 시점에 달러 선물을 팔기로 계약하여 선물의 가격 변동을 이용함으로써 손실에 대비하게 된다.

㉠선물이 자산 가격의 변동으로 인한 손실에 대비하기 위해 약정한 시점에 약정한 가격으로 사거나 팔기로 한 것이라면, 그 약정한 시점에 사거나 파는 것을 선택할 수 있는 권리를 부여하는 계약이 있는데 이를 ㉡옵션(option)이라고 한다. 계약을 통해 옵션을 산 사람은 약정한 시점, 즉 만기일에 상품을 사거나 파는 것이 유리하면 그 권리를 행사하고, 그렇지 않으면 그 권리를 포기할 수 있다. 그런데 포기하면 옵션 계약을 할 때 지불했던 옵션 프리미엄이라는 일종의 계약금도 포기해야 하므로 그 금액만큼의 손실은 발생한다. 만기일에 약정한 가격으로 상품을 살 수 있는 권리를 콜옵션, 상품을 팔 수 있는 권리를 풋옵션이라고 한다. 콜옵션을 산 사람은 상품의 가격이 애초에 옵션에서 약정한 것보다 상승하게 되면, 그 권리 행사를 통해 가격 변동 폭만큼 이익을 보게 되고 이 콜옵션을 판 사람은 그만큼의 손실을 보게 된다. 마찬가지로 풋옵션을 산 사람은 상품의 가격이 애초에 옵션에서 약정한 것보다 하락하게 되면, 그 권리 행사를 통해 가격 변동 폭만큼 이익을 보게 되고 이 풋옵션을 판 사람은 그만큼의 손실을 보게 된다.

선물이나 옵션은 상품의 가격 변동에서 오는 손실을

줄여 시장의 안정성을 높이고자 하는 취지에서 만들어진 것이다. 하지만 이것이 시장 내에서 손실 그 자체를 줄이는 것은 아니고 새로운 부가가치를 창출하는 것도 아니다. 또한 위험을 무릅쓰고 높은 수익을 노리고자 하는 투기를 조장한다는 점에서 오히려 시장의 안정성을 저해한다는 비판도 제기되고 있다.

9

[A]의 거래 방식을 바르게 평가한 사람은?

① 甲 : 안정된 소득을 거래 당사자 모두에게 보장해 주기 위한 것이군.
② 乙 : 상품의 수요와 공급이 불균형한 상태를 극복하기 위한 경제 활동인 것이군.
③ 丙 : 가격 변동에 따른 위험 부담을 거래 당사자의 어느 한쪽에 전가하는 것이군.
④ 丁 : 서로의 이익을 극대화하기 위해 거래 당사자 간에 손실을 나누어 가지는 것이군.

10

㉠, ㉡에 대한 설명으로 적절하지 않은 것은?

① ㉠은 ㉡과 달리 가격 변동의 폭에 따라 손익의 규모가 달라진다.
② ㉡은 ㉠과 달리 약정한 상품에 대한 매매의 실행 여부를 선택할 수 있다.
③ ㉡은 ㉠의 거래로 인해 발생하는 손실에 대비하기 위해 활용될 수 있다.
④ ㉠, ㉡은 모두 계약 시점과 약정한 상품을 매매할 수 있는 시점이 서로 다르다.

11

다음에 나열된 숫자의 규칙을 찾아 빈칸에 들어가기 적절한 숫자를 고르면?

93	96	102	104	108	( )

① 114　　　　　　　② 116
③ 118　　　　　　　④ 120

12

갑, 을, 병, 정, 무, 기 6명의 채용 시험 결과를 참고로 평균 점수를 구하여 편차를 계산하였더니 결과가 다음과 같다. 이에 대한 분산과 표준편차를 합한 값은 얼마인가?

직원	갑	을	병	정	무	기
편차	3	−1	( )	2	0	−3

① 3　　　　　　　② 4
③ 5　　　　　　　④ 6

13

대학생 1,500명을 대상으로 한 취업 희망기업 설문조사 결과가 다음과 같았다. 남성과 여성이 가장 큰 차이를 보이는 취업 형태는 어느 것인가?

(단위 : %)

구분	대기업	공공기관	외국계기업	일반중소기업	전문중소기업	창업
	35.8	40.9	6.5	8.0	4.9	3.9
남성	37.3	40.0	4.1	10.0	5.1	3.5
여성	32.6	43.0	11.8	3.4	4.5	4.8

① 대기업　　　　　　② 전문중소기업
③ 일반중소기업　　　④ 외국계기업

14

다음은 도표의 작성절차에 대한 설명이다. 밑줄 친 ㉠~㉤ 중 올바르지 않은 설명을 모두 고른 것은?

1) 어떠한 도표로 작성할 것인지를 결정
업무수행 과정에서 도표를 작성할 때에는 우선 주어진 자료를 면밀히 검토하여 어떠한 도표를 활용하여 작성할 것인지를 결정한다. 도표는 목적이나 상황에 따라 올바르게 활용할 때 실효를 거둘 수 있으므로 우선적으로 어떠한 도표를 활용할 것인지를 결정하는 일이 선행되어야 한다.

2) 가로축과 세로축에 나타낼 것을 결정
주어진 자료를 활용하여 가로축과 세로축에 무엇을 나타낼 것인지를 결정하여야 한다. 일반적으로 ㉠가로축에는 수량(금액, 매출액 등), 세로축에는 명칭구분(연, 월, 장소 등)을 나타내며 ㉡축의 모양은 T 자형이 일반적이다.

3) 가로축과 세로축의 눈금의 크기를 결정
주어진 자료를 가장 잘 표현할 수 있도록 가로축과 세로축의 눈금의 크기를 결정하여야 한다. 한 눈금의 크기가 너무 크거나 작으면 자료의 변화를 잘 표현할 수 없으므로 자료를 가장 잘 표현할 수 있도록 한 눈금의 크기를 정하는 것이 바람직하다.

4) 자료를 가로축과 세로축이 만나는 곳에 표시
자료 각각을 결정된 축에 표시한다. 이때 ㉢가로축과 세로축이 교차하는 곳에 정확히 표시하여야 정확한 그래프를 작성할 수 있으므로 주의하여야 한다.

5) 표시된 점에 따라 도표 작성
표시된 점들을 활용하여 실제로 도표를 작성한다. ㉣선 그래프라면 표시된 점들을 선분으로 이어 도표를 작성하며, ㉤막대그래프라면 표시된 점들을 활용하여 막대를 그려 도표를 작성하게 된다.

6) 도표의 제목 및 단위 표시
도표를 작성한 후에는 도표의 상단 혹은 하단에 제목과 함께 단위를 표기한다.

① ㉠, ㉡

② ㉠, ㉢

③ ㉠, ㉡, ㉢

④ ㉠, ㉢, ㉣

15

다음은 수입체리를 구매한 어느 지역의 272명을 대상으로 설문조사 결과를 나타낸 표이다. 표에 대한 설명으로 옳지 않은 것은?

〈표 1〉 월 평균 소득과 향후 구매 계획

(단위 : 명, %)

향후 구매 계획	월 평균 소득			합계
	200만 원 미만	200만 원 ~500만 원	500만 원 이상	
줄이겠다.	9(37.5)	51(36.2)	20(18.7)	80(29.4)
유지하겠다.	6(25.0)	41(29.1)	33(30.8)	80(29.4)
늘리겠다.	9(37.5)	49(34.8)	54(50.5)	112(41.2)
합계	24(100.0)	141(100.0)	107(100.0)	272(100.0)

〈표 2〉 수입 체리 구매이유와 향후 구매 계획

(단위 : 명, %)

향후 구매 계획	수입 체리 구매이유			합계
	다른 과일보다 맛이 좋을 것 같아서	건강이나 다이어트에 좋을 것 같아서	기타	
줄이겠다.	12(14.0)	20(30.8)	48(39.7)	80(29.4)
유지하겠다.	18(20.9)	19(29.2)	43(35.5)	80(29.4)
늘리겠다.	56(65.1)	26(40.0)	30(24.8)	112(41.2)
합계	86(100.0)	65(100.0)	121(100.0)	272(100.0)

① 월 평균 소득이 고소득층(500만 원 이상)일수록 향후 수입 체리의 구매를 '늘리겠다.'는 응답이 많은 것으로 나타났다.

② 월 평균 소득이 500만 원 미만인 응답자들의 경우 향후 구매를 '줄이겠다.'는 응답과 '늘리겠다.'는 응답의 비율이 비슷한 것으로 나타났다.

③ 수입 체리 구매이유로 '맛이 좋아서'를 선택한 응답자들의 경우 다른 이유를 선택한 응답자들보다 향후 구매를 '늘리겠다.'는 비율이 더 높은 것으로 나타났다.

④ 전체적으로 두 표 모두 향후 수입 체리의 구매를 '늘리겠다'고 응답한 비율이 '줄이겠다.', '유지하겠다.'라고 응답한 비율보다 낮은 것으로 나타났다.

16

다음은 교육복지지원 정책사업 내 단위사업 세출 결산 현황을 예시로 나타낸 표이다. 2018년 대비 2019년의 급식비 지원 증감률로 옳은 것은? (단, 소수 둘째자리에서 반올림한다)

(단위 : 백만 원)

단위사업명	2019 결산액	2018 결산액	2021 결산액
총계	5,016,557	3,228,077	2,321,263
학비 지원	455,516	877,020	1,070,530
방과후교육 지원	636,291	−	−
급식비 지원	647,314	665,984	592,300
정보화 지원	61,814	64,504	62,318
농어촌학교 교육여건 개선	110,753	71,211	77,334
교육복지우선 지원	157,598	188,214	199,019
누리과정 지원	2,639,752	989,116	−
교과서 지원	307,519	288,405	260,218
학력격차해소	−	83,622	59,544

① −2.9%
② −1.4%
③ 2.9%
④ 10.5%

17

다음은 글로벌 금융위기 중 세계 주요국의 실물경제 현황을 나타낸 표이다. 표에 대한 설명으로 옳지 않은 것은?

(단위 : %)

국가	구분	2008년 연간	3/4	4/4	2009년 연간	1/4	2/4	3/4	4/4
미국	GDP	0.4	-2.7	-5.4	-2.4	-6.4	-0.7	2.2	5.9
	산업생산	-2.2	-9.0	-13.0	-9.7	-19.0	-10.3	5.6	7.0
	소매판매	-0.7	-1.5	-6.6	-6.0	-1.4	-0.3	1.6	1.9
유로지역	GDP	0.7	-1.4	-7.0	-4.1	-9.4	-0.6	1.5	0.5
	산업생산	-0.8	-0.6	-0.8	-14.9	-0.9	-0.4	-0.5	0.2
	수출	3.7	0.2	-8.3	-18.2	-15.0	-0.4	3.2	5.3
일본	GDP	-0.7	-3.9	-13.9	-5.0	-11.9	2.7	1.3	4.6
	광공업생산	-3.4	-3.2	-11.3	-22.4	-22.1	8.3	7.4	4.6
	수출	-3.5	-3.9	-20.0	-33.1	-24.4	6.8	3.2	13.2
중국	GDP	9.0	9.0	6.8	8.7	6.1	7.9	8.9	10.7
	산업생산	12.9	13.0	6.4	11.0	5.1	9.0	12.3	17.9
	수출	17.2	23.0	4.3	-15.9	-19.7	-23.5	-20.3	0.1

① 중국은 다른 나라와는 달리 2008년 3분기부터 2009년 4분기까지 GDP 성장률이 꾸준히 상승하였다.
② 미국의 GDP 성장률은 2008년 3분기부터 2009년 1분기까지 3분기 연속 하락하였다.
③ 위의 자료에서 2009년 GDP가 꾸준히 증가한 국가는 미국과 중국뿐이다.
④ 일본을 제외한 나머지 국가들은 2008년 연간 GDP 성장률이 조금이나마 플러스 성장하였다.

18

다음은 어느 공과대학의 각 학과 지원자의 비율을 나타낸 것이다. 2021년 건축공학과를 지원한 학생 수가 270명일 때 2021년 건축공학과 지원자 수는 전년 대비 몇 명이 증가하였는가? (단, 2020년과 2021년의 공과대학 전체 지원자 수는 같았다)

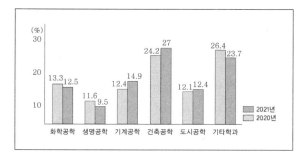

① 28명 ② 21명
③ 14명 ④ 7명

19

다음은 K은행에서 투자를 검토하고 있는 사업평가 자료인데, 직원의 실수로 일부가 훼손되었다. 다음 중 (가), (나), (다), (라)에 들어갈 수 있는 수치는? (단, 인건비와 재료비 이외의 투입요소는 없다)

구분	목표량	인건비	재료비	산출량	효과성 순위	효율성 순위
A	(가)	200	50	500	3	2
B	1,000	(나)	200	1,500	2	1
C	1,500	1,200	(다)	3,000	1	3
D	1,000	300	500	(라)	4	4

※ 효율성 = 산출 / 투입 ※ 효과성 = 산출 / 목표

	(가)	(나)	(다)	(라)
①	300	500	800	800
②	500	800	300	800
③	800	500	300	300
④	500	300	800	800

20

다음은 K은행에서 판매하는 일부 금융상품의 대출대상을 나타낸 표이다. 보기에 나와 있는 경수에게 적당한 상품은 무엇인가?

상품명	대출대상
우수고객 인터넷 무보증 신용대출	K은행 PB고객 및 가족 고객
예·적금/신탁 담보대출	K은행 인터넷뱅킹 가입자로서 본인 명의의 예·적금/신탁을 담보로 인터넷뱅킹 상에서 대출을 받고자 하는 고객
신나는 직장인 대출	공무원, 사립학교 교직원, 당행이 선정한 우량 기업에 3개월 이상 정규직으로 재직 중인 급여소득자. 단, 당행 여신취급제한자 제외
K 튼튼 직장인 대출	• K은행에서 선정한 대기업, 중견기업, 금융기관 등에 6개월 이상 재직하고 있는 고객 • 연간 소득 3천만 원 이상인 고객 (단, K은행의 여신취급제한자에 해당하는 고객은 제외됨)
샐러리맨 우대대출	• 일반기업체에 정규직 급여소득자로 1년 이상 재직하고 있는 고객. 단, 사업주 및 법인대표자 제외 • 연간 소득이 2,000만 원 이상인 고객

〈보기〉

경수는 인공지능을 연구하는 조그마한 회사에 다니는 직장인으로 어느덧 회사에 정규직으로 입사한 지 1년 6개월이 되었다. 그가 다니는 회사는 이제 막 성장한 소규모 회사로 그는 현재 대기업에 입사한 친구들보다 훨씬 적은 연봉 2,400만 원을 받고 있다.

① 우수고객 인터넷 무보증 신용대출
② 예·적금/신탁 담보대출
③ 신나는 직장인 대출
④ 샐러리맨 우대대출

21

다음 〈표〉는 1997년도부터 2007년도까지 주식시장의 현황을 나타낸 자료이다. 이를 바탕으로 작성한 그래프 중 옳지 않은 것은?

연도	주가지수	수익률(%)	종목수(종목)	주식수(억 주)	시가총액(조원)	거래량(억 주)	거래대금(조 원)	거래건수(백만건)
1997	376	–	958	90	71	121	162	15
1998	562	49.5	925	114	138	285	193	33
1999	1,028	82.8	916	173	350	694	867	108
2000	505	−50.9	902	196	188	738	627	106
2001	694	37.4	884	196	256	1,164	491	90
2002	628	−9.5	861	265	259	2,091	742	111
2003	811	29.1	856	237	355	1,339	548	87
2004	896	10.5	844	234	413	929	556	83
2005	1,379	53.9	858	232	655	1,164	786	96
2006	1,434	4.0	885	250	705	689	848	107
2007	1,897	32.3	906	282	952	895	1,363	181

① 당해년도 초과수익률

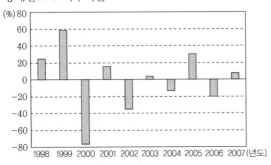

※ 1) 당해연도 초과수익률(%) = 당해연도 수익률(%) − 연평균 수익률(%)

2) 연평균 수익률은 23.9%

② 종목당 평균 주식수

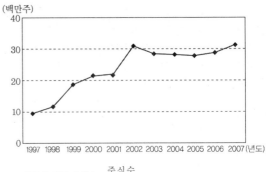

※ 종목당 평균 주식수 $= \dfrac{주식수}{종목수}$

③ 시가총액회전율과 주가지수의 관계

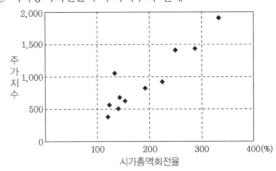

※ 시가총액회전율(%) $= \dfrac{거래대금}{시가총액} \times 100$

④ 1거래당 거래량

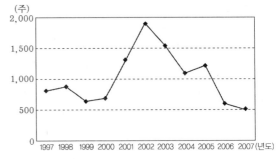

※ 1거래당 거래량 $= \dfrac{거래량}{거래건수}$

|22~23| 다음은 K은행에서 실시하고 있는 해외송금 서비스에 대한 상품설명서 중 거래조건에 관한 내용이다. 물음에 답하시오.

〈거래조건〉

구분	내용		
가입대상	당행을 거래외국환은행으로 지정한 실명의 개인(외국인 포함)		
송금항목 및 송금한도	송금항목	건당 한도	연간 한도
	거주자 지급증빙서류 미제출 송금	3만 불	5만 불
	유학생 또는 해외체재비 송금	5만 불	제한 없음
	외국인(비거주자) 국내 보수 송금 등	3만 불	5만 불 또는 한도등록금액 이내
인출계좌	원화 입출식 보통예금(해외송금전용통장)		
처리기준	송금처리일	영업일	비영업일
	출금시간	10시, 12시, 14시, 16시, 19시	익영업일 10시
	출금금액	• 각 처리시간 송금전용통장의 잔액 전체(송금액과 수수료를 합한 금액을 출금) • 송금전용통장에 잔액이 10만원 미만인 경우 송금 불가	
	적용환율	출금 당시 당행 고시 전신환매도율	
	* 매 영업일 19시 출금 건에 대한 송금처리는 익영업일 10시에 처리됨		
기타	• 건당 한도 초과 입금 시에는 한도금액 이내로 송금되며 초과 입금분은 다음 처리시간에 잔액에 합산하여 해외송금 처리 • 송금전용계좌 지급정지 및 압류, 송금한도초과, 송금정보 오류 시 송금불가		

22

경진은 유학차 외국에 나가있는 아들을 위해 용돈을 보내주려고 한다. 위의 해외송금서비스를 이용할 경우 그녀는 건당 최대 얼마까지 보낼 수 있는가? (단, 화폐 단위는 만 불이다)

① 1만 불
② 2만 불
③ 3만 불
④ 5만 불

23

경진은 4월 9일 토요일에 외국으로 유학을 간 아들에게 용돈을 보내주기 위해 돈을 송금하려고 했지만 집안 일로 인해 19시가 되어서야 겨우 송금을 할 수 있었다. 이 경우 경진의 송금액은 언제 출금되는가?

① 4월 9일 19시
② 4월 10일 10시
③ 4월 10일 12시
④ 4월 11일 10시

24

A와 B가 다음과 같은 규칙으로 게임을 하였다. 규칙을 참고할 때, 두 사람 중 점수가 낮은 사람은 몇 점인가?

> • 이긴 사람은 4점, 진 사람은 2점의 점수를 얻는다.
> • 두 사람의 게임은 모두 20회 진행되었다.
> • 20회의 게임 후 두 사람의 점수 차이는 12점이었다.

① 50점
② 52점
③ 54점
④ 56점

25

A, B, C, D, E 다섯 명 중 출장을 가는 사람이 있다. 출장을 가는 사람은 반드시 참을 말하고, 출장에 가지 않는 사람은 반드시 거짓을 말한다. 다음과 같이 각자 말했을 때 항상 참인 것은?

- A : E가 출장을 가지 않는다면, D는 출장을 간다.
- B : D가 출장을 가지 않는다면, A는 출장을 간다.
- C : A는 출장을 가지 않는다.
- D : 2명 이상이 출장을 간다.
- E : C가 출장을 간다면 A도 출장을 간다.

① 최소 1명, 최대 3명이 출장을 간다.
② C는 출장을 간다.
③ E는 출장을 가지 않는다.
④ A와 C는 같이 출장을 가거나, 둘 다 출장을 가지 않는다.

26

빵, 케이크, 마카롱, 쿠키를 판매하고 있는 달콤 베이커리 프랜차이즈에서 최근 각 지점 제품을 섭취하고 복숭아 알레르기가 발생했다는 민원이 제기되었다. 해당 제품에는 모두 복숭아가 들어가지 않지만, 복숭아를 사용한 제품과 인접 시설에서 제조하고 있다. 아래의 사례를 참고할 때 다음 중 반드시 거짓인 경우는?

- 복숭아 알레르기 유발 원인이 된 제품은 빵, 케이크, 마카롱, 쿠키 중 하나이다.
- 각 지점에서 복숭아 알레르기가 있는 손님이 섭취한 제품과 알레르기 유무는 아래와 같다.

광화문점	빵과 케이크를 먹고 마카롱과 쿠키를 먹지 않은 경우, 알레르기가 발생했다.
종로점	빵과 마카롱을 먹고 케이크 와 쿠키를 먹지 않은 경우, 알레르기가 발생하지 않았다.
대학로점	빵과 쿠키를 먹고 케이크와 마카롱을 먹지 않은 경우 알레르기가 발생했다.
홍대점	케이크와 마카롱을 먹고 빵과 쿠키를 먹지 않은 경우 알레르기가 발생했다.
상암점	케이크와 쿠키를 먹고 빵 과 마카롱을 먹지 않은 경우 알레르기가 발생하지 않았다.
강남점	마카롱과 쿠키를 먹고 빵과 케이크를 먹지 않은 경우 알레르기가 발생하지 않았다.

① 광화문점, 종로점, 홍대점의 사례만을 고려하면 케이크가 알레르기의 원인이다.
② 광화문점, 대학로점, 상암점의 사례만을 고려하면, 빵이 알레르기의 원인이다.
③ 종로점, 홍대점, 강남점의 사례만을 고려하면, 케이크가 알레르기의 원인이다.
④ 대학로점, 홍대점, 강남점의 사례만을 고려하면, 마카롱이 알레르기의 원인이다.

27

다음 패스워드 생성규칙에 대한 글을 참고할 때, 권장규칙에 따른 가장 적절한 패스워드로 볼 수 있는 것은?

패스워드를 설정할 때에는 한국인터넷진흥원의 『암호이용안내서』의 패스워드 생성규칙을 적용하는 것이 안전하다. 또한 패스워드 재설정/변경 시 안전하게 변경할 수 있는 규칙을 정의해서 적용해야 한다. 다음은 『암호이용안내서』의 패스워드 생성규칙에서 규정하고 있는 안전하지 않은 패스워드에 대한 사례이다.
- 패턴이 존재하는 패스워드
- 동일한 문자의 반복
  ex) aaabbb, 123123
- 키보드 상에서 연속한 위치에 존재하는 문자들의 집합
  ex) qwerty, asdfgh
- 숫자가 제일 앞이나 제일 뒤에 오는 구성의 패스워드
  ex) security1, may12
- 숫자와 영단어를 서로 교차하여 구성한 형태의 패스워드
- 영문자 'O'를 숫자 '0'으로, 영문자 'i'를 숫자 '1'로 치환하는 등의 패스워드
- 특정 인물의 이름을 포함한 패스워드
- 사용자 또는 사용자 이외의 특정 인물, 유명인, 연예인 등의 이름을 포함하는 패스워드
- 한글발음을 영문으로, 영문단어의 발음을 한글로 변형한 형태의 패스워드
- 한글의 '사랑'을 영어 'SaRang'으로 표기, 영문자 'LOVE'의 발음을 한글 '러브'로 표기

① {CVBN35!}
② jaop&*012
③ s5c6h7o8o9l0
④ apl52@새95!?

28

다음에 주어진 조건이 모두 참일 때 옳은 결론을 고르면?

- 김대리보다 큰 사람은 없다.
- 박차장이 이과장보다 크다.
- 박차장이 최부장보다는 크지 않다.

A : 이과장이 가장 작다.
B : 박차장은 세 번째로 크다.

① A만 옳다.
② B만 옳다.
③ A와 B 모두 옳다.
④ A와 B 모두 그르다.

29

8층에서 엘리베이터를 타게 된 갑, 을, 병, 정, 무 5명은 5층부터 내리기 시작하여 마지막 다섯 번째 사람이 1층에서 내리게 되었다. 다음 〈조건〉을 만족할 때, 1층에서 내린 사람은 누구인가?

〈조건〉
- 2명이 함께 내린 층은 4층이며, 나머지는 모두 1명씩만 내렸다.
- 을이 내리기 직전 층에서는 아무도 내리지 않았다.
- 무는 정의 바로 다음 층에서 내렸다.
- 갑과 을은 1층에서 내리지 않았다.

① 갑
② 을
③ 병
④ 정

30

다음 〈조건〉을 만족시키는 행운의 일곱 자리의 수 중, 가장 큰 수의 첫 번째와 마지막 숫자의 합은 얼마인가?

〈조건〉
- 일곱 자리 숫자를 모두 더하면 30이다.
- 가운데 숫자는 5이다.
- 일곱 자리에 같은 숫자를 두 번 이상 쓸 수 없다.
- 일곱 자리에 들어갈 수 있는 숫자 중 가장 큰 숫자가 맨 앞 숫자이다.
- 가운데 숫자와 그 오른쪽 숫자의 합은 첫 번째 숫자와 같다.
- 두 번째와 세 번째 숫자의 합은 여섯 번째 숫자와 같으며, 마지막 숫자는 그 숫자의 두 배이다.

① 12 ② 14
③ 15 ④ 16

31

R사는 공작기계를 생산하는 업체이다. 이번 주 R사에서 월요일~토요일까지 생산한 공작기계가 다음과 같을 때, 월요일에 생산한 공작기계의 수량이 될 수 있는 수를 모두 더하면 얼마인가? (단, 1대도 생산하지 않은 날은 없었다.)

- 화요일에 생산된 공작기계는 금요일에 생산된 수량의 절반이다.
- 이 공장의 최대 하루 생산 대수는 9대이고, 이번 주에는 요일별로 생산한 공작기계의 대수가 모두 달랐다.
- 목요일부터 토요일까지 생산한 공작기계는 모두 15대이다.
- 수요일에는 9대의 공작기계가 생산되었고, 목요일에는 이보다 1대가 적은 공작기계가 생산되었다.
- 월요일과 토요일에 생산된 공작기계를 합하면 10대가 넘는다.

① 10 ② 11
③ 12 ④ 13

32

다음은 직원들의 인사이동에 따른 4개의 지점별 직원 이동 현황을 나타낸 자료이다. 다음 자료를 참고할 때, 빈칸 ㉠, ㉡에 들어갈 수치로 알맞은 것은 어느 것인가?

〈인사이동에 따른 지점별 직원 이동 현황〉

(단위 : 명)

이동 후 이동 전	A	B	C	D
A	–	32	44	28
B	16	–	34	23
C	22	18	–	32
D	31	22	17	–

〈지점별 직원 현황〉

(단위 : 명)

지점 \ 시기	인사이동 전	인사이동 후
A	425	(㉠)
B	390	389
C	328	351
D	375	(㉡)

① 380, 398
② 390, 388
③ 400, 398
④ 410, 408

|33∼34| 다음 자료를 보고 이어지는 물음에 답하시오.

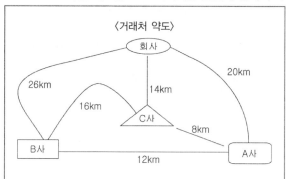

〈거래처 약도〉

〈각 구간별 연비〉
- 회사∼A사/B사/C사 : 각 10km/L(시내)
- A사∼B사 : 14km/L(국도)
- B사∼C사 : 8km/L(비포장도로)
- C사∼A사 : 20km/L(고속도로)
※ 연료비는 1L당 1,500원으로 계산한다.

33

최 대리는 오늘 외출을 하여 A, B, C 거래처를 방문해야 한다. 세 군데 거래처를 모두 방문하고 마지막 방문지에서 바로 퇴근을 할 예정이지만, 서류 전달을 위해 중간에 한 번은 다시 회사로 돌아왔다 가야 한다. A사를 가장 먼저 방문할 경우 최 대리의 모든 거래처 방문이 완료되는 최단 거리 이동 경로는 몇 km인가?

① 58km   ② 60km

③ 64km   ④ 68km

34

위와 같은 거래처 방문 조건 하에서 최장 거리 이동 경로와 최단 거리 이동 경로의 총 사용 연료비 차액은 얼마인가?

① 3,000원   ② 3,100원

③ 3,200원   ④ 3,300원

35

甲은 乙로부터 5차에 걸쳐 총 7천만 원을 빌렸으나, 자금 형편상 갚지 못하고 있다가 2021년 2월 5일 1천만 원을 갚았다. 다음 〈조건〉을 근거로 판단할 때, 〈甲의 채무현황〉에서 2021년 2월 5일에 전부 또는 일부가 소멸된 채무는? (다만 연체 이자와 그 밖의 다른 조건은 고려하지 않는다)

- 채무 중에 상환하기로 약정한 날짜(이행기)가 도래한 것과 도래하지 아니한 것이 있으면, 이행기가 도래한 채무가 변제로 먼저 소멸한다.
- 이행기가 도래한(또는 도래하지 않은) 채무 간에는 이자가 없는 채무보다 이자가 있는 채무, 저이율의 채무보다는 고이율의 채무가 변제로 먼저 소멸한다.
- 이율이 같은 경우, 이행기가 먼저 도래한 채무나 도래할 채무가 변제로 먼저 소멸한다.

〈甲의 채무현황〉

구분	이행기	이율	채무액
① A	2020. 11. 10.	0%	1천만 원
② B	2020. 12. 10.	20%	1천만 원
③ C	2021. 1. 10.	15%	1천만 원
④ D	2021. 1. 30.	20%	2천만 원

36

서원이는 2021년 1월 전액 현금으로만 다음 표와 같이 지출하였다. 만약 서원이가 2021년 1월에 A~C 신용카드 중 하나만을 발급받아 할인 전 금액이 표와 동일하도록 그 카드로만 지출하였다면 신용카드별 할인혜택에 근거한 할인 후 예상청구액이 가장 적은 카드부터 순서대로 바르게 나열한 것은?

〈표〉 2021년 1월 지출내역

(단위 : 만 원)

분류	세부항목		금액	합계
교통비	버스 · 지하철 요금		8	20
	택시 요금		2	
	KTX 요금		10	
식비	외식비	평일	10	30
		주말	5	
	카페 지출액		5	
	식료품 구입비	대형마트	5	
		재래시장	5	
의류구입비	온라인		15	30
	오프라인		15	
여가 및 자기계발비	영화관람료(1만원/회×2회)		2	30
	도서구입비 (2만원/권×1권, 1만5천원/권×2권, 1만원/권×3권)		8	
	학원 수강료		20	

〈신용카드별 할인혜택〉

○ A 신용카드
  • 버스, 지하철, KTX 요금 20% 할인(단, 할인액의 한도는 월 2만원)
  • 외식비 주말 결제액 5% 할인
  • 학원 수강료 15% 할인
  • 최대 총 할인한도액은 없음
  • 연회비 1만 5천 원이 발급 시 부과되어 합산됨
○ B 신용카드
  • 버스, 지하철, KTX 요금 10% 할인(단, 할인액의 한도는 월 1만원)
  • 온라인 의류구입비 10% 할인
  • 도서구입비 권당 3천 원 할인(단, 권당 가격이 1만 2천 원 이상인 경우에만 적용)
  • 최대 총 할인한도액은 월 3만 원
  • 연회비 없음
○ C 신용카드
  • 버스, 지하철, 택시 요금 10% 할인(단, 할인액의 한도는 월 1만 원)
  • 카페 지출액 10% 할인
  • 재래시장 식료품 구입비 10% 할인
  • 영화관람료 회당 2천원 할인(월 최대 2회)
  • 최대 총 할인한도액은 월 4만 원
  • 연회비 없음

※ 할부나 부분청구는 없으며, A~C 신용카드는 매달 1일부터 말일까지의 사용분에 대하여 익월 청구됨

① A - B - C

② A - C - B

③ B - A - C

④ B - C - A

37

연초에 동일한 투자비용이 소요되는 투자계획 A와 B가 있다. A는 금년 말에 10억 원, 내년 말에 20억 원의 수익을 내고, B는 내년 말에만 31억 원의 수익을 낸다. 수익성 측면에서 A와 B를 동일하게 만드는 이자율 수준은 얼마인가?

① 1%

② 5%

③ 10%

④ 15%

38

다음 표는 E통신사에서 시행하는 이동 통화 요금제 방식이다. 다음과 같은 방식으로 통화를 할 경우, 한 달 평균 이동전화 사용 시간이 몇 분 이상일 때부터 B요금제가 유리한가?

요금제	기본요금(원)	1분당 전화 요금(원)
A	15,000	180
B	18,000	120

① 35분

② 40분

③ 45분

④ 50분

39

다음 자료에 대한 올바른 설명을 〈보기〉에서 모두 고른 것은?

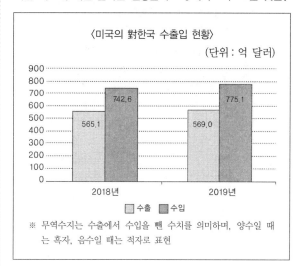

〈미국의 對한국 수출입 현황〉

(단위 : 억 달러)

※ 무역수지는 수출에서 수입을 뺀 수치를 의미하며, 양수일 때는 흑자, 음수일 때는 적자로 표현

───── 〈보기〉 ─────

㈎ 2019년 미국의 對한국 총 무역액은 전년보다 35억 달러 이상 증가하였다.

㈏ 2019년 미국의 對한국 무역수지의 적자는 전년보다 25억 달러 이상 증가하였다.

㈐ 2019년 미국의 전년대비 對한국 수출액 증가율은 1% 이상이다.

㈑ 2019년 미국의 전년대비 對한국 수입액 증가분은 수출액 증가분의 10배 이상이다.

① ㈎, ㈏

② ㈎, ㈑

③ ㈐, ㈑

④ ㈎, ㈏, ㈐

40

인적자원 관리의 특징에 관한 다음 (가)~(라)의 설명 중 그 성격이 같은 것끼리 알맞게 구분한 것은?

> (가) 개인에게 능력을 발휘할 수 있는 기회와 장소를 부여하고, 그 성과를 바르게 평가하고, 평가된 능력과 실적에 대해 그에 상응하는 보상을 주어야 한다.
>
> (나) 팀 전체의 능력향상, 의식개혁, 사기앙양 등을 도모하는 의미에서 전체와 개체가 균형을 이루어야 한다.
>
> (다) 많은 사람들이 번거롭다는 이유로 자신의 인맥관리에 소홀히 하는 경우가 많지만 인맥관리는 자신의 성공을 위한 첫걸음이라는 생각을 가져야 한다.
>
> (라) 효율성을 높이기 위해 팀원의 능력이나 성격 등과 가장 적합한 위치에 배치하여 팀원 개개인의 능력을 최대로 발휘해 줄 것을 기대한다.

① (가), (나) / (다), (라)

② (가) / (나), (다), (라)

③ (가), (라) / (나), (다)

④ (가), (나), (라) / (다)

41

신입사원 교육을 받으러 온 직원들에게 나눠준 조직도를 보고 사원들이 나눈 대화이다. 다음 중 조직도를 올바르게 이해한 사원을 모두 고른 것은?

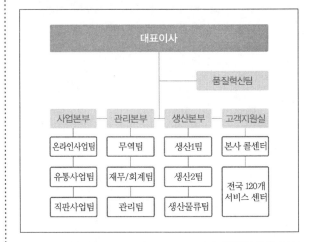

> A : 조직도를 보면 본사는 3개 본부, 1개 지원실, 콜센터를 포함한 총 10개 팀으로 구성되어 있군.
>
> B : 그런데 품질혁신팀은 따로 본부에 소속되어 있지 않고 대표이사님 직속으로 소속되어 있네.
>
> C : 전국의 서비스센터는 고객지원실에서 관리해.

① A

② B

③ A, C

④ B, C

42

K사의 생산 제품은 다음과 같은 특징을 갖고 있다. 이 경우 K사가 취할 수 있는 경영전략으로 가장 적절한 것은?

- 다수의 소규모 업체들이 경쟁하며 브랜드의 중요성이 거의 없다.
- 특정 계층의 구분 없이 동일한 제품이 쓰인다.
- 생산 방식과 공정이 심플하다.
- 지속적으로 사용해야 하는 소모품이다.
- 대중들에게 널리 보급되어 있다.
- 특별한 기술력이 요구되지 않는다.
- 제품 생산 노하우가 공개되어 있다.

① 모방 전략
② 차별화 전략
③ SNS 전략
④ 원가우위 전략

43

다음과 관련된 개념은 무엇인가?

　　조직이 지속되게 되면서 조직구성원들 간에 공유되는 생활양식이나 가치로 조직구성원들의 사고와 행동에 영향을 미치며 일체감과 정체성을 부여하고 조직이 안정적으로 유지되게 한다. 최근 조직문화에 대한 중요성이 부각되면서 긍정적인 방향으로 조성하기 위한 경영층의 노력이 이루어지고 있다.

① 조직의 규칙
② 조직문화
③ 조직목표
④ 조직위계

▌44~45▌ 다음 조직도를 보고 물음에 답하시오.

44

위 조직도에 대한 설명으로 적합하지 않은 것은?

① 위와 같은 조직구조의 형태를 '기능적 조직구조'라고 한다.
② 산하 조직의 수가 더 많은 관리부사장이 기술부사장보다 강력한 권한과 지위를 갖는다.
③ 일반적으로 위와 같은 형태의 조직구조는 급변하는 환경변화에 효과적으로 대응하고 제품, 지역, 고객별 차이에 신속하게 적응하기에 적절한 구조가 아니다.
④ 위와 같은 조직도를 통해 조직에서 하는 일은 무엇이며, 조직구성원들이 어떻게 상호작용하는지 파악할 수 있다.

45

조직 및 인적 구성을 한눈에 알 수 있게 해 주는 위와 같은 조직도를 참고할 때, 하위 7개 본부 중 '인사노무처'와 '자원기술처'라는 명칭의 조직이 속한다고 볼 수 있는 본부로 가장 적절한 것은?

① 지원본부, 기술본부
② 지원본부, 생산본부
③ 기획본부, 생산본부
④ 기획본부, 공급본부

46

다음 '갑' 기업과 '을' 기업에 대한 설명 중 적절하지 않은 것은?

> '갑' 기업은 다양한 사외 기관, 단체들과의 상호 교류 등 업무가 잦아 관련 업무를 전담하는 조직이 갖춰져 있다. 전담 조직의 인원이 바뀌는 일은 가끔 있지만, 상설 조직이 있어 매번 발생하는 유사 업무를 효율적으로 수행한다.
>
> '을' 기업은 사내 당구 동호회가 구성되어 있어 동호회에 가입한 직원들이 정기적으로 당구장을 찾아 쌓인 스트레스를 풀곤 한다. 가입과 탈퇴가 자유로우며 당구를 좋아하는 직원은 누구든 참여가 가능하다. 당구 동호회에 가입한 직원은 직급이 아닌 당구 실력으로만 평가 받으며, 언제 어디서 당구를 즐기든 상사의 지시를 받지 않아도 된다.

① '갑' 기업의 상설 조직은 의도적으로 만들어진 집단이다.
② '갑' 기업 상설 조직의 임무는 보통 명확하지 않고 즉흥적인 성격을 띤다.
③ '을' 기업 당구 동호회는 공식적인 임무 이외에 다양한 요구들에 의해 구성되는 경우가 많다.
④ '갑' 기업 상설 조직의 구성원은 인위적으로 참여한다.

47

다음 〈보기〉와 같은 조직문화의 형태와 그 특징에 대한 설명 중 적절한 것만을 모두 고른 것은?

> ─── 〈보기〉 ───
>
> (가) 위계를 지향하는 조직문화는 조직원 개개인의 능력과 개성을 존중한다.
> (나) 과업을 지향하는 조직문화는 업무 수행의 효율성을 강조한다.
> (다) 혁신을 지향하는 조직문화는 조직의 유연성과 외부 환경에의 적응에 초점을 둔다.
> (라) 관계를 지향하는 조직문화는 구성원들의 상호 신뢰와 인화 단결을 중요시한다.

① (나), (다), (라)
② (가), (다), (라)
③ (가), (나), (라)
④ (가), (나), (다)

48

다음은 A사의 임직원 행동지침의 일부이다. 이에 대한 설명으로 가장 옳지 않은 것은?

> 제○○조(외국 업체 선정을 위한 기술평가위원회 운영)
> ① 외국 업체 선정을 위한 기술평가위원회 운영이 필요한 경우 기술평가위원 위촉 시 부패행위 전력자 및 당사 임직원 행동강령 제5조 제1항 제2호 및 제3호에 따른 이해관계자를 배제해야 하며, 기술평가위원회 활동 중인 위원의 부정행위 적발 시에는 해촉하도록 한다.
> ② 외국 업체 선정을 위한 기술평가위원회 위원은 해당 분야 자격증, 학위 소지여부 등에 대한 심사를 엄격히 하여 전문성을 가진 자로 선발한다.
> ③ 계약 관련 외국 업체가 사전로비를 하는 것을 방지하기 위하여 외국 업체 선정을 위한 기술평가위원회 명단을 공개하는 것을 금지한다.
> ④ 외국 업체 선정을 위한 기술평가위원회를 운영할 경우 위원의 제척, 기피 및 회피제를 포함하여야 하며, 평가의 공정성 및 책임성 확보를 위해 평가위원으로부터 청렴서약서를 징구한다.
> ⑤ 외국 업체 선정을 위한 기술평가위원회를 개최하는 경우 직원은 평가위원의 발언 요지, 결정사항 및 표결내용 등의 회의결과를 기록하고 보관해야 한다.

① 기술평가위원의 발언과 결정사항 등은 번복이나 변경을 방지하고자 기록된다.
② 기술평가위원이 누구인지 내부적으로는 공개된다.
③ 이해관계에 의한 불공정 평가는 엄정히 방지된다.
④ 기술평가위원에게 해당 분야의 전문성은 필수조건이다.

49

다음 설명을 참고할 때, '차별화 전략'의 단점으로 가장 거리가 먼 것은?

> 조직의 경영전략은 경영자의 경영이념이나 조직의 특성에 따라 다양하다. 이 중 대표적인 경영전략으로 마이클 포터(Michael E. Porter)의 본원적 경쟁전략이 있다. 본원적 경쟁전략은 해당 사업에서 경쟁우위를 확보하기 위한 전략이며 차별화 전략, 집중화 전략, 원가우위 전략이 이에 속한다.
>
> 차별화 전략은 조직이 생산품이나 서비스를 차별화하여 고객에게 가치가 있고 독특하게 인식되도록 하는 전략이다. 이러한 전략을 활용하기 위해서는 연구개발이나 광고를 통하여 기술, 품질, 서비스, 브랜드 이미지를 개선할 필요가 있다.

① 많은 비용이 수반된다.

② 비차별화 전략에 비해 시장을 세분화해야 하는 어려움이 있다.

③ 다양한 상품 개발에 따라 상품 원가가 높아질 수 있다.

④ 과도한 가격경쟁력 확보를 추진할 경우 수익구조에 악영향을 끼칠 수 있다.

50

다음 ㈎~㈓ 중 조직 경영에 필요한 요소에 대한 설명을 모두 고른 것은?

> ㈎ 조직의 목적 달성을 위해 경영자가 수립하는 것으로 보다 구체적인 방법과 과정이 담겨있다.
>
> ㈏ 조직에서 일하는 구성원으로, 경영은 이들의 직무수행에 기초하여 이루어지기 때문에 이들의 배치 및 활용이 중요하다.
>
> ㈐ 생산자가 상품 또는 서비스를 소비자에게 유통시키는 데 관련된 모든 체계적 경영활동이다.
>
> ㈑ 특정의 경제적 실체에 관해 이해관계에 있는 사람들에게 합리적이고 경제적인 의사결정을 하는 데 있어 유용한 재무적 정보를 제공하기 위한 것으로, 이러한 일련의 과정 또는 체계를 뜻한다.
>
> ㈒ 경영을 하는 데 사용할 수 있는 돈으로 이것이 충분히 확보되는 정도에 따라 경영의 방향과 범위가 정해지게 된다.
>
> ㈓ 조직이 변화하는 환경에 적응하기 위하여 경영활동을 체계화하는 것으로 목표달성을 위한 수단이다.

① ㈎, ㈐, ㈒

② ㈏, ㈐, ㈑

③ ㈎, ㈐, ㈑, ㈓

④ ㈎, ㈏, ㈒, ㈓

CHAPTER

제5회

실전 모의고사

제한 시간	
맞힌 문항	
정답 및 해설	P.204

1

다음 중 밑줄 친 부분의 한자어 표기로 옳지 않은 것은?

1. 상품특징
   신용카드 매출대금 ㉠입금계좌를 당행으로 지정(변경)한 개인사업자에 대해 한도와 금리를 우대하고 일일상환이 가능한 개인사업자 전용 대출 상품
2. 대출대상
   소호 CSS 심사대상 개인사업자로서 다음 조건을 모두 만족하는 자
   • 사업기간 1년 이상 경과
   • 3개사 이상(NH채움카드는 필수)의 신용카드 ㉡매출대금 입금계좌를 당행으로 지정(변경)
   • 대출신청일 현재 최근 1년간 신용카드 매출금액이 12백만원 이상
   • 소호 CSS 심사 AS 7등급 이상
3. 대출기간
   • 일일상환 : 1년 이내
   • 할부상환 : 3년 이내
4. 대출한도
   총 소요자금한도 범위 내에서 차주 ㉢신용등급, 업종, 상환능력, ㉣자금용도 및 규모 등을 감안하여 동일인당 최대 150백만 원 이내
5. 대출금리
   대출금리는 신용등급 및 거래실적 등에 따라 차등 적용됨

① ㉠ – 入金計座
② ㉡ – 賣出代金
③ ㉢ – 信用等級
④ ㉣ – 資金用度

2

다음 빈칸에 들어가기 가장 적절한 문장은?

호랑이는 우리 민족의 건국 신화인 단군 신화에서부터 등장한다. 호랑이는 고려 시대의 기록이나 최근에 조사된 민속자료에서는 산신(山神)으로 나타나는데, '산손님', '산신령', '산군(山君)', '산돌이', '산 지킴이' 등으로 불리기도 하였다. 이처럼 신성시된 호랑이가 우리의 설화 속에서는 여러 가지 모습으로 나타난다. 호랑이는 가축을 해치고 사람을 다치게 하는 일이 많았던 모양이다. 그래서 설화 중에는 _____. 사냥을 하던 아버지가 호랑이에게 해를 당하자 아들이 원수를 갚기 위해 그 호랑이와 싸워 이겼다는 통쾌한 이야기가 있는가 하면, 밤중에 변소에 갔던 신랑이 호랑이한테 물려가는 것을 본 신부가 있는 힘을 다하여 호랑이의 꼬리를 붙잡고 매달려 신랑을 구했다는 흐뭇한 이야기도 있다. 이러한 이야기들은 호랑이의 사납고 무서운 성질을 바탕으로 하여 꾸며진 것이다.

① 호랑이가 사람과 마찬가지로 따뜻한 정과 의리를 지니고 있는 것으로 나타나기도 한다.
② 호랑이가 산신 또는 산신의 사자로 나타나는 이야기가 종종 있다.
③ 사람이나 가축이 호랑이한테 해를 당하는 이야기가 많이 있다.
④ 호랑이를 구체적인 설명 없이 신이한 존재로 그리기도 한다.

3

다음은 해외이주자의 외화송금에 대한 설명이다. 옳지 않은 것은?

---

1. 필요서류
   - 여권 또는 여권 사본
   - 비자 사본 또는 영주권 사본
   - 해외이주신고확인서(환전용) – 국내로부터 이주하는 경우
   - 현지이주확인서(이주비환전용) – 현지이주의 경우
   - 세무서장이 발급한 자금출처 확인서 – 해외이주비 총액이 10만불 초과 시
2. 송금한도 등
   한도 제한 없음
3. 송금방법
   농협은행 영업점을 거래외국환은행으로 지정한 후 송금 가능
4. 알아야 할 사항
   - 관련법규에 의해 해외이주자로 인정받은 날로부터 3년 이내에 지정거래외국환은행을 통해 해외이주비를 지급받아야 함
   - 해외이주자에게는 해외여행경비를 지급할 수 없음

---

① 송금 한도에는 제한이 없다.

② 국내로부터 이주하는 경우 해외이주신고확인서(환전용)가 필요하다.

③ 관련법규에 의해 해외이주자로 인정받은 날로부터 3년 이내에 지정거래외국환은행을 통해 해외이주비를 지급받아야 한다.

④ 해외이주자의 외화송금에서 반드시 필요한 서류 중 하나는 세무서장이 발급한 자금출처 확인서다.

4

다음 글을 바탕으로 하여 빈칸을 쓰되 예시를 사용하여 구체적으로 진술하고자 할 때, 가장 적절한 것은?

사람들은 경쟁을 통해서 서로의 기술이나 재능을 최대한 발휘할 수 있는 기회를 갖게 된다. 즉, 개인이나 집단이 남보다 먼저 목표를 성취하려면 가장 효과적으로 목표에 접근하여야 하며 그러한 경로를 통해 경제적으로나 시간적으로 가장 효율적으로 목표를 성취한다면 사회 전체로 볼 때 이익이 된다. 그러나 이러한 경쟁에 전제되어야 할 것은 많은 사람들의 합의로 정해진 경쟁의 규칙을 반드시 지켜야 한다는 것이다. 즉, _____

---

① 농구나 축구, 마라톤과 같은 운동 경기에서 규칙과 스포츠맨십이 지켜져야 하는 것처럼 경쟁도 합법적이고 도덕적인 방법으로 이루어져야 하는 것이다.

② 21세기의 무한 경쟁 시대에 우리가 살아남기 위해서는 기초 과학 분야에 대한 육성 노력이 더욱 필요한 것이다.

③ 지구, 금성, 목성 등의 행성들이 태양을 중심으로 공전하는 것처럼 경쟁도 하나의 목표를 향하여 질서 있는 정진(精進)이 필요한 것이다.

④ 가수는 가창력이 있어야 하고, 배우는 연기에 대한 재능이 있어야 하듯이 경쟁은 자신의 적성과 소질을 항상 염두에 두고 이루어져야 한다.

5

다음의 내용을 논리적 흐름이 자연스럽도록 순서대로 배열한 것은?

ⓒ 사물은 저것 아닌 것이 없고, 또 이것 아닌 것이 없다. 이쪽에서 보면 모두가 저것, 저쪽에서 보면 모두가 이것이다.

ⓒ 그러므로 저것은 이것에서 생겨나고, 이것 또한 저것에서 비롯된다고 한다. 이것과 저것은 저 혜시(惠施)가 말하는 방생(方生)의 설이다.

ⓒ 그래서 성인(聖人)은 이런 상대적인 방법에 의하지 않고, 그것을 절대적인 자연의 조명(照明)에 비추어 본다. 그리고 커다란 긍정에 의존한다. 거기서는 이것이 저것이고 저것 또한 이것이다. 또 저것도 하나의 시비(是非)이고 이것도 하나의 시비이다. 과연 저것과 이것이 있다는 말인가. 과연 저것과 이것이 없다는 말인가.

ⓒ 그러나 그, 즉 혜시(惠施)도 말하듯이 삶이 있으면 반드시 죽음이 있고, 죽음이 있으면 반드시 삶이 있다. 역시 된다가 있으면 안 된다가 있고, 안 된다가 있으면 된다가 있다. 옳다에 의거하면 옳지 않다에 기대는 셈이 되고, 옳지 않다에 의거하면 옳다에 의지하는 셈이 된다.

---

① ㉠ – ㉡ – ㉢ – ㉣
② ㉠ – ㉡ – ㉣ – ㉢
③ ㉠ – ㉢ – ㉡ – ㉣
④ ㉠ – ㉣ – ㉡ – ㉢

6

다음은 S공사의 기간제 근로자 채용 공고문이다. 이에 대한 설명으로 바르지 않은 것은?

▫ 접수기간 : 20xx. 2. 17.(금) ~ 20xx. 2. 21.(화) (09:00 ~18:00)
▫ 접수방법 : 이메일(abcde@fg.or.kr)
▫ 제출서류
– 이력서 및 자기소개서 1부(반드시 첨부 양식에 맞춰 작성요망)
– 자격증 사본 1부(해당자에 한함)
▫ 서류전형발표 : 20xx. 2. 22.(수) 2시 이후(합격자에게만 개별 유선통보)
▫ 면접전형 : 20xx. 2. 23.(목) 오후
– 면접장소 : 경기도 성남시 분당구 성남대로 54번길 3 경기지역본부 2층
▫ 최종합격자 발표 : 20xx. 2. 24.(금) 오전(합격자에게만 개별 유선통보)
  ※ 위 채용일정은 채용사정에 따라 변동 가능
▫ 근로조건
– 구분 : 주거복지 보조
– 근무지 : S공사 경기지역본부
– 근무조건 : 1일 8시간(09~18시) 주 5일 근무
– 임금 : 월 170만 원 수준(수당 포함)
– 계약기간 : 6개월(최대 2년 미만)
– 4대 보험 가입
  ※ 최초 6개월 이후 근무성적평정 결과에 따라 추가 계약 가능
  ※ 예산 또는 업무량 감소로 인원 감축이 필요하거나 해당 업무가 종료되었을 경우에는 그 시기까지를 계약기간으로 함 (최소 계약기간은 보장함).

---

① 접수 기간 내 접수가 가능한 시간은 근로자의 근무 시간대와 동일하다.
② 제출서류는 양식에 맞춰 이메일로만 제출 가능하며, 모든 지원자가 관련 자격증을 제출해야 하는 것은 아니다.
③ 서류전형 발표일 오후 늦게까지 아무런 연락이 없을 경우, S공사 홈페이지에서 확인을 해야 한다.
④ 최종합격자의 공식 근무지는 경기도 성남시 분당구에 위치하게 된다.

7

다음 글의 밑줄 친 ㉠~㉣의 한자 표기에 대한 설명으로 옳은 것은?

> 서울시는 신종 코로나바이러스 감염증 확산 방지를 위해 ㉠'다중이용시설 동선 추적 조사반'을 구성한다고 밝혔다. 의사 출신인 박○○ 서울시 보건의료정책과장은 이날 오후 서울시 유튜브 라이브 방송에 ㉡출연, 코로나바이러스 감염증 관련 대시민 브리핑을 갖고 "시는 2차, 3차 감염발생에 따라 ㉢역학조사를 강화해 조기에 발견하고 관련 정보를 빠르게 제공하려고 한다."라며 이같이 밝혔다. 박 과장은 "확진환자 이동경로 공개㉣지연에 따라 시민 불안감이 조성된다는 말이 많다."며 "더욱이 다중이용시설의 경우 확인이 어려운 접촉자가 존재할 가능성도 있다."라고 지적했다

① ㉠ '다중'의 '중'은 '삼중구조'의 '중'과 같은 한자를 쓴다.

② ㉡ '출연'의 '연'은 '연극'의 '연'과 다른 한자를 쓴다.

③ ㉢ '역학'의 '역'에 해당하는 한자는 '歷'과 '易' 모두 아니다.

④ ㉣ '지연'은 '止延'으로 쓴다.

| 8~10 | 다음은 GDP와 GNI에 관련된 설명이다. 물음에 답하시오.

> 'GDP(국내총생산)'는 국민경제 전체의 생산 수준을 파악할 수 있는 지표인데, 한 나라 안에서 일정 기간 동안 새로 생산된 최종 생산물의 가치를 모두 합산한 것이다. GDP를 계산할 때는 총 생산물의 가치에서 중간생산물의 가치를 빼는데, 그 결과는 최종 생산물의 가치의 총합과 동일하다. 다만 GDP를 산출할 때는 그 해에 새로 생산된 재화와 서비스 중 화폐로 매매된 것만 계산에 포함하고, 화폐로 매매되지 않은 것은 포함하지 않는다.
>
> 그런데 상품 판매 가격은 물가 변동에 따라 오르내리기 때문에 GDP를 집계 당시의 상품 판매 가격으로 산출하면 그 결과는 물가 변동의 영향을 그대로 받는다. 올해에 작년과 똑같은 수준으로 재화를 생산하고 판매했더라도 올해 물가 변동에 따라 상품 판매 가격이 크게 올랐다면 올해 GDP는 가격 상승분만큼 부풀려져 작년 GDP보다 커진다.
>
> 이런 까닭으로 올해 GDP가 작년 GDP보다 커졌다 하더라도 생산 수준이 작년보다 실질적으로 올랐다고 볼 수는 없다. 심지어 GDP가 작년보다 커졌더라도 실질적으로 생산 수준이 떨어졌을 수도 있는 것이다.
>
> 그래서 실질적인 생산 수준을 판단할 수 있는 GDP를 산출할 필요가 있다. 그러자면 먼저 어느 해를 기준 시점으로 정해 놓고, 산출하고자 하는 해의 가격을 기준 시점의 물가 수준으로 환산해 GDP를 산출하면 된다. 기준 시점의 물가 수준으로 환산해 산출한 GDP를 '실질 GDP'라고 하고, 기준 시점의 물가 수준으로 환산하지 않은 GDP를 실질 GDP와 구분하기 위해 '명목 GDP'라고 부르기도 한다. 예를 들어 기준 시점을 1995년으로 하여 2000년의 실질 GDP를 생각해 보자. 1995년에는 물가 수준이 100이었고 명목 GDP는 3천 원이며, 2000년에는 물가 수준은 200이고 명목 GDP는 6천 원이라고 가정하자. 이 경우 명목 GDP는 3천 원에서 6천 원으로 늘었지만, 물가 수준 역시 두 배로 올랐으므로 결국 실질 GDP는 동일하다.
>
> 경제가 실질적으로 얼마나 성장했는지 알려면 실질 GDP의 추이를 보는 것이 효과적이므로 실질 GDP는 경제성장률을 나타내는 공식 경제지표로 활용되고 있다. 금년도의 경제성장률은 아래와 같은 식으로 산출할

수 있다.

$$경제성장률 = \frac{금년도\ 실질GDP - 전년도\ 실질GDP}{전년도\ 실질GDP}$$

$\times 100(\%)$

경제지표 중 GDP만큼 중요한 'GNI(국민총소득)'라는 것도 있다. GNI는 GDP에 외국과 거래하는 교역 조건의 변화로 생기는 실질적 무역 손익을 합산해 집계한다. 그렇다면 ㉠GDP가 있는데도 GNI를 따로 만들어 쓰는 이유는 무엇일까? 만약 수입 상품 단가가 수출 상품 단가보다 올라 대외 교역 조건이 나빠지면 전보다 많은 재화를 생산·수출하고도 제품·부품 수입 비용이 증가하여 무역 손실이 발생할 수도 있다. 이때 GDP는 무역 손실에 따른 실질 소득의 감소를 제대로 반영하지 못하기 때문에 GNI가 필요한 것이다. 결국 GDP가 국민경제의 크기와 생산 능력을 나타내는 데 중점을 두는 지표라면 GNI는 국민경제의 소득 수준과 소비 능력을 나타내는 데 중점을 두는 지표라고 할 수 있다.

8

위의 설명과 일치하지 않는 것은?

① 상품 판매 가격은 물가 변동의 영향을 받는다.
② GDP는 최종 생산물의 가치의 총합으로 계산할 수 있다.
③ 화폐로 매매되지 않은 것은 GDP 계산에 넣지 않는다.
④ GDP는 총 생산물 가치에 중간생산물 가치를 포함하여 산출한다.

9

위의 설명을 참고하여 다음 상황을 분석한 것으로 적절하지 않은 것은?

아래의 표는 최종 생산물인 X재와 Y재 두 재화만을 생산하는 A국의 연도별 생산액과 물가 수준이다.

	2019년	2020년	20121년
X재의 생산액	2,000원	3,000원	4,000원
Y재의 생산액	5,000원	11,000원	17,000원
물가 수준	100	200	300

※ 기준 연도는 2010년으로 한다.
※ 기준 연도의 실질 GDP는 명목 GDP와 동일한 것으로 간주한다.

① 2021년도의 '명목 GDP'를 산출하면 21,000원이군.
② 2021년도의 '명목 GDP'는 2010년도 대비 3배 늘었군.
③ 2020년도의 '실질 GDP'를 산출하면 7,000원이군.
④ 2021년도는 2019년도보다 실질적으로 생산 수준이 올랐군.

10

㉠에 대해 문의를 받았을 때, 답변으로 가장 적절한 것은?

① 국가의 총생산 능력을 정확히 재기 위해
② 생산한 재화의 총량을 정확히 재기 위해
③ 생산한 재화의 수출량을 정확히 재기 위해
④ 무역 손익에 따른 실질 소득의 증감을 정확히 재기 위해

11

어느 지도에서 $\frac{1}{2}$ cm는 실제로는 5km가 된다고 할 때 지도상 $1\frac{3}{4}$ cm는 실제로 얼마나 되는가?

① 12.5km

② 15km

③ 17.5km

④ 20km

12

다음은 대표적인 단위를 환산한 자료이다. 환산 내용 중 올바르지 않은 수치가 포함된 것은?

단위	단위환산
길이	1cm = 10mm, 1m = 100cm, 1km = 1,000m
넓이	1cm² = 100mm², 1m² = 10,000cm², 1km² = 1,000,000m²
부피	1cm³ = 1,000mm³, 1m³ = 1,000,000cm³, 1km³ = 1,000,000,000m³
들이	1ml = 1cm³, 1dl = 1,000cm³ = 100ml, 1l = 100cm³ = 10dl
무게	1kg = 1,000g, 1t = 1,000kg = 1,000,000g
시간	1분 = 60초, 1시간 = 60분 = 3,600초
할푼리	1푼 = 0.1할, 1리 = 0.01할, 모 = 0.001할

① 부피

② 들이

③ 무게

④ 시간

13

다음 숫자들의 배열 규칙을 찾아 괄호 안에 들어갈 알맞은 숫자를 고르면?

93	96	102	104	108	( )

① 114

② 116

③ 118

④ 120

14

다음은 우리나라의 대(對) 이슬람 국가 식품 수출 현황을 나타낸 표이다. 2012년 대비 2013년의 농산물 물량의 증감률은 약 몇 %인가?

(단위 : 천 톤, 천 달러, %)

구분	2011년	2012년		2013년		증감률	
	금액	물량	금액	물량	금액	물량	금액
식품	719.1	235.5	721.3	226.9	598.9		-17.0
농산물	709.7	232.6	692.3	223.5	579.5		-16.3
축산물	9.4	2.9	29	3.4	19.4		-33.1

① 약 −3.1%

② 약 −3.3%

③ 약 −3.5%

④ 약 −3.9%

|15~16| 다음은 ELD 상품설명서의 일부이다. 물음에 답하시오.

〈거래조건〉

구분		금리
적용금리	모집기간 중	큰 만족 실세예금 1년 고시금리
	계약기간 중 중도해지	없음
	만기 후	원금의 연 0.10%
중도해지 수수료율 (원금기준)	예치기간 3개월 미만	• 개인 원금의 0.38% • 법인 원금의 0.38%
	예치기간 3개월 이상~6개월 미만	• 개인 원금의 0.29% • 법인 원금의 0.30%
	예치기간 6개월 이상~9개월 미만	• 개인 원금의 0.12% • 법인 원금의 0.16%
	예치기간 9개월 이상~12개월 미만	원금의 0.00%
이자지급 방식	만기일시지급식	
계약의 해지	영업점에서 해지 가능	

〈유의사항〉
• 예금의 원금보장은 만기 해지 시에만 적용된다.
• 이 예금은 분할해지 할 수 없으며 중도해지 시 중도해지수수료 적용으로 원금손실이 발생할 수 있다. (중도해지수수료는 '가입금액×중도해지수수료율'에 의해 결정)
• 이 예금은 예금기간 중 지수가 목표지수변동률을 넘어서 지급금리가 확정되더라도 이자는 만기에만 지급한다.
• 지수상승에 따른 수익률(세전)은 실제 지수상승률에도 불구하고 연 4.67%를 최대로 한다.

15

석준이는 개인이름으로 최초 500만 원의 원금을 가지고 이 상품에 가입했다가 불가피한 사정으로 5개월 만에 중도해지를 했다. 이때 석준이의 중도해지 수수료는 얼마인가?

① 6,000원
② 8,000원
③ 14,500원
④ 15,000원

16

상원이가 이 예금에 가입한 후 증시 호재로 인해 지수가 약 29% 상승하였다. 이 경우 상원이의 최대 수익률은 연 몇 %인가? (단, 수익률은 세전으로 한다)

① 연 1.35%
② 연 4.67%
③ 연 14.5%
④ 연 21%

17

다음은 최근 4년간 산업부문별 부가가치유발계수를 예시로 나타낸 표이다. 표에 대한 설명으로 옳지 않은 것은?

구분	2018년	2019년	2020년	2021년
전 부문 평균	0.703	0.679	0.673	0.687
농업	0.796	0.786	0.773	0.777
화학제품 제조업	0.492	0.460	0.448	0.478
기계 및 장비 제조업	0.642	0.613	0.618	0.646
전기 및 전자기기 제조업	0.543	0.495	0.511	0.524
건설업	0.717	0.695	0.696	0.714
음식점 및 숙박업	0.761	0.734	0.733	0.751
정보통신 및 방송업	0.800	0.786	0.781	0.792
금융 및 보험업	0.848	0.843	0.827	0.835

※ 부가가치유발계수란 최종 수요가 한 단위 발생할 경우 국민경제 전체에서 직·간접으로 유발되는 부가가치 단위를 보여주는 계수를 말한다.

① 농업의 부가가치유발계수는 최근 4년간 꾸준히 소폭 하락하고 있다.
② 최근 4년 동안 농업의 부가가치유발계수는 정보통신 및 방송업, 금융 및 보험업의 그것을 제외하고 가장 높은 수치를 나타냈다.
③ 2021년 농업의 부가가치유발계수가 0.777이라는 것은 국산 농산물에 대한 최종 수요가 1,000원 발생할 경우 국가 전체적으로 777원의 부가가치를 발생시켰음을 의미한다.
④ 농업은 최근 4년간 꾸준히 부가가치유발계수가 전 산업부문 평균 대비 높은 수준을 보였다.

18

제시된 자료는 ○○병원 직원의 병원비 지원에 대한 내용이다. 다음 중 A~D 직원 4명의 총 병원비 지원 금액은 얼마인가?

병원비 지원 기준

■ 임직원 본인의 수술비 및 입원비 : 100% 지원
■ 임직원 가족의 수술비 및 입원비
 • 임직원의 배우자 : 90% 지원
 • 임직원의 직계 존·비속 : 80%
 • 임직원의 형제 및 자매 : 50%(단, 직계 존·비속 지원이 우선되며, 해당 신청이 없을 경우에 한하여 지급한다.)
 • 병원비 지원 신청은 본인 포함 최대 3인에 한한다.

병원비 신청 내역	
A 직원	본인 수술비 300만 원, 배우자 입원비 50만 원
B 직원	배우자 입원비 50만 원, 딸 수술비 200만 원
C 직원	본인 수술비 300만 원, 아들 수술비 400만 원
D 직원	본인 입원비 100만 원, 어머니 수술비 100만 원, 남동생 입원비 50만 원

① 1,200만 원
② 1,250만 원
③ 1,300만 원
④ 1,350만 원

19

다음 〈표〉는 2002년부터 2006년까지 K은행이 미국, 호주와 유럽에 투자한 금융자산과 환율을 나타낸 자료이다. 〈표〉를 정리한 것 중 옳지 않은 것은?

〈표1〉 지역별 금융자산 투자규모

연도＼지역	미국(억 US$)	호주(억 AU$)	유럽(억 €)
2002	80	70	70
2003	100	65	75
2004	105	60	85
2005	120	80	90
2006	110	85	100

〈표2〉 외국 통화에 대한 환율

연도＼환율	₩/US$	₩/AU$	₩/①
2002	1,000	900	800
2003	950	950	850
2004	900	1,000	900
2005	850	950	1,100
2006	900	1,000	1,000

※ ₩/US$는 1미국달러당 원화, ₩/AU$는 1호주달러당 원화, ₩/€는 1유로당 원화

① AU$/US$의 변화 추이

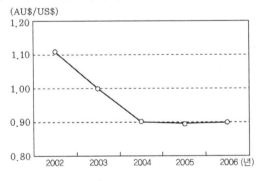

② 원화로 환산한 대호주 금융자산 투자규모 추이

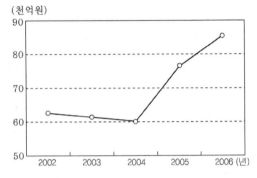

③ 원화로 환산한 2006년 각 지역별 금융자산 투자비중

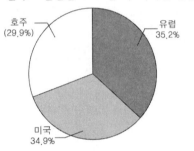

④ €/AU$의 변화 추이

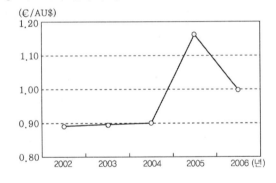

20

다음 〈그림〉은 A주식에 대한 1~5거래일 동안의 주가자료이다. 이에 대한 〈보기〉의 설명 중 옳은 것을 모두 고르면?

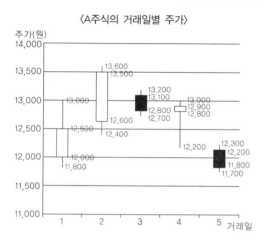

〈A주식의 거래일별 주가〉

1) 시가, 고가, 저가, 종가의 표기 방법

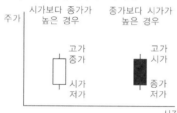

2) 시가 : 주식 거래일의 시작 시점 주가
3) 종가 : 주식 거래일의 마지막 시점 주가
4) 고가 : 주식 거래일의 최고 주가
5) 저가 : 주식 거래일의 최저 주가
6) 주식 거래 수수료 및 세금 등의 제반 비용은 없는 것으로 가정함.
7) 수익률(%)

$$= \frac{\text{매도 시점의 주가} - \text{매입 시점의 주가}}{\text{매입 시점의 주가}} \times 100$$

〈보기〉

㉠ 1거래일 시가로 매입한 주식을 5거래일 종가로 매도하는 경우 2% 이상 손해를 본다.

㉡ 1~5거래일 동안 1회의 매매를 통해 올릴 수 있는 최대수익률은 15% 이상이다.

㉢ 3거래일 종가로 매입한 주식을 4거래일 종가로 매도하는 경우 수익률은 1% 이상이다.

㉣ 1~5거래일 동안 시가의 최댓값과 최솟값의 차이는 1,100원이다.

① ㉠, ㉡

② ㉠, ㉢

③ ㉡, ㉢

④ ㉡, ㉣

21

고 대리, 윤 대리, 염 사원, 서 사원 중 1명은 갑작스런 회사의 사정으로 인해 오늘 당직을 서야 한다. 이들은 논의를 통해 당직자를 결정하였으나, 동료인 최 대리에게 다음 〈보기〉와 같이 말하였고, 이 중 1명만이 진실을 말하고, 3명은 거짓말을 하였다. 당직을 서게 될 사람과 진실을 말한 사람을 순서대로 알맞게 나열한 것은 어느 것인가?

〈보기〉

고 대리 : "윤 대리가 당직을 서겠다고 했어."
윤 대리 : "고 대리는 지금 거짓말을 하고 있어."
염 사원 : "저는 오늘 당직을 서지 않습니다, 최 대리님."
서 사원 : "당직을 서는 사람은 윤 대리님입니다."

---

① 고 대리, 서 사원

② 염 사원, 고 대리

③ 서 사원, 윤 대리

④ 염 사원, 윤 대리

22

다음 제시된 조건을 보고, 만일 영호와 옥숙을 같은 날 보낼 수 없다면, 목요일에 보내야 하는 남녀사원은 누구인가?

영업부의 박 부장은 월요일부터 목요일까지 매일 남녀 각 한 명씩 두 사람을 회사 홍보 행사 담당자로 보내야 한다. 영업부에는 현재 남자 사원 4명(길호, 철호, 영호, 치호)과 여자 사원 4명(영숙, 옥숙, 지숙, 미숙)이 근무하고 있으며, 다음과 같은 제약 사항이 있다.

㉠ 매일 다른 사람을 보내야 한다.
㉡ 치호는 철호 이전에 보내야 한다.
㉢ 옥숙은 수요일에 보낼 수 없다.
㉣ 철호와 영숙은 같이 보낼 수 없다.
㉤ 영숙은 지숙과 미숙 이후에 보내야 한다.
㉥ 치호는 영호보다 앞서 보내야 한다.
㉦ 옥숙은 지숙 이후에 보내야 한다.
㉧ 길호는 철호를 보낸 바로 다음 날 보내야 한다.

① 길호와 영숙
② 영호와 영숙
③ 치호와 옥숙
④ 길호와 옥숙

23

다음에 주어진 조건이 모두 참일 때 옳은 결론을 고르면?

- 모든 A는 B다.
- 모든 B는 C이다.
- 어떤 D는 B다.
- 어떠한 E도 B가 아니다.

A : 모든 A는 C다.
B : 어떤 C는 B다.

① A만 옳다.
② B만 옳다.
③ A와 B 모두 옳다.
④ A와 B 모두 그르다.

24

다음 글을 근거로 판단할 때, 9월 17일(토)부터 책을 대여하기 시작한 甲이 마지막 편을 도서관에 반납할 요일은? (단, 다른 조건은 고려하지 않는다)

甲은 10편으로 구성된 위인전을 완독하기 위해 다음과 같이 계획하였다.

책을 빌리는 첫째 날은 한 권만 빌려 다음날 반납하고, 반납한 날 두 권을 빌려 당일 포함 2박 3일이 되는 날 반납한다. 이런 식으로 도서관을 방문할 때마다 대여하는 책의 수는 한 권씩 증가하지만, 대여 일수는 빌리는 책 권수를 n으로 했을 때 두 권 이상일 경우 $(2n-1)$의 규칙으로 증가한다.

예를 들어 3월 1일(월)에 1편을 빌렸다면 3월 2일(화)에 1편을 반납하고 그날 2, 3편을 빌려 3월 4일(목)에 반납한다. 4일에 4, 5, 6편을 빌려 3월 8일(월)에 반납하고 그날 7, 8, 9, 10편을 대여한다.

도서관은 일요일만 휴관하고, 이날은 반납과 대여가 불가능하므로 다음날인 월요일에 반납과 대여를 한다. 이 경우에 한하여 일요일은 대여 일수에 포함되지 않는다.

① 월요일
② 화요일
③ 수요일
④ 목요일

25

영업팀 직원인 갑, 을, 병 3명은 어젯밤 과음을 한 것으로 의심되고 있다. 이에 대한 이들의 진술이 다음과 같을 때, 과음을 한 것이 확실한 직원과 과음을 하지 않은 것이 확실한 직원을 순서대로 바르게 짝지은 것은? (단, 과음을 한 직원은 거짓말을 하고, 과음을 하지 않은 직원은 사실을 말하였다)

갑 : "우리 중 1명만 거짓말을 하고 있습니다."
을 : "우리 중 2명이 거짓말을 하고 있습니다."
병 : "갑, 을 중 1명만 거짓말을 하고 있습니다."

① 갑, 을
② 을, 아무도 없음
③ 갑, 아무도 없음
④ 갑과 을, 병

26

다음 설명을 참고할 때, 대출금 지급이 조기에 만료되는 경우를 〈보기〉에서 모두 고른 것은? (단, 모두 주택연금 대출자로 가정한다)

[대출금 지급의 조기 만료]
주택담보노후연금대출을 받고 본인에게 다음 각 항목의 사유 중 하나라도 발생한 경우 은행으로부터 독촉, 통지 등이 없어도 본인은 당연히 은행에 대한 당해 채무의 기한의 이익을 상실하여 곧 이를 갚아야 할 의무를 지며, 대출 기한일과 관계없이 대출금 지급이 조기에 종료됩니다.
• 본인 및 배우자가 모두 사망한 경우
• 본인이 사망한 후 배우자가 6월 이내에 담보주택의 소유권이전등기 및 채권자에 대한 보증부대출 채무의 인수를 마치지 아니한 경우
• 본인 및 배우자 담보주택에서 다른 장소로 이사한 경우
• 본인 및 배우자가 1년 이상 계속하여 담보주택에서 거주하지 아니한 경우. 다만, 입원 등 은행이 정하여 인터넷 홈페이지에 공고하는 불가피한 사유로 거주하지 아니한 경우는 제외한다.
• 본인이 담보주택의 소유권을 상실한 경우
• 주택담보노후연금대출 원리금이 근저당권의 설정 최고액을 초과할 것으로 예상되는 경우로서 채권자의 설정 최고액 변경 요구에 응하지 아니하는 경우
• 그밖에 은행의 주택금융운영위원회가 정하는 일정한 사유가 발생한 경우

─────〈보기〉─────
㉮ 7개월 전 대출 명의자인 남편이 사망하였으며, 은행에 보증부대출 채무 인수를 두 달 전 완료하여 소유권이전등기는 하지 않은 배우자 A씨
㉯ 5/1일부터 이듬해 4/30일까지의 기간 중 본인 및 배우자 모두 병원 입원 기간이 각각 1년을 초과하는 B씨 부부
㉰ 주택연금대출을 받고 3개월 후 살고 있던 집을 팔고 더 큰 집을 사서 이사한 C씨
㉱ 연금 대출금과 수시 인출금의 합이 담보주택에 대해 은행에서 행사할 수 있는 근저당권 최고금액을 초과하여 은행의 설정 최고액 변경 요구에 따라 필요한 절차를 수행하고 있는 D씨

① ㉮, ㉰
② ㉯, ㉱
③ ㉮, ㉯, ㉱
④ ㉮, ㉰, ㉱

27

다음 중 심리적 오류의 유형에 해당하는 문장은?

① "파란 신호등이 켜지기도 전에 출발하는 사람이 많은 걸 보면 한국인은 급한 사람들이야."
② "사후 세계에 대해 증명할 수 있는 사람이 없으니 사후 세계는 없는 거야."
③ "이 옷은 연예인이 입었던 것이니까 분명 좋은 옷일 거야."
④ "오비이락이라는 말도 모르냐? 까마귀가 날아갔으니까 배가 떨어진 것 아니야."

28

다음에 주어진 명제가 모두 참일 때, A, B에 대해 옳게 판단한 것은?

• 소화된 음식물은 위를 채운다.
• 밥을 먹으면 포만감이 든다.
• 소화되지 않았다면 포만감이 들지 않는다.

A : 밥을 먹으면 위가 찬다.
B : 포만감이 들면 밥을 먹은 것이다.

① A는 옳다.
② B는 옳지 않다.
③ A, B 모두 옳다.
④ A, B 모두 옳지 않다.

│29~30│ 다음 전기요금 계산 안내문을 보고 이어지는 물음에 답하시오.

○ 주택용 전력(저압)

기본요금(원/호)		전력량 요금(원/kWh)	
200kWh 이하 사용	900	처음 200kWh까지	90
201~400kWh 사용	1,800	다음 200kWh까지	180
400kWh 초과 사용	7,200	400kWh 초과	279

1) 주거용 고객, 계약전력 3kWh 이하의 고객
2) 필수사용량 보장공제 : 200kWh 이하 사용 시 월 4,000원 한도 감액(감액 후 최저요금 1,000원)
3) 슈퍼유저요금 : 동·하계(7~8월, 12~2월) 1,000kWh 초과 전력량 요금은 720원/kWh 적용

○ 주택용 전력(고압)

기본요금(원/호)		전력량 요금(원/kWh)	
200kWh 이하 사용	720	처음 200kWh까지	72
201~400kWh 사용	1,260	다음 200kWh까지	153
400kWh 초과 사용	6,300	400kWh 초과	216

1) 주택용 전력(저압)에 해당되지 않는 주택용 전력 고객
2) 필수사용량 보장공제 : 200kWh 이하 사용 시 월 2,500원 한도 감액(감액 후 최저요금 1,000원)
3) 슈퍼유저요금 : 동·하계(7~8월, 12~2월) 1,000kWh 초과 전력량 요금은 576원/kWh 적용

29

다음 두 전기 사용자인 갑과 을의 전기요금 합산 금액으로 올바른 것은?

갑 : 주택용 전력 저압 300kWh 사용
을 : 주택용 전력 고압 300kWh 사용

① 68,600원
② 68,660원
③ 68,700원
④ 68,760원

30

위의 전기요금 계산 안내문에 대한 설명으로 올바르지 않은 것은?

① 주택용 전력은 고압 요금이 저압 요금보다 더 저렴하다.
② 동계와 하계에 1,000kWh가 넘는 전력을 사용하면 기본요금과 전력량 요금이 모두 2배 이상 증가한다.
③ 저압 요금 사용자가 전기를 3kWh만 사용할 경우의 전기요금은 1,000원이다.
④ 가전기기의 소비전력을 알 경우, 전기요금 절감을 위해 전기 사용량을 200kWh 단위로 나누어 관리할 수 있다.

31

다음은 신입사원 이○○이 작성한 '최근 국내외 여러 상품의 가격 변화 조사 보고서'의 일부이다. 보고서에서 ㈎~㈐에 들어갈 말이 바르게 짝지어진 것은?

〈최근 국내외 여러 상품의 가격 변화 조사 보고서〉

작성자 : 이○○

※ 고려 사항
• 옥수수와 밀의 경작지 면적은 한정되어 있다.
• 옥수수는 바이오 에탄올 생산에 사용된다.
• 밀가루는 라면의 주원료이다.
• 바이오 에탄올은 원유의 대체 에너지로 사용된다.

※ 상품 가격의 변화

국제 유가의 빠른 상승	→	국제 옥수수 가격의 ㈎	→	국제 밀 가격의 ㈏	→	국제 라면 가격의 ㈐

	㈎	㈏	㈐
①	상승	상승	상승
②	상승	상승	하락
③	하락	상승	하락
④	하락	하락	상승

32

다음은 산업안전관리법에 따른 안전관리자 선임 기준을 나타낸 자료이다. 다음 기준에 근거하여 안전관리자 선임 조치가 법을 위반하지 않은 경우를 〈보기〉에서 모두 고르면? (단, 언급된 모든 공사는 상시 근로자 600명 미만의 건설업이라고 가정한다.)

안전관리자(산업안전관리법 제15조)

가. 정의
- 사업장내 산업안전에 관한 기술적인 사항에 대하여 사업주와 관리책임자를 보좌하고 관리감독자에게 지도·조언을 하는 자.

나. 안전관리자 선임 대상
- 공사금액 120억 원(토목공사 150억 원) 이상인 건설현장

다. 안전관리자 자격 및 선임 방법
  1) 안전관리자의 자격(다음 중 어느 하나에 해당하는 자격 취득 자)
    ① 법 제52조의2 제1항의 규정에 의한 산업안전지도사
    ② 국가기술자격법에 의한 산업안전산업기사 이상의 자격 취득 자
    ③ 국가기술자격법에 의한 건설안전산업기사 이상의 자격 취득 자
    ④ 고등교육법에 의한 전문대학 이상의 학교에서 산업안전 관련학과를 전공하고 졸업한 자
    ⑤ 건설현장에서 안전보건관리책임자로 10년 이상 재직한 자 등
  2) 안전관리자 선임 방법
    ① 공사금액 120억 원(토목공사 150억 원) 이상 800억 원 미만 : 안전관리자 유자격자 1명 전담 선임
    ② 공사금액 800억 원 이상 : 2명(800억 원을 기준으로 700억 원이 증가할 때마다 1명씩 추가)

[총 공사금액 800억 원 이상일 경우 안전관리자 선임 방법]
1. 전체 공사기간을 100으로 하여 공사 시작에서 15에 해당하는 기간
→ 건설안전기사, 건설안전산업기사, 건설업 안전관리자 경험자 중 건설업 안전관리자 경력이 3년 이상인 사람 1명 포함 선임

2. 전체 공사기간을 100으로 하여 공사 시작 15에서 공사 종료 전의 15까지에 해당하는 기간
→ 공사금액 800억 원을 기준으로 700억 원이 증가할 때마다 1명씩 추가

3. 전체 공사기간을 100으로 하여 공사 종료 전의 15에 해당하는 기간
→ 건설안전기사, 건설안전산업기사, 건설업 안전관리자 경험자 중 건설업 안전관리자 경력이 3년 이상인 사람 1명 포함 선임

※ 공사기간 5년 이상의 장기계속공사로서 공사금액이 800억 원 이상인 경우에도 상시 근로자 수가 600명 미만일 때 회계연도를 기준으로 그 회계연도의 공사금액이 전체 공사금액의 5퍼센트 미만인 기간에는 전체 공사금액에 따라 선임하여야 할 안전관리자 수에서 1명을 줄여 선임 가능(건설안전기사, 건설안전산업기사, 건설업 안전관리자 자격자 중 건설업 안전관리자 경력이 3년 이상인 사람 1명 포함)

※ 유해·위험방지계획서 제출대상으로서 선임하여야 할 안전관리자의 수가 3명 이상인 사업장의 경우 건설안전기술사(건설안전기사 또는 산업안전기사의 자격을 취득한 사람으로서 10년 이상 건설안전 업무를 수행한 사람이거나 건설안전산업기사 또는 산업안전산업기사의 자격을 취득한 사람으로서 13년 이상 건설안전 업무를 수행한 사람을 포함) 자격을 취득한 사람 1명 포함

〈보기〉

(가) A공사는 토목공사 130억 원 규모이며 별도의 안전관리자를 선임하지 않았다.

(나) B공사는 일반공사 150억 원 규모이며 자격증이 없는 산업안전 관련학과 전공자를 1명 선임하였다.

(다) C공사는 1,500억 원 규모이며 공사 기간 내내 산업안전산업기사 자격증 취득 자 1명, 건설현장에서 안전보건관리책임자 12년 경력자 1명, 2년 전 건설안전산업기사 자격증 취득 자 1명 등 3명을 안전관리자로 선임하였다.

(라) D공사는 6년에 걸친 1,600억 원 규모의 장기계속공사이며 1년 차에 100억 원 규모의 공사가 진행될 예정이므로 산업안전지도사 자격증 취득자와 산업안전산업기사 자격증 취득 자 각 1명씩을 안전관리자로 선임하였다.

① (가), (다) 　　　　② (나), (라)

③ (다), (라) 　　　　④ (가), (나)

33

다음 운송비 표를 참고할 때, 박스의 규격이 28 × 10 × 10(inch)인 실제 무게 18파운드짜리 솜 인형을 배송할 경우, A배송사에서 적용하는 운송비는 얼마인가? (1inch = 2.54cm이며, 물품의 무게는 반올림하여 정수로 표시한다. 물품의 무게 이외의 다른 사항은 고려하지 않는다.)

항공 배송의 경우, 비행기 안에 많은 공간을 차지하게 되는 물품은 그렇지 않은 물품을 적재할 때보다 비용 면에서 항공사 측에 손해가 발생하게 된다. 비행기 안에 스티로폼 200박스를 적재하는 것과 스마트폰 2,000개를 적재하는 것을 생각해 보면 쉽게 이해할 수 있다. 이 경우 항공사 측에서는 당연히 스마트폰 2,000개를 적재하는 것이 더 경제적일 것이다. 이와 같은 문제로 거의 모든 항공 배송사에선 제품의 무게에 비해 부피가 큰 제품들은 '부피무게'를 따로 정해서 운송비를 계산하게 된다. 이때 사용하는 부피무게 측정 방식은 다음과 같다.

$$\text{부피무게(파운드)} = \text{가로(inch)} \times \text{세로(inch)} \times \text{높이(inch)} \div 166$$

A배송사는 물건의 무게에 다음과 같은 규정을 적용하여 운송비를 결정한다.
1. 실제 무게 < 부피무게 → 부피무게
2. 실제 무게 > 부피무게이지만 박스의 어느 한 변의 길이가 50cm 이상인 경우 → (실제 무게 + 부피무게) × 60%

17파운드 미만	14,000원	19~20파운드 미만	17,000원
17~18파운드 미만	15,000원	20~21파운드 미만	18,000원
18~19파운드 미만	16,000원	21~22파운드 미만	19,000원

① 16,000원
② 17,000원
③ 18,000원
④ 19,000원

34

K은행의 PB고객인 두환이는 대출을 받기 위해 K은행의 '우수고객 인터넷 무보증 신용대출'이란 상품을 알아봤다. 다음은 해당 상품에 대한 간략한 설명으로 두환이는 이 상품을 통해 최대 얼마까지 대출을 받을 수 있는가?

우수고객 인터넷 무보증 신용대출

1. 상품특징
   K은행 PB고객 및 가족 고객을 위한 우수고객 전용 인터넷 대출
2. 대출대상
   K은행 PB고객 및 가족 고객(탑 클래스 고객, 골드 고객, 로얄 고객)
3. 대출한도
   • PB고객(로얄 프레스티지, 로얄 아너스, 로얄 스페셜) : 최대 6,000만 원 이내
   • 탑 클래스 고객 : 최대 6,000만 원 이내
   • 골드 고객 : 최대 3,000만 원 이내
   • 로얄 고객 : 최대 2,000만 원 이내
   * 대출가능금액 산출 시 K은행 및 타 금융기관의 대출 금액(신용, 담보)을 모두 차감함
4. 상환방법
   종합통장(마이너스 대출) : 1개월 이상 1년 이내(1년 단위로 연장 가능)
5. 담보 및 보증 여부
   무보증 신용

① 최대 6,000만 원 이내
② 최대 5,000만 원 이내
③ 최대 4,000만 원 이내
④ 최대 3,000만 원 이내

35

甲, 乙, 丙은 서울특별시(수도권 중 과밀억제권역에 해당) ○○동 소재 3층 주택 소유자와 각 층별로 임대차 계약을 체결하고 현재 거주하고 있는 임차인들이다. 이들의 보증금은 각각 5,800만 원, 2,000만 원, 1,000만 원이다. 위 주택 전체가 경매절차에서 주택가액 8,000만 원에 매각되었고, 甲, 乙, 丙 모두 주택에 대한 경매신청 등기 전에 주택의 인도와 주민등록을 마쳤다. 乙과 丙이 담보물권자보다 우선하여 변제받을 수 있는 금액의 합은? (단, 확정일자나 경매비용은 무시한다)

제00조

① 임차인은 보증금 중 일정액을 다른 담보물권자(擔保物權者)보다 우선하여 변제받을 권리가 있다. 이 경우 임차인은 주택에 대한 경매신청의 등기 전에 주택의 인도와 주민등록을 마쳐야 한다.

② 제1항에 따라 우선변제를 받을 보증금 중 일정액의 범위는 다음 각 호의 구분에 의한 금액 이하로 한다.
   1. 수도권정비계획법에 따른 수도권 중 과밀억제권역 : 2,000만 원
   2. 광역시(군지역과 인천광역시지역은 제외) : 1,700만 원
   3. 그 밖의 지역 : 1,400만 원

③ 임차인의 보증금 중 일정액이 주택가액의 2분의 1을 초과하는 경우에는 주택가액의 2분의 1에 해당하는 금액까지만 우선변제권이 있다.

④ 하나의 주택에 임차인이 2명 이상이고 그 각 보증금 중 일정액을 모두 합한 금액이 주택가액의 2분의 1을 초과하는 경우, 그 각 보증금 중 일정액을 모두 합한 금액에 대한 각 임차인의 보증금 중 일정액의 비율로 그 주택가액의 2분의 1에 해당하는 금액을 분할한 금액을 각 임차인의 보증금 중 일정액으로 본다.

제00조

전조(前條)에 따라 우선변제를 받을 임차인은 보증금이 다음 각 호의 구분에 의한 금액 이하인 임차인으로 한다.
   1. 수도권정비계획법에 따른 수도권 중 과밀억제권역 : 6,000만 원
   2. 광역시(군지역과 인천광역시지역은 제외) : 5,000만 원
   3. 그 밖의 지역 : 4,000만 원

① 2,200만 원

② 2,300만 원

③ 2,400만 원

④ 2,500만 원

36

근로자의 근로 여건에 대한 다음 자료를 바탕으로 〈보기〉에서 옳은 것을 모두 고르면?

〈근로자 근로시간 및 임금〉

(단위 : 일, 시간, 천 원)

구분	2018	2019	2020	2021
근로일수	21.3	21.1	20.9	21.1
근로시간	179.9	178.1	177.1	178.4
임금총액	3,178	3,299	3,378	3,490

〈보기〉

(가) 1일 평균 근로시간은 2020년이 가장 많다.
(나) 1일 평균 임금총액은 매년 증가하였다.
(다) 1시간 당 평균 임금총액은 매년 증가하였다.
(라) 근로시간이 더 많은 해에는 임금총액도 더 많다.

① (가), (나)

② (나), (다)

③ (다), (라)

④ (가), (나), (다)

37

다음은 농촌진흥청에서 지원하는 〈귀농인 주택시설 개선사업 개요〉와 〈심사 기초 자료〉이다. 이를 근거로 판단할 때, 지원대상 가구만을 모두 고르면?

〈귀농인 주택시설 개선사업 개요〉

□ 사업목적 : 귀농인의 안정적인 정착을 도모하기 위해 일정 기준을 충족하는 귀농가구의 주택 개·보수 비용을 지원

□ 신청자격 : △△군에 소재하는 귀농가구 중 거주기간이 신청마감일(2014. 4. 30.) 현재 전입일부터 6개월 이상이고, 가구주의 연령이 20세 이상 60세 이하인 가구

□ 심사기준 및 점수 산정방식
• 신청마감일 기준으로 다음 심사기준별 점수를 합산한다.
• 심사기준별 점수
  (1) 거주기간 : 10점(3년 이상), 8점(2년 이상 3년 미만), 6점(1년 이상 2년 미만), 4점(6개월 이상 1년 미만)
     ※ 거주기간은 전입일부터 기산한다.
  (2) 가족 수 : 10점(4명 이상), 8점(3명), 6점(2명), 4점(1명)
     ※ 가족 수에는 가구주가 포함된 것으로 본다.
  (3) 영농규모 : 10점(1.0ha 이상), 8점(0.5ha 이상 1.0ha 미만), 6점(0.3ha 이상 0.5ha 미만), 4점(0.3ha 미만)
  (4) 주택노후도 : 10점(20년 이상), 8점(15년 이상 20년 미만), 6점(10년 이상 15년 미만), 4점(5년 이상 10년 미만)
  (5) 사업시급성 : 10점(매우 시급), 7점(시급), 4점(보통)

□ 지원내용
• 예산액 : 5,000,000원
• 지원액 : 가구당 2,500,000원
• 지원대상 : 심사기준별 점수의 총점이 높은 순으로 2가구. 총점이 동점일 경우 가구주의 연령이 높은 가구를 지원. 단, 하나의 읍·면당 1가구만 지원 가능

〈심사 기초 자료(2014. 4. 30. 현재)〉

귀농 가구	가구주 연령 (세)	주소지 (△△군 읍·면)	전입일	가족 수 (명)	영농 규모 (ha)	주택 노후도 (년)	사업 시급성
甲	49	A	2010. 12. 30	1	0.2	17	매우 시급
乙	48	B	2013. 5. 30	3	1.0	13	매우 시급
丙	56	B	2012. 7. 30	2	0.6	23	매우 시급
丁	60	C	2013. 12. 30	4	0.4	13	시급
戊	33	D	2011. 9. 30	2	1.2	19	보통

① 甲, 乙
② 甲, 丙
③ 乙, 丙
④ 乙, 丁

38

甲은 가격이 1,000만 원인 자동차 구매를 위해 K은행의 자동차 구매 상품인 A, B, C에 대해서 상담을 받았다. 다음 상담 내용에 따를 때, 〈보기〉에서 옳은 것을 모두 고르면? (단, 총비용으로는 은행에 내야 하는 금액과 수리비만을 고려하고, 등록비용 등 기타 비용은 고려하지 않는다)

- A상품 : 이 상품은 고객님이 자동차를 구입하여 소유권을 취득하실 때, 은행이 자동차 판매자에게 즉시 구입금액 1,000만 원을 지불해 드립니다. 그리고 그 날부터 매월 1,000만 원의 1%를 이자로 내시고, 1년이 되는 시점에 1,000만 원을 상환하시면 됩니다.
- B상품 : 이 상품은 고객님이 원하시는 자동차를 구매하여 고객님께 전달해 드리고, 고객님께서는 1년 후에 자동차 가격에 이자를 추가하여 총 1,200만 원을 상환하시면 됩니다. 자동차의 소유권은 고객님께서 1,200만 원을 상환하시는 시점에 고객님께 이전되며, 그 때까지 발생하는 모든 수리비는 저희가 부담합니다.
- C상품 : 이 상품은 고객님이 원하시는 자동차를 구매하여 고객님께 임대해 드립니다. 1년 동안 매월 90만 원의 임대료를 내시면 1년 후에 그 자동차는 고객님의 소유가 되며, 임대기간 중에 발생하는 모든 수리비는 저희가 부담합니다.

〈보기〉

㉠ 자동차 소유권을 얻기까지 은행에 내야 하는 총금액은 A상품의 경우가 가장 적다.
㉡ 1년 내에 사고가 발생해 50만 원의 수리비가 소요될 것으로 예상한다면 총비용 측면에서 A상품보다 B, C상품을 선택하는 것이 유리하다.
㉢ 최대한 빨리 자동차 소유권을 얻고 싶다면 A상품을 선택하는 것이 가장 유리하다.
㉣ 사고 여부와 관계없이 자동차 소유권 취득 시까지의 총비용 측면에서 B상품보다 C상품을 선택하는 것이 유리하다.

① ㉠, ㉡   ② ㉡, ㉢
③ ㉢, ㉣   ④ ㉠, ㉢, ㉣

39

다음은 K손해보험에서 화재손해 발생 시 지급 보험금 산정방법과 피보험물건(A~E)의 보험금액 및 보험가액을 나타낸 자료이다. 화재로 입은 손해액이 A~E 모두 6천만 원으로 동일할 때, 지급 보험금이 많은 것부터 순서대로 나열하면?

〈표1〉 지급 보험금 산정방법

피보험물건 유형	조건	지급 보험금
일반물건, 창고물건, 주택	보험금액 ≥ 보험가액의 80%	손해액 전액
	보험금액 < 보험가액의 80%	손해액 × $\dfrac{\text{보험금액}}{\text{보험가액의 80\%}}$
공장물건, 동산	보험금액 ≥ 보험가액	손해액 전액
	보험금액 < 보험가액	손해액 × $\dfrac{\text{보험금액}}{\text{보험가액}}$

1) 보험금액 : 보험사고가 발생한 때에 보험회사가 피보험자에게 지급해야 하는 금액의 최고한도
2) 보험가액 : 보험사고가 발생한 때에 피보험자에게 발생 가능한 손해액의 최고한도

〈표2〉 피보험물건의 보험금액 및 보험가액

피보험물건	피보험물건 유형	보험금액	보험가액
A	주택	9천만 원	1억 원
B	일반물건	6천만 원	8천만 원
C	창고물건	7천만 원	1억 원
D	공장물건	9천만 원	1억 원
E	동산	6천만 원	7천만 원

① A − B − D − C − E
② A − D − B − E − C
③ B − A − C − D − E
④ B − D − A − C − E

40

다음은 시간 관리의 방법으로 효과적인 매트릭스의 사례이다. 시간 관리 매트릭스에 의해 시간을 관리하였을 때 얻을 수 있는 효과로 가장 적절하지 않은 것은?

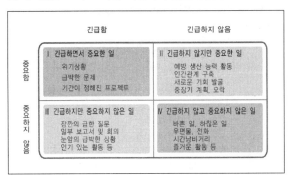

	긴급함	긴급하지 않음
중요함	I 긴급하면서 중요한 일 위기상황 급박한 문제 기간이 정해진 프로젝트	II 긴급하지 않지만 중요한 일 예방 생산 능력 활동 인간관계 구축 새로운 기회 발굴 중장기 계획, 오락
중요하지 않음	III 긴급하지만 중요하지 않은 일 잠깐의 급한 질문 일부 보고서 및 회의 눈앞의 급박한 상황 인기 있는 활동 등	IV 긴급하지 않고 중요하지 않은 일 바쁜 일, 하찮은 일 우편물, 전화 시간낭비거리 즐거운 활동 등

① 스트레스가 감소될 수 있다.
② 균형적인 삶이 가능하다.
③ 생산성이 향상된다.
④ 처음 계획보다 더 많은 일을 수행하게 된다.

41

숙박업소 K사장은 미숙한 경영전략으로 주변 경쟁업소에 점점 뒤처지게 되어 매출은 곤두박질 쳤고 이에 따라 직원들은 더 이상 근무할 수 없게 되었다. 경영전략 차원에서 볼 때, K사장이 시도했어야 하는 차별화 전략으로 추진하기에 적절하지 않은 것은?

① 주차장 이용 시 무료주차와 같은 추가 서비스를 제공한다.
② 직원의 복지를 위해 휴게 시설을 마련한다.
③ 경쟁업소보다 가격을 낮춰 고객을 유치한다.
④ 새로운 객실 인테리어를 통해 신선감을 갖춘다.

42

다음은 J사의 2018년 조직도이다. 조직도를 보고 잘못 이해한 것은?

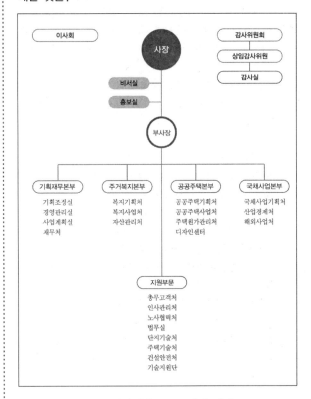

① 부사장은 따로 비서실을 두고 있지 않다.
② 비서실과 홍보실은 사장 직속으로 소속되어 있다.
③ 감사실은 공정한 감사를 위해 다른 조직들과는 구분되어 감사위원회 산하로 소속되어 있다.
④ 부사장 직속으로는 1개 부문, 1실, 6개 처, 1개의 지원단으로 구성되어 있다.

43

다음은 작년의 사내 복지 제도와 그에 따른 4/4분기 복지 지원 내역이다. 인사팀의 사원 Z씨는 팀장님의 지시로 작년 4/4분기 지원 내역을 구분하여 정리했다. 다음 중 구분이 잘못된 직원은?

〈사내 복지 제도〉

구분	세부사항
주택 지원	사택지원 (1~6동 총 6개 동 120가구) 기본 2년 (신청 시 1회 2년 연장 가능)
경조사 지원	본인/가족 결혼, 회갑 등 각종 경조사 시 경조금, 화환 및 경조휴가 제공
학자금 지원	고등학생, 대학생 학자금 지원
기타	상병 휴가, 휴직, 4대 보험 지원

〈4/4분기 지원 내역〉

이름	부서	직위	세부사항	금액 (천 원)
정희진	영업1팀	사원	모친상	1,000
유연화	총무팀	차장	자녀 대학진학 (입학금 제외)	4,000
김길동	인사팀	대리	본인 결혼	500
최선하	IT개발팀	과장	병가(실비 제외)	100
김만길	기획팀	사원	사택 제공(1동 702호)	–
송상현	생산2팀	사원	장모상	500
길태화	기획팀	과장	생일	50(상품권)
최현식	총무팀	차장	사택 제공(4동 204호)	–
최판석	총무팀	부장	자녀 결혼	300
김동훈	영업2팀	대리	생일	50 (상품권)
백예령	IT개발팀	사원	본인 결혼	500

구분	이름
주택 지원	김만길, 최현식
경조사 지원	정희진, 김길동, 길태화, 최판석, 김동훈, 백예령
학자금 지원	유연화
기타	최선하, 송상현

① 정희진   ② 김동훈
③ 유연화   ④ 송상현

44

T 대기업 경영전략팀은 기업의 새로운 도약을 위해 2020년 1차 경영토론회를 주최하였다. 다음 중 토론자들의 경영시장 종류에 대한 발언으로 옳지 않은 것은?

① 블루오션은 경쟁을 목표로 하고 존재하는 소비자와 현존하는 시장에 초점을 맞췄습니다.
② 레드오션은 산업 간 경계선이 명확하게 그어져 있습니다.
③ 레드오션은 어떻게 경쟁자를 앞지를 것인가에 대한 '시장경쟁전략'을 말합니다.
④ 블루오션은 아직 우리가 모르고 있는 가능성의 시장 공간이라 할 수 있습니다.

45

다음 보기에서 국제 매너를 바르게 설명하지 않은 것은?

① 이탈리아에서 상대방과 대화할 때는 중간에 말을 끊지 않는다.
② 프랑스에서 사업차 거래처 사람들과 식사를 할 때 사업에 관한 이야기는 정식 코스가 끝날 때 한다.
③ 생선 요리는 뒤집어먹지 않는다.
④ 이란에서 꽃을 선물로 줄 때 노란색으로 준비한다.

46

해외 주재원으로 근무하는 김 과장은 현지 거래처 중요 인사들을 초청하여 저녁 식사 자리를 갖게 되었다. 식사 자리에서의 김 과장의 다음과 같은 행동 중 상황에 따른 국제 매너에 비추어 적절하지 않은 것은?

① 테이블의 모양과 좌석의 배치 등이 매우 중요하므로 사전에 이메일로 정확한 참석자의 테이블 배치를 통보해 주었다.

② 부부동반 모임이 아니므로 지사장 바로 옆 자리에 거래처 대표의 자리를 마련하였다.

③ 주최 측 직원인 박 사원은 메뉴 선택에 익숙하지 않아 거래처 손님의 주문을 지켜본 후 '같은 것으로 하겠다.'고 하였다.

④ 식사 중 김 과장은 포크를 테이블 위에 올려놓을 때는 날이 위를 향하도록 놓으며 뒤집어 놓지 않도록 주의하였다.

47

조직체제 안에는 조직을 이루는 여러 집단이 있다. 다음 중 '집단'의 특징을 적절하게 설명하지 못한 것은?

① 비공식적으로 구성된 집단은 조직구성원들의 요구에 따라 자발적으로 형성되었으며, 봉사활동 동아리, 친목 동호회 등이 있다.

② 조직 내에서는 한정된 자원을 가지고 상반된 목표를 추구하기 때문에 경쟁이 발생하기도 한다.

③ 조직 내 집단은 일반적으로 이익 집단과 감독 집단으로 나뉜다.

④ 집단 간의 적절한 갈등은 응집성이 강화되고 집단의 활동이 더욱 조직화되는 장점이 있다.

48

어느 조직이나 일정한 인원이 함께 근무하는 경우 '조직문화'가 생기게 된다. 다음 중 조직문화의 기능과 구성요소에 대하여 적절하게 설명한 것이 아닌 것은?

① 조직문화의 구성요소로는 공유가치, 리더십 스타일, 예산, 관리 기술, 전략, 제도 및 절차, 구성원이 있다.

② 조직문화는 조직 구성원에게 일체감과 정체성을 부여하지만 타 조직과의 융합에 걸림돌로 작용하기도 한다.

③ 조직의 통합과 안정성을 중시하고 서열화된 조직 구조를 추구하는 관리적 조직문화, 실적을 중시하고 직무에 몰입하며 미래를 위한 계획 수립을 강조하는 과업지향적 조직문화 등이 있다.

④ 조직문화의 기능으로 구성원의 사회화 도모 및 일탈 행동을 통제하는 측면도 기대할 수 있다.

다음은 甲사의 내부 결재 규정에 대한 설명이다. 다음 글을 읽고 이어지는 물음에 답하시오.

제○○조(결재)
① 기안한 문서는 결재권자의 결재를 받아야 효력이 발생한다.
② 결재권자는 업무의 내용에 따라 이를 위임하여 전결하게 할 수 있으며, 이에 대한 세부사항은 따로 규정으로 정한다. 결재권자가 출장, 휴가, 기타의 사유로 상당한 기간 동안 부재중일 때에는 그 직무를 대행하는 자가 대결할 수 있되, 내용이 중요한 문서는 결재권자에게 사후에 보고(후결)하여야 한다.
③ 결재에는 완결, 전결, 대결이 있으며 용어에 대한 정의와 결재방법은 다음과 같다.
  1. 완결은 기안자로부터 최종 결재권자에 이르기까지 관계자가 결재하는 것을 말한다.
  2. 전결은 사장이 업무내용에 따라 각 부서장에게 결재권을 위임하여 결재하는 것을 말하며, 전결하는 경우에는 전결하는 자의 서명란에 '전결' 표시를 하고 맨 오른쪽 서명란에 서명하여야 한다.
  3. 대결은 결재권자가 부재중일 때 그 직무를 대행하는 자가 하는 결재를 말하며, 대결하는 경우에는 대결하는 자의 서명란에 '대결' 표시를 하고 맨 오른쪽 서명란에 서명하여야 한다.

제○○조(문서의 등록)
① 문서는 당년 마지막 문서에 대한 결재가 끝난 즉시 결재일자 순서에 따라서 번호를 부여하고 처리과별로 문서등록대장에 등록하여야 한다. 동일한 날짜에 결재된 문서는 조직내부 원칙에 의해 우선순위 번호를 부여한다. 다만, 비치문서는 특별한 규정이 있을 경우를 제외하고는 그 종류별로 사장이 정하는 바에 따라 따로 등록할 수 있다.
② 문서등록번호는 일자별 일련번호로 하고, 내부결재문서인 때에는 문서등록대장의 수신처란에 '내부결재' 표시를 하여야 한다.
③ 처리과는 당해 부서에서 기안한 모든 문서, 기안형식 외의 방법으로 작성하여 결재권자의 결재를 받은 문서, 기타 처리과의 장이 중요하다고 인정하는 문서를 제1항의 규정에 의한 문서등록대장에 등록하여야 한다.

④ 기안용지에 의하여 작성하지 아니한 보고서 등의 문서는 그 문서의 표지 왼쪽 위의 여백에 부서기호, 보존기간, 결재일자 등의 문서등록 표시를 한 후 모든 내용을 문서등록대장에 등록하여야 한다.

49

다음 중 甲사의 결재 및 문서의 등록 규정을 바르게 이해하지 못한 것은?

① '대결'은 결재권자가 부재중일 경우 직무대행자가 행하는 결재 방식이다.
② 최종 결재권자는 여건에 따라 상황에 맞는 전결권자를 지정할 수 있다.
③ '전결'과 '대결'은 문서 양식상의 결재방식이 동일하다.
④ 문서등록대장은 매년 1회 과별로 새롭게 정리된다.

50

甲사에 근무하는 직원의 다음과 같은 결재 문서 관리 및 조치 내용 중 규정에 의거한 적절한 것은?

① A 대리는 같은 날짜에 결재된 문서 2건을 같은 문서 번호로 분류하여 등록하였다.
② B 대리는 중요한 내부결재문서에는 '내부결재'를 표시하였고, 그 밖의 문서에는 '일반문서'를 표시하였다.
③ C 과장은 부하 직원에게 문서등록대장에 등록된 문서 중 결재 문서가 아닌 것도 포함될 수 있다고 알려주었다.
④ D 사원은 문서의 보존기간은 보고서에 필요한 사항이며 기안 문서에는 기재할 필요가 없다고 판단하였다.

실전 모의고사

제한 시간	
맞힌 문항	
정답 및 해설	P.212

1

다음의 밑줄 친 부분과 가장 유사한 의미로 사용된 것은?

> 그렇게 강조해서 시험 문제를 짚어 주었는데도 성적이 그 모양이냐.

① 손가락으로 글자를 짚어 가며 가르쳐주었다.
② 이마를 짚어 보니 열이 있었다.
③ 목발을 짚는 것만으로도 그는 감사한 마음으로 쾌유를 기다려야만 했다.
④ 헛다리를 짚었구나.

2

다음 글의 빈칸에 들어갈 내용으로 가장 적절한 것은?

> 어떠한 의미를 표현하고자 할 때에 마음대로 아무 음이나 사용해서는 안 된다. 그렇게 해서는 남이 알아듣지를 못한다. 언어란 우리의 사상 전달의 수단임에는 틀림없지만 이것이 언어로 인정받으려면 _____ 다른 사람들이 이해한다는 것은 결국 우리 주위에 있는 사회 일반이 공통적으로 인식한다는 것이다. 이러이러한 의미는 이러이러한 음성으로 표현하여야 한다는 사회적 제약을 받지 않으면 안 된다. 이는 언어가 본래 사회적 산물이며, 객관성이 있어야 하기 때문이다. 그러므로 언어는 도저히 주관적으로 좌우할 수 없다.

① 역사적 연마와 도야를 통하지 않으면 안 된다.
② 법령과 같이 시일을 정하여 공표해야 한다.
③ 세월이 지나도 모양이 변하지 않아야 한다.
④ 다른 사람들이 이해해 주지 않으면 안 된다.

3

다음 글의 역할에 대한 설명으로 옳은 것은?

> 자연은 인간 사이의 갈등을 이용하여 인간의 모든 소질을 계발하도록 한다. 사회의 질서는 이 갈등을 통해 이루어진다. 이 갈등은 인간의 반사회적 사회성 때문에 초래된다. 반사회적 사회성이란 한편으로는 사회를 분열시키려고 끊임없이 위협하고 반항하면서도, 다른 한편으로는 사회를 이루어 살려는 인간의 성향을 말한다. 이러한 성향은 분명 인간의 본성 가운데에 있다.

① 글의 논지와 주요 개념을 제시한다.
② 개념에 대해 구체적 예를 들어 설명한다.
③ 논지를 확대하고 심화한다.
④ 다른 주장과 비교하여 설명한다.

4

다음은 외국주화 환전에 대한 설명이다. 옳지 않은 것은?

---

1. 외국주화를 사거나 팔 경우 적용되는 환율
   • 팔 때 : 매매기준률의 50%를 적용한 환율
   • 살 때 : 매매기준률의 70%를 적용한 환율
2. 외국주화 환전 가능영업점
   • 가능 영업점 : 영업부
   • 환전 가능 외국주화 : 미국 달러, 일본 엔화, 유로화
3. 해외여행 시 주화환전 tip
   • 해외여행 전 미리 소량의 주화를 환전해 둔다.
     현지 도착 후 별도 교환절차 없이 교통비와 전화료
     등으로 바로 사용이 가능하므로 들고갈 수 있을 정
     도의 주화는 환전하여 가져가는 것이 유용하다.
   • 주화구입 시 지폐보다 싼 환율 적용이 가능하다.
     – 예를 들면 달러 구입 시 적용되는 환율이 941.28
       원이라면 미국 주화로 구입할 때는 658.89원이 적
       용된다.
     – 10달러를 동전으로 환전 시 지폐로 바꿀 때보다
       2,800원 정도 비용절감이 가능하다.
   • 입국 전 주화는 해외 현지, 면세점 등에서 다 사용하
     고 돌아오자.
     주화 구입 시와는 반대로 해외여행 후 남은 주화를
     국내에서 환전 시 실재가치의 반 정도 밖에 받을 수
     없으므로 입국하기 전에 다 사용하고 오는 것이 손
     해를 줄이는 방법이다.

---

① 국내에서 환전 시 주화를 구입할 경우 지폐를 구입
  할 때보다 더 싼 환율 적용을 받을 수 있다.
② 해외여행 전 미리 소량의 주화를 환전해 두는 것이 유용
  하다.
③ 환전 가능 외국주화로는 미국 달러, 일본 엔화, 유로
  화, 중국 위안화가 있다.
④ 외국주화를 살 때는 매매기준률의 70%를 적용한 환
  율을 적용받는다.

5

빈칸에 들어갈 내용으로 가장 적절한 것은?

　동물 권리 옹호론자들의 주장과는 달리, 동물과 인
류의 거래는 적어도 현재까지는 크나큰 성공을 거두었다.
소, 돼지, 개, 고양이, 닭은 번성해 온 반면, 야생에 남은
그들의 조상은 소멸의 위기를 맞았다. 북미에 현재 남아
있는 늑대는 1만 마리에 불과하지만, 개는 5,000만 마리
다. 이들 동물에게는 자율성의 상실이 큰 문제가 되지 않
는 것처럼 보인다. 동물 권리 옹호론자들의 말에 따르면,
_____ 하지만 개의 행복
은 인간에게 도움을 주는 수단 역할을 하는 데 있다.
이런 동물은 결코 자유나 해방을 원하지 않는다.

---

① 가축화는 인간이 강요한 것이 아니라 동물들이 선택
  한 것이다.
② 동물들이 야생성을 버림으로써 비로소 인간과 공생
  관계를 유지해 왔다.
③ 동물을 목적이 아니라 수단으로 다루는 것은 잘못된 일
  이다.
④ 동물들에게 자율성을 부여할 때 동물의 개체는 더
  늘어날 수 있다.

▌6~8▐ 다음은 통화 정책에 대한 설명이다. 물음에 답하시오.

통화 정책은 중앙은행이 물가 안정과 같은 경제적 목적의 달성을 위해 이자율이나 통화량을 조절하는 것이다. 대표적인 통화 정책 수단인 '공개 시장 운영'은 중앙은행이 민간 금융기관을 상대로 채권을 매매해 금융 시장의 이자율을 정책적으로 결정한 기준 금리 수준으로 접근시키는 것이다. 중앙은행이 채권을 매수하면 이자율은 하락하고, 채권을 매도하면 이자율은 상승한다. 이자율이 하락하면 소비와 투자가 확대되어 경기가 활성화되고 물가 상승률이 오르며, 이자율이 상승하면 경기가 위축되고 물가 상승률이 떨어진다. 이와 같이 공개 시장 운영의 영향은 경제 전반에 파급된다.

중앙은행의 통화 정책이 의도한 효과를 얻기 위한 요건 중에는 '선제성'과 '정책 신뢰성'이 있다. 먼저 통화 정책이 선제적이라는 것은 중앙은행이 경제 변동을 예측해 이에 미리 대처한다는 것이다. 기준 금리를 결정하고 공개 시장 운영을 실시하여 그 효과가 실제로 나타날 때까지는 시차가 발생하는데 이를 '정책 외부 시차'라 하며, 이 때문에 선제성이 문제가 된다. 예를 들어 중앙은행이 경기 침체 국면에 들어서야 비로소 기준 금리를 인하한다면, 정책 외부 시차로 인해 경제가 스스로 침체 국면을 벗어난 다음에야 정책 효과가 발현될 수도 있다. 이 경우 경기 과열과 같은 부작용이 수반될 수 있다. 따라서 중앙은행은 통화 정책을 선제적으로 운용하는 것이 바람직하다.

또한 통화 정책은 민간의 신뢰가 없이는 성공을 거둘 수 없다. 따라서 중앙은행은 정책 신뢰성이 손상되지 않게 유의해야 한다. 그런데 어떻게 통화 정책이 민간의 신뢰를 얻을 수 있는지에 대해서는 견해 차이가 있다. 경제학자 프리드먼은 중앙은행이 특정한 정책 목표나 운용 방식을 '준칙'으로 삼아 민간에 약속하고 어떤 상황에서도 이를 지키는 ㉠'준칙주의'를 주장한다. 가령 중앙은행이 물가 상승률 목표치를 민간에 약속했다고 하자. 민간이 이 약속을 신뢰하면 물가 불안 심리가 진정된다. 그런데 물가가 일단 안정되고 나면 중앙은행으로서는 이제 경기를 부양하는 것도 고려해 볼 수 있다. 문제는 민간이 이 비일관성을 인지하면 중앙은행에 대한 신뢰가 훼손된다는 점이다. 준칙주의자들은 이런 경우에 중앙은행이 애초의 약속을 일관되게 지키는 편이 바람직하다고 주장한다.

그러나 민간이 사후적인 결과만으로는 중앙은행이 준칙을 지키려 했는지 판단하기 어렵고, 중앙은행에 준칙을 지킬 것을 강제할 수 없는 것도 사실이다. 준칙주의와 대비되는 ㉡'재량주의'에서는 경제 여건 변화에 따른 신축적인 정책 대응을 지지하며 준칙주의의 엄격한 실천은 현실적으로 어렵다고 본다. 아울러 준칙주의가 최선인지에 대해서도 물음을 던진다. 예상보다 큰 경제 변동이 있으면 사전에 정해 둔 준칙이 장애물이 될 수 있기 때문이다. 정책 신뢰성은 중요하지만, 이를 위해 중앙은행이 반드시 준칙에 얽매일 필요는 없다는 것이다.

6

윗글에서 사용한 설명 방식에 해당하지 않는 것은?

① 통화 정책의 목적을 유형별로 나누어 제시하고 있다.

② 통화 정책에서 선제적 대응의 필요성을 예를 들어 설명하고 있다.

③ 공개 시장 운영이 경제 전반에 영향을 미치는 과정을 인과적으로 설명하고 있다.

④ 관련된 주요 용어의 정의를 바탕으로 통화 정책의 대표적인 수단을 설명하고 있다.

7

윗글을 바탕으로 〈보기〉를 이해할 때 '경제학자 병'이 제안한 내용으로 가장 적절한 것은?

어떤 가상의 경제에서 20○○년 1월 1일부터 9월 30일까지 3개 분기 동안 중앙은행의 기준 금리가 4%로 유지되는 가운데 다양한 물가 변동 요인의 영향으로 물가 상승률은 아래 표와 같이 나타났다. 단, 각 분기의 물가 변동 요인은 서로 관련이 없다고 한다.

기간	1/1~3/31	4/1~6/30	7/1~9/30
	1분기	2분기	3분기
물가 상승률	2%	3%	3%

경제학자 병은 1월 1일에 위 표의 내용을 예측할 수 있었고 국민들의 생활 안정을 위해 물가 상승률을 매 분기 2%로 유지해야 한다고 주장하였다. 이를 위해 다음 사항을 고려한 선제적 통화 정책을 제안했으나 받아들여지지 않았다.

[경제학자 병의 고려 사항]

기준 금리가 4%로부터 1.5%p*만큼 변하면 물가 상승률은 위 표의 각 분기 값을 기준으로 1%p만큼 달라지며, 기준 금리 조정과 공개 시장 운영은 1월 1일과 4월 1일에 수행된다. 정책 외부 시차는 1개 분기이며 기준 금리 조정에 따른 물가 상승률 변동 효과는 1개 분기 동안 지속된다.

※ %p는 퍼센트 간의 차이를 말한다. 예를 들어 1%에서 2%로 변화하면 이는 1%p 상승한 것이다.

---

① 중앙은행은 기준 금리를 1월 1일에 2.5%로 인하하고 4월 1일에도 이를 2.5%로 유지해야 한다.
② 중앙은행은 기준 금리를 1월 1일에 2.5%로 인하하고 4월 1일에는 이를 4%로 인상해야 한다.
③ 중앙은행은 기준 금리를 1월 1일에 4%로 유지하고 4월 1일에는 이를 5.5%로 인상해야 한다.
④ 중앙은행은 기준 금리를 1월 1일에 5.5%로 인상하고 4월 1일에도 이를 5.5%로 유지해야 한다.

8

윗글의 ㉠과 ㉡에 대한 설명으로 가장 적절한 것은?

① ㉠에서는 중앙은행이 정책 운용에 관한 준칙을 지키느라 경제 변동에 신축적인 대응을 못해도 이를 바람직하다고 본다.
② ㉡에서는 중앙은행이 스스로 정한 준칙을 지키는 것은 얼마든지 가능하다고 본다.
③ ㉠에서는 ㉡과 달리, 정책 운용에 관한 준칙을 지키지 않아도 민간의 신뢰를 확보할 수 있다고 본다.
④ ㉡에서는 ㉠과 달리, 통화 정책에서 민간의 신뢰 확보를 중요하게 여기지 않는다.

9

다음 글의 논지 전개 방식과 관련한 서술상의 특징으로 적절하지 않은 것은?

생명은 탄생과 죽음으로 하나의 단위를 형성한다. 우리의 관심은 '잘 사는 것'과 '잘 죽는 것'으로 표현할 수 있다. 죽음은 인간의 총체를 형성하는 결정적인 요소이다. 이러한 요소 때문에 탄생보다는 죽음에 대한 철학적이고 문화적인 이해가 훨씬 더 많이 발달할 수밖에 없었다. 게다가 죽음이란 한 존재의 사멸, 부정의 의미이므로 여러 가지 인격을 갖고 살아가고 있는 현대인의 어떤 정체성을 부정하거나 사멸시키는 하나의 행위로서 은유적으로 사용되기도 한다. 이것은 죽음이 철학적 사변의 대상이 될 뿐만 아니라 어느 시대나 그 시대를 살아가는 문화적 관습의 근거가 되기도 하며 더 나아가 예술의 핵심을 형성하고 있다는 말이 된다. 그러한 물음을 모아보면 다음과 같은 것들을 꼽을 수 있다. 모든 인간 하나하나는 자신이 죽는다는 사실을 확실하게 아는가? 인간은 모든 인간은 죽는다는 사실을 확실하게 아는가? 죽는다는 사실은 나쁜 것인가?

많은 심리학자들은 죽음에 대한 이해는 인간이 타고나면서 저절로 알게 되는 것은 아니라고 한다. 그보다는 죽음이란 이 세상을 살아가면서 배워서 아는 것이라고 한다. 말하자면 어린이들은 죽음에 대한 개념이 없다가 점차 주변의 죽음을 이해하고 죽음에 대한 가르침을 통해서 죽음이란 무엇인가를 배운다는 것이다. 또 지금까지 많은 사람들이 죽었다고 해서 모든 사람들이 다 죽는다고 결론을 내릴 수 없다는 것은 상식이다. 죽음을 이겨낸 사람이 있다는 믿음을 가진 사람들이 있고 죽음이 필연적이라는 데 대해서 확고한 증거를 제시할 수도 없다.

생명의 출발로부터 시작해서 죽음에 이르는 긴 시간의 과정이 바로 삶의 전체이다. 하지만 생명의 출발에 대한 이해도 여러 가지의 국면으로 나누어 이해할 수 있다. 나 자신의 물질적인 근거, 생물학적인 존재로서 나의 출발이다. 수정되어 태아 상태를 거쳐 하나의 성체가 되기까지의 나의 존재의 기원을 물질주의적으로 생물학적으로 묻는다.

또 하나는 철학적, 목적적으로 묻는 일이다. 즉 나는 이 세상에 왜 태어났는가 하는 것이다. 나의 이 세상에서 살아야 하는 목적을 묻게 되면 필연적으로 그것은 철학적, 윤리적, 가치론적 입장이 되지 않을 수가 없다. 인간 종의 기원에 대한 물음도 물질주의적 생물학적인 근거를 추적하는 일과 존재론적인, 목적론적인 원인을 추적하는 일로 나누어 생각해볼 수 있다. 그래서 인간의 기원을 외부로부터 들어온 유기물이 원시 지구의 환경 속에서 성장한 것이라고 생각할 수도 있겠지만, 두루미나 호박벌이 가져온 골칫거리라고 생각할 수도 있다. 어느 것이 더 믿을 만하냐 라고 묻더라도 어떤 종류의 믿음을 말하느냐에 따라 달라진다.

이처럼 인간이라는 한 존재의 기원과 소멸까지는 단순히 하나의 분과 학문으로서만 이해할 수 있는 성질의 것은 아니다. 여러 학문, 특히 과학 기술적 접근과 인문주의적 접근이 동시에 이루어짐으로써 그것에 대하여 보다 풍성한 이해를 유도할 수 있다.

---

① 핵심 단어에 대한 정의를 찾아가며 논점을 전개하고 있다.
② 드러난 상식으로부터 새로운 가치를 도출하려는 시도를 하려고 한다.
③ 특정 현상을 다양한 각도에서 조명해 보고자 한다.
④ 반대되는 논거를 제시하여 절충된 가치를 통해 글의 주제에 접근하고 있다.

10

신재생 에너지의 보급과 관련된 다음 글을 참고할 때, 밑줄 친 '솔루션'이 갖추어야 할 특성으로 가장 거리가 먼 것은?

신재생 에너지란 태양, 바람, 해수와 같이 자연을 이용한 신에너지와 폐열, 열병합, 폐열 재활용과 같은 재생에너지가 합쳐진 말이다. 현재 신재생 에너지는 미래 인류의 에너지로서 다양한 연구가 이루어지고 있다. 특히 과거에는 이들의 발전 효율을 높이는 연구가 주로 이루어졌으나 현재는 이들을 관리하고 사용자가 쉽게 사용하도록 하는 연구와 개발이 많이 진행되고 있다. 신재생 에너지는 화석 연료의 에너지 생산 비용에 근접하고 있으며 향후에 유가가 상승되고 신재생 에너지 시스템의 효율이 높아짐에 따라 신재생 에너지의 생산 비용이 오히려 더 저렴해질 것으로 보인다.

따라서 미래의 신재생 에너지의 보급은 지금 보다 훨씬 광범위하게 다양한 곳에서 이루어 질 것이며 현재의 전력 공급 체계를 변화시킬 것이다. 현재 중앙 집중식으로 되어있는 전력공급의 체계가 미래에는 다양한 곳에서 발전이 이루어지는 분산형으로 변할 것으로 보인다. 분산형 전원 시스템 체계에서 가장 중요한 기술인 스마트 그리드는 전력과 IT가 융합한 형태로서 많은 연구가 이루어지고 있다.

스마트 그리드 기반의 분산형 전원 보급이 활발해질 미래에는 곳곳에 중소규모의 신재생 에너지 시스템이 설치될 것으로 예상하며, 따라서 이들을 통합적으로 관리하고 정보 교환 기술을 갖춘 다양한 솔루션이 등장할 것으로 보인다.

신재생 에너지 시스템의 보급은 인류의 에너지 문제를 해결하는 유일한 방안이지만 화석 에너지와 달리 발전량을 쉽게 제어할 수 없는 문제점을 가지고 있다. 또한 같은 시스템일지라도 지역의 환경에 따라 발전량이 서로 다르게 될 것이기 때문에 스마트 그리드를 기반으로 한 마이크로 그리드 시스템이 구축될 때 정보 처리 기술은 신재생 에너지 시스템 관리 측면에서 중요한 인자가 될 것이다.

신재생 에너지 시스템을 관리하기 위해선 에너지 데이터 처리가 중요할 것으로 보인다. 특히 미래 신재생 에너지 관리 시스템은 관리가 체계적으로 되어 있을 발전단지보다는 비교적 관리 체계가 확립되기 힘든 주택, 빌딩 등에서 필요할 것으로 보인다. 다시 말해 주택, 빌딩에 신재생 에너지 시스템이 설치가 되면 이들을 관리할 수 있는 <u>솔루션</u>이 함께 설치해야 하며 이들을 운용하기 위한 애플리케이션도 함께 등장해야 한다.

① 소비자가 에너지의 생산과 소비를 모두 고려할 수 있는 지능형 에너지 서비스

② 잉여 에너지가 발생되지 않도록 수요와 공급에 맞는 발전량 자동 조절 기능

③ 다양한 OS로 기능을 구현할 수 있는 웹 서비스 기반의 범호환적인 플랫폼 기술

④ 생성된 에너지 데이터를 종합·분석하여 맞춤형 서비스를 제공

11

제품 하나를 만드는 데 A기계와 B기계가 사용된다. A기계만을 사용하면 15일이 걸리고, B기계만을 사용하면 25일이 걸린다. 두 기계 모두 일정한 속도로 일을 진행한다고 할 때, A와 B기계를 동시에 사용하면 하루에 제품이 약 몇 % 만들어지는가?

① 9.8%

② 10.7%

③ 11.2%

④ 11.8%

12

다음은 A전자 서대문점 사원들의 지난 1주일간 운동 일수를 조사한 결과이다. 지난 1주일 동안 2일 운동한 사원수는 몇 명인가?

평균 운동 일수	사원수(명)	평균 운동 일수	사원수(명)
운동 안 함	10	4일	5
1일	4	5일	7
2일	(?)	6일	9
3일	3	7일	2
		합계	45

① 4명
② 5명
③ 6명
④ 7명

13

다음은 지역별 특허 출원 건수 추이를 나타낸 자료이다. 각 지역의 특허 출원 건수의 평균 증가량으로 2021년의 수도권을 제외한 특허 출원 건수를 예측한 값으로 옳은 것은? (단, 계산 완료 후 소수 첫째 자리에서 반올림한다)

〈지방, 수도권, 서울의 특허 출원 건수〉

(단위 : 천 건)

년도	지방	수도권	서울
2016	124	88	43
2017	124	84	42
2018	130	85	42
2019	138	89	43
2020	144	84	44

① 190
② 191
③ 192
④ 193

14

다음 예시 자료에 대한 설명으로 올바른 것은 어느 것인가?

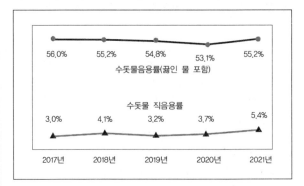

① 수돗물음용률과 수돗물 직음용률은 비교연도에 모두 동일한 증감 추세를 보이고 있다.
② 수돗물음용률은 수돗물 직음용률보다 항상 50%p 이상 많다.
③ 2019년 이후 수돗물을 끓여 마시는 사람들의 비중이 급격이 증가하였다.
④ 수돗물을 직접 마시는 사람들은 2019년 이후 증가 추세에 있다.

15

다음은 2015년 세계 100대 은행에 포함된 국내 5개 은행의 평균 성과지표를 비교한 표이다. 국내 5개 은행 평균 자산은 세계 10대 은행 평균 자산의 약 몇 %에 해당하는가? (단, 소수점 둘째자리에서 반올림한다)

	자산 (억 달러)	세전이익 (억 달러)	ROA (%)	BIS비율 (%)	자산 대비 대출 비중(%)
세계 10대 은행 평균	23,329	303	1.3	14.6	47.9
국내 5개 은행 평균	2,838	8.1	0.2	13.6	58.9

① 약 12.2%
② 약 12.4%
③ 약 12.6%
④ 약 12.8%

16

다음은 K은행의 외화송금 수수료에 대한 규정이다. 수수료 규정을 참고할 때, 외국에 있는 친척과 〈보기〉와 같이 3회에 걸쳐 거래를 한 A씨가 지불한 총 수수료 금액은 얼마인가?

	국내 간 외화송금	실시간 국내송금
외화자금 국내이체 수수료 (당·타발)	U$5,000 이하 : 5,000원 U$10,000 이하 : 7,000원 U$10,000 초과 : 10,000원	U$10,000 이하 : 5,000원 U$10,000 초과 : 10,000원
	인터넷 뱅킹 : 5,000원 실시간 이체 : 타발 수수료는 없음	
해외로 외화 송금 — 송금 수수료	U$500 이하 : 5,000원 U$2,000 이하 : 10,000원 U$5,000 이하 : 15,000원 U$20,000 이하 : 20,000원 U$20,000 초과 : 25,000원 * 인터넷 뱅킹 이용 시 건당 3,000~5,000원	
	해외 및 중계은행 수수료를 신청인이 부담하는 경우 국외 현지 및 중계은행의 통화별 수수료를 추가로 징구	
해외로 외화 송금 — 전신료	8,000원 인터넷 뱅킹 및 자동이체 5,000원	
해외로 외화 송금 — 조건변경 전신료	8,000원	
해외/타행에서 받은 송금	건당 10,000원	

─────── 〈보기〉 ───────

1. 외국으로 U$3,500 송금 / 인터넷 뱅킹 최저 수수료 적용
2. 외국으로 U$600 송금 / 은행 창구
3. 외국에서 U$2,500 입금

① 32,000원　　② 34,000원
③ 36,000원　　④ 38,000원

17

어떤 이동 통신 회사에서는 휴대폰의 사용 시간에 따라 매월 다음과 같은 요금 체계를 적용한다고 한다.

요금제	기본 요금	무료 통화	사용 시간(1분)당 요금
A	10,000원	0분	150원
B	20,200원	60분	120원
C	28,900원	120분	90원

예를 들어, B요금제를 사용하여 한 달 동안의 통화 시간이 80분인 경우 사용 요금은 다음과 같이 계산한다.

$$20,200 + 120 \times (80 - 60) = 22,600 \text{원}$$

B요금제를 사용하는 사람이 A요금제와 C요금제를 사용할 때 보다 저렴한 요금을 내기 위한 한 달 동안의 통화 시간은 a분 초과 b분 미만이다. 이 때, $b - a$의 값은? (단, 매월 총 사용 시간은 분 단위로 계산한다.)

① 70　　② 80
③ 90　　④ 100

18

다음은 2015년과 2018년 한국, 중국, 일본의 재화 수출액 및 수입액을 예시로 정리한 표와 무역수지와 무역특화지수에 대한 용어정리이다. 이에 대한 〈보기〉의 내용 중 옳은 것만 고른 것은?

(단위 : 억 달러)

연도	재화	한국 수출액	한국 수입액	중국 수출액	중국 수입액	일본 수출액	일본 수입액
2018년	원자재	578	832	741	1,122	905	1,707
	소비재	117	104	796	138	305	847
	자본재	1,028	668	955	991	3,583	1,243
2021년	원자재	2,015	3,232	5,954	9,172	2,089	4,760
	소비재	138	375	4,083	2,119	521	1,362
	자본재	3,444	1,549	12,054	8,209	4,541	2,209

[용어정리]

• 무역수지＝수출액－수입액

－무역수지 값이 양(+)이면 흑자, 음(－)이면 적자이다.

• 무역특화지수＝$\dfrac{수출액－수입액}{수출액＋수입액}$

－무역특화지수의 값이 클수록 수출경쟁력이 높다.

─〈보기〉─

㉠ 2021년 한국, 중국, 일본 각각에서 원자재 무역수지는 적자이다.

㉡ 2021년 한국의 원자재, 소비재, 자본재 수출액은 2018년 비해 각각 50% 이상 증가하였다.

㉢ 2021년 자본재 수출경쟁력은 일본이 한국보다 높다.

① ㉠

② ㉡

③ ㉠, ㉡

④ ㉠, ㉢

▌19~20▌ 다음은 K은행 기업고객인 7개 기업의 1997년도와 2008년도의 주요 재무지표를 나타낸 자료이다. 물음에 답하시오.

〈7개 기업의 1997년도와 2008년도의 주요 재무지표〉

(단위 : %)

기업	부채비율 1997	부채비율 2008	자기자본비율 1997	자기자본비율 2008	영업이익률 1997	영업이익률 2008	순이익률 1997	순이익률 2008
A	295.6	26.4	25.3	79.1	15.5	11.5	0.7	12.3
B	141.3	25.9	41.4	79.4	18.5	23.4	7.5	18.5
C	217.5	102.9	31.5	49.3	5.7	11.7	1.0	5.2
D	490.0	64.6	17.0	60.8	7.0	6.9	4.0	5.4
E	256.7	148.4	28.0	40.3	2.9	9.2	0.6	6.2
F	496.6	207.4	16.8	32.5	19.4	4.3	0.2	2.3
G	654.8	186.2	13.2	34.9	8.3	8.7	0.3	6.7
7개 기업의 산술평균	364.6	108.8	24.7	53.8	11.0	10.8	2.0	8.1

1) 총자산 = 부채 + 자기자본

2) 부채구성비율(%) = $\dfrac{부채}{총자산} \times 100$

3) 부채비율(%) = $\dfrac{부채}{자기자본} \times 100$

4) 자기자본비율(%) = $\dfrac{자기자본}{총자산} \times 100$

5) 영업이익률(%) = $\dfrac{영업이익}{매출액} \times 100$

6) 순이익률(%) = $\dfrac{순이익}{매출액} \times 100$

19

위 자료에 대한 설명 중 옳은 것을 모두 고르면?

㉠ 1997년도 부채구성비율이 당해년도 7개 기업의 산술평균보다 높은 기업은 3개이다.

㉡ 1997년도 대비 2008년도 부채비율의 감소율이 가장 높은 기업은 A이다.

㉢ 기업의 매출액이 클수록 자기자본비율이 동일한 비율로 커지는 관계에 있다고 가정하면, 2008년도 순이익이 가장 많은 기업은 A이다.

㉣ 2008년도 순이익률이 가장 높은 기업은 1997년도 영업이익률도 가장 높았다.

① ㉠, ㉡

② ㉡, ㉢

③ ㉢, ㉣

④ ㉠, ㉡, ㉢

20

위 자료를 그래프로 표시한 것 중 옳지 않은 것은?

① 1997년도와 2008년도 B 기업의 부채비율, 자기자본비율, 영업이익률, 순이익률

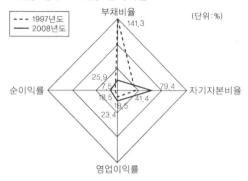

② 1997년도와 2008년도 7개 기업의 영업이익률

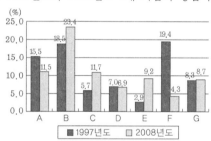

③ 1997년도 C기업의 총자산 구성현황

④ 1997년도 대비 2008년도 7개 기업의 순이익 변화율

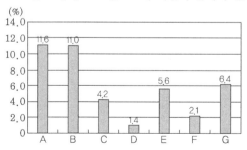

21

다음 표준 임대차 계약서의 일부를 보고 추론할 수 없는 내용은 어느 것인가?

[임대차계약서 계약조항]

제1조[보증금] 을(乙)은 상기 표시 부동산의 임대차보증금 및 차임(월세)을 다음과 같이 지불하기로 한다.
- 보증금 : 금○○원으로 한다.
- 계약금 : 금○○원은 계약 시에 지불한다.
- 중도금 : 금○○원은 2017년 ○월 ○일에 지불한다.
- 잔 금 : 금○○원은 건물명도와 동시에 지불한다.
- 차임(월세): 금○○원은 매월 말일에 지불한다.

제4조[구조변경, 전대 등의 제한] 을(乙)은 갑(甲)의 동의 없이 상기 표시 부동산의 용도나 구조 등의 변경, 전대, 양도, 담보제공 등 임대차 목적 외에 사용할 수 없다.

제5조[계약의 해제] 을(乙)이 갑(甲)에게 중도금(중도금 약정이 없는 경우에는 잔금)을 지불하기 전까지는 본 계약을 해제할 수 있는 바, 갑(甲)이 해약할 경우에는 계약금의 2배액을 상환하며 을(乙)이 해약할 경우에는 계약금을 포기하는 것으로 한다.

제6조[원상회복의무] 을(乙)은 존속기간의 만료, 합의해지 및 기타 해지사유가 발생하면 즉시 원상회복하여야 한다.

① 중도금 약정 없이 계약이 진행될 수도 있다.

② 부동산의 용도를 변경하려면 갑(甲)의 동의가 필요하다.

③ 을(乙)은 계약금, 중도금, 보증금의 순서대로 임대보증금을 지불해야 한다.

④ 중도금 혹은 잔금을 지불하기 전까지만 계약을 해제할 수 있다.

〈거래조건〉

구분	내용
가입대상	개인(1인 1계좌), 법인(1법인 1계좌 단, 국가 및 지방자치단체, 금융기관 제외)
계약기간	1년, 2년, 3년 단위(계약기간 연장 불가)
가입금액	(개인) 100만 원 이상 5억 원 이내 (법인) 300만 원 이상 30억 원 이내

적용금리 (연 %, 세전)

• 기본금리
– 개인 : 큰만족실세예금 계약기간별 기본금리
– 법인 : 일반정기예금 계약기간별 기본금리
• 우대금리
– 우대금리 적용요건을 충족하고 이 예금을 만기해지하는 경우 해당 우대금리를 기본금리에 추가하여 제공

우대항목	우대금리 적용요건	우대금리(%p) 개인	우대금리(%p) 법인
특별 우대 금리	실향민(이북 5도민 포함) 또는 새터민(탈북자) 또는 통일부 허가 법인 임직원 또는 개성공단 입주기업 임직원	0.1	–
통일 염원 우대 금리	통일염원 활동에 참여 또는 개최(주관)한 개인 및 법인	0.1	0.1
카드 거래 우대 금리	이 예금 가입월부터 만기 전월말까지 K은행 체크카드를 월 평균 50만 원 이상 사용	0.2	–
최고 우대금리			

– "특별우대금리"는 다음의 증빙서류를 농협은행 영업점 창구에 제출하는 경우 적용 가능

구분	증빙서류(확인서)
실향민(이북 5도민 포함)	제적초(등)본, 이북 5도 민증 등
새터민(탈북자)	북한 이탈주민 확인서(증명서) 등
통일부허가법인 임직원	재직증명서 등
개성공단입주기업 임직원	재직증명서 등

〈유의사항〉
• 우대금리는 이 예금을 만기해지하는 경우에만 적용된다.
• 법인은 영업점에서만 신규 가입 및 해지가 가능하다.
• "통일염원우대금리"는 고객이 통일 관련 이벤트(그림 그리기, 글짓기, 행진대회, 통일단체 후원 등)에 참여/주관한 객관적인 증빙자료를 제시하는 경우 적용받는다.

22

'통일대박 정기예금' 상품에 가입하려고 하는 새터민 병갑이가 특별우대금리를 적용받기 위해서 K은행 영업점 창구에 제출해야 하는 증빙서류로 옳은 것은?

① 제적초(등)본
② 이북 5도 민증
③ 통일부허가법인 재직증명서
④ 북한 이탈주민 확인서(증명서)

23

위 상품에 개인으로 가입했을 경우 최고 우대금리는 몇 %p인가?

① 0.1%p
② 0.2%p
③ 0.3%p
④ 0.4%p

24

다음에 제시된 세 개의 명제가 참이라고 할 때, 결론 A, B에 대한 판단으로 알맞은 것은?

> 명제 1. 강 사원이 외출 중이면 윤 사원도 외출 중이다.
> 명제 2. 윤 사원이 외출 중이 아니면 박 사원도 외출 중이 아니다.
> 명제 3. 박 사원이 외출 중이 아니면 강 사원도 외출 중이 아니다.
>
> 결론 A. 윤 사원이 외출 중이 아니면 강 사원도 외출 중이 아니다.
> 결론 B. 박 사원이 외출 중이면 윤 사원도 외출 중이다.

① A만 옳다.　　　　② B만 옳다.
③ A, B 모두 옳다.　　④ A, B 모두 옳지 않다.

25

A, B, C, D, E 다섯 명의 단원이 점심 식사 후 봉사활동을 하러 가야 한다. 다음의 〈조건〉을 모두 만족할 경우, 옳지 않은 주장은?

> 〈조건〉
> • B는 C보다 먼저 봉사활동을 하러 나갔다.
> • A와 B 두 사람이 동시에 가장 먼저 봉사활동을 하러 나갔다.
> • E보다 늦게 봉사활동을 하러 나간 사람이 있다.
> • D와 동시에 봉사활동을 하러 나간 사람은 없었다.

① E가 D보다 먼저 봉사활동을 하러 나가는 경우가 있다.
② C와 D 중, C가 먼저 봉사활동을 하러 나가는 경우가 있다.
③ E가 C보다 먼저 봉사활동을 하러 나가는 경우는 없다.
④ A의 경우 항상 C나 D보다 먼저 봉사활동을 하러 나간다.

26

다음 명제들이 모두 참이라면 금요일에 출근하는 사람은 누구인가?

> • J는 금요일에 출근한다.
> • Y는 화요일과 목요일에 출근한다.
> • S가 출근하지 않으면 M이 출근한다.
> • M이 출근하면 K도 출근한다.
> • Y가 출근하지 않으면 J는 출근한다.
> • J가 출근하면 S는 출근하지 않는다.

① J, M, K
② J, M, S
③ J, K, Y
④ J, K, S

27

회사 기숙사에 甲, 乙, 丙, 丁, 戊 5명이 신청하여 다음과 같이 배정을 받았다. 각자의 두 개의 진술 중 한 개만이 진실일 경우, 이들의 기숙사 배정 상황에 대한 올바른 설명은 어느 것인가? (단, 1~5층까지 층당 1명씩 배정받았다고 가정한다.)

> • 甲 : "난 3층이고, 乙은 1층이야."
> • 乙 : "丁은 1층이고, 난 4층이야."
> • 丙 : "戊는 5층이고, 난 1층이야."
> • 丁 : "난 5층이고, 戊는 3층이야."
> • 戊 : "난 2층이고, 丙은 4층이야."

① 丙은 2층이다.
② 丁은 4층이다.
③ 戊는 5층이다.
④ 甲은 3층이다.

28

다음은 K은행에서 판매하는 '진짜사나이 적금'에 대한 설명이다. 다음 설명을 바탕으로 이 적금에 가입할 수 없는 사람은?

진짜사나이 적금

1. 상품특징
   의무복무사병의 목돈마련을 위해 높은 우대이율을 제공하는 적금상품
2. 가입대상
   현역복무사병, 전환복무사병(교정시설경비교도, 전투경찰대원, 의무경찰대원, 의무소방원), 공익근무요원 (1인 1계좌)
3. 가입기간
   1년 이상 2년 이내(월 단위)
4. 가입금액
   초입금은 1천 원 이상으로 하며 월 1천 원 이상 5만 원 이내(총 적립한도 120만 원 이내)
5. 적립방법
   자유적립
6. 금리안내
   기본이율+우대이율 최대 3.0%p
   • 기본이율 : 채움적금 기간별 기본이율 적용
   • 우대이율 항목
   – 이 적금 가입일 현재 당행 「주택청약종합저축」을 보유하거나 또는 이 적금 가입일로부터 3개월 이내 당행 「주택청약종합저축」을 신규 가입하고 이 적금 가입기간 동안 계약을 유지하는 경우 : 2.8%
   – 이 적금 가입일로부터 만기일 전월말까지 당행 요구불통장에 연속 또는 비연속으로 3회 이상 급여이체(금액무관) 실적이 있는 경우 : 0.2%
   – 이 적금 가입일 현재 당행의 신용·체크카드, 현금카드 중 1개 이상 가입하고 있는 회원 또는 이 적금 가입일로부터 3개월 이내 신규가입회원으로 이 적금의 만기일 전월말까지 회원자격을 유지하는 경우 : 0.2%
   – 당행 첫 거래 고객 : 0.2%
   – 최대 적용 우대이율 : 3.0%

---

① 의무소방원으로 근무 중인 준형
② 교정시설에서 경비교도로 복무 중인 종성
③ 육군에서 현역으로 근무하는 진영
④ 이제 막 해군 소위로 임관한 규현

29

다음에 제시된 세 가지 상황을 바탕으로 내린 판단 중, 'so what?' 기법을 가장 잘 활용한 논리적 사고는 어느 것인가?

상황 1. 소비자들의 현금 및 부동산 보유 심리가 높아져 은행권에서 자금 인출이 급상승하였다.

상황 2. 은행, 증권, 보험 등 전반으로 자금 이탈이 가속화되어 금융업계의 전체 현금 흐름이 악화되었다.

상황 3. 금융업체들의 주가는 연일 하락세를 이어가고 있다.

---

① '금융권이 큰 위기를 맞았다.'
② '곧 흐름이 바뀔 수 있으니 지금이 금융주 매입의 적기이다.'
③ '자금력이 부족한 업체들은 도산으로 이어질 수 있다.'
④ '현금 인출이 일어나니 금융업체 주가가 휘청거리는구나.'

30

다음은 손해배상금 책정과 관련된 규정과 업무 중 사망사건에 대한 자료이다. 빈칸 A, B에 들어갈 값으로 옳은 것은?

손해배상책임의 여부 또는 손해배상액을 정할 때에 피해자에게 과실이 있으면 그 과실의 정도를 반드시 참작하여야 하는데 이를 '과실상계(過失相計)'라고 한다. 예컨대 택시의 과속운행으로 승객이 부상당하여 승객에게 치료비 등 총 손해가 100만 원이 발생하였지만, 사실은 승객이 빨리 달리라고 요구하여 사고가 난 것이라고 하자. 이 경우 승객의 과실이 40%이면 손해액에서 40만 원을 빼고 60만 원만 배상액으로 정하는 것이다. 이는 자기 과실로 인한 손해를 타인에게 전가하는 것이 부당하므로 손해의 공평한 부담이라는 취지에서 인정되는 제도이다.

한편 손해가 발생하였어도 손해배상 청구권자가 손해를 본 것과 같은 원인에 의하여 이익도 보았을 때, 손해에서 그 이익을 공제하는 것을 '손익상계(損益相計)'라고 한다. 예컨대 타인에 의해 자동차가 완전 파손되어 자동차 가격에 대한 손해배상을 청구할 경우, 만약 해당 자동차를 고철로 팔아 이익을 얻었다면 그 이익을 공제하는 것이다. 주의할 것은, 국가배상에 의한 손해배상금에서 유족보상금을 공제하는 것과 같이 손해를 일으킨 원인으로 인해 피해자가 이익을 얻은 경우이어야 손익상계가 인정된다는 점이다. 따라서 손해배상의 책임 원인과 무관한 이익, 예컨대 사망했을 경우 별도로 가입한 보험계약에 의해 받은 생명보험금이나 조문객들의 부의금 등은 공제되지 않는다.

과실상계를 할 사유와 손익상계를 할 사유가 모두 있으면 과실상계를 먼저 한 후에 손익상계를 하여야 한다.

공무원 김 씨는 업무 중 사망하였다. 법원이 인정한 바에 따르면 국가와 김 씨 모두에게 과실이 있고, 손익상계와 과실상계를 하기 전 김 씨의 사망에 의한 손해액은 6억 원이었다. 김 씨의 유일한 상속인인 아내는 김 씨의 사망으로 유족보상금 3억 원과 김 씨가 개인적으로 가입했던 보험계약에 의해 생명보험금 6천만 원을 수령하였다. 그 밖에 다른 사정은 없었다.

법원은 김 씨의 과실을 (A)%, 국가의 과실을 (B)%로 판단하여 국가가 김 씨의 상속인인 아내에게 배상할 손해배상금을 1억 8천만 원으로 정하였다.

① A : 20, B : 80　　② A : 25, B : 75
③ A : 30, B : 70　　④ A : 35, B : 65

┃31~32┃ 다음 자료를 읽고 이어지는 물음에 답하시오.

증여세는 타인으로부터 무상으로 재산을 취득하는 경우, 취득자에게 무상으로 받은 재산가액을 기준으로 하여 부과하는 세금이다. 특히, 증여세 과세대상은 민법상 증여뿐만 아니라 거래의 명칭, 형식, 목적 등에 불구하고 경제적 실질이 무상 이전인 경우 모두 해당된다. 증여세는 증여받은 재산의 가액에서 증여재산 공제를 하고 나머지 금액(과세표준)에 세율을 곱하여 계산한다.

> 증여재산 − 증여재산공제액 = 과세표준
> 과세표준 × 세율 = 산출세액

증여가 친족 간에 이루어진 경우 증여받은 재산의 가액에서 다음의 금액을 공제한다.

증여자	공제금액
배우자	6억 원
직계존속	5천만 원
직계비속	5천만 원
기타친족	1천만 원

수증자를 기준으로 당해 증여 전 10년 이내에 공제받은 금액과 해당 증여에서 공제받을 금액의 합계액은 위의 공제금액을 한도로 한다.

또한, 증여받은 재산의 가액은 증여 당시의 시가로 평가되며, 다음의 세율을 적용하여 산출세액을 계산하게 된다.

<증여세 세율>

과세표준	세율	누진공제액
1억 원 이하	10%	–
1억 원 초과~5억 원 이하	20%	1천만 원
5억 원 초과~10억 원 이하	30%	6천만 원
10억 원 초과~30억 원 이하	40%	1억 6천만 원
30억 원 초과	50%	4억 6천만 원

※ 증여세 자진신고 시 산출세액의 7% 공제함

31

위의 증여세 관련 자료를 참고할 때, 다음 〈보기〉와 같은 세 가지 경우에 해당하는 증여재산 공제액의 합은 얼마인가?

— 〈보기〉 —

• 아버지로부터 여러 번에 걸쳐 1천만 원 이상 재산을 증여받은 경우
• 성인 아들이 아버지와 어머니로부터 각각 1천만 원 이상 재산을 증여받은 경우
• 아버지와 삼촌으로부터 1천만 원 이상 재산을 증여받은 경우

① 5천만 원
② 6천만 원
③ 1억 원
④ 1억 6천만 원

32

성년인 김부자 씨는 아버지로부터 1억 7천만 원의 현금을 증여받게 되어, 증여세 납부 고지서를 받기 전 스스로 증여세를 납부하고자 세무사를 찾아 갔다. 세무사가 계산해 준 김부자 씨의 증여세 납부액은 얼마인가?

① 1,400만 원   ② 1,302만 원
③ 1,280만 원   ④ 1,255만 원

| 33~34 | A 식음료 기업 직영점에 점장이 된 B는 새로운 아르바이트생을 모집하고 있으며, 아래의 채용공고를 보고 지원한 사람들의 명단을 정리하였다. 다음을 바탕으로 물음에 답하시오.

〈아르바이트 모집공고 안내〉

✓ 채용 인원 : 미정
✓ 시급 : 7,000원
✓ 근무 시작 : 8월 9일
✓ 근무 요일 : 월~금 매일(면접 시 협의)
✓ 근무 시간 : 8:00~12:00/ 12:00~16:00/ 16:00~20:00 중 4시간 이상(면접 시 협의)
✓ 우대 조건 : 동종업계 경력자, 바리스타 자격증 보유자, 6개월 이상 근무 가능자

※ 지원자들은 이메일(BBBBB@jumjang.com)로 이력서를 보내주시기 바랍니다.

※ 희망 근무 요일과 희망 근무 시간대를 반드시 기입해 주세요.

〈지원자 명단〉

	N18	▼	fx	
	A	B	C	D
1	이름	희망 근무 요일	희망 근무 시간	우대 조건
2	강한결	월, 화, 수, 목, 금	8:00 ~ 16:00	
3	금나래	화, 목	8:00 ~ 20:00	
4	김샛별	월, 수, 금	8:00 ~ 16:00	6개월 이상 근무 가능
5	송민국	월, 화, 수, 금	16:00 ~ 20:00	타사 카페 6개월 경력
6	온빛나	화, 목	16:00 ~ 20:00	바리스타 자격증 보유
7	이초롱	월, 수, 금	8:00 ~ 16:00	
8	한마음	월, 화, 수, 목, 금	12:00 ~ 20:00	
9	현명한	월, 화, 수, 목, 금	16:00 ~ 20:00	

33

점장 B는 효율적인 직원 관리를 위해 최소 비용으로 최소 인원을 채용하기로 하였다. 평일 오전 8시부터 오후 8시까지 계속 1명 이상의 아르바이트생이 점포 내에 있어야 한다고 할 때, 채용에 포함될 지원자는?

① 김샛별
② 송민국
③ 이초롱
④ 한마음

34

직원 채용 후 한 달 뒤, 오전 8시에서 오후 4시 사이에 일했던 직원이 그만두어 그 시간대에 일할 직원을 다시 채용하게 되었다. 미채용 되었던 인원들에게 연락할 때, 점장 B가 먼저 연락하게 될 지원자들을 묶은 것으로 적절한 것은?

① 강한결, 금나래
② 금나래, 김샛별
③ 금나래, 이초롱
④ 김샛별, 은빛나

35

다음 표는 어떤 렌터카 회사에서 제시한 차종별 자동차 대여료이다. C동아리 학생 10명이 차량을 대여하여 9박 10일간의 전국일주를 계획하고 있다. 다음 중 가장 경제적인 차량 임대 방법을 고르면?

구분	대여 기간별 1일 요금			대여 시간별 요금	
	1~2일	3~6일	7일 이상	6시간	12시간
소형(4인승)	75,000	68,000	60,000	34,000	49,000
중형(5인승)	105,000	95,000	84,000	48,000	69,000
대형(8인승)	182,000	164,000	146,000	82,000	119,000
SUV(7인승)	152,000	137,000	122,000	69,000	99,000
승합(15인승)	165,000	149,000	132,000	75,000	108,000

① 승합차량 1대를 대여한다.
② 소형차 3대를 대여한다.
③ 중형차 2대를 대여한다.
④ 소형차 1대와 SUV 1대를 대여한다.

36

다음은 국민연금 보험료를 산정하기 위한 소득월액 산정 방법에 대한 설명이다. 다음 설명을 참고할 때, 김갑동 씨의 신고 소득월액은 얼마인가?

소득월액은 입사(복직) 시점에 따른 근로자간 신고 소득월액 차등이 발생하지 않도록 입사(복직) 당시 약정되어 있는 급여 항목에 대한 1년치 소득총액에 대하여 30일로 환산하여 결정하며, 다음과 같은 계산 방식을 적용한다.
• 소득월액 = 입사(복직) 당시 지급이 약정된 각 급여 항목에 대한 1년간 소득총액 ÷ 365 × 30

〈김갑동 씨의 급여 내역〉
• 기본급 : 1,000,000원
• 교통비 : 월 100,000원
• 고정 시간외 수당 : 월 200,000원
• 분기별 상여금 : 기본급의 100%(1, 4, 7, 10월 지급)
• 하계휴가비(매년 7월 지급) : 500,000원

① 1,645,660원
② 1,652,055원
③ 1,668,900원
④ 1,727,050원

37

물적자원은 자연자원과 인공자원으로 구분된다. 이러한 물적자원을 바르게 관리하는 방법으로 볼 수 없는 것은?

① 언제 발생할지 모르는 재난 상황을 대비해 복구용 장비를 준비해 둔다.
② 희소성이 있는 자원의 향후 판매 가치를 높이기 위하여 일부 수량의 사용을 자제한다.
③ 긴급한 사용이 예상되는 물건은 개수가 부족하지 않게 충분히 구비한다.
④ 꼭 필요한 상황을 대비하여 항상 최소 물량은 확보해 둔다.

38

다음은 A의류매장의 판매 직원이 매장 물품 관리 시스템에 대하여 설명한 내용이다. 이를 참고할 때, bar code와 QR 코드 관리 시스템의 특징으로 적절하지 않은 것은?

> "저희 매장의 모든 제품은 입고부터 판매까지 스마트 기기와 연동된 전산화 시스템으로 운영되고 있어요. 제품 포장 상태에 따라 bar code와 QR 코드로 구분하여 아주 효과적인 관리를 하는 거지요. 이 조그만 전산 기호 안에 필요한 모든 정보가 입력되어 있어 간단한 스캔만으로 제품의 이동 경로와 시기 등을 손쉽게 파악하는 겁니다. 제품군을 분류하여 관리하거나 적정 재고량을 파악하는 데에도 매우 효율적인 관리 시스템인 셈입니다."

① QR 코드는 bar code보다 많은 양의 정보를 담을 수 있다.
② bar code는 제품군과 특성을 기준으로 물품을 대/중/소분류에 의해 관리한다.
③ bar code는 물품의 정보를 기호화하여 관리하는 것이다.
④ bar code의 정보는 검은 막대의 개수와 숫자로 구분된다.

39

지난 10년 동안 S사가 독점으로 생산해 온 M 제품의 특허가 올해로 만료되었다. 이러한 상황에서 M 제품의 시장에서 예상되는 변화로 적절한 설명을 〈보기〉에서 모두 고른 것은?

─── 〈보기〉 ───
(가) M 제품의 가격이 상승한다.
(나) 생산자 수가 증가한다.
(다) S사의 이윤이 감소한다.
(라) 시장 거래량이 감소한다.

① (가), (나)   ② (가), (다)
③ (나), (다)   ④ (나), (라)

40

다음과 같은 상황에서 길동이가 '맛나 음식점'에서 계속 일하기 위한 최소한의 연봉은 얼마인가?

> 현재 '맛나 음식점'에서 일하고 있는 길동이는 내년도 연봉 수준에 대해 '맛나 음식점' 사장과 협상을 하고 있다. 길동이는 협상이 결렬될 경우를 대비하여 퓨전 음식점 T의 개업을 고려하고 있다. 시장 조사 결과는 다음과 같다.
> • 보증금 3억 원(은행에서 연리 7.5%로 대출 가능)
> • 임대료 연 3,000만 원
> • 연간 영업비용
> ─ 직원 인건비 8,000만 원
> ─ 음식 재료비 7,000만 원
> ─ 기타 경비 6,000만 원
> • 연간 기대 매출액 3.5억 원

① 8,600만 원
② 8,650만 원
③ 8,700만 원
④ 8,750만 원

41

다음 중 '조직의 구분'에 대한 설명으로 옳지 않은 것은?

① 대학이나 병원 등은 비영리조직이다.
② 가족 소유의 상점은 소규모 조직이다.
③ 코카콜라와 같은 기업은 대규모 영리조직이다.
④ 종교단체는 비공식 비영리조직이다.

42

다음 글의 빈칸에 들어갈 적절한 말은 어느 것인가?

하나의 조직이 조직의 목적을 달성하기 위해서는 이를 관리, 운영하는 활동이 요구된다. 이러한 활동은 조직이 수립한 목적을 달성하기 위하여 계획을 세우고 실행하고 그 결과를 평가하는 과정이다. 직업인은 조직의 한 구성원으로서 자신이 속한 조직이 어떻게 운영되고 있으며, 어떤 방향으로 흘러가고 있는지, 현재 운영체제의 문제는 무엇이고 생산성을 높이기 위해 어떻게 개선되어야 하는지 등을 이해하고 자신의 업무 영역에 맞게 적용하는 (   )이 요구된다.

① 체제이해능력
② 경영이해능력
③ 업무이해능력
④ 자기개발능력

43

다음 중 밑줄 친 (가)와 (나)에 대한 설명으로 적절하지 않은 것은?

하조직 내에서는 (가)개인이 단독으로 의사결정을 내리는 경우도 있지만 집단이 의사결정을 하기도 한다. 조직에서 여러 문제가 발생하면 직업인은 의사결정과정에 참여하게 된다. 이때 조직의 의사결정은 (나)집단적으로 이루어지는 경우가 많으며, 여러 가지 제약요건이 존재하기 때문에 조직의 의사결정에 적합한 과정을 거쳐야 한다. 조직의 의사결정은 개인의 의사결정에 비해 복잡하고 불확실하다. 따라서 대부분 기존의 결정을 조금씩 수정해 나가는 방향으로 이루어진다.

① (가)는 의사결정을 신속히 내릴 수 있다.
② (가)는 결정된 사항에 대하여 조직 구성원이 수월하게 수용하지 않을 수도 있다.
③ (나)는 (가)보다 효과적인 결정을 내릴 확률이 높다.
④ (나)는 의사소통 기회가 저해될 수 있다.

44

다음과 같은 전결사항에 관한 사내 규정을 보고 내린 판단으로 적절하지 않은 것은?

〈전결규정〉

업무내용	결재권자			
	사장	부사장	본부장	팀장
주간업무보고				○
팀장급 인수인계		○		
백만 불 이상 예산집행	○			
백만 불 이하 예산집행		○		
이사회 위원 위촉	○			
임직원 해외 출장	○(임원)		○(직원)	
임직원 휴가	○(임원)		○(직원)	
노조관련 협의사항		○		

☞ 결재권자가 출장, 휴가 등 사유로 부재중일 경우에는 결재권자의 차상급 직위자의 전결사항으로 하되, 반드시 결재권자의 업무 복귀 후 후결로 보완한다.

① 팀장의 휴가는 본부장의 결재를 얻어야 한다.
② 강 대리는 계약 관련 해외 출장을 위하여 본부장의 결재를 얻어야 한다.
③ 최 이사와 노 과장의 동반 해외 출장 보고서는 본부장이 최종 결재권자이다.
④ 예산집행 결재는 금액에 따라 결재권자가 달라진다.

45

다음 그림과 같은 형태의 조직체계를 유지하고 있는 기업에 대한 설명으로 적절한 것은?

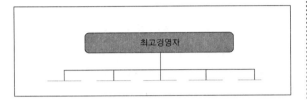

① 다양한 프로젝트를 수행해야 할 필요성이 커짐에 따라 조직 간의 유기적인 협조체제를 구축하였다.

② 의사결정 권한이 분산되어 더욱 전문적인 업무 처리가 가능하다.

③ 각 부서 간 내부 경쟁을 유발할 수 있다.

④ 조직 내 내부 효율성을 확보할 수 있는 조직 구조이다.

46

다음 설명을 참고할 때, 밑줄 친 제도가 가질 수 있는 한 계점으로 보기 어려운 것은?

> 기업 경영의 방식으로 대기업이 협력사와 함께 원가 절감을 위한 공정 개선과 신기술 개발 등을 추진하고 이 같은 협력 활동의 성과를 나누는 '성과공유제'가 있다. 이와는 다르게 '초과이익공유제'라는 방식이 있고, 이것은 원청기업 · 하청기업 간에 사전에 합의한 이익목표를 원청기업이 초과 달성하면 쌍방 간에 합의한 규칙에 따라 나누는 계약을 말한다.

① 기업이 전략 노출 등의 이유로 목표이익을 미리 설정하여 공개할 수 있는지 확신할 수 없다.

② 비용을 과다하게 계상하여 사실과 왜곡된 이익 자료를 발표할 수 있다.

③ 원청기업 · 하청기업 간에 초과이익을 공유하는 다양한 방식을 둘러싼 불협화음이 생길 수 있다.

④ 원청기업은 이익을 공유하는 국내 협력업체보다 이런 의무가 없는 해외 협력업체에 의존할 가능성이 커질 수 있다.

47

'경영전략은 많은 기업들이 경영활동에 참고하는 지침이 되고 있다. 마이클 포터의 경영전략을 설명하는 다음 글에서 빈칸 (A), (B), (C)에 들어갈 적절한 말을 찾아 순서대로 나열한 것은?

> 조직의 경영전략은 경영자의 경영이념이나 조직의 특성에 따라 다양하다. 이 중 대표적인 경영전략으로 마이클 포터(Michael E. Porter)의 본원적 경쟁전략이 있다. 본원적 경쟁전략은 해당 사업에서 경쟁우위를 확보하기 위한 전략이며 그 내용은 다음과 같다.
>
> (A) 전략은 조직이 생산품이나 서비스를 타사와 달리하여 고객에게 독특한 가치로 인식되도록 하는 전략이다. 이러한 전략을 활용하기 위해서는 연구개발이나 광고를 통하여 기술, 품질, 서비스, 브랜드 이미지를 개선할 필요가 있다.
>
> (B) 전략은 원가절감을 통해 해당 산업에서 우위를 점하는 전략으로, 이를 위해서는 대량생산을 통해 단위 원가를 낮추거나 새로운 생산기술을 개발할 필요가 있다. 여기에는 70년대 우리나라의 섬유업체나 신발업체, 가발업제 등이 미국시장에 진출할 때 취한 전략이 해당한다.
>
> (C) 전략은 특정 시장이나 고객에게 한정된 전략으로, 다른 전략이 산업 전체를 대상으로 하는 것에 비해 특정 산업을 대상으로 한다는 특징이 있다. 즉, 경쟁조직들이 소홀히 하고 있는 한정된 시장 등을 주 대상으로 하여 적극 공략하는 방법이다.

① 차별화, 집중화, 원가우위

② 집중화, 차별화, 원가우위

③ 집중화, 원가우위, 차별화

④ 차별화, 원가우위, 집중화

48

다음 그림과 같은 두 개의 조직도 (A), (B)의 특징을 적절하게 설명하지 못한 것은? (단, 전체 인원수는 같다고 가정한다)

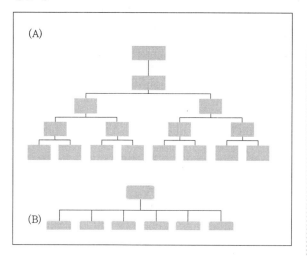

① (A)는 결재 단계가 많아 신속한 의사결정이 (B)보다 어렵다.

② (B)는 중간 관리자층이 얇아 다양한 검증을 거친 의견 수렴이 (A)보다 어렵다.

③ 동일한 방식으로 여러 종류의 아이템을 생산하는 조직은 (B)와 같은 구조를 많이 활용한다.

④ (A)는 소집단만의 조직문화가 형성될 수 있어 조직 간 경쟁체제를 유지할 수 있다.

┃49~50┃ 다음 설명을 읽고 분석 결과에 대응하는 전략을 고르시오.

SWOT 분석은 내부 환경 요인과 외부 환경 요인의 2개의 축으로 구성되어 있다. 내부 환경 요인은 자사 내부의 환경을 분석하는 것으로 분석은 다시 자사의 강점과 약점으로 분석된다. 외부 환경 요인은 자사 외부의 환경을 분석하는 것으로 분석은 다시 기회와 위협으로 구분된다. 내부 환경 요인과 외부 환경 요인에 대한 분석이 끝난 후에 매트릭스가 겹치는 SO, WO, ST, WT에 해당되는 최종 분석을 실시하게 된다. 내부의 강점과 약점을, 외부의 기회와 위협을 대응시켜 기업의 목표를 달성하려는 SWOT분석에 의한 발전전략의 특성은 다음과 같다.

- SO전략 : 외부 환경의 기회를 활용하기 위해 강점을 사용하는 전략 선택
- ST전략 : 외부 환경의 위협을 회피하기 위해 강점을 사용하는 전략 선택
- WO전략 : 자신의 약점을 극복함으로써 외부 환경의 기회를 활용하는 전략 선택
- WT전략 : 외부 환경의 위협을 회피하고 자신의 약점을 최소화하는 전략 선택

49

아래 환경 분석결과에 대응하는 가장 적절한 전략은?

강점(Strength)	• 핵심 정비기술 보유 • 고객과의 우호적인 관계 구축
약점(Weakness)	• 품질관리 시스템 미흡 • 관행적 사고 및 경쟁기피
기회(Opportunity)	• 고품질 정비서비스 요구 확대 • 해외시장 사업 기회 지속 발생
위협(Threat)	• 정비시장 경쟁 심화 • 미래 선도 산업 변화 전망 • 차별화된 고객서비스 요구 지속 확대

내부 환경 외부 환경	강점(Strength)	약점(Weakness)
기회 (Opportunity)	① 교육을 통한 조직 문화 체질 개선 대책 마련	② 산업 변화에 부응하는 정비기술력 개발
위협 (Threat)	③ 직원들의 마인드 개선을 통해 고객과의 신뢰체제 유지 및 확대	④ 품질관리 강화를 통한 고객만족도 제고

50

아래 환경 분석결과에 대응하는 가장 적절한 전략은 어느 것인가?

강점(Strength)	• 다년간의 건설 경험 및 신공법 보유 • 우수하고 경험이 풍부한 일용직 근로자 수급 루트 보유
약점(Weakness)	• 모기업 이미지 악화 • 숙련 근로자 이탈 가속화 조짐
기회(Opportunity)	• 지역 주민의 우호적인 분위기 및 기대감 상승 • 은행의 중도금 대출 기준 완화
위협(Threat)	• 인구 유입 유인책 부족으로 미분양 우려 • 자재비용 상승에 따른 원가 경쟁력 저하

내부 환경 외부 환경	강점(Strength)	약점(Weakness)
기회 (Opportunity)	① 새로운 건축공법 홍보 강화를 통한 분양률 제고 모색	② 금융권의 협조를 통한 분양 신청자 유인
위협 (Threat)	③ 우수 일용직 근로자 운용에 따른 비용 절감으로 가격 경쟁력 확보	④ 지역 주민에게 일자리 창출의 기회를 제공하여 기대에 부응

1

다음의 밑줄 친 단어와 의미상 쓰임새가 다른 것은?

> 전동차를 운행하던 기관사는 출입문 바깥쪽에 녹이 생긴 걸 알게 되었다.

① 선로 공사를 하다가 바닥 자갈 더미에 커다란 구멍이 생기게 되었다.
② 서울역 앞길에는 어제 밤 내린 눈으로 거대한 빙판길이 생겼다.
③ 지난주에는 2등에 당첨되었어도 큰돈이 생기지는 않았을 것이다.
④ 열차 한 대가 갑자기 정지하니 뒤따르던 다른 열차 운행 계획에도 차질이 생겼다.

2

다음 글의 밑줄 친 '보다'와 같은 의미의 '보다'가 쓰인 문장은 어느 것인가?

> 스스로를 '말 잘 듣는 착한 아이였다'고 말한 그녀는 ○○여대 ○○학과를 나와 K사에 입사했다. 의대에 가고 싶었지만 집안이 어려워 장학금을 받기 위해 성적보다 낮춰 대학에 지원했다. 맞선을 본 남편과 몇 달 만에 결혼했고 임신과 함께 직장을 그만두었다. 모교 약대에 입학한 건 아이가 세 살이 지나서였다.

① H 부부는 아이를 봐 줄 사람을 구하였다.
② 지금 나 좀 잠깐 볼 수 있는지 한 번 물어봐 줄래?
③ 그 노인의 사정을 보니 딱하게 되었다.
④ 수상한 사람을 보면 신고하시오.

3

다음 글의 중심내용으로 가장 적절한 것은?

> 행랑채가 퇴락하여 지탱할 수 없게끔 된 것이 세 칸이었다. 나는 마지못하여 이를 모두 수리하였다. 그런데 그중의 두 칸은 앞서 장마에 비가 샌 지가 오래되었으나, 나는 그것을 알면서도 이럴까 저럴까 망설이다가 손을 대지 못했던 것이고, 나머지 한 칸은 비를 한 번 맞고 샜던 것이라 서둘러 기와를 갈았던 것이다. 이번에 수리하려고 본즉 비가 샌 지 오래된 것은 그 서까래, 추녀, 기둥, 들보가 모두 썩어서 못 쓰게 되었던 까닭으로 수리비가 엄청나게 들었고, 한 번밖에 비를 맞지 않았던 한 칸의 재목들은 완전하여 다시 쓸 수 있었던 까닭으로 그 비용이 많이 들지 않았다.
>
> 나는 이에 느낀 것이 있었다. 사람의 몸에 있어서도 마찬가지라는 사실을. 잘못을 알고서도 바로 고치지 않으면 곧 그 자신이 나쁘게 되는 것이 마치 나무가 썩어서 못 쓰게 되는 것과 같으며, 잘못을 알고 고치기를 꺼리지 않으면 해(害)를 받지 않고 다시 착한 사람이 될 수 있으니, 저 집의 재목처럼 말끔하게 다시 쓸 수 있는 것이다. 뿐만 아니라 나라의 정치도 이와 같다. 백성을 좀먹는 무리들을 내버려두었다가는 백성들이 도탄에 빠지고 나라가 위태롭게 된다. 그런 연후에 급히 바로잡으려 하면 이미 썩어 버린 재목처럼 때는 늦은 것이다. 어찌 삼가지 않겠는가.

① 모든 일에 기초를 튼튼히 해야 한다.
② 청렴한 인재 선발을 통해 정치를 개혁해야 한다.
③ 잘못을 알게 되면 바로 고쳐 나가는 자세가 중요하다.
④ 훌륭한 위정자가 되기 위해서는 매사 삼가는 태도를 지녀야 한다.

4

다음의 업무제휴협약서를 보고 이해한 내용을 기술한 것 중 가장 적절하지 않은 것을 고르면?

〈업무제휴협약〉

㈜○○○과 ★★ CONSULTING(이하 ★★)는 상호 이익 증진을 목적으로 신의성실의 원칙에 따라 다음과 같이 업무협약을 체결합니다.

1. 목적

양사는 각자 고유의 업무영역에서 최선을 다하고 영업의 효율적 진행과 상호 관계의 증진을 통하여 상호 발전에 기여하고 편의를 적극 도모하고자 한다.

2. 업무내용

① ㈜○○○의 A제품 관련 홍보 및 판매

② ★★ 온라인 카페에서 A제품 안내 및 판매

③ A제품 관련 마케팅 제반 정보 상호 제공

④ A제품 판매에 대한 합의된 수수료 지급

⑤ A제품 관련 무료 A/S 제공

3. 업체상호사용

양사는 업무제휴의 목적에 부합하는 경우에 한하여 상대의 상호를 마케팅에 사용 가능하나 사전에 협의된 내용을 변경할 수 없다.

4. 공동마케팅

양사는 상호 이익 증진을 위하여 공동으로 마케팅을 할 수 있다. 공동마케팅을 필요로 할 경우 그 일정과 방법을 상호 협의하여 진행하여야 한다.

5. 협약기간

본 협약의 유효기간은 1년으로 하며, 양사는 매년 초 상호 합의에 의해 유효기간을 1년 단위로 연장할 수 있고 필요 시 업무제휴 내용의 변경이 가능하다.

6. 기타사항

① 양사는 본 협약의 권리의무를 타인에게 양도할 수 없다.

② 양사는 상대방의 상호, 지적재산권 및 특허권 등을 절대 보장하며 침해할 수 없다.

③ 양사는 업무제휴협약을 통해 알게 된 정보에 대해 정보보안을 요청할 경우, 대외적으로 비밀을 유지하여야 한다.

2021년 1월 1일

㈜○○○　　　　　　　　★★ CONSULTING
대표이사 김XX　　　　　　대표이사 이YY

---

① 해당 문서는 두 회사의 업무제휴에 대한 전반적인 사항을 명시하기 위해 작성되었다.

② ★★은 자사의 온라인 카페에서 ㈜○○○의 A제품을 판매하고 이에 대해 합의된 수수료를 지급 받는다.

③ ★★은 업무 제휴의 목적에 부합하는 경우에 ㈜○○○의 상호를 마케팅에 사용할 수 있으며 사전에 협의된 내용을 변경할 수 있다.

④ 협약기간에 대한 상호 합의가 없다면, 본 계약은 2021년 12월 31일부로 만료된다.

5

다음은 일일환율동향에 대한 설명이다. 밑줄 친 단어의 의미로 옳지 않은 것은?

---

1. 산유국의 감산 합의가 이루어지지 않으며 유가 및 뉴욕 증시가 하락하고 위험회피 심리가 강화되었다.

2. 따라서 환율은 상승 압력 속에 1,150원 재진입 시도가 가능할 것으로 보이며 대기 중인 외국인의 배당금 역송금 수요도 하단 지지력으로 작용할 것이다.

3. 그러나 G20 회의 결과 달러 약세 전망이 높아지고 있고 한국은행 총재도 재차 금리인하에 대해 매파적 스탠스 확인을 함에 따라 1,150원 선에서는 상승 탄력이 둔화될 것으로 보인다.

4. 일본 지진에 따른 아시아 금융시장 흐름과 역외 움직임을 주시하며 박스권 움직임을 전망한다.

---

① 증시 : 증명하여 내보임

② 배당금 : 주식 소유자에게 주는 회사의 이익 분배금

③ G20 : 세계경제 현안을 논의하고 해결점을 모색하기 위해 세계경제의 큰 축을 맡고 있는 20개 국가의 정상이나 재무장관, 중앙은행총재가 갖는 모임

④ 금융시장 : 자금의 수요와 공급이 만나 금리 체계가 결정되고, 자금 거래가 이루어지는 추상적인 시장을 통틀어 이르는 말

┃6~7┃ 다음은 환율과 오버슈팅에 대한 설명이다. 물음에 답하시오.

외국 통화에 대한 자국 통화의 교환 비율을 의미하는 환율은 장기적으로 한 국가의 생산성과 물가 등 기초 경제 여건을 반영하는 수준으로 수렴된다. 그러나 단기적으로 환율은 이와 괴리되어 움직이는 경우가 있다. 만약 환율이 예상과는 다른 방향으로 움직이거나 또는 비록 예상과 같은 방향으로 움직이더라도 변동 폭이 예상보다 크게 나타날 경우 경제 주체들은 과도한 위험에 노출될 수 있다. 환율이나 주가 등 경제 변수가 단기에 지나치게 상승 또는 하락하는 현상을 오버슈팅(overshooting)이라고 한다. 이러한 오버슈팅은 물가 경직성 또는 금융 시장 변동에 따른 불안 심리 등에 의해 촉발되는 것으로 알려져 있다. 여기서 물가 경직성은 시장에서 가격이 조정되기 어려운 정도를 의미한다.

물가 경직성에 따른 환율의 오버슈팅을 이해하기 위해 통화를 금융 자산의 일종으로 보고 경제 충격에 대해 장기와 단기에 환율이 어떻게 조정되는지 알아보자. 경제에 충격이 발생할 때 물가나 환율은 충격을 흡수하는 조정 과정을 거치게 된다. 물가는 단기에는 장기 계약 및 공공요금 규제 등으로 인해 경직적이지만 장기에는 신축적으로 조정된다. 반면 환율은 단기에서도 신축적인 조정이 가능하다. 이러한 물가와 환율의 조정 속도 차이가 오버슈팅을 초래한다. 물가와 환율이 모두 신축적으로 조정되는 장기에서의 환율은 구매력 평가설에 의해 설명되는데, 이에 의하면 장기의 환율은 자국 물가 수준을 외국 물가 수준으로 나눈 비율로 나타나며, 이를 균형 환율로 본다. 가령 국내 통화량이 증가하여 유지될 경우 장기에서는 자국 물가도 높아져 장기의 환율은 상승한다. 이때 통화량을 물가로 나눈 실질 통화량은 변하지 않는다.

그런데 단기에는 물가의 경직성으로 인해 구매력 평가설에 기초한 환율과는 다른 움직임이 나타나면서 오버슈팅이 발생할 수 있다. 가령 국내 통화량이 증가하여 유지될 경우, 물가가 경직적이어서 ㉠실질 통화량은 증가하고 이에 따라 시장 금리는 하락한다. 국가 간 자본 이동이 자유로운 상황에서, ㉡시장 금리 하락은 투자의 기대 수익률 하락으로 이어져, 단기성 외국인 투자 자금이 해외로 빠져나가거나 신규 해외 투자 자

금 유입을 위축시키는 결과를 초래한다. 이 과정에서 자국 통화의 가치는 하락하고 ㉢환율은 상승한다. 통화량의 증가로 인한 효과는 물가가 신축적인 경우에 예상되는 환율 상승에, 금리 하락에 따른 자금의 해외 유출이 유발하는 추가적인 환율 상승이 더해진 것으로 나타난다. 이러한 추가적인 상승 현상이 환율의 오버슈팅인데, 오버슈팅의 정도 및 지속성은 물가 경직성이 클수록 더 크게 나타난다. 시간이 경과함에 따라 물가가 상승하여 실질 통화량이 원래 수준으로 돌아오고 해외로 유출되었던 자금이 시장 금리의 반등으로 국내로 복귀하면서, 단기에 과도하게 상승했던 환율은 장기에는 구매력 평가설에 기초한 환율로 수렴된다.

6

위 내용을 바탕으로 A국 경제 상황에 대한 경제학자 甲의 견해를 추론한 것으로 적절하지 않은 것은?

> A국 경제학자 甲은 자국의 최근 경제 상황을 다음과 같이 진단했다.
>
> 금융 시장 불안의 여파로 A국의 주식, 채권 등 금융 자산의 가격 하락에 대한 우려가 확산되면서 안전 자산으로 인식되는 B국의 채권에 대한 수요가 증가하고 있다. 이로 인해 외환 시장에서는 A국에 투자되고 있던 단기성 외국인 자금이 B국으로 유출되면서 A국의 환율이 급등하고 있다.
>
> B국에서는 해외 자금 유입에 따른 통화량 증가로 B국의 시장 금리가 변동할 것으로 예상된다. 이에 따라 A국의 환율 급등은 향후 다소 진정될 것이다. 또한 양국 간 교역 및 금융 의존도가 높은 현실을 감안할 때, A국의 환율 상승은 수입품의 가격 상승 등에 따른 부작용을 초래할 것으로 예상되지만 한편으로는 수출이 증대되는 효과도 있다. 그러므로 정부는 시장 개입을 가능한 한 자제하고 환율이 시장 원리에 따라 자율적으로 균형 환율 수준으로 수렴되도록 두어야 한다.

① A국에 환율의 오버슈팅이 발생한 상황에서 B국의 시장 금리가 하락한다면 오버슈팅의 정도는 커질 것이다.

② A국에 환율의 오버슈팅이 발생하였다면 이는 금융 시장 변동에 따른 불안 심리에 의해 촉발된 것으로 볼 수 있다.

③ A국에 환율의 오버슈팅이 발생할지라도 시장의 조정을 통해 환율이 장기에는 균형 환율 수준에 도달할 수 있을 것이다.

④ A국의 환율 상승이 수출을 증대시키는 긍정적인 효과도 동반하므로 A국의 정책 당국은 외환 시장 개입에 신중해야 한다.

7

다음에 제시된 그래프의 세로축 a, b, c는 ㉠~㉢과 하나씩 대응된다. 이를 바르게 짝지은 것은?

> 다음 그래프들은 국내 통화량이 t 시점에서 증가하여 유지된 경우 예상되는 ㉠~㉢의 시간에 따른 변화를 순서 없이 나열한 것이다.
>
>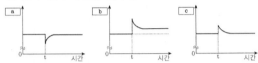
>
> (단, t 시점 근처에서 그래프의 형태는 개략적으로 표현하였으며, t 시점 이전에는 모든 경제 변수들의 값이 일정한 수준에서 유지되어 왔다고 가정한다. 장기 균형으로 수렴되는 기간은 변수마다 상이하다.)

	㉠	㉡	㉢
①	a	c	b
②	b	a	c
③	b	c	a
④	c	a	b

온라인을 통한 통신, 금융, 상거래 등은 우리에게 편리함을 주지만 보안상의 문제도 안고 있는데, 이런 문제를 해결하기 위하여 암호 기술이 동원된다. 예를 들어 전자 화폐의 일종인 비트코인은 해시 함수를 이용하여 화폐 거래의 안전성을 유지한다. 해시 함수란 입력 데이터 x에 대응하는 하나의 결과 값을 일정한 길이의 문자열로 표시하는 수학적 함수이다. 그리고 입력 데이터 x에 대하여 해시 함수 H를 적용한 수식을 H(x) = k라 할 때, k를 해시 값이라 한다. 이때 해시 값은 입력 데이터의 내용에 미세한 변화만 있어도 크게 달라진다. 현재 여러 해시 함수가 이용되고 있는데, 해시 값을 표시하는 문자열의 길이는 각 해시 함수마다 다를 수 있지만 특정 해시 함수에서의 그 길이는 고정되어 있다.

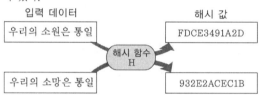

[해시 함수의 입·출력 동작의 예]

이러한 특성을 갖고 있기 때문에 해시 함수는 데이터의 내용이 변경되었는지 여부를 확인하는 데 이용된다. 가령, 상호 간에 동일한 해시 함수를 사용한다고 할 때, 전자 문서와 그 문서의 해시 값을 함께 전송하면 상대방은 수신한 전자 문서에 동일한 해시 함수를 적용하여 결과 값을 얻은 뒤 전송받은 해시 값과 비교함으로써 문서가 변경되었는지 확인할 수 있다.

그런데 해시 함수가 ㉠일방향성과 ㉡충돌회피성을 만족시키면 암호 기술로도 활용된다. 일방향성이란 주어진 해시 값에 대응하는 입력 데이터의 복원이 불가능하다는 것을 말한다. 특정 해시 값 k가 주어졌을 때 H(x) = k를 만족시키는 x를 계산하는 것이 매우 어렵다는 것이다. 그리고 충돌회피성이란 특정 해시 값을 갖는 서로 다른 데이터를 찾아내는 것이 현실적으로 불가능하다는 것을 의미한다. 서로 다른 데이터 x, y에 대해서 H(x)와 H(y)가 각각 도출한 값이 동일하면 이것을 충돌이라 하고, 이때의 x와 y를 충돌쌍이라 한다. 충돌회피성은 이러한 충돌쌍을 찾는 것이 현재 사용할 수 있는 모든 컴퓨터의 계산 능력을 동원하더라도 그것을 완료하기가 사실상 불가능하다는 것이다.

해시 함수는 온라인 경매에도 이용될 수 있다. 예를 들어 ○○ 온라인 경매 사이트에서 일방향성과 충돌회피성을 만족시키는 해시 함수 G가 모든 경매 참여자와 운영자에게 공개되어 있다고 하자. 이때 각 입찰 참여자는 자신의 입찰가를 감추기 위해 논스*의 해시 값과, 입찰가에 논스를 더한 것의 해시 값을 함께 게시판에 게시한다. 해시 값 게시 기한이 지난 후 각 참여자는 본인의 입찰가와 논스를 운영자에게 전송하고 운영자는 최고 입찰가를 제출한 사람을 낙찰자로 선정한다. 이로써 온라인 경매 진행 시 발생할 수 있는 다양한 보안상의 문제를 해결할 수 있다.

* 논스: 입찰가를 추측할 수 없게 하기 위해 입찰가에 더해지는 임의의 숫자

8

위 내용의 '해시 함수'에 대한 이해로 적절하지 않은 것은?

① 전자 화폐를 사용한 거래의 안전성을 위해 해시 함수가 이용될 수 있다.

② 특정한 해시 함수는 하나의 입력 데이터로부터 두 개의 서로 다른 해시 값을 도출하지 않는다.

③ 입력 데이터 x를 서로 다른 해시 함수 H와 G에 적용한 H(x)와 G(x)가 도출한 해시 값은 언제나 동일하다.

④ 입력 데이터 x, y에 대해 특정 해시 함수 H를 적용한 H(x)와 H(y)가 도출한 해시 값의 문자열의 길이는 언제나 동일하다.

9

윗글의 ㉠과 ㉡에 대하여 추론한 내용으로 가장 적절한 것은?

① ㉠을 지닌 특정 해시 함수를 전자 문서 x, y에 각각 적용하여 도출한 해시 값으로부터 x, y를 복원할 수 없다.

② 입력 데이터 x, y에 특정 해시 함수를 적용하여 도출한 문자열의 길이가 같은 것은 해시 함수의 ㉠ 때문이다.

③ ㉡을 지닌 특정 해시 함수를 전자 문서 x, y에 각각 적용하여 도출한 해시 값의 문자열의 길이는 서로 다르다.

④ 입력 데이터 x, y에 특정 해시 함수를 적용하여 도출한 해시 값이 같은 것은 해시 함수의 ㉡ 때문이다.

10

다음은 K공사의 회의실 사용에 대한 안내문이다. 안내문의 내용을 바르게 이해한 설명은 어느 것인가?

■ 이용안내	
임대시간	기본 2시간, 1시간 단위로 연장
요금결제	이용일 7일전 까지 결제(7일 이내 예약 시에는 예약 당일 결제)
취소 수수료	• 결제완료 후 계약을 취소 시 취소수수료 발생 • 이용일 기준 7일 이전 : 전액 환불 • 이용일 기준 6일~3일 이전 : 납부금액의 10% • 이용일 기준 2일~1일 이전 : 납부금액의 50% • 이용일 당일 : 환불 없음
회의실/ 일자 변경	• 사용가능한 회의실이 있는 경우, 사용일 1일 전까지 가능(해당 역 담당자 전화 신청 필수) • 단, 회의실 임대일 변경, 사용시간 단축은 취소수수료 기준 동일 적용
세금 계산서	• 세금계산서 발행을 원하실 경우 반드시 법인 명의로 예약하여 사업자등록번호 입력 • 현금영수증 발행 후에는 세금계산서 변경 발행 불가

■ 회의실 이용 시 준수사항

※ 회의실 사용자는 공사의 승인 없이 다음 행위를 할 수 없습니다.

1. 공중에 대하여 불쾌감을 주거나 또는 통로, 기타 공공시설에 간판, 광고물의 설치, 게시, 부착 또는 각종기기의 설치 행위
2. 폭발물, 위험성 있는 물체 또는 인체에 유해하고 불쾌감을 줄 우려가 있는 물품 반입 및 보관행위
4. 공사의 동의 없이 시설물의 이동, 변경 배치행위
5. 공사의 동의 없이 장비, 중량물을 반입하는 등 제반 금지행위
6. 공공질서 및 미풍양식을 위해하는 행위
7. 알코올성 음료의 판매 및 식음행위
8. 흡연행위 및 음식물 등 반입행위
9. 임대의 위임 또는 재임대

① 임대일 4일 전에 예약이 되었을 경우, 이용요금 결제는 회의실 사용 당일에 해야 한다.

② 회의실 임대 예약 날짜를 변경할 경우, 3일 전 변경을 신청하면 10%의 수수료가 발생한다.

③ 이용 당일 임대 회의실을 변경하고자 하면 이용 요금 50%를 추가 지불해야 한다.

④ 팀장 개인 명의로 예약하여 결제해도 세금계산서를 발급받을 수 있다.

11

다음 숫자들의 배열 규칙을 참고할 때, 빈칸에 들어갈 알맞은 숫자는 무엇인가?

2, 5, 11, 23	2, 7, 22, 67	1, 5, 21, 85
	1, 6, 31, 156	1, 7, 43, ( )

① 245 ② 252
③ 259 ④ 264

12

다음은 우리나라 1차 에너지 소비량 자료를 예시로 보여준 표이다. 자료 분석 결과로 옳은 것은?

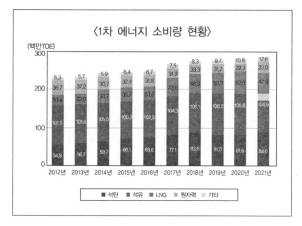

① 석유 소비량이 나머지 에너지 소비량의 합보다 많다.
② 석탄 소비량이 완만한 하락세를 보이고 있다.
③ 기타 에너지 소비량이 지속적으로 감소하는 추세이다.
④ 원자력 소비량은 증감을 거듭하고 있다.

13

동근이는 동료들과 함께 공원을 산책하였다. 공원에는 동일한 크기의 벤치가 몇 개 있다. 한 벤치에 5명씩 앉았더니 4명이 앉을 자리가 없어서 6명씩 앉았더니 남는 자리 없이 딱 맞았다. 동근이는 몇 명의 동료들과 함께 공원을 갔는가?

① 16명
② 20명
③ 24명
④ 38명

14

다음은 2018년과 2019년 777 카지노의 게임별 매출 비중에 관한 표이다. A + B + C + D의 값은 얼마인가?

구분	블랙잭	룰렛	바카라	다이사이	포커	슬롯머신	비디오게	합계
2018	14%	10%	A	B	13%	15%	14%	100%
2019	C	13%	31%	4%	9%	D	13%	100%

① 64
② 65
③ 66
④ 67

15

B양은 자동차 부품을 생산하는 M기계산업에 근무한다. 최근 자사 제품의 품질관리를 위해 생산 라인별 직원 1인당 생산량을 비교하라는 지시를 받았다. 자료를 참고할 때, B생산라인에 5명, D생산라인에 6명, E생산라인에 2명이 하루에 생산 할 수 있는 총생산량은 얼마인가?

생산라인	시설비	유지비	1인당 생산량
A : 수동라인	2천만 원	월 200만 원	하루 200set
B : 반자동라인	4천만 원	월 150만 원	하루 500set
C : 수동+반자동라인	5천만 원	월 180만 원	하루 600set
D : 반자동라인	8천만 원	월 120만 원	하루 700set
E : 자동라인	1억 원	월 100만 원	하루 800set

※ 생산 라인별 동일 제품 생산 시 직원 1인당 생산량 비교

① 6,300set
② 6,800set
③ 7,300set
④ 8,300set

16

다음 예시 표에 대한 설명으로 옳지 않은 것은?

〈표 1〉 국내 통화량 변화 추이

(단위 : 조원, %)

구분	2014년	2015년	2016년	2017년	2018년	2019년	2020년	2021년
본원통화 (증가율)	56.4 (8.7)	64.8 (14.9)	67.8 (4.6)	74.5 (9.9)	80.1 (7.5)	88.3 (10.2)	104.3 (18.1)	106.2 (1.8)
M1 (증가율)	316.4 (−14.7)	330.6 (4.5)	389.4 (17.8)	427.8 (9.9)	442.1 (3.3)	470.0 (6.3)	515.6 (9.7)	531.3 (3.0)
M2 (증가율)	1,273 (10.8)	1,425 (12.0)	1,566 (9.9)	1,660 (6.0)	1,751 (5.5)	1,835 (4.8)	1,920 (4.6)	2,016 (5.0)
통화승수	22.6	22.0	23.1	22.3	21.9	20.8	18.4	19.0
GDP 대비 M2	122.1	129.1	136.1	131.2	131.4	133.3	134.5	138.7

〈표 2〉 국내 외국인투자 변동 추이

(단위 : 억 달러, %)

구분	2014년	2015년	2016년	2017년	2018년	2019년	2020년	2021년
외인투자	7,824	6,065	7,302	8,282	8,405	9,554	9,967	10,519
직접투자 (비중)	1,219 (15.6)	947.2 (15.6)	1,219 (16.7)	1,355 (16.4)	1,351 (16.1)	1,578 (16.5)	1,745 (17.5)	1,811 (17.2)
증권투자 (비중)	4,566 (58.4)	2,521 (41.6)	3,915 (53.6)	4,891 (59.1)	4,770 (56.8)	5,781 (60.5)	6,160 (61.8)	6,471 (61.5)
파생금융상품 (비중)	49.1 (0.6)	753.2 (12.4)	326.0 (4.5)	273.6 (3.3)	290.7 (3.5)	309.1 (3.2)	261.8 (2.6)	246.6 (2.3)
GDP 대비 외인투자 비중	69.7	60.6	80.9	75.7	69.9	78.2	76.4	79.2

① 2021년 M2(광의통화)는 전년 대비 약 5.0% 증가하였다.

② 2021년 국내 외국인투자 규모는 전년 대비 약 5.5% 상승하였다.

③ 2021년 M1(협의통화)은 전년 대비 약 3.0% 증가하였다.

④ 2021년 GDP 대비 M2의 비율은 2014년에 비해 13.6%p 상승하였다.

17

다음은 국내 5대 은행의 당기순이익 및 당기순이익 점유비 추이를 나타낸 표이다. 2015년 A은행의 당기순이익 점유비는 전년 대비 약 몇 %p 감소하였는가?

(단위 : 억원, %)

구분	2013년	2014년	2015년
A은행(점유비)	2,106(4.1)	1,624(4.7)	1,100( )
B은행(점유비)	12,996(25.8)	8,775(25.6)	5,512(21.3)
C은행(점유비)	13,429(26.6)	3,943(11.5)	5,024(19.4)
D은행(점유비)	16,496(32.7)	13,414(39.1)	8,507(32.9)
E은행(점유비)	5,434(10.8)	6,552(19.1)	5,701(22.1)

① 약 0.1%p

② 약 0.2%p

③ 약 0.3%p

④ 약 0.4%p

18

다음은 2019 ~ 2021년 동안 ○○지역의 용도별 물 사용량 현황을 나타낸 표이다. 이에 대한 설명으로 옳지 않은 것을 모두 고른 것은?

(단위 : m³, %, 명)

연도\구분\용도	2019 사용량	2019 비율	2020 사용량	2020 비율	2021 사용량	2021 비율
생활용수	136,762	56.2	162,790	56.2	182,490	56.1
가정용수	65,100	26.8	72,400	25.0	84,400	26.0
영업용수	11,000	4.5	19,930	6.9	23,100	7.1
업무용수	39,662	16.3	45,220	15.6	47,250	14.5
욕탕용수	21,000	8.6	25,240	8.7	27,740	8.5
농업용수	45,000	18.5	49,050	16.9	52,230	16.1
공업용수	61,500	25.3	77,900	26.9	90,300	27.8
총 사용량	243,262	100.0	289,740	100.0	325,020	100.0
사용인구	379,300		430,400		531,250	

$$※ \ 1명당 \ 생활용수 \ 사용량(m^3/명) = \frac{생활용수 \ 총 \ 사용량}{사용인구}$$

- ㉠ 총 사용량은 2020년과 2021년 모두 전년대비 15% 이상 증가하였다.
- ㉡ 1명당 생활용수 사용량은 매년 증가하였다.
- ㉢ 농업용수 사용량은 매년 증가하였다.
- ㉣ 가정용수와 영업용수 사용량의 합은 업무용수와 욕탕용수 사용량의 합보다 매년 크다.

① ㉠, ㉡

② ㉡, ㉢

③ ㉡, ㉣

④ ㉠, ㉡, ㉣

19

다음은 우리나라의 시·군 중 경지 면적, 논 면적, 밭 면적 상위 5개 시·군에 대한 예시 자료이다. 이에 대한 설명 중 옳은 것을 모두 고르면?

(단위 : ha)

구분	순위	시·군	면적
경지 면적	1	해남군	35,369
	2	제주시	31,585
	3	서귀포시	31,271
	4	김제시	28,501
	5	서산시	27,285
논 면적	1	김제시	23,415
	2	해남군	23,042
	3	서산시	21,730
	4	당진시	21,726
	5	익산시	19,067
밭 면적	1	제주시	31,577
	2	서귀포시	31,246
	3	안동시	13,231
	4	해남군	12,327
	5	상주시	11,047

※ 경지 면적 = 논 면적 + 밭 면적

- ㉠ 해남군의 논 면적은 해남군 밭 면적의 2배 이상이다.
- ㉡ 서귀포시의 논 면적은 제주시 논 면적보다 크다.
- ㉢ 서산시의 밭 면적은 김제시 밭 면적보다 크다.
- ㉣ 상주시의 밭 면적은 익산시 논 면적의 90% 이하이다.

① ㉡, ㉢

② ㉡, ㉣

③ ㉠, ㉢, ㉣

④ ㉡, ㉢, ㉣

20

다음은 한 외국계 은행의 연도별 임직원 현황에 관한 자료이다. 이에 대한 설명 중 옳은 것을 모두 고르면?

구분	연도	2013	2014	2015
국적	한국	9,566	10,197	9,070
	중국	2,636	3,748	4,853
	일본	1,615	2,353	2,749
	대만	1,333	1,585	2,032
	기타	97	115	153
	계	15,247	17,998	18,857
고용형태	정규직	14,173	16,007	17,341
	비정규직	1,074	1,991	1,516
	계	15,247	17,998	18,857
연령	20대 이하	8,914	8,933	10,947
	30대	5,181	7,113	6,210
	40대 이상	1,152	1,952	1,700
	계	15,247	17,998	18,857
직급	사원	12,365	14,800	15,504
	간부	2,801	3,109	3,255
	임원	81	89	98
	계	15,247	17,998	18,857

> ㉠ 매년 일본, 대만 및 기타 국적 임직원 수의 합은 중국 국적 임직원 수보다 많다.
> ㉡ 매년 전체 임직원 중 20대 이하 임직원이 차지하는 비중은 50% 이상이다.
> ㉢ 2014년과 2015년에 전년대비 임직원수가 가장 많이 증가한 국정은 모두 중국이다.
> ㉣ 2014년에 국적이 한국이면서 고용형태가 정규직이고 직급이 사원인 임직원은 5,000명 이상이다.

① ㉠, ㉡
② ㉠, ㉢
③ ㉡, ㉣
④ ㉠, ㉢, ㉣

21

김 사원, 이 사원, 박 사원, 정 사원, 최 사원은 신입사원 오리엔테이션을 받으며 왼쪽부터 순서대로 앉아 강의를 들었다. 각기 다른 부서로 배치된 이들은 4년 후 신규 대리 진급자 시험을 보기 위해 다시 같은 강의실에 모이게 되었다. 다음의 〈조건〉을 모두 만족할 때, 어떤 경우에도 바로 옆에 앉는 두 사람은 누구인가?

〈조건〉
A. 신규 대리 진급자 시험에 응시하는 사람은 김 사원, 이 사원, 박 사원, 정 사원, 최 사원뿐이다.
B. 오리엔테이션 당시 앉았던 위치와 같은 위치에 앉아서 시험을 보는 직원은 아무도 없다.
C. 김 사원과 박 사원 사이에는 1명이 앉아 있다.
D. 이 사원과 정 사원 사이에는 2명이 앉아 있다.

① 김 사원, 최 사원
② 이 사원, 박 사원
③ 김 사원, 이 사원
④ 정 사원, 최 사원

|22~23| H공사 홍보팀에 근무하는 이 대리는 사내 홍보 행사를 위해 행사 관련 준비를 진행하고 있다. 다음을 바탕으로 물음에 답하시오.

〈행사장 도면〉

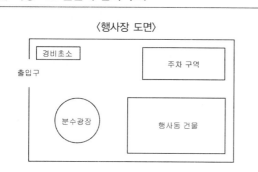

〈행사 장소〉
행사동 건물 1층 회의실

〈추가 예상 비용〉
• 금연 표지판 설치
– 단독 입식 : 45,000원
– 게시판 : 120,000원
• 쓰레기통 설치
– 단독 설치 : 25,000원/개
– 벤치 2개 + 쓰레기통 1개 : 155,000원
• 안내 팸플릿 제작

구분	단면	양면
2도 인쇄	5,000원/100장	10,000원/100장
5도 인쇄	1,300원/100장	25,000원/100장

22

행사를 위해 홍보팀에서 추가로 설치해야 할 물품이 다음과 같을 때, 추가 물품 설치에 필요한 비용은 총 얼마인가?

• 금연 표지판 설치
– 분수대 후면 1곳
– 주차 구역과 경비초소 주변 각 1곳
– 행사동 건물 입구 1곳
　※ 실외는 게시판 형태로 설치하고 행사장 입구에는 단독 입식 형태로 설치
• 쓰레기통
– 분수광장 금연 표지판 옆 1곳
– 주차 구역과 경비초소 주변 각 1곳
　※ 분수광장 쓰레기통은 벤치와 함께 설치

① 550,000원
② 585,000원
③ 600,000원
④ 610,000원

23

이 대리는 추가 비용을 정리하여 팀장에게 보고하였다. 이를 검토한 팀장은 다음과 같이 별도의 지시사항을 전달하였다. 팀장의 지시사항에 따른 팸플릿의 총 인쇄에 소요되는 비용은 얼마인가?

"이 대리, 아무래도 팸플릿을 별도로 준비하는 게 좋겠어. 한 800명 정도 참석할 거 같으니 인원수대로 준비하고 2도 단면과 5도 양면 인쇄를 반씩 섞도록 하게."

① 98,000원
② 99,000원
③ 100,000원
④ 120,000원

24

다음은 거주자가 지급증빙서류를 제출하지 않은 경우의 해외 송금에 대한 설명이다. 옳지 않은 것은?

---

1. 필요서류
   - 연간 미화 5만불 이하의 지급
     실명확인증표(주민등록증, 운전면허증, 여권, 사업자등록증 등)
   - 연간 미화 5만불 초과의 지급
     – 실명확인증표(주민등록증, 운전면허증, 여권, 사업자등록증 등)
     – 지급확인서
     – 거래 또는 행위 사실을 확인할 수 있는 서류
     – 거주자의 관할세무서장이 발급한 납세증명서
     – 받는 분의 실체를 확인할 수 있는 서류
2. 송금한도 등
   - 한도 제한 없음(단, 인터넷 송금 거래 시 건별 1만불 이내로 제한)
   - 지급인별 연간 송금합계금액이 미화 1만불 초과할 경우 국세청장, 건당 미화 2천불을 초과하는 경우에는 관세청장 및 금융감독원장 통보대상임
   - 건당 미화 2천불 이하의 지급은 거래외국환은행지정, 국세청장(관세청장, 금융감독원장 포함) 통보대상 및 연간 지급한도 관리대상에서 제외된다.
3. 송금을 보내는 방법
   은행 영업점을 거래외국환은행으로 지정하고 송금 가능

종류	내용
전신송금 (T/T)	은행이 고객 요청에 따라 해외 환거래은행과 전신을 통해 받는 분 계좌에 입금하는 가장 일반적인 방법으로 긴급한 자금의 송금에 편리함
송금수표 (D/D)	은행에서 수표를 발급받아 고객이 직접 받는 분에게 전달하는 경우로 소액송금에 편리한 방법

---

① 연간 미화 5만불 초과의 지급일 경우 거주자의 관할 세무서장이 발급한 납세증명서가 필요하다.
② 전신송금은 은행이 고객 요청에 따라 해외 환거래은행과 전신을 통해 받는 분 계좌에 입금하는 가장 일반적인 방법으로 긴급한 자금의 송금에 편리하다.
③ 실명확인증표로는 주민등록증, 운전면허증, 여권, 사업자등록증 등이 있다.
④ 건당 미화 2천불을 초과하는 경우에는 국세청장과 금융감독원장 통보대상이 된다.

25

다음을 근거로 판단할 때, 36개의 로봇 중 가장 빠른 로봇 1, 2위를 선발하기 위해 필요한 최소 경기 수는?

- 전국 로봇달리기 대회에 36개의 로봇이 참가한다.
- 경주 레인은 총 6개이고, 경기당 각 레인에 하나의 로봇만 배정할 수 있으나, 한 경기에 모든 레인을 사용할 필요는 없다.
- 배정된 레인 내에서 결승점을 먼저 통과하는 순서대로 순위를 정한다.
- 속력과 시간의 측정은 불가능하고, 오직 경기 결과에 의해서만 순위를 결정한다.
- 로봇별 속력은 모두 다르고 각 로봇의 속력은 항상 일정하다.
- 로봇의 고장과 같은 다른 요인은 경기 결과에 영향을 미치지 않는다.

---

① 7
② 8
③ 9
④ 10

|26~27| 다음은 '진짜사나이 적금'의 상품설명서 중 일부이다. 물음에 답하시오.

〈거래조건〉

구분	내용
가입자격	신규 임관 군 간부(장교, 부사관, 군의관, 법무관, 공중보건의 등) (* 신규 임관 기준 : 군 신분증의 임관일로부터 익년도말까지)
예금종류	자유로우대적금
가입기간	12개월 이상 24개월 이내(월 단위)
적립방식	자유적립식
가입금액	초입금 및 매회 입금 1만원 이상, 1인당 월 20만원 이내 자유적립
기본금리 (연 %, 세전)	자유로우대적금 가입기간별 금리에 따름

우대금리 (%p, 세전)	아래 우대조건을 만족하는 경우 가입일 현재 기본금리에 가산하여 만기해지 시 적용	

세부조건	우대금리
이 적금 가입기간 중 만기 전월까지 "6개월 이상" 농협은행에 급여이체 시	0.2
가입월부터 만기 전월까지 기간 중 농협은행 채움카드(개인 신용·체크) 월 평균 20만 원 이상 이용 시	0.2
만기일 전월말 기준으로 농협은행의 주택청약종합저축(청약저축 포함) 가입 시	0.2

26

다음 중 위 적금에 가입할 수 없는 사람은?

① 육군 장교로 임관한 권 소위
② 공군에 입대한 전 이병
③ 군의관으로 임관한 빈 소위
④ 해병대 부사관으로 임관한 송 하사

27

다음 중 위 적금의 우대금리를 받을 수 있는 사람은?

① 적금 가입기간 중 만기 전월까지 5개월 동안 농협은행에 급여이체를 한 철재
② 가입월부터 만기 전월까지의 기간 중 농협은행 채움카드로 월 평균 15만 원을 이용한 영재
③ 적금 만기 후 농협은행의 주택청약종합저축에 가입한 정호
④ 적금 가입기간 중 만기 전월까지 7개월 동안 농협은행에 급여이체를 한 문식

28

다음 글을 근거로 판단할 때, 김 과장이 단식을 시작한 첫 주 월요일부터 일요일까지 한 끼만 먹은 요일(끼니때)은?

> 김 과장은 건강상의 이유로 간헐적 단식을 시작하기로 했다. 김 과장이 선택한 간헐적 단식 방법은 월요일부터 일요일까지 일주일 중에 2일을 선택하여 아침 혹은 저녁 한 끼 식사만 하는 것이다. 단, 단식을 하는 날 전후로 각각 최소 2일간은 정상적으로 세 끼 식사를 하고, 업무상의 식사 약속을 고려하여 단식일과 방법을 유동적으로 결정하기로 했다. 또한 단식을 하는 날 이외에는 항상 세 끼 식사를 한다.
>
> 간헐적 단식 2주째인 김 과장은 그동안 단식을 했던 날짜를 기록해두기 위해 아래와 같이 최근 식사와 관련된 기억을 떠올렸다.
> • 2주차 월요일에는 단식을 했다.
> • 지난주에 먹은 아침식사 횟수와 저녁식사 횟수가 같다.
> • 지난주 월요일, 수요일, 금요일에는 조찬회의에 참석하여 아침식사를 했다.
> • 지난주 목요일에는 업무약속이 있어서 점심식사를 했다.

① 월요일(저녁), 목요일(저녁)
② 화요일(아침), 금요일(아침)
③ 화요일(아침), 금요일(저녁)
④ 화요일(저녁), 금요일(아침)

29

다음은 '외국인우대통장' 상품설명서 중 거래조건에 대한 내용이다. 우대조건을 충족시키지 못한 사람은 누구인가?

〈거래조건〉

구분	내용
가입자격	외국인(1인 1계좌)
대상예금	저축예금
적용금리 (세전)	연 0.1%
이자지급방식	해당 예금의 결산일 익일에 지급
우대서비스	전월말 기준 우대조건 2가지 이상을 충족하는 고객을 대상으로 이번 달 11일부터 다음 달 10일까지 면제(이 통장으로 거래 시) 및 우대 • 신규 및 전환일로부터 다음 다음 달 10일까지 조건 없이 우대내용 ①, ② 면제

우대조건	우대내용
① 이 통장에 월 50만 원 이상 급여이체 실적이 있는 경우 ② 이 통장의 월 평균 잔액이 50만 원 이상인 경우 ③ 건당 미화 500불 상당액 이상의 외화송금 또는 건당 미화 500불 상당액 이상의 환전 실적이 있는 경우 ④ 당행을 외국환지정은행으로 등록한 경우 ⑤ 외국인우대적금 전월 납입 실적이 있는 경우	① 당행 인터넷(스마트)·텔레·모바일뱅킹 타행 이체 수수료 면제 ② 당행 CD/ATM기 당행 이체 및 출금 수수료 면제 ③ 해외송금수수료 60% 우대 ④ 외화현찰환전환율수수료 50% 우대

우대서비스	• 우대내용 ①, ②는 이 통장 거래 시 월 20회(합산) 이내에서 면제 • 우대내용 ③, ④는 이 통장 실명확인번호로 창구거래 시에만 횟수 제한 없이 면제
계약의 해지	영업점에서 해지 가능

① 외국인우대통장에 월 30만 원의 급여이체 실적이 있는 외국인 A씨

② 외국인우대통장의 월 평균 잔액이 65만원인 외국인 B씨

③ 건당 미화 700불의 외화송금 실적이 있는 외국인 C씨

④ 농협은행을 외국환지정은행으로 등록한 외국인 D씨

30

신입사원 A는 상사로부터 아직까지 '올해의 K인상' 투표에 참여하지 않은 사원들에게 투표 참여 안내 문자를 발송하라는 지시를 받았다. 다음에 제시된 내용을 바탕으로 할 때, A가 문자를 보내야하는 사원은 몇 명인가?

'올해의 K인상' 후보에 총 5명(甲~戊)이 올랐다. 수상자는 120명의 신입사원 투표에 의해 결정되며 투표규칙은 다음과 같다.

• 투표권자는 한 명당 한 장의 투표용지를 받고, 그 투표용지에 1순위와 2순위 각 한 명의 후보자를 적어야 한다.

• 투표권자는 1순위와 2순위로 동일한 후보자를 적을 수 없다.

• 투표용지에 1순위로 적힌 후보자에게는 5점이, 2순위로 적힌 후보자에게는 3점이 부여된다.

• '올해의 농협인상'은 개표 완료 후, 총 점수가 가장 높은 후보자가 수상하게 된다.

• 기권표와 무효표는 없다.

현재 투표까지 중간집계 점수는 다음과 같다.

후보자	중간집계 점수
甲	360점
乙	15점
丙	170점
丁	70점
戊	25점

① 50명   ② 45명

③ 40명   ④ 35명

31

서울시 유료 도로에 대한 자료이다. 산업용 도로 3km의 건설비는 얼마가 되는가?

분류	도로수	총길이	건설비
관광용 도로	5	30km	30억
산업용 도로	7	55km	300억
산업관광용 도로	9	198km	400억
합계	21	283km	730억

① 약 5.5억 원

② 약 11억 원

③ 약 16.5억 원

④ 약 22억 원

32

표준 업무시간이 80시간인 업무를 각 부서에 할당해 본 결과, 다음과 같은 표를 얻었다. 어느 부서의 업무효율이 가장 높은가?

부서명	투입인원(명)	개인별 업무시간 (시간)	회의	
			횟수(회)	소요시간 (시간/회)
A	2	41	3	1
B	3	30	2	2
C	4	22	1	4
D	3	27	2	1

※ 1) 업무효율 = $\frac{표준\ 업무시간}{총\ 투입시간}$

　2) 총 투입시간은 개인별 투입시간의 합임.

　　개인별 투입시간 = 개인별 업무시간 + 회의 소요시간

　3) 부서원은 업무를 분담하여 동시에 수행할 수 있음.

　4) 투입된 인원의 업무능력과 인원당 소요시간이 동일하다고 가정함.

① A

② B

③ C

④ D

33

다음은 A카페의 커피 판매정보에 대한 자료이다. 한 잔만을 더 판매하고 영업을 종료한다고 할 때, 총이익이 정확히 64,000원이 되기 위해서 판매해야 하는 메뉴는?

(단위 : 원, 잔)

구분 메뉴	판매 가격 (1잔)	현재 까지 판매량	한 잔당 재료				
			원두 (200)	우유 (300)	바닐라 (100)	초코 (150)	캐러멜 (250)
아메리카노	3,000	5	○	×	×	×	×
카페라떼	3,500	3	○	○	×	×	×
바닐라라떼	4,000	3	○	○	○	×	×
카페모카	4,000	2	○	○	×	○	×
캐러멜라떼	4,300	6	○	○	○	×	○

※ 메뉴별 이익 = (메뉴별 판매가격 − 메뉴별 재료비) × 메뉴별 판매량

※ 총이익은 메뉴별 이익의 합이며, 다른 비용은 고려하지 않음.

※ A카페는 5가지 메뉴만을 판매하며, 메뉴별 1잔 판매가격과 재료비는 변동 없음.

※ ○ : 해당 재료 한 번 사용, × : 해당 재료 사용하지 않음.

① 아메리카노

② 카페라떼

③ 바닐라라떼

④ 카페모카

34

1개당 5만 원, B는 1개당 2만 원의 이익이 생기고, 두 제품 A, B를 총 50개 생산한다고 할 때, 이익을 최대로 하려면 제품 A는 몇 개를 생산해야 하는가?

제품	A제품	B제품	하루 사용 제한량
전력(kWh)	50	20	1,600
연료(L)	3	5	240

① 16개　　　　　② 18개

③ 20개　　　　　④ 24개

35

회계팀에서 업무를 시작하게 된 길동이는 각종 내역의 비용이 어느 항목으로 분류되어야 하는지 정리 작업을 하고 있다. 다음 중 길동이가 나머지와 다른 비용으로 분류해야 하는 것은?

① 구매부 자재 대금으로 지불한 U$7,000
② 상반기 건물 임대료 및 관리비
③ 임직원 급여
④ 계약 체결을 위한 영업부 직원 출장비

36

다음 (가)~(라)에 제시된 자원관리의 기본 과정들을 순서에 맞게 재배열한 것은?

> (가) 확보된 자원을 활용하여 계획에 맞는 업무를 수행해 나가야 한다. 물론 계획에 얽매일 필요는 없지만 최대한 계획대로 수행하는 것이 바람직하다. 불가피하게 수정해야 하는 경우는 전체 계획에 미칠 수 있는 영향을 고려하여야 할 것이다.
>
> (나) 자원을 실제 필요한 업무에 할당하여 계획을 세워야 한다. 여기에서 중요한 것은 업무나 활동의 우선순위를 고려하는 것이다. 최종적인 목적을 이루는 데 가장 핵심이 되는 것에 우선순위를 두고 계획을 세울 필요가 있다. 만약, 확보한 자원이 실제 활동 추진에 비해 부족할 경우 우선순위가 높은 것에 중심을 두고 계획하는 것이 바람직하다.
>
> (다) 실제 상황에서 그 자원을 확보하여야 한다. 수집 시 가능하다면 필요한 양보다 좀 더 여유 있게 확보할 필요가 있다. 실제 준비나 활동을 하는 데 있어서 계획과 차이를 보이는 경우가 빈번하기 때문에 여유 있게 확보하는 것이 안전할 것이다.
>
> (라) 업무를 추진하는 데 있어서 어떤 자원이 필요하며, 또 얼마만큼 필요한지를 파악하는 단계이다. 자원의 종류에는 크게 시간, 예산, 물적자원, 인적자원으로 나누어지지만 실제 업무 수행에서는 이보다 더 구체적으로 나눌 필요가 있다. 구체적으로 어떤 활동을 할 것이며, 이 활동에 어느 정도의 시간, 돈, 물적·인적자원이 필요한지를 파악한다.

① (다) - (라) - (나) - (가)
② (라) - (다) - (가) - (나)
③ (가) - (다) - (나) - (라)
④ (라) - (다) - (나) - (가)

37

다음 글을 근거로 판단할 때, 甲금속회사가 생산한 제품 A, B를 모두 판매하여 얻을 수 있는 최대 금액은?

> • 甲금속회사는 특수구리합금 제품 A와 B를 생산 및 판매한다.
> • 특수구리합금 제품 A, B는 10kg 단위로만 생산된다.
> • 제품 A의 1kg당 가격은 300원이고, 제품 B의 1kg당 가격은 200원이다.
> • 甲금속회사는 보유하고 있던 구리 710kg, 철 15kg, 주석 33kg, 아연 155kg, 망간 30kg 중 일부를 활용하여 아래 표의 질량 배합 비율에 따라 제품 A를 300kg 생산한 상태이다. (단, 개별 금속의 추가구입은 불가능하다)
> • 합금 제품별 질량 배합 비율은 아래와 같으며 배합 비율을 만족하는 경우에만 제품이 될 수 있다.
>
> (단위 : %)
>
> | 구분 | 구리 | 철 | 주석 | 아연 | 망간 |
> |------|------|----|------|------|------|
> | A | 60 | 5 | 0 | 25 | 10 |
> | B | 80 | 0 | 5 | 15 | 0 |
>
> ※ 배합된 개별 금속 질량의 합은 생산된 합금 제품의 질량과 같다.

① 195,000원
② 196,000원
③ 197,000원
④ 198,000원

▌38~39 ▌ ○○보증기금에서 근무하는 박 차장은 보증서를 발급하면서 고객의 보증료를 산출하고 있다. 보증료 산출에 관한 주요 규정이 다음과 같을 때, 물음에 답하시오.

- 보증료 계산 : 보증금액 × 보증료율 × 보증기간/365
 −계산은 십원단위로 하고 10원 미만 단수는 버림

- 기준보증료율 기술사업평가등급에 따라 다음과 같이 적용한다.

등급	적용요율	등급	적용요율	등급	적용요율
AAA	0.8%	BBB	1.4%	CCC	1.7%
AA	1.0%	BB	1.5%	CC	1.8%
A	1.2%	B	1.6%	C	2.2%

- 아래에 해당되는 경우 기준보증료율에서 해당 감면율을 감면할 수 있다.

가산사유	가산요율
1. 벤처 · 이노비즈기업	−0.2%p
2. 장애인기업	−0.3%p
3. 국가유공자기업	−0.3%p
4. 지방기술유망기업	−0.3%p
5. 지역주력산업 영위기업	−0.1%p

※ 감면은 항목은 중복해서 적용할 수 없으며, 감면율이 가장 큰 항목을 우선 적용한다.
※ 사고기업(사고유보기업 포함)에 대해서는 보증료율의 감면을 적용하지 아니한다.

- 아래에 해당되는 경우 산출된 보증료율에 해당 가산율을 가산한다.

가산사유	가산요율
1. 고액보증기업	
가. 보증금액이 15억원 초과 30억원 이하 기업	+0.1%p
나. 보증금액이 30억원 초과 기업	+0.2%p
2. 장기이용기업	
가. 보증이용기간이 5년 초과 10년 이하 기업	+0.1%p
나. 보증이용기간이 10년 초과 15년 이하 기업	+0.2%p
다. 보증이용기간이 15년 초과 기업	+0.3%p

※ 가산사유가 중복되는 경우에는 사유별 가산율을 모두 적용한다.
※ 경영개선지원기업으로 확정된 기업에 대해서는 가산요율을 적용하지 않는다.

- 감면사유와 가산사유에 모두 해당되는 경우 감면사유를 먼저 적용한 후 가산사유를 적용한다.

38

㈜서원의 회계과장인 이 과장은 보증서 발급에 앞서 보증료가 얼마나 산출되었는지 박 차장에게 다음과 같이 이메일로 문의하였다. 문의에 따라 보증료를 계산한다면 ㈜서원의 보증료는 얼마인가?

안녕하세요, 박 차장님.
㈜서원의 회계과장인 이□□입니다. 대표님께서 오늘 보증서(보증금액 5억원, 보증기간 365일)를 발급받으러 가시는데, 보증료가 얼마나 산출되었는지 궁금하여 문의드립니다.
저희 회사의 기술사업평가등급은 BBB등급이고, 지방기술사업을 영위하고 있으며 작년에 벤처기업 인증을 받았습니다. 다른 특이사항은 없습니다.

① 4,000천원
② 4,500천원
③ 5,000천원
④ 5,500천원

39

박 차장은 아래 자료들을 토대로 갑, 을, 병 3개 회사의 보증료를 산출하였다. 보증료가 높은 순서대로 정렬한 것은?

구분	기술사업 평가등급	특이사항	보증금액 (신규)	보증 기간
갑	BBB	• 국가유공자기업 • 지역주력산업영위기업 • 신규보증금액 포함한 총보증금액 100억원 • 보증이용기간 7년	10억원	365일
을	BB	• 벤처기업 • 이노비즈기업 • 보증이용기간 20년 • 경영개선지원기업	10억원	365일
병	BB	• 장애인기업 • 이노비즈기업 • 보증이용기간 1년	10억원	365일

① 갑 – 을 – 병

② 갑 – 병 – 을

③ 을 – 갑 – 병

④ 을 – 병 – 갑

40

다음 글과 〈설립위치 선정 기준〉을 근거로 판단할 때, A사가 서비스센터를 설립하는 방식과 위치로 옳은 것은?

- 휴대폰 제조사 A는 B국에 고객서비스를 제공하기 위해 1개의 서비스센터 설립을 추진하려고 한다.
- 설립방식에는 ㈎ 방식과 ㈏ 방식이 있다.
- A사는 {(고객만족도 효과의 현재가치) – (비용의 현재가치)}의 값이 큰 방식을 선택한다.
- 비용에는 규제비용과 로열티비용이 있다.

구분		㈎ 방식	㈏ 방식
고객만족도 효과의 현재가치		5억 원	4.5억 원
비용의 현재 가치	규제 비용	3억 원 (설립 당해 년도만 발생)	없음
	로열티 비용	없음	– 3년간 로열티비용을 지불함 – 로열티비용의 현재가치 환산액 : 설립 당해년도는 2억 원 그 다음 해부터는 직전년도 로열티비용의 1/2씩 감액한 금액

※ 고객만족도 효과의 현재가치는 설립 당해년도를 기준으로 산정된 결과이다.

〈설립위치 선정 기준〉
- 설립위치로 B국의 甲, 乙, 丙 3곳을 검토 중이며, 각 위치의 특성은 다음과 같다.

위치	유동인구 (만 명)	20~30대 비율 (%)	교통혼잡성
甲	80	75	3
乙	100	50	1
丙	75	60	2

- A사는 {(유동인구) × (20~30대 비율) / (교통혼잡성)} 값이 큰 곳을 선정한다. 다만 A사는 제품의 특성을 고려하여 20~30대 비율이 50% 이하인 지역은 선정대상에서 제외한다.

	설립방식	설립위치
①	(가)	甲
②	(가)	丙
③	(나)	甲
④	(나)	乙

41

다음 조직의 경영자에 대한 정의를 참고할 때, 경영자의 역할로 적절하지 않은 것은?

> 조직의 경영자는 조직의 전략, 관리 및 운영활동을 주관하며, 조직구성원들과 의사결정을 통해 조직이 나아갈 방향을 제시하고 조직의 유지와 발전에 대해 책임을 지는 사람이며, 조직의 변화방향을 설정하는 리더이며, 조직구성원들이 조직의 목표에 부합된 활동을 할 수 있도록 이를 결합시키고 관리하는 관리자이다.

① 대외 협상을 주도하기 위한 자문위원을 선발한다.
② 외부환경 변화를 주시하며 조직의 변화 방향을 설정한다.
③ 우수한 인재를 뽑기 위한 구체적이고 개선된 채용 기준을 마련한다.
④ 미래전략을 연구하기 위해 기획조정실과의 회의를 주도한다.

42

다음은 조직문화의 구성 요소를 나타낸 7S 모형이다. ⓐ와 ⓑ에 들어갈 요소를 옳게 짝지은 것은?

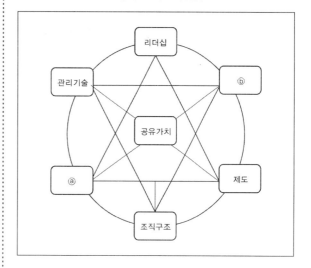

	ⓐ	ⓑ
①	구성원	전략
②	구성원	만족도
③	용이성	단절성
④	전략	응답성

43

다음 설명의 빈칸에 들어갈 말이 순서대로 바르게 짝지어진 것은?

( )은(는) 상대 기업의 경영권을 획득하는 것이고, ( )은(는) 두 개 이상의 기업이 결합하여 법률적으로 하나의 기업이 되는 것이다. 최근에는 금융적 관련을 맺거나 또는 전략적인 관계까지 포함시켜 보다 넓은 개념으로 사용되고 있다. 기업은 이를 통해서 시장 지배력을 확대하고 경영을 다각화시킬 수 있으며 사업 간 시너지 효과 등을 거둘 수 있다. 이러한 개념이 발전하게 된 배경은 기업가 정신에 입각한 사회 공헌 실현 등 경영 전략적 측면에서 찾을 수 있다. 그러나 대상 기업의 대주주와 협상·협의를 통해 지분을 넘겨받는 형태를 취하는 우호적인 방식이 있는 반면 기존 대주주와의 협의 없이 기업 지배권을 탈취하는 적대적인 방식도 있다.

---

① 인수, 제휴   ② 인수, 합작

③ 인수, 합병   ④ 합병, 인수

44

다음과 같은 팀장의 지시 사항을 수행하기 위하여 업무협조를 구해야 할 조직의 명칭이 순서대로 바르게 나열된 것은?

다들 사장님 보고 자료 때문에 정신이 없는 모양인데 이건 자네가 좀 처리해 줘야겠군. 다음 주에 있을 기자단 간담회 자료가 필요한데 옆 부서 박 부장한테 말해 두었으니 오전 중에 좀 가져다주게나. 그리고 내일 사장님께서 보고 직전에 외부에서 오신다던데 어디서 오시는 건지 일정 좀 확인해서 알려주고, 이틀 전 퇴사한 엄 차장 퇴직금 처리가 언제 마무리 될 지도 알아봐 주게나. 아, 그리고 말이야, 자네는 아직 사원증이 발급되지 않았나? 확인해 보고 얼른 요청해서 걸고 다니게.

---

① 기획실, 경영관리실, 총무부, 비서실

② 영업2팀, 홍보실, 회계팀, 물류팀

③ 총무부, 구매부, 비서실, 인사부

④ 홍보실, 비서실, 인사부, 총무부

45

다음은 SWOT분석을 통해 A제품의 무역업체가 실시한 환경 분석결과이다. 이에 대응하는 전략을 적절하게 분석한 것은?

강점 (Strength)	• 해외 조직 관리 경험 풍부 • 자사 해외 네트워크 및 유통망 다수 확보
약점 (Weakness)	• 순환 보직으로 잦은 담당자 교체 • 브랜드 이미지 관리에 따른 업무 융통성 부족
기회 (Opportunity)	• 현지에서 친숙한 자사 이미지 • 현지 정부의 우대 혜택 및 세제 지원 약속
위협 (Threat)	• 일본 경쟁업체와의 본격 경쟁체제 돌입 • 위안화 환율 불안에 따른 환차손 우려

내/외부환경 구분	강점(Strength)	약점(Weakness)
기회 (Opportunity)	① 세제 혜택을 통하여 환차손 리스크 회피 모색	② 타 해외 조직의 운영 경험을 살려 업무 융통성 벤치마킹
위협 (Threat)	③ 다양한 유통 채널을 통하여 경쟁체제 우회 극복	④ 해외 진출 경험으로 축적된 우수 인력 투입으로 잦은 담당자 교체로 인한 업무 누수 방지

46

B사의 다음 조직구조를 참고하여 경영진의 아래와 같은 지시사항을 반영한 새로운 조직구조를 구상할 경우, 이에 대한 올바른 설명이 아닌 것은?

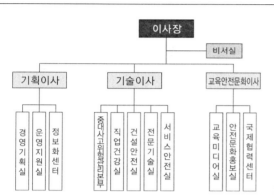

"인사팀장님, 이번 조직개편에서는 조직 구조를 좀 바꾸는 게 어떨까 합니다. 기술이사 산하에는 기술 관련 조직만 놔두고 직원들 작업상의 안전과 건강을 담당하는 나머지 조직은 모두 관리이사를 신설하여 그 산하조직으로 이동하는 것이 더 효율적인 방법일 것 같군요. 관리이사는 외부전문가를 초청하도록 하죠. 아, 중대사고위험관리본부는 이사장 직속 기구로 편제해야 할 것 같고요."

① 모두 4명의 이사가 생기게 된다.

② 기술이사 산하에는 2실이 있게 된다.

③ 전체 인원은 관리이사 1명만 증가하게 된다.

④ 중대사고위험관리본부장은 업무상 이사를 거치지 않고 이사장에게 직접 보고를 하게 된다.

47

조직의 개념을 다음과 같이 구분할 때, 비공식조직(A)과 비영리조직(B)을 알맞게 짝지은 것은?

조직은 공식화 정도에 따라 공식조직과 비공식조직으로 구분할 수 있다. 공식조직은 조직의 구조, 기능, 규정 등이 조직화되어 있는 조직을 의미하며, 비공식조직은 개인들의 협동과 상호작용에 따라 형성된 자발적인 집단 조직이다. 즉, 비공식조직은 인간관계에 따라 형성된 것으로, 조직이 발달해 온 역사를 보면 비공식조직으로부터 공식화가 진행되어 공식조직으로 발전해 왔다.

또한 조직은 영리성을 기준으로 영리조직과 비영리조직으로 구분할 수 있다. 영리조직은 기업과 같이 이윤을 목적으로 하는 조직이며, 비영리조직은 공익을 추구하는 기관이나 단체 등이 해당한다.

조직을 규모로 구분하여 보았을 때, 가족 소유의 상점과 같이 소규모 조직도 있지만, 대기업과 같이 대규모 조직도 있으며, 최근에는 다국적 기업도 증가하고 있다. 다국적 기업이란 동시에 둘 이상의 국가에서 법인을 등록하고 경영활동을 벌이는 기업을 의미한다.

	(A)	(B)
①	대기업	시민 단체
②	병원	대학
③	계모임	종교 단체
④	동아리	소규모 빵집

48

다음 중 A사가 새롭게 도입하게 된 경영참가제도를 운영함에 있어 우려할만한 내용으로 보기에 적절하지 않은 것은?

① 노사 양측의 공동 참여로 인해 신속하지만 부실한 의사결정 우려
② 근로자의 경영능력이 부족에 따른 부작용
③ 노조의 고유 기능인 단체 교섭력 약화 우려
④ 제도에 참여하는 근로자가 모든 근로자의 권익을 효과적으로 대변할 수 있는지 여부

┃49~50┃ 다음은 S공단의 내부 결재규정이다. 다음을 참고하여 각 문항에 답하시오.

[결재규정]
- 결재를 받으려면 업무에 대해서는 최고결정권자를 포함한 이하 직책자의 결재를 받아야 한다.
- 전결이라 함은 회사의 경영활동이나 관리활동을 수행함에 있어 의사결정이나 판단을 요하는 일에 대하여 최고결재권자의 결재를 생략하고, 자신의 책임 하에 최종적으로 의사결정이나 판단을 하는 행위를 말한다.
- 전결사항에 대해서도 위임 받은 자를 포함한 이하 직책자의 결재를 받아야 한다.
- 표시내용 : 결재를 올리는 자는 최고결재권자로부터 전결사항을 위임 받은 자가 있는 경우 전결이라고 표시하고 최종 결재권자에 위임 받은 자를 표시한다. 다만, 결재가 불필요한 직책자의 결재란은 상향대각선으로 표시한다.
- 본 규정에서 정한 전결권자가 유고 또는 공석 시 그 직급의 직무권한은 차상급 직책자가 수행함을 원칙으로 한다.
- 각 직급은 긴급을 요하는 업무처리에 있어서 상위 전결권자의 결재를 득할 수 없을 경우 합리적인 방향으로 업무를 진행하여 차상위자의 전결로 처리하며, 사후 결재권자의 결재를 득해야 한다.
- 최고 결재권자의 결재사항 및 최고결재권자로부터 위임된 전결사항은 다음의 표에 따른다.

구분	내용	금액기준	결재서류	팀장	본부장	사장
접대비	거래처 식대, 경조사비	40만 원 이하	접대비지출품의서 지출 신청서	○ ◇		
		50만 원 이하			○ ◇	
		50만 원 초과				○ ◇
교통비	국내 출장비	50만 원 이하	출장 계획서, 출장비 신청서	○ ◇		
		70만 원 이하		○	◇	
		70만 원 초과		○		◇
	해외 출장비			○		◇
소모품비	사무 용품비		지출 결의서			◇
	문서, 전산 소모품					◇
	기타 소모품	30만 원 이하		◇		
		40만 원 이하			◇	
		40만 원 초과				◇
영업카드	법인카드 사용	50만 원 이하	법인카드 사용 신청서	◇		
		100만 원 이하			◇	
		100만 원 초과				◇

○ : 기안서, 출장계획서, 접대비지출품의서
◇ : 세금계산서, 발행요청서, 각종신청서

49

다음 중 위의 전결규정을 바르게 이해하지 못한 것은?

① 팀장 전결 사항의 결재서류에는 본부장 결재란에 상향대각선을 표시한다.

② 사장 부재 시, 사장 전결 사항의 결재서류에는 본부장 결재란에 '전결' 표시를 하게 된다.

③ 접대비는 금액에 따라 전결권자가 달라진다.

④ 해외출장자는 출장계획서와 출장비신청서에 대해 팀장의 최종결재를 얻어야 한다.

50

기술팀 권 대리는 약 80만 원이 소요되는 업무 처리 건에 대하여 법인카드를 사용하고자 한다. 권 대리가 작성해야 할 서류의 양식으로 가장 적절한 것은?

①

법인카드사용신청서				
결재	담당	팀장	본부장	사장
	권 대리		전결	본부장

②

법인카드사용신청서				
결재	담당	팀장	본부장	사장
	권 대리		／	／

③

법인카드사용신청서				
결재	담당	팀장	본부장	사장
	권 대리	／		전결

④

법인카드사용신청서				
결재	담당	팀장	본부장	사장
	권 대리	전결		팀장

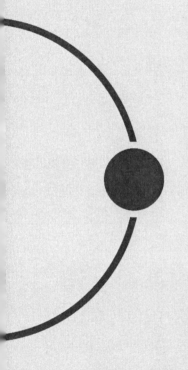

PART

III

정답 및 해설

제1회 정답 및 해설

1	2	3	4	5	6	7	8	9	10
②	④	②	②	④	②	③	②	④	④
11	12	13	14	15	16	17	18	19	20
②	③	①	③	③	②	②	③	②	④
21	22	23	24	25	26	27	28	29	30
③	①	③	③	①	③	④	②	④	①
31	32	33	34	35	36	37	38	39	40
④	③	①	③	③	④	③	①	③	③
41	42	43	44	45	46	47	48	49	50
②	②	③	④	②	④	②	④	④	④

1 ②

주어진 문장과 보기②의 '걸었다'는 '앞으로의 일에 대한 희망 따위를 품거나 기대하다'라는 뜻으로 쓰였다. ①③④의 '(생애를, 목숨을, 직위를) 걸었다'에서는 '목숨, 명예 따위를 담보로 삼거나 희생할 각오를 하다'라는 뜻이다.

2 ④

제시된 문장들의 내용을 종합하면 전체 글에서 주장하는 바는 '정당한 사적 소유의 생성'이라고 요약할 수 있다. 이를 위해 사적 소유의 정당성이 기회균등에서 출발한다는 점을 전제해야 하며 이것은 (다)가 가장 먼저 위치해야 함을 암시한다. 다음으로 (가)에서 재산의 신규 취득 유형을 두 가지로 언급하고 있으며, 이 중 하나인 기소유물의 소유권에 대한 설명이 (라)에서 이어지며, (라) 단락에 대한 추가 부연 설명이 (나)에서 이어진다고 보는 것이 가장 타당한 문맥의 흐름이 된다.

3 ②

동양과 서양에서 위기를 의미하는 단어를 분석해 보는 것을 통해 위기 상황을 냉정하게 판단하고 긍정적으로 받아들이면 좋은 결과를 얻거나 또 다른 기회가 될 수 있다는 이야기를 하고 있다.

4 ②

※ 수립(樹立) : 국가나 정부, 제도, 계획 따위를 이룩하여 세움.

※ 적립(積立) : 모아서 쌓아 둠.

※ 확립(確立) : 체계나 견해, 조직 따위가 굳게 섬. 또는 그렇게 함.

5 ④

「• 돈의 사용에 대해서 견해를 달리한다.
• 학생들은 과학자보다 연예인이 되기를 더 선호한다.
• 오늘날 흡연은 사회적 쟁점이 되었다.
• 최근 북한의 인권 문제에 대하여 미국 의회가 문제를 제기하였다.
• 직장 내에서 갈등의 양상은 다양하게 표출된다.」

① 선호 : 여럿 가운데서 특별히 가려서 좋아함

② 제기 : 의견이나 문제를 내어놓음

③ 견해 : 어떤 사물이나 현상에 대한 자기의 의견이나 생각

④ 전제 : 어떠한 사물이나 현상을 이루기 위하여 먼저 내세우는 것

6 ②

ⓐ는 사업의 활성화로 인한 이익과 현재 가치로 환산한 값을 따지는 것이므로, 제시문에서 소개한 할인율의 개념과 유사하다. 또한 후손을 위한 환경의 가치를 중시하는 주민들은 개발에 대한 부정적인 입장을 취할 것이므로 자연 환경 개발에 대해서는 높은 할인율을 적용하는 것이 적절하다.

7 ③

두 번째 문단 후반부에서 내적 형상이 물체에 옮겨진 형상과 동일한 것은 아니라고 하면서, '돌이 조각술에 굴복하는 정도'에 응해서 내적 형상이 내재한다고 하였다.

① 두 번째 문단 첫 문장에서 '형상'이 질료 속에 있는 것이 아니라, 장인의 안에 존재하던 것임을 알 수 있다.

② 첫 번째 문단 마지막 문장에서 질료 자체에는 질서가 없다고 했으므로, 지문의 '질료 자체의 질서와 아름다움'이라는 표현이 잘못되었다.

④ 마지막 문장에 의하면, 장인에 의해 구현된 '내적 형상'을 감상자가 복원함으로써 아름다움을 느낄 있다고 하였다. 자연 그대로의 돌덩어리에서는 복원할 '내적 형상'이 있다고 할 수 없다.

8 ②

② 전반적인 내용으로 볼 때, 문화재 복원에 대한 내용이 나오는 것이 가장 적절하다.

9 ④

㉠은 '실제로 공공 부문의 수익률이 민간 부문보다 높지 않다'는 정보와 '정부는 공공 부문에 투자해야 한다'는 정보를 연상할 수 있다. 따라서 '정부는 낮은 수익률이 발생하는 공공 부문에 투자해야 한다'는 내용을 전제로 하므로 ④가 가장 적합하다.

10 ④

글쓴이는 사회적 할인율이 공공사업의 타당성을 진단할 때 사용되는 개념이며 미래 세대까지 고려하는 공적 차원의 성격을 갖고 있음을 밝히고 있으며 이런 면에서 사회적 할인율을 결정할 때 시장 이자율이나 민간 자본의 수익률과 같은 사적 부문에 적용되는 요소들을 고려하자는 주장에 대한 반대 의견과 그 근거를 제시하고 있다. 또한 사회적 할인율은 공익적 차원에서 결정되어야 한다는 자신의 견해를 제시하고 있으므로 사회적 할인율을 결정할 때 고려해야 할 수준에 대해 언급한 질문이 가장 핵심적인 질문이라 할 수 있다.

11 ②

일의 자리에 온 숫자를 그 항에 더한 값이 그 다음 항의 값이 된다.

$78 + 8 = 86$, $86 + 6 = 92$, $92 + 2 = 94$, $94 + 4 = 98$, $98 + 8 = 106$, $106 + 6 = 112$

12 ③

터널을 완전히 통과한다는 것은 터널의 길이에 열차의 길이를 더한 것을 의미한다. 따라서 열차의 길이를 x라 하면, '거리 = 시간 × 속력'을 이용하여 다음과 같은 공식이 성립한다.

$(840 + x) \div 50 = 25$, $x = 410$m가 된다. 이 열차가 1,400m의 터널을 통과하게 되면 $(1,400 + 410) \div 50 = 36.2$초가 걸리게 된다.

13 ①

네 자리수를 $a \times 10^3 + b \times 10^2 + c \times 10 + d$라 하면, 조건에 의하여 $(a \times 10^3 + b \times 10^2 + c \times 10 + d) + (d \times 10^3 + c \times 10^2 + b \times 10 + a) = 8778$이 된다.

즉, $(a+d) \times 10^3 + (b+c) \times 10^2 + (b+c) \times 10 + (a+d) = 8778$이 된다.

따라서 각 조건에 따라, a+d=8, b+c=7, b-1=c, 2c=d가 된다.

이에 따라 a=2, b=4, c=3, d=6이 되어 원래의 네 자리 숫자는 2436이 되며, 이 네 자리 수를 모두 더한 값은 15가 되는 것을 알 수 있다.

14 ③

백과사전의 무게를 $3a$, 국어사전의 무게를 $2a$라 하고, 처음 수레에 실려 있던 책의 개수를 b라 할 때, 백과사전을 옮긴 후 수레에 실린 책의 무게는 $3a(b-10) = 2ab + 10 \times 3a$이다. 양변에 a를 나눠주고 식을 정리하면 $b = 60$(권)이다.

15 ③

① 독일 정부가 부담하는 연구비 :
$6,590 + 4,526 + 7,115 = 18,231$

미국 정부가 부담하는 연구비 :
$33,400 + 71,300 + 28,860 = 133,560$

② 정부부담 연구비 중에서 산업의 사용 비율이 가장 높은 것은 미국이며, 가장 낮은 것은 일본이다.

④ 미국 대학이 사용하는 연구비 : $28,860 + 2,300 = 31,160$
일본 대학이 사용하는 연구비 : $10,921 + 458 = 11,379$

16 ②

② 수출량과 수입량 모두 상위 10위에 들어있는 국가는 네덜란드와 중국이다.

17 ②

㉠ A의 최대보상금액 : 3,800만 원 + 1,500만 원
　　　　　　　　　　= 5,300만 원

E의 최대보상금액 : 1,000만 원 + 700만 원
　　　　　　　　　= 1,700만 원

㉡ B의 최대보상금액 : 1억 1,300만 원 + 300만 원
　　　　　　　　　　= 1억 1,600만 원

B의 최소보상금액 : 1억 1,600만 원 × 50% = 5,800만
　　　　　　　　　원→감액된 경우 가정

㉢ C의 최소보상금액 : (1,000만 원 + 2,100만 원)×50%
　　　　　　　　　　= 1,550만 원→감액된 경우 가정

㉣ B의 최대보상금액은 1억 1,600만 원이고, 다른 4명의 최소보상금액의 합은 1억 200만 원(A 2,650만 원, C 1,550만 원, D 4,300만 원, E 1,700만 원)이다.

18 ③

감면액이 50%일 경우 최소보상금액은 5,800만 원이고, 감면액이 30%일 경우 최소보상금액은 8,120만 원이므로 2,320만 원이 증가한다.

19 ②

㉮ [○] A직업의 경우는 200명 중 35%이므로 200 × 0.35 = 70명, C직업의 경우는 400명 중 25%이므로 400 × 0.25 = 100명이 부모와 동일한 직업을 갖는 자녀의 수가 된다.

㉯ [○] B와 C직업 모두 75%(= 100 − 25)로 동일함을 알 수 있다.

㉰ [×] A직업을 가진 자녀는 (200 × 0.35) + (300 × 0.25) + (400 × 0.25) = 245명이며, B직업을 가진 자녀는 (200 × 0.2) + (300 × 0.25) + (400 × 0.4) = 275명이다.

㉱ [○] 기타 직업을 가진 자녀의 수는 각각 200 × 0.05 = 10명, 300 × 0.15 = 45명, 400 × 0.1 = 40명으로 B직업을 가진 부모가 가장 많다.

20 ④

㉡ '수확물 총무게 = 면적(m²) × 1m²당 연간 수확물 무게 1/5'은 각각 20m²이므로 20을 먼저 묶는다. 따라서 각 작물별 1m²당 연간 수확물 무게(= 1m²당 연간 수확물 개수 × 수확물 개당 무게)를 합산한 값에 20을 곱한다.
$20(40 \times 20 + 100 \times 15 + 30 \times 30 + 10 \times 60 + 20 \times 50)$
$= 20(800 + 1,500 + 900 + 600 + 1,000)$
$= 20 \times 4,800 = 96,000g \rightarrow 96kg$

㉢ 1m²당 A~E의 연간 수확물 무게를 각각 계산하면 800g, 1,500g, 900g, 600g, 1,000g이다. 여기에 각각 어떤 수를 곱해야 3,000g을 만드는 지 순서대로 써보면 3.xx, 2, 3.xx, 5, 3이다. 따라서 이것을 합하면 16m²를 초과하게 된다.

㉠ 20m² × 50개 × 0.2 = 200개

21 ③

잠금/전원 버튼을 8초 이상 누를 경우 자동 전원 리셋 되며, 작동하지 않을 경우 15초 이상 누르면 전원이 꺼집니다. 제품의 전원을 끈 후 다시 켤 때는 약 5초 정도 경과 후 켜 주세요. 그래도 변함이 없다면 배터리를 충분히 충전시킨 후 사용해 보거나 고객상담실로 문의 후 가까운 서비스센터에서 제품확인을 받으세요.

22 ①

고객상담실로 문의 후 가까운 서비스센터에서 제품 확인을 받으세요.

23 ③

절전 기능이 설정되어 있습니다. 제품 문을 열거나 취소 버튼을 누른 후 사용하세요.

24 ③

제품 문에 덮개 등 이물질이 끼어 있는지 확인한 후 제품 문을 잘 닫고 눌러 보세요. 혹시 잠금장치 기능이 설정되어 있을 수 있습니다. 취소버튼을 4초간 누르면 잠금 기능이 해제됩니다.

25 ①

가장 먼저 데이터를 백업하여야 한다.

26 ③

나사를 조이거나 풀 때는 나사의 크기에 맞는 드라이버를 사용해야 한다. 사이즈가 맞지 않으면 나사 머리의 홈이 으스러지는 경우가 발생하기 때문이다.

27 ④

타이틀을 선택한 후 복사할 저장 데이터의 체크 박스에 체크 표시를 한 후 복사를 선택하면 복사가 시작된다.

28 ②

주어진 네 개의 문장은 모두 삼단논법에 의해 다음과 같이 연결될 수 있다.
'논리학 공부한 어떤 사람 → ~자신의 글 분석 → ~인문적 소양 → ~비판 능력 → ~정부 관리 자격.' 따라서 보기 ②와 같은 결론이 자연스럽게 도출될 수 있다. 이를 밴 다이어그램으로 다음과 같이 확인해 볼 수도 있다.

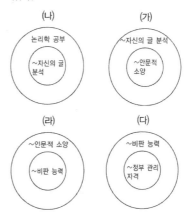

29 ④

출발지와 도착지는 경도가 다른 지역이므로 주어진 설명의 3번에 해당된다. 따라서 두 지점의 시차를 계산해 보면 (135+120)÷5＝17시간이 된다.

또한, 인천이 로스앤젤레스보다 더 동쪽에 위치하므로 인천이 로스앤젤레스보다 17시간이 빠르게 된다. 다시 말해, 로스앤젤레스가 인천보다 17시간이 느리다. 따라서 최 과장이 도착지에 7월 10일 오전 11시까지 도착하기 위해서는 비행시간이 12시간이므로 도착지 시간 기준 늦어도 7월 9일 오후 11시에는 출발지에서의 탑승이 이루어져야 한다. 그러므로 7월 9일 오후 11시를 출발지 시간으로 환산하면, 7월 10일 오후 4시가 된다. 따라서 최 과장이 탑승할 수 있는 가장 늦은 항공편은 KR204임을 알 수 있다.

30 ①

동일한 경로의 역순을 제외하면, 신 대리가 이동할 수 있는 경우의 수와 그에 따른 이동 거리는 다음과 같다.

첫째, 회사 – E지점 – D지점 – C지점 – B지점 – F지점 – 회사

→ 12+6+3+8+4+6.5=39.5km

둘째, 회사 – B지점 – F지점 – C지점 – D지점 – E지점 – 회사

→ 7.5+4+11+3+6+12=43.5km

따라서 최단거리로 이동하였을 경우의 총 이동 거리는 39.5km가 된다.

31 ④

최단거리 이동 경로인 '회사 – E지점 – D지점 – C지점 – B지점 – F지점 – 회사'에서 연비가 다른 구간을 구분하면 다음과 같다.

- 비포장도로 : 회사 – E지점 – D지점(12+6=18km), C지점 – B지점(8km) → 총 24km
- 고속도로 : D지점 – C지점 → 총 3km
- 시내 : B지점 – F지점 – 회사 → 총 4+6.5=10.5km

연료비는 '이동 거리÷연비×리터 당 휘발유 가격'이 되므로 각 구간별 연료비를 다음과 같이 계산할 수 있다.

- 비포장도로 : (18+8)÷12×1,500=3,250원
- 고속도로: 3÷15×1,500=300원
- 시내: 10.5÷10.5×1,500=1,500원

따라서 연료비의 합계는 3,250+300+1,500=5,050원이 된다.

32 ③

	연필	지우개	샤프심	매직
갑	o	x	o	x
을	o	x	o	x
병	x	o	x	o
정	x	x	o	x

33 ①

① 모든 호랑이는 어떤 육식동물에 포함되므로 '모든 호랑이는 노래를 잘한다.'라는 전제를 통해 참이 되는 것을 알 수 있다.

34 ③

영업팀은 영어 능통자와 대인관계가 원만한 자를 원하고 있으므로 미국에서 거주한 정과 폭넓은 대인관계를 가진 을이 배치되는 것이 가장 적절하다. 또한 인사팀은 인사 행정을 처리할 프로그램 업무를 원활히 수행할 수 있는 컴퓨터 활용 우수자인 병이 적절하다. 나머지 갑은 바리스타 자격을 보유하여 외향적인 성격을 소유하였다고 판단할 수 있으며, 무는 광고학을 전공하였고 융통성 있는 사고력도 소유한 직원으로 홍보팀에 알맞은 자질을 보유한 것으로 볼 수 있다. 따라서 보기 ③과 같은 인력 배치가 자질과 능력에 따른 적재적소에 인력을 배치한 것이 된다.

35 ②

6월 초에는 4월 재고분과 5월 입고분이 함께 창고에 있게 된다. 따라서 수량은 SS 품목이 4,295장으로 2,385장인 FW 품목보다 많지만, 재고 금액은 FW 품목이 더 큰 것을 알 수 있다.

① 각각 380, 195, 210장이 입고되어 모두 SS 품목의 수량보다 많다.

③ SS와 FW 모두 Apparel, Footwear, Equipment의 순으로 평균 단가가 높다.

④ 재고와 입고 수량 간의 비례 또는 반비례 관계가 성립하지 않으므로 재고 수량이 많거나 적은 것이 입고 수량의 많고 적음에 의해 결정된 것이 아님을 알 수 있다.

36 ④

이번 달 임대료는 이미 모두 지불하였을 것이므로 $(540,000+350,000)\times1.1=979,000$원을 지불한 상태가 된다. 이 중, 사무실 사용일이 10일이므로 $979,000\div30\times10=326,333$원은 지불해야 하고 $979,000-326,333=652,667$원을 돌려받아야 한다. 또한 부가세를 포함하지 않은 1개월 치 임대료인 $540,000+350,000=890,000$원을 돌려받아야 한다. 따라서 총 $652,667+890,000=1,542,667$원을 사무실 주인으로부터 돌려받아야 한다.

37 ③

〈보기〉의 의견을 살펴보면 다음과 같다.

가. 중국, 미국, 인도 등의 나라가 소비 순위 1~3위를 차지하고 있다는 것은 인구수와 에너지 및 전력의 소비량이 대체적으로 비례한다고 볼 수 있다.

나. 단순 수치로 비교할 경우, 미국은 에너지 소비량 대비 석유 소비량이 $838\div2,216\times100=$약 38% 수준이나, 일본은 $197\div442\times100=$약 45% 수준이므로 일본이 가장 많다.

다. 석유 : 전력의 비율을 의미하므로 인도의 경우 $1,042\div181=$약 5.8배이나 중국의 경우 $5,357\div527=$약 10.2배이므로 중국의 비율 차이가 가장 크다(어림값으로도 비교 가능).

38 ①

㉠㉡㉢는 직접비용, ㉣㉤㉥는 간접비용에 해당한다.

※ 직접비용과 간접비용

㉠ 직접비용 : 제품 생산 또는 서비스를 창출하기 위해 직접 소비된 것으로 여겨지는 비용으로 재료비, 원료와 장비, 시설비, 인건비 등이 있다.

㉡ 간접비용 : 제품을 생산하거나 서비스를 창출하기 위해 소비된 비용 중에서 직접비용을 제외한 비용으로 제품 생산에 직접 관련되지 않은 비용을 말한다. 간접비용의 경우 과제에 따라 매우 다양하며 보험료, 건물관리비, 광고비, 통신비, 사무비품비, 각종 공과금 등이 있다.

39 ③

SMART법칙 … 목표를 어떻게 설정하고 그 목표를 성공적으로 달성하기 위해 꼭 필요한 필수 요건들을 S.M.A.R.T. 5개 철자에 따라 제시한 것이다.

㉠ Specific(구체적으로) : 목표를 구체적으로 작성한다.

㉡ Measurable(측정 가능하도록) : 수치화, 객관화시켜서 측정 가능한 척도를 세운다.

㉢ Action-oriented(행동 지향적으로) : 사고 및 생각에 그치는 것이 아닌 행동을 중심으로 목표를 세운다.

㉣ Realistic(현실성 있게) : 실현 가능한 목표를 세운다.

㉤ Time limited(시간적 제약이 있게) : 목표를 설정함에 있어 제한 시간을 둔다.

40 ③

식량 부족 문제를 해결하기 위해서는 더 많은 식량을 생산해 내야하지만, 토지를 무한정 늘릴 수 없을 뿐 아니라 이미 확보한 토지마저도 미래엔 줄어들 수 있음을 언급하고 있다. 이것은 식량이라는 자원을 초점으로 하는 것이 아닌 이미 포화 상태에 이르러 유한성을 드러낸 토지에서 어떻게 하면 더 많은 식량을 생산할 수 있는지를 고민하고 있다. 따라서 토지라는 자원은 유한하며 어떻게 효율적인 활용을 할 수 있는지를 주제로 담고 있다고 볼 수 있다.

41 ②

합리적인 인사관리의 원칙

㉠ 적재적소 배치의 원리 : 해당 직무 수행에 가장 적합한 인재를 배치

㉡ 공정 보상의 원칙 : 근로자의 인권을 존중하고 공헌도에 따라 노동의 대가를 공정하게 지급

㉢ 공정 인사의 원칙 : 직무 배당, 승진, 상벌, 근무 성적의 평가, 임금 등을 공정하게 처리

㉣ 종업원 안정의 원칙 : 직장에서의 신분 보장, 계속해서 근무할 수 있다는 믿음으로 근로자의 안정된 회사 생활 보장

42 ②

조직 문화의 분류와 그 특징은 다음과 같은 표로 정리될 수 있다. (대)와 같이 개인의 자율성을 추구하는 경우는 조직문화의 고유 기능과 거리가 멀다고 보아야 한다.

관계지향 문화	• 조직 내 가족적인 분위기의 창출과 유지에 가장 큰 역점을 둠 • 조직 구성원들의 소속감, 상호 신뢰, 인화/단결 및 팀워크, 참여 등이 이 문화유형의 핵심가치로 자리 잡음
혁신지향 문화	• 조직의 유연성을 강조하는 동시에 외부환경에의 적응성에 초점을 둠 • 따라서 이러한 적응과 조직성장을 뒷받침할 수 있는 적절한 자원획득이 중요하고, 구성원들의 창의성 및 기업가정신이 핵심 가치로 강조됨
위계지향 문화	• 조직 내부의 안정적이고 지속적인 통합/조정을 바탕으로 조직효율성을 추구함 • 이를 위해 분명한 위계질서와 명령계통, 그리고 공식적인 절차와 규칙을 중시하는 문화임
과업지향 문화	• 조직의 성과 달성과 과업 수행에 있어서의 효율성을 강조함 • 따라서 명확한 조직목표의 설정을 강조하며, 합리적 목표 달성을 위한 수단으로서 구성원들의 전문능력을 중시하며, 구성원들 간의 경쟁을 주요 자극제로 활용함

43 ③

어느 조직이라도 조직의 업무를 방해하는 요인이 자연스럽게 생겨나게 된다. 전화, 방문, 인터넷, 메신저, 갈등관리, 스트레스 등이 대표적인 형태의 업무 방해요인이다. 업무를 효과적으로 수행하기 위해서는 방해요인에는 어떤 것이 있는지 알아야 한다. 특히, 방해요인들을 잘 활용하면 오히려 도움이 되는 경우도 있으므로 이를 효과적으로 통제하고 관리할 필요가 있다.

반드시 모든 이메일에 즉각적으로 대답할 필요는 없으며, 선별을 하고 시간을 정해 계획대로 처리한다면 보다 효과적이고 생산적인 시간 내에 많은 이메일을 관리할 수 있다.

44 ④

회사 전화를 내 핸드폰으로 받는 기능은 팀장급 이상의 자리에 있는 대표 전화기로만 가능하기 때문에 신입사원에게 교육하지 않아도 되는 항목이다.

45 ②

전화를 당겨 받는 경우에는 *(별표)를 두 번 누른다.

46 ④

국내 출장비 50만 원 이하인 경우 출장계획서는 팀장 전결, 출장비신청서는 부장 전결이므로 사원 甲씨가 작성해야 하는 결재 양식은 다음과 같다.

출장계획서				
결재	담당	팀장	부장	최종결재
	甲	전결	/	팀장

출장비신청서				
결재	담당	팀장	부장	최종결재
	甲		전결	부장

47 ②

부의금은 접대비에 해당하는 경조사비이다. 30만 원이 초과되는 접대비는 접대비지출품의서, 지출결의서 모두 대표이사 결재사항이다. 따라서 사원 乙씨가 작성해야 하는 결재 양식은 다음과 같다.

접대비지출품의서				
결재	담당	팀장	부장	최종결재
	乙			대표이사

지출결의서				
결재	담당	팀장	부장	최종결재
	乙			대표이사

48 ④

① 조직의 사명은 조직의 비전, 가치와 신념, 조직의 존재이유 등을 공식적인 목표로 표현한 것이다. 반면에, 세부목표 혹은 운영목표는 조직이 실제적인 활동을 통해 달성하고자 하는 것으로 사명에 비해 측정 가능한 형태로 기술되는 단기적인 목표이다.

② 조직목표는 한번 수립되면 달성될 때까지 지속되는 것이 아니라 환경이나 조직 내의 다양한 원인들에 의해 변동되거나 없어지고 새로운 목표로 대치되기도 한다.

③ 조직구성원들은 자신의 업무를 성실하게 수행한다고 하더라도 전체 조직목표에 부합되지 않으면 조직목표가 달성될 수 없으므로 조직목표를 이해하고 있어야 한다.

④ 조직은 다수의 조직목표를 추구할 수 있다. 이러한 조직목표들은 위계적 상호관계가 있어서 서로 상하관계에 있으면서 영향을 주고받는다.

49 ④

목표에 의한 관리방식(Management By Objectives ; MBO)은 기업 조직의 경우 단기적인 목표와 그에 따른 성과에만 급급하여 기업 조직의 사기 및 분위기나 문화 등이 경영환경에 대응해야만 하는 조직의 장기적인 안목에 대한 전략이 약화될 수 있으므로 주의해야 하며 동시에 목표설정의 곤란, 목표 이외 사항의 경시 가능성, 장기 목표의 경시 가능성 등의 문제점이 발생할 수 있다.

50 ④

출장을 위한 항공 일정 확인 및 확정 업무는 총무팀의 협조가 필요하며, 퇴직자의 퇴직금 정산 내역은 인사팀의 협조가 필요하다. 사업계획 관련 회의는 기획팀에서 주관하는 회의가 될 것이며, 전년도 실적 자료를 입수하는 것은 회계팀에 요청하거나 회계팀의 확인 작업을 거쳐야 공식적인 자료로 간주될 수 있을 것이다. 따라서 총무, 인사팀, 기획팀, 회계팀과의 업무 협조가 예상되는 상황이며, 외환팀과의 업무 협조는 '오늘' 예정되어 있다고 볼 수 없다.

정답 및 해설

Answer

1	2	3	4	5	6	7	8	9	10
④	②	③	③	④	④	③	②	②	②
11	12	13	14	15	16	17	18	19	20
②	④	④	④	④	①	④	①	④	④
21	22	23	24	25	26	27	28	29	30
①	②	②	④	③	②	①	③	②	②
31	32	33	34	35	36	37	38	39	40
④	④	③	③	②	④	③	④	③	④
41	42	43	44	45	46	47	48	49	50
④	①	③	③	④	③	④	③	④	④

1 ④

밑줄 친 부분은 '(속되게) 이익이 되는 어떤 것이나 사람을 차지하다.'라는 의미로 사용되었다.
① ('책임' 따위를 목적어 성분으로 하여) 어떠한 일에 대한 책임을 따지다.
② 무엇을 밝히거나 알아내기 위하여 상대편의 대답이나 설명을 요구하는 내용으로 말하다.
③ 입 속에 넣어 두다.

2 ②

㈐는 '그것은'으로 시작하는데 '그것'이 무엇인지에 대한 설명이 필요하기 때문에 ㈐는 첫 번째 문장으로 올 수 없다. 따라서 첫 번째 문장은 ㈎가 된다. '겉모습을 인물 그려내기라고 인식하기 쉽다는 일반적인 통념을 언급하는 ㈎의 다음 문장으로, '하지만'으로 연결하며 '내면'에 대해 말하는 ㈐가 적절하다. 또 ㈐후반부의 '눈에 보이는 것 거의 모두'를 ㈏에서 이어 받고 있으며, ㈏의 '공간'에 대한 개념을 ㈑에서 보충 설명하고 있다.

3 ③

화자는 문두에서 한 번에 두 가지 이상의 일을 하는 것은 마음에게 흩어지라고 지시하는 것이라고 언급한다. 또한 글의 중후반부에서 당신이 하는 모든 일은 당신의 온전한 주의를 받을 가치가 있는 것이어야 한다고 강조한다. 따라서 이 글의 중심 내용은 ③이 적절하다.

4 ③

※ 인출(引出) : 예금 따위를 찾음.
※ 도출(導出) : 판단이나 결론 따위를 이끌어 냄.
※ 색출(索出) : 샅샅이 뒤져서 찾아냄.

5 ④

• 선약이 있어서 모임에 참석이 어렵게 되었다.
• 홍보가 부족했는지 사람들의 참여가 너무 적었다.
• 그 대회에는 참가하는 데에 의의를 두자.
• 손을 뗀다고 했으면 참견을 마라.
• 대중의 참여가 배제된 대중문화는 의미가 없다.
① 참여 : 어떤 일에 끼어들어 관계함
② 참석 : 모임이나 회의 따위의 자리에 참여함
③ 참가 : 모임이나 단체 또는 일에 관계하여 들어감
④ 참관 : 어떤 자리에 직접 나아가서 봄
※ '참여'는 '어떤 일에 관계하다'의 의미로서 쓰여 그 일의 진행 과정에 개입해 있는 경우를 드러내는 데에 쓰이는 것인데 반해서, '참석'은 모임이나 회의에 출석하는 것의 의미를 지니는 경우에 사용되며, '참가'는 단순한 출석의 의미가 아니라 '참여'의 단계로 들어가는 과정을 나타내는 것으로 이해하여 볼 수 있다.

6 ④

④ '다각화를 하는 이유에 대해서는 여러 가지 설명들이 제시되었는데 크게 보자면 <u>주주들의 이익에서 그 이유를 찾는 설명들</u>과 <u>경영자들의 이익에서 그 이유를 찾는 설명들</u>로 나눌 수 있다.'라는 부분을 통해 제시문에서 다각화의 이유를 설명하는 두 가지 관점이 제시될 것임을 파악할 수 있다. 먼저 '주주들의 이익 추구가 다각화의 목적'이라는 입장이 제시되었으므로 이어질 내용은 '경영자들의 이익 추구가 다각화의 목적'이라는 입장이다.

7 ③

사조로서의 19세기 사실주의가 오래 존속되지 못한 이유에 대해서는 알 수 없고, 그 영향이 지속되었다는 사실만 4문단에서 알 수 있다.

8 ②

추운 지방에 사는 동물들이 몸집이 큰 이유에 대해서 설명하고 있는 글이다.

9 ②

윗글은 한국인들의 여가를 즐길 줄 모르는 문화를 지적하며, 여가문화를 올바르게 누릴 수 있는 방안을 제시하고 있다. 따라서 서구 사회에서 이미 학문화되어 있는 여가학에 보다 많은 관심을 가져 진정한 의미의 여가를 즐길 수 있어야 한다는 것이 글에서 이야기하는 궁극적인 목적이라고 할 수 있다.

10 ②

필자는 여가를 잘 보내기 위해서는 사소하고 작은 일에도 재미를 느낄 수 있어야 한다고 주장하고 있으나, 이것은 여가를 특별하지 않은 일로 구성해야 한다고 주장하는 것은 아니다. 특별한 일을 해야만 한다는 관념을 버리고 의미 있는 일을 찾아 행하는 것이 진정한 여가라는 것이므로, 각자의 환경과 특성에 맞고 재미를 찾을 수 있는 활동이 여가의 핵심이라고 주장하는 것이다.

11 ②

홀수 항만 보면 +7씩, 짝수 항만 보면 −7씩 변화하는 규칙을 가진다.

12 ④

형이 학교까지 가는 데 걸린 시간 x
동생이 학교까지 가는 데 걸린 시간 $(x-24)$
두 사람의 이동거리는 같으므로
$50x = 200(x-24)$
$\therefore x = 32$

13 ④

통화량이 x분인 사람의 요금은
통신사 A의 경우 $40,000+60(x-300)$, 통신사 B의 경우 $50,000+50(x-400)$이므로
$50,000+50(x-400) < 40,000+60(x-300)$일 때 A를 선택했을 때보다 더 이익이다.
$\therefore x > 800(분)$

14 ④

전 직원의 수를 x라 하면, 과민성대장증상을 보이는 직원의 수는 $\dfrac{2}{3}x$가 된다. 이 중 아침 식사를 하는 직원의 수 $\dfrac{2}{3}x \times \dfrac{3}{4} = 144$에서 전 직원 수 x를 구하면 288명이 된다.

15 ④

① 소득의 증가와 소비지출의 증가가 반드시 일치하지는 않는다.
② 월평균 소득과 평균소비성향은 서로 반비례적인 관계를 보이지 않는다.
③ 우리나라 도시 근로자 가구는 대개 소득의 70～76% 정도를 지출하고 있다.

16 ①

① 분기별 판매량의 평균은 두 제품 모두 약 50이다. 편차는 A제품의 경우 1/4분기와 2/4분기에서 약 10으로 가장 크고, B제품의 경우 1/4분기에서 약 30으로 가장 크다. 따라서 동일한 시기에 두 제품의 편차가 모두 가장 크다고 할 수 없다.

② 4/4분기 A, B 각 제품의 판매량을 a, b라고 할 때, A제품의 연간 판매량은 60 + 40 + 50 + a = 150 + a이고, B제품의 연간 판매량은 20 + 70 + 60 + b = 150 + b이다. 막대그래프에서 'a < b'이므로 B제품이 A제품보다 연간 판매량이 더 많다.

③ 세 분기 동안(1/4분기, 2/4분기, 3/4분기) 두 제품의 평균을 구해보면, A 평균 판매량 $= \frac{60+40+50}{3} = 50$, B 평균 판매량 $= \frac{20+70+60}{3} = 50$으로, 두 제품의 평균 판매량은 동일하다.

④ 1/4분기에는 40, 2/4분기에는 30, 3/4분기에는 10, 4/4분기에는 10미만의 판매량 차이를 보이며 연말이 다가올수록 점점 감소한다.

17 ④

① 각 항목별로 모두 결과가 다르기 때문에 단언할 수 없다.

② 효과성 항목에서 '약간 불만족'으로 응답한 전문가 수는 '매우 불만족'으로 응답한 정책대상자 수보다 적다.

③ 체감만족도 항목에서 만족비율은 정책대상자가 31%, 전문가가 30.3%로 정책대상자가 전문가보다 높다.

18 ①

매우 만족하는 사람 : 294 × 0.048 = 14.112 → 14명
약간 만족하는 사람 : 294 × 0.282 = 82.908 → 83명

19 ④

전체 기업 수의 약 99%에 해당하는 기업은 중소기업이며, 중소기업의 매출액은 1,804조 원으로 전체 매출액의 약 37.9%($= \frac{1,804}{2,285+671+1,804} \times 100$)를 차지하여 40%를 넘지 않는다.

① 대기업이 매출액, 영업이익 모두 가장 높은 동시에, 기업군에 속한 기업 수가 가장 적으므로 1개 기업당 매출액과 영업이익 실적이 가장 높게 나타난다.

② 매출액 대비 영업이익은 $\frac{영업이익}{매출액} \times 100$이 될 것이므로 대기업이 $\frac{177}{2,285} \times 100 ≒ 7.7\%$로 가장 높고, 그 다음이 중견기업($\frac{40}{671} \times 100 ≒ 6.0\%$), 마지막이 중소기업($\frac{73}{1,804} \times 100 ≒ 4.0\%$)이 된다.

③ 대기업은 2,047,000÷2,191=약 934명이며, 중견기업은 1,252,000÷3,969=약 315명이므로 3배에 육박한다고 말할 수 있다.

20 ④

④ A매장은 1,900만 원에 20대를 구매할 수 있다. B매장은 20대를 구매하면 2대를 50% 할인 받을 수 있어 1,900만 원에 구매할 수 있다. C매장은 20대를 구매하면 1대를 추가로 증정 받아 1,980만 원에 구매할 수 있다. 그러므로 저렴하게 구입할 수 있는 매장은 A매장과 B매장이다.

① C매장에서는 50대를 구매하면, 총 가격이 4,950만 원이며 2대를 추가로 받을 수 있다.

② A매장에서는 30대를 구매하면 3대를 추가로 증정하므로, 3,000만 원에 33대를 구매할 수 있다.

③ B매장에서는 10대를 구매하면 1대를 50% 할인 받아 950만 원이고, C매장에서는 모두 정가로 구매하여 990만 원이다.

21 ①

한글편집팀은 1, 편집기획팀은 2, 디자인팀은 3을 나타낸다.

22 ②

잘 살펴보면 팀장은 0, 대리는 1, 사원은 2를 나타낸다.

23 ②

문서가 인쇄되지 않을 경우 B항목을 확인해야 한다.

24 ④

④는 인쇄 출력 품질이 떨어졌을 때 확인해야 할 사항이다.

25 ③

인쇄 속도가 느릴 경우

㉠ 인쇄 대기열의 오류 문서를 취소하도록 한다.

㉡ 하드디스크의 사용 가능한 공간의 양을 늘려 보도록 한다.

26 ②

보온은 12시간 이내로 하는 것이 좋습니다.

27 ①

쌀은 반드시 계량컵을 사용하여 정확히 계량하여 넣으며, 물의 양은 내솥을 평평한 곳에 놓고 내솥의 물 높이에 맞춘다.

28 ③

취사 또는 요리 중 부득이 하게 취소할 경우 내솥 내부 온도가 높으면 안전을 위해 [취소]버튼을 1초간 눌러야 취사 또는 요리가 취소된다.

29 ②

㉡ 참가자는 무작위로 선정한 것이 아니라 시음회의 참여를 원하는 직원을 대상으로 선정하였기 때문에 전체 직원에 대한 대표성이 확보되었다고 보기는 어렵다.

㉣ 대표성을 확보하기 위해서는 우리나라의 남녀 비율이 아닌 A회사의 남녀 비율을 고려하여 선정하는 것이 더 적절하다.

30 ②

찬수, 민희, 지민, 태수의 동호회 참석은 다음 표와 같다.

	저번 주	이번 주
찬수	?	불참
민희	참석	불참
지민	참석	불참
태수	?	참석

① 찬수는 이번 주 동호회 모임에 나오지 않았다.

③④ 찬수와 태수의 저번 주 동호회 모임 참여 여부는 알 수 없다.

31 ④

직접비에는 인건비, 재료비, 원료와 장비비, 여행 및 잡비, 시설비 등이 포함되며, 간접비에는 보험료, 건물 관리비, 광고비, 통신비, 사무비품비, 각종 공과금 등이 포함된다. 따라서 제시된 예산 집행 및 배정 현황을 직접비와 간접비를 구분하여 다음과 같이 나누어 볼 수 있다.

항목	2분기		3분기	
	직접비	간접비	직접비	간접비
직원급여	200,850,000		195,000,000	
상여금	6,700,000		5,700,000	
보험료		1,850,000		1,850,000
세금과 공과금		1,500,000		1,350,000
수도광열비		750,000		800,000
잡비	1,000,000		1,250,000	
사무용품비		230,000		180,000
여비교통비	7,650,000		5,350,000	
퇴직급여충당금	15,300,000		13,500,000	
통신비		460,000		620,000
광고선전비		530,000		770,000
합계	231,500,000	5,320,000	220,800,000	5,570,000

따라서 2분기보다 3분기에 직접비의 배정 금액은 더 감소하였으며, 간접비의 배정 금액은 더 증가하였음을 알 수 있다.

32 ④

대외거래 결과, 예금취급기관의 대외자산은 수출대금이 100달러, 뱅크 론이 50달러 늘어났으나, 수입대금으로 50달러, 차입금상환으로 20달러를 매도함으로써 총 80달러가 늘어나게 되어 총 대외수지는 80달러 흑자가 된 경우이다.

33 ③

싱가포르의 경우 수에즈 운하를 경유하는 것이 가장 짧은 거리이며, 다음으로 파나마 운하, 희망봉의 순임을 알 수 있다.

34 ③

김씨 : $(24 \times 5) - (6 \times 3) + (16 \times 10) - (4 \times 5) = 242$
이씨 : $(20 \times 5) - (10 \times 3) + (19 \times 10) - (1 \times 5) = 255$
정씨 : $(28 \times 5) - (2 \times 3) + (15 \times 10) - (5 \times 5) = 259$

35 ②

② 자원의 적절한 관리가 필요한 이유는 자원의 유한성 때문이다.

36 ④

일반적 질병으로 60일 병가를 모두 사용하였고, 부상으로 인한 지각·조퇴·외출 누계 허용 시간인 8시간을 1시간 넘겼으므로 규정 내의 병가 사용이라고 볼 수 없다.

37 ③

③ 시간은 시절에 따라 밀도와 가치가 다르다. 인생의 황금기, 황금시간대 등은 시간자원의 이러한 성격을 반영하는 말이다.

38 ④

광산물의 경우 총 교역액에서 수출액이 차지하는 비중은 $39,456 \div 39,975 \times 100 =$ 약 98.7%이나, 잡제품의 경우 $187,132 \div 188,254 \times 100 =$ 약 99.4%의 비중을 보이고 있으므로 총 교역액에서 수출액이 차지하는 비중이 가장 큰 품목은 잡제품이다.

39 ③

무역수지가 가장 큰 품목은 잡제품으로 무역수지 금액은 $187,132 - 1,122 = 186,010$천 달러에 달하고 있다.

40 ④

감사실장, 이사회의장, 비서실장, 미래 전략실장, A부사장은 모두 사장과 직접적인 업무 라인으로 연결되어 있으므로 직속 결재권자가 사장이 된다.

41 ④

백만 불 이상 예산이 집행되는 사안이므로 최종 결재권자인 사장을 대동하여 출장을 계획하는 것은 적절한 행위로 볼 수 있다.
① 사장 부재 시 차상급 직위자는 부사장이다.
② 출장 시 본부장은 사장, 직원은 본부장에게 각각 결재를 득하면 된다.
③ 결재권자의 부재 시, 차상급 직위자의 전결로 처리하되 반드시 결재권자의 업무 복귀 후 후결로 보완한다는 규정이 있다.

42 ①

② 가격을 낮추어 기타 업체들과 경쟁하는 전략으로 WO전략에 해당한다.
③ 위협을 회피하고 약점을 최소화하는 WT전략에 해당한다.
④ 정부의 지원이라는 기회를 활용하여 약점을 극복하는 WO전략에 해당한다.

43 ③

①③ 업체 간의 업무 제휴라는 기회를 통해 약점을 극복한 WO전략에 해당한다.

② IT기술과 전자상거래 기술 발달이라는 기회를 통해 약점을 극복한 WO전략에 해당한다.

④ 강점을 이용하여 위협을 회피하는 ST전력에 해당한다.

44 ③

③ 서버 부족이라는 약점을 극복하여 사용이 증대되고 있는 스마트폰 시장에서 이용자를 유치하는 WO전략에 해당한다.

45 ④

ⓒ 구성원들이 서로 유대감을 가지고 협동, 단결할 수 있도록 하는 것은 단결의 원칙이다.

대출 및 자녀 학비 보조금 지원은 법정 외 복리 후생제도에 의한 지원이다.

자재를 필요한 시기에 공급하는 것은 적시 생산 시스템이다.

기업의 구성원 전체가 품질 관리에 참여도록 하는 것은 종합적 품질 관리이다.

46 ③

① 관계지향적인 문화이며, 조직구성원 간 인간애 또는 인간미를 중시하는 문화로서 조직내부의 통합과 유연한 인간관계를 강조한다. 따라서 조직구성원 간 인화단결, 협동, 팀워크, 공유가치, 사기, 의사결정 과정에 참여 등을 중요시하며, 개인의 능력개발에 대한 관심이 높고 조직구성원에 대한 인간적 배려와 가족적인 분위기를 만들어내는 특징을 가진다.

② 높은 유연성과 개성을 강조하며 외부환경에 대한 변화지향성과 신축적 대응성을 기반으로 조직구성원의 도전의식, 모험성, 창의성, 혁신성, 자원획득 등을 중시하며 조직의 성장과 발전에 관심이 높은 조직문화를 의미한다. 따라서 조직구성원의 업무수행에 대한 자율성과 자유재량권 부여 여부가 핵심요인이다.

④ 조직내부의 통합과 안정성을 확보하고 현상유지차원에서 계층화되고 서열화된 조직구조를 중요시하는 조직문화이다. 즉, 위계질서에 의한 명령과 통제, 업무처리 시 규칙과 법을 준수하고, 관행과 안정, 문서와 형식, 보고와 정보관리, 명확한 책임소재 등을 강조하는 관리적 문화의 특징을 나타내고 있다.

47 ④

지원본부의 역할은 생산이나 영업 등 자체의 활동보다 출장이나 교육 등 타 팀이나 전사 공통의 업무 활동에 있어 해당 조직 자체적인 역량으로 해결하기 어렵거나 곤란한 업무를 원활히 지원해 주는 일이 주된 업무 내용이 된다.

제시된 팀은 지원본부(기획, 총무, 인사/교육, 홍보/광고), 사업본부(마케팅, 영업, 영업관리), 생산본부(생산관리, 생산기술, 연구개발) 등으로 구분하여 볼 수 있다.

48 ③

문제의 지문은 공생 마케팅을 설명하고 있다. 소주업계와 화장품 회사 간의 자원의 연계로 인해 시너지 효과를 극대화시키는 전략이다. 즉, 공생 마케팅 (Symbiotic Marketing)은 동일한 유통 경로 수준에 있는 기업들이 자본, 생산, 마케팅 기능 등을 결합해 각 기업의 경쟁 우위를 공유하려는 마케팅 활동으로써 이에 참여하는 업체가 경쟁 관계에 있는 경우가 보통이며 자신의 브랜드는 그대로 유지한다. 흔히, 경쟁 관계에 있는 업체끼리의 제휴라는 면에서 이는 적과의 동침이라고 불리기도 한다. 또한 다른 말로 수평적 마케팅 시스템 (Horizontal Marketing System)이라고도 할 수 있다.

① 디 마케팅 (De Marketing), ② 니치 마케팅 (Niche Marketing), ④ 바이러스 마케팅 (Virus - Marketing)을 각각 설명한 것이다.

49 ④

두 번째 문단에 "여기에 치열했던 브레인스토밍도 희망 요소다."에서 알 수 있듯이 지문에 나와 있는 회의 방식은 브레인스토밍이다. 브레인스토밍은 문제를 해결하기 위해서는 혼자만의 구상보다는 여러 사람이 함께하는 방법이 더 효과적일 수 있다는 인지 하에 주어진 한 가지 문제를 놓고 여러 사람이 머리를 맞대고 회의를 통해 아이디어를 구상하는 방법으로, 많은 아이디어를 얻는 데 매우 효과적인 방법을 의미한다. "태극전사들은 틈날 때마다 머리를 맞대고 자체 미팅을 가졌다.", "식당과 커피숍, 숙소~훈련장(경기장)을 왕복한 버스, 심지어 아침식사 전 머리를 깨우기 위해 갖는 가벼운 산책길에서도 선수들은 수시로 토론을 했다."에서 보듯이 브레인스토밍임을 암시하고 있는데 ④의 경우 회의를 통해 양적으로 아이디어 수는 많아지지만 지속적인 회의를 통해 내용이 걸러지게 되므로 그 중에서 더 나은 질적인 우수한 아이디어가 나올 가능성이 많아지게 되는 것이다.

50 ④

표에서 보면 사장 아래에 있는 부서는 4실(기획조정실, 경영지원실, 전략사업실, IT 전략실) 1단(정보보안단)으로 구성되어져 있음을 알 수 있다.

정답 및 해설

1	2	3	4	5	6	7	8	9	10
①	④	②	③	②	④	④	④	①	③
11	12	13	14	15	16	17	18	19	20
④	①	③	②	③	④	④	③	④	④
21	22	23	24	25	26	27	28	29	30
①	④	②	③	④	①	③	③	②	③
31	32	33	34	35	36	37	38	39	40
③	③	②	③	④	③	④	③	③	③
41	42	43	44	45	46	47	48	49	50
②	④	②	④	②	①	②	①	④	③

1 ①

제시된 지문은 공문서의 한 종류인 보도자료에 해당한다. 마지막 문단에 밑줄 친 '거쳐'의 앞뒤 문맥을 파악해 보면, 지방재정협의회에서 논의한 지역 현안 사업은 각 부처의 검토 단계를 밟은 뒤 기재부에 신청되고, 이후 관계 기관의 협의를 거쳐 내년도 예산안에 반영함을 알 수 있다. 즉, 밑줄 친 '거쳐'는 '어떤 과정이나 단계를 겪거나 밟다.'의 의미로 사용되었다. 보기 중 이와 동일한 의미로 쓰인 것은 ①이다.
② 마음에 거리끼거나 꺼리다.
③ 오가는 도중에 어디를 지나거나 들르다.
④ 무엇에 걸리거나 막히다.

2 ④

작자는 오래된 물건의 가치를 단순히 기능적 편리함 등의 실용적인 면에 두지 않고 그것을 사용해온 시간, 그동안의 추억 등에 두고 있으며 그렇기 때문에 오래된 물건이 아름답다고 하였다.

3 ②

인간은 매체를 사용하여 타인과 소통하는데 그 매체는 음성 언어에서 문자로 발전했으며 책이나 신문, 라디오나 텔레비전, 영화, 인터넷 등으로 발전해 왔다. 매체의 변화는 사람들 간의 소통양식은 물론 문화 양식에까지 영향을 미친다. 현대에는 음성, 문자, 이미지, 영상, 음악 등이 결합된 매체 환경이 생기고 있다. 이 글에서는 텔레비전 드라마가 인터넷, 영화, 인쇄매체 등과 연결되어 복제되는 형상을 낳기도 하고 수용자의 욕망이 매체에 드러난다고 언급한다. 즉 디지털 매체 시대의 독자는 정보를 수용하기도 하지만 생산자가 될 수도 있음을 언급하고 있다고 볼 수 있다.

4 ③

빈칸 이후의 문장에서 단기 이익의 극대화가 장기 이익의 극대화와 상충될 때에는 단기 이익을 과감하게 포기하기도 한다고 제시되어 있으므로 ③이 가장 적절하다.

5 ②

② 수요와 공급 중 보다 탄력적인 쪽이 세금을 더 적게 부담한다.

6 ④

④ 세 번째 문단에서 알 수 있듯이 세금을 구입자에게 부과할 경우 공급 곡선은 이동하지 않는다.

7 ④

④ 공정한 보험에서는 보험료율과 사고 발생 확률이 같아야 하므로 A와 B에서의 보험료가 서로 같다면 A의 보험금이 2배이다. 따라서 A와 B에서의 보험금에 대한 기댓값은 서로 같다.

① A에서 보험료를 두 배로 높이면 보험금과 보험금에 대한 기댓값이 모두 두 배가 된다.

② B에서 보험금을 두 배로 높이면 보험료와 보험금에 대한 기댓값이 모두 두 배가 된다.

③ 공정한 보험에서는 보험료율과 사고 발생 확률이 같아야 하므로 A에 적용되는 보험료율과 B에 적용되는 보험료율은 서로 다르다.

8 ④

① 중대한 과실로 인해 알지 못한 경우에는 보험 가입자가 고지 의무를 위반했어도 보험사의 해지권은 배제되며 보험금은 돌려받을 수 없다.

② 이미 보험금을 지급했더라도 계약을 해지할 수 있고 보험금에 대한 반환을 청구할 수 있다.

③ 보험 가입자의 잘못보다 보험사의 잘못에 더 책임을 둔다.

9 ①

'완수'가 들어가서 의미를 해치지 않는 문장은 없다. 빈칸을 완성하는 가장 적절한 단어들은 다음과 같다.

㉮, ㉭ 대처

㉯, ㉰ 수행

㉱ 대행

㉲ 대비

10 ③

③ 영희가 장갑을 이미 낀 상태인지, 장갑을 끼는 동작을 진행 중인지 의미가 확실치 않은 동사의 상적 속성에 의한 중의성의 사례가 된다.

① 수식어에 의한 중의성의 사례로, 길동이가 나이가 많은 것인지, 길동이와 을순이 모두가 나이가 많은 것인지가 확실치 않은 중의성을 포함하고 있다.

② 접속어에 의한 중의성의 사례로, '그 녀석'이 나와 함께 가서 아버지를 만난건지, 나와 아버지를 각각 만난건지, 나와 아버지 둘을 같이 만난건지가 확실치 않은 중의성을 포함하고 있다.

④ 명사구 사이 동사에 의한 중의성의 사례로, 그녀가 친구들을 보고 싶어 하는 것인지 친구들이 그녀를 보고 싶어 하는 것인지가 확실치 않은 중의성을 포함하고 있다.

11 ④

불량률을 x라고 하면, 정상품이 생산되는 비율은 $100-x$

$$5,000 \times \frac{100-x}{100} - 10,000 \times \frac{x}{100} = 3,500$$

$$50(100-x) - 100x = 3,500$$

$$5,000 - 50x - 100x = 3,500$$

$$150x = 1,500$$

$$x = 10$$

12 ①

미지항은 좌변으로 상수항은 우변으로 이동시켜 정리하면 $3x - 2x = -3 + 5$이므로(∵이동 시 부호가 반대)
$x = 2$이다.

13 ③

A사는 대규모기업에 속하므로 양성훈련의 경우 총 필요 예산인 1억 3,000만 원의 60%를 지원받을 수 있다. 따라서 1억 3,000만 원 × 0.6 = 7,800만 원이 된다.

14 ②

② 2020년 3분기 중국 상하이종합 지수는 전분기 대비 약 15.70% 상승하였다.

15 ③

2021년 1월 7일 코스닥 지수 : 561.32

2020년 12월 30일 코스닥 지수 : 542.97

2020년 12월 30일 코스닥 지수를 100%로 봤을 때 2021년 1월 7일 코스닥 지수는 103.37956…%이므로 약 3.38% 상승했음을 알 수 있다.

16 ④

④ 보고서에 따르면 농어촌의 57개 지역과 대도시의 14개 지역은 기초노령연금 수급률이 80%를 넘었다고 하였다. 그러나 그래프 상에서 기초노령연금 수급률이 80%를 넘는 대도시는 없는 것으로 나타났다.

17 ④

④ 가구주 연령이 40대인 귀촌 가구는 2019~2021년 기간 동안 약 123.1% 증가하였다.

18 ③

③ 3등급 판정을 받은 한우의 비율은 2021년이 가장 낮지만, 비율을 통해 한우등급 판정두수를 계산해 보면 2017년의 두수가 602,016×0.11=약 66,222두로, 2021년의 839,161×0.088=약 73,846두보다 더 적음을 알 수 있다.

① 1++ 등급으로 판정된 한우의 수는 2017년이 602,016 ×0.097=약 58,396두이며, 2018년이 718,256×0.092= 약 66,080두이다.

② 1등급 이상이 60%를 넘은 해는 2017, 2018, 2020, 2021년으로 4개년이다.

④ 2018년에서 2019년으로 넘어가면서 1++등급은 0.1%p 비율이 더 많아졌으며, 3등급의 비율도 2.5%p 더 많아졌다.

19 ④

각 대기오염물질의 연도별 증감 추이는 다음과 같다.

• 황산화물 : 증가→감소→감소→감소
• 일산화탄소 : 감소→감소→감소→감소
• 질소산화물 : 감소→증가→증가→증가
• 미세먼지 : 증가→감소→감소→감소
• 유기화합물질 : 증가→증가→증가→감소

따라서 연도별 증감 추이가 같은 대기오염물질은 황산화물과 미세먼지이다.

20 ④

A에서 B로 변동된 수치의 증감률은 $(B-A) \div A \times 100$ 의 산식에 의해 구할 수 있다. 따라서 2017년과 2021년의 총 대기오염물질 배출량을 계산해 보면 2017년이 3,212,386톤, 2021년이 3,077,079톤이므로 계산식에 의해 $(3,077,079-3,212,386) \div 3,212,386 \times 100 =$ 약 -4.2% 가 됨을 알 수 있다.

21 ①

첫 번째와 두 번째 조건을 정리해 보면, 세 사람은 모두 각기 다른 건물에 연구실이 있으며, 오늘 갔던 서점도 서로 겹치지 않는 건물에 있다.

세 번째 조건에서 최 교수와 김 교수는 오늘 문학관 서점에 가지 않았다고 하였으므로 정 교수가 문학관 서점에 간 것을 알 수 있다. 즉, 정 교수는 홍보관에 연구실이 있고 문학관 서점에 갔다.

네 번째 조건에서 김 교수는 정 교수가 오늘 갔던 서점이 있는 건물에 연구실이 있다고 하였으므로 김 교수의 연구실은 문학관에 있고, 따라서 최 교수는 경영관에 연구실이 있다.

두 번째 조건에서 자신의 연구실이 있는 건물이 아닌 다른 건물에 있는 서점에 갔었다고 했으므로, 김 교수가 경영관 서점을 갔고 최 교수가 홍보관 서점을 간 것이 된다. 이를 표로 나타내면 다음과 같다.

교수	정 교수	김 교수	최 교수
연구실	홍보관	문학관	경영관
서점	문학관	경영관	홍보관

22 ④

㉠ 2001년에 '갑'이 x원어치의 주식을 매수한 뒤 같은 해에 동일한 가격으로 전량 매도했다고 하면, 주식을 매수할 때의 주식거래 비용은 $0.1949x$원이고 주식을 매도할 때의 주식거래 비용은 $0.1949x + 0.3x = 0.4949x$원으로 총 주식거래 비용의 합은 $0.6898x$원이다. 이 중 증권사 수수료는 $0.3680x$원으로 총 주식거래 비용의 50%를 넘는다.

㉢ 금융투자협회의 2011년 수수료율은 0.0008%로 2008년과 동일하다.

23 ②

① 분할상환금을 상환하기로 한 날에 1회 상환하지 아니한 때에 해당한다.

③ 금리인하를 요구할 경우에 해당한다.

④ 채무자인 고객 소유의 예금, 담보 부동산에 법원이나 세무서 등으로부터의 (가)압류명령 등이 있는 때에 해당한다.

24 ③

• 연체발생 ~ 14일분 : 지체된 약정이자(62만 5천 원)×연 11%(5% + 6%)×14/365 = 2,636원

• 연체 15일 ~ 30일분 : 원금(1억 5천만 원)×연 11%(5% + 6%)×16/365 = 723,287원

• 연체이자 : 2,636 + 723,287 = 725,923(원)

실제 납부금액은 연체이자에 약정이자를 포함하여 계산되므로 725,923+625,000=1,350,923(원)이 된다.

25 ②

실제 전투능력을 정리하면 경찰(3), 헌터(4), 의사(2), 사무라이(8), 폭파전문가(2)이다.

이를 토대로 탈출 통로의 좀비수와 처치 가능 좀비수를 계산해 보면

• 동쪽 통로 11마리 좀비
  폭파전문가(2), 사무라이(8)하면 10마리의 좀비를 처치 가능

• 서쪽 통로 7마리 좀비
  헌터(4), 경찰(3)하면 7마리의 좀비 모두 처치 가능

• 남쪽 통로 11마리 좀비
  헌터(4), 폭파전문가(2) 6마리의 좀비 처치 가능

• 북쪽 통로 9마리 좀비
  경찰(3), 의사(2)-전투력 강화제(1) 6마리의 좀비 처치 가능

26 ①

다음과 같은 배치로 생각할 수 있다. A와 D는 서로 붙어 있다.

27 ②

㈎ 충전시간 당 통화시간은 A모델 6.8H > D모델 5.9H > B모델 4.8H > C모델 4.0H 순이다. 음악재생시간은 D모델 > A모델 > C모델 > B모델 순으로 그 순위가 다르다. (X)

㈏ 충전시간 당 통화시간이 5시간 이상인 것은 A모델 6.8H과 D모델 5.9H이다. (O)

㈐ 통화 1시간을 감소하여 음악재생 30분의 증가 효과가 있다는 것은 음악재생에 더 많은 배터리가 사용된다는 것을 의미하므로 A모델은 음악재생에, C모델은 통화에 더 많은 배터리가 사용된다. (X)

㈑ B모델은 통화시간 1시간 감소 시 음악재생시간 30분이 증가한다. 현행 12시간에서 10시간으로 통화시간을 2시간 감소시키면 음악재생시간이 1시간 증가하여 15시간이 되므로 C모델과 동일하게 된다. (O)

28 ③

두 개의 제품 모두 무게가 42g 이하여야 하므로 B모델은 제외된다. K씨는 충전시간이 짧고 통화시간이 길어야 한다는 조건만 제시되어 있으므로 나머지 세 모델 중 A모델이 가장 적절하다.

친구에게 선물할 제품은 통화시간이 16시간이어야 하므로 통화시간을 더 늘릴 수 없는 A모델은 제외되어야 한다. 나머지 C모델, D모델은 모두 음악재생시간을 조절하여 통화시간을 16시간으로 늘릴 수 있으며 이때 음악재생시간 감소는 C, D모델이 각각 8시간(통화시간 4시간 증가)과 6시간(통화시간 3시간 증가)이 된다. 따라서 두 모델의 음악재생 가능시간은 15 − 8 = 7시간, 18 − 6 = 12시간이 된다. 그런데 일주일 1회 충전하여 매일 1시간씩의 음악을 들을 수 있으면 된다고 하였으므로 7시간 이상의 음악재생시간이 필요하지는 않으며, 7시간만 충족될 경우 고감도 스피커 제품이 더 낫다고 요청하고 있다. 따라서 D모델보다 C모델이 더 적절하다는 것을 알 수 있다.

29 ②

맨 오른쪽에 서 있던 것은 영수이고, 민지는 맨 왼쪽에 있지 않았으므로, 경호, 민지, 영수의 순으로 서 있었다는 것을 알 수 있다. 5층에서 영수가 내리고 엘리베이터가 다시 올라갈 때 경호는 맨 왼쪽에 서 있게 된다.

30 ③

주어진 조건에 따라 선택지의 날짜에 해당하는 당직 근무표를 정리해 보면 다음과 같다.

구분	갑	을	병	정
A	2일, 14일		8일	
B		3일		9일
C	10일		4일	
D		11일		5일
E	6일		12일	
F		7일		13일

따라서 A와 갑이 2일 날 당직 근무를 섰다면 E와 병이 12일 날 당직 근무를 서게 된다.

31 ③

- 영업팀 : 영어 능통자→미국에 5년 동안 거주한 丁 대인관계 원만한 자→폭넓은 대인관계를 가진 乙
- 인사팀 : 논리 활용 프로그램 사용 적합자→컴퓨터 활용능력 2급 자격증을 보유하고 논리적·수학적 사고력이 우수한 丙
- 홍보팀 : 홍보 관련 업무 적합자, 외향적 성격 소유자→광고학을 전공하고 융통성 있는 사고를 하는 戊, 서비스업 관련 아르바이트 경험이 많은 甲

따라서 보기 ③과 같은 인력 배치가 자질과 능력에 따른 적재적소에 인력을 배치한 것이 된다.

32 ③

업무단계별 총 처리비용을 계산하면 다음과 같다.

업무단계	처리비용(원)
접수확인	(신입 20건 + 경력 18건 + 인턴 16건) × 500원 = 27,000원
인적성(Lv1) 평가	신입 20건 × 2,000원 = 40,000원
인적성(Lv2) 평가	(신입 20건 + 경력 18건) × 1,000원 = 38,000원
직무능력평가	인턴 16건 × 1,500원 = 24,000원
합격여부통지	(신입 20건 + 경력 18건 + 인턴 16건) × 400원 = 21,600원

따라서 총 처리비용이 두 번째로 큰 업무단계는 인적성(Lv2)평가이다.

33 ②

주어진 비용 항목 중 원재료비, 장비 및 시설비, 출장비, 인건비는 직접비용, 나머지는 간접비용이다.

- 직접비용 총액 : 4억 2백만 원 + A
- 간접비용 총액 : 6천만 원 + B

간접비용이 전체 직접비용의 30%를 넘지 않게 유지하여야 하므로,

(4억 2백만 원 + A) × 0.3 ≧ 6천만 원 + B

따라서 보기 중 ②와 같이 출장비에 8백만 원, 광고료에 6천만 원이 책정될 경우에만, 직접비용 총계는 4억 1천만 원, 간접비용 총계는 1억 2천만 원이므로 팀장의 지시사항을 준수할 수 있다.

34 ③

시간 관리를 효율적으로 하기 위하여 (나), (마), (사)는 다음과 같이 수정되어야 한다.

(나) 시간 배정을 계획하는 일이므로 무리한 계획을 세우지 말고, 실현 가능한 것만을 계획하여야 한다.

(마) 시간계획은 유연하게 해야 한다. 시간계획은 그 자체가 중요한 것이 아니고, 목표달성을 위해 필요한 것이다.

(사) 꼭 해야만 할 일을 끝내지 못했을 경우에는 차기 계획에 반영하여 끝내도록 하는 계획을 세우는 것이 바람직하다.

35 ④

금리를 높일 수 있는 방법은 가입기간을 길게 하며, 해당 우대금리를 모두 적용받는 것이다. 따라서 3년 기간으로 계약하여 2.41%와 두 가지 우대금리 조건을 모두 충족할 경우 각각 0.2%p와 0.3%p(3명의 추천까지 적용되는 것으로 이해할 수 있다.)를 합한 0.5%p가 적용되어 총 2.91%의 연리가 적용될 수 있다.

① 비대면전용 상품이므로 은행 방문 가입은 불가능하다.

② 9개월은 계약기간의 3/4에 해당하는 기간이며 월 평균 적립금액이 10만 원이므로 이후부터는 1/2인 5만 원의 월 적립금액이 허용된다.

36 ③

③ 이동 후 인원수가 감소한 부서는 37명→31명으로 바뀐 관리팀뿐이다.

① 영업팀은 1명 증가, 생산팀은 5명 증가, 관리팀은 6명 감소로 관리팀의 인원수 변화가 가장 크다.

② 이동 전에는 영업팀 > 관리팀 > 생산팀 순으로 인원수가 많았으나, 이동 후에는 영업팀 > 생산팀 > 관리팀 순으로 바뀌었다.

④ 가장 많은 인원이 이동해 온 부서는 영업팀(9+10=19)과 생산팀(7+12=19)이며, 관리팀으로 이동해 온 인원은 11+5=16명이다.

37 ④

조직의 영리 추구에 부합하는 이득은 인적자원뿐 아니라 시간, 돈, 물적자원과의 적절한 조화를 통해서 창출된다. 그러나 인적자원은 능동성, 개발가능성, 전략적 차원이라는 특성에서 예산이나 물적자원보다 중요성이 크다고 할 수 있다.

38 ③

시간자원, 예산자원, 인적자원, 물적자원은 많은 경우에 상호 보완적으로 또는 상호 반대급부의 의미로 영향을 미치기도 한다. 주어진 글과 같은 경우뿐 아니라 시간과 돈, 인력과 시간, 인력과 돈, 물적자원과 인력 등 많은 경우에 있어서 하나의 자원을 얻기 위해 다른 유형의 자원이 동원되기도 한다.

보기 ④에서 언급한 자원의 유한성이라는 의미는 이미 외국과의 교류를 포함한 가치이며, 지구 환경과 생태계에 대한 국제적 논의가 활발해짐에 따라 지구촌에서의 자원의 유한성 문제가 갈수록 부각되고 있다.

39 ③

주어진 표는 재무제표의 하나인 '손익계산서'이다. '특정한 시점'에서 그 기업의 자본 상황을 알 수 있는 자료는 대차대조표이며, 손익계산서는 '일정 기간 동안의 기업의 경영 성과를 한눈에 나타내는 재무 자료이다.

① 해당 기간의 최종 순이익은 '당기순이익'이다. 순이익이란 매출액에서 매출원가, 판매비, 관리비 등을 빼고 여기에 영업외 수익과 비용, 특별 이익과 손실을 가감한 후 법인세를 뺀 것이다. 그래서 '순이익'은 기업이 벌어들이는 모든 이익에서 기업이 쓰는 모든 비용과 모든 손실을 뺀 차액을 의미한다.

② 여비교통비는 직접비이며, 지급보험료는 간접비이다.

④ 상품 판매업체와 제조업체의 매출원가는 다음과 같이 산출한다.

• 매출원가(판매업) = 기초상품 재고액 + 당기상품 매입액 − 기말상품 재고액

• 매출원가(제조업) = 기초제품 재고액 + 당기제품 제조원가 − 기말제품 재고액

40 ③

RFID 관리시스템의 적용 가능범위는 무궁무진하다. 보기에서 제시된 분야 이외에도 이력관리, 보안검색, 주차관리, 화물관리, 제조공정관리 등 쓰임새가 지속적으로 확대되고 있다. 기업이나 제품의 홍보, 마케팅에는 스마트폰과 연동되어 사용할 수 있는 QR코드가 널리 이용된다.

41 ②

② "유럽에서의 한방 원료 등을 이용한 'Korean Therapy' 관심 증가"라는 기회를 이용하여 "아시아 외 시장에서의 존재감 미약"이라는 약점을 보완하는 WO전략에 해당한다.

42 ④

브레인스토밍이란 여러 사람이 한 가지의 문제를 놓고 아이디어를 비판 없이 제시하여 그중 최선책을 찾는 방법으로 아이디어가 많을수록 좋다.

43 ②

가족 소유의 상점은 조직규모를 기준으로 소규모 조직에 해당된다.

44 ④

인력수급계획 및 관리, 교육체계 수립 및 관리는 인사부에서 담당하는 업무의 일부이다.

45 ②

㉠ 사장직속으로는 3개 본부, 2개 실로 구성되어 있다.
㉡ 해외부사장은 2개의 본부를 이끌고 있다.
㉣ 노무처는 관리본부에, 재무처는 기획본부에 소속되어 있다.

46 ①

㈎ 위계를 강조하는 조직문화 하에서는 조직 내부의 안정적이고 지속적인 통합, 조정을 바탕으로 일사불란한 조직 운영의 효율성을 추구하게 되는 특징이 있다. 조직원 개개인의 능력과 개성을 존중하는 모습은 혁신과 관계를 지향하는 조직문화에서 찾아볼 수 있는 특징이다.

47 ②

일반적인 경우, 팀장과 팀원의 동반 출장 시의 출장보고서는 팀원이 작성하여 담당→팀장의 결재 절차를 거치게 된다. 따라서 제시된 출장보고서는 박 사원 단독 출장의 경우로 볼 수도 있고 박 사원과 강 팀장의 동반 출장의 경우로 볼 수도 있으므로 반드시 출장자에 강 팀장이 포함되어 있지 않다고 말할 수는 없다.

48 ①

비용이 집행되기 위해서는 비용을 쓰게 될 조직의 내부 결재를 거쳐 회사의 비용이 실제로 집행될 수 있는 회계팀(자금팀 등 비용 담당 조직)의 결재를 거쳐야 할 것이다. 퇴직금의 정산과 관련한 인사 문제는 인사팀에서 담당하고 있는 업무가 된다. 또한, 회사의 차량을 사용하기 위한 배차 관련 업무는 일반적으로 총무팀이나 업무지원팀, 관리팀 등의 조직에서 담당하는 업무이다. 따라서 회계팀, 인사팀, 총무팀의 순으로 업무 협조를 구해야 한다.

49 ④

도덕적 몰입은 비영리적 조직에서 찾아볼 수 있는 조직 몰입 형태로 도덕적이며 규범적 동기에서 조직에 참가하는 것으로 조직몰입의 강도가 제일 높으며 가장 긍정적 조직으로의 지향을 나타낸다. 계산적 몰입은 조직과 구성원 간의 관계가 타산적이고 합리적일 때의 유형으로 몰입의 정도는 중간 정도를 보이게 되며, 몰입 방향은 긍정적 혹은 부정적 방향으로 나타날 수 있다. 이러한 몰입은 공적인 조직에서 찾아볼 수 있으며 단순한 참여와 근속만을 의미한다. 소외적 몰입은 주로 교도소, 포로수용소 등 착취적인 관계에서 볼 수 있는 것으로 조직과 구성원간의 관계가 부정적 상태인 몰입이다.

50 ③

③ 차상위자가 전결권자가 되어야 하므로 이사장의 차상위자인 이사가 전결권자가 되어야 한다.

Answer

1	2	3	4	5	6	7	8	9	10
④	③	③	③	③	④	③	④	③	①
11	12	13	14	15	16	17	18	19	20
②	④	④	①	④	①	①	①	④	④
21	22	23	24	25	26	27	28	29	30
③	④	④	③	②	④	④	①	③	③
31	32	33	34	35	36	37	38	39	40
④	②	④	④	②	①	③	④	①	④
41	42	43	44	45	46	47	48	49	50
④	④	②	②	①	②	①	②	④	④

1 ④

제시된 문장에서 '머리'는 사물의 앞이나 위를 비유적으로 이르는 말로 쓰였다.
① 단체의 우두머리
② 일의 시작이나 처음을 비유적으로 이르는 말
③ 한쪽 옆이나 가장자리

2 ③

네 개의 문장에서 공통적으로 언급하고 있는 것은 환경문제임을 알 수 있다. 따라서 (나) 문장이 '문제 제기'를 한 것으로 볼 수 있다. (가)는 (나)에서 언급한 바를 더욱 발전시키며 논점을 전개해 나가고 있으며, (라)에서는 논점을 '잘못된 환경문제의 해결 주체'라는 쪽으로 전환하여 결론을 위한 토대를 구성하며, (다)에서 필자의 주장을 간결하게 매듭짓고 있다.

3 ③

'이제 더 이상 대중문화를 무시하고 엘리트 문화지향성을 가진 교육을 하기는 힘든 시기에 접어들었다.'가 이 글의 핵심문장이라고 볼 수 있다. 따라서 대중문화의 중요성에 대해 말하고 있는 ③이 정답이다.

4 ③

(가)에서 과학자가 설계의 문제점을 인식하고도 노력하지 않았기 때문에 결국 우주왕복선이 폭발하고 마는 결과를 가져왔다고 말하고 있다. (나)에서는 자신이 개발한 물질의 위험성을 알리고 사회적 합의를 도출하는 데 협조해야 한다고 말하고 있다. 두 글을 종합해 보았을 때 공통적으로 말하고자 하는 바는 '과학자로서의 윤리적 책무를 다해야 한다'라는 것을 알 수 있다.

5 ③

'깨진 유리창의 법칙'은 깨진 유리창처럼 사소한 것들을 수리하지 않고 방치해두면, 나중에는 큰 범죄로 이어진다는 범죄 심리학 이론으로, 작은 일을 소홀히 관리하면 나중에는 큰일로 이어질 수 있음을 의미한다.

6 ④

전기차의 시장침투가 제약을 받게 되는 원인이 빈칸에 들어갈 가장 적절한 말이 될 것이며, 이것은 전후의 맥락으로 보아 기존의 내연기관차와의 비교를 통하여 파악되어야 할 것이다. 따라서 '단순히 전기차가 주관적으로 불편하다는 이유가 아닌 기존 내연기관차에 비해 더 불편한 점이 있을 경우'에 해당하는 말이 위치해야 한다.

7 ③

③ 받을 연금과 내는 보험료의 비율이 누구나 일정하여 보험료 부담이 공평한 것은 적립방식이다. 부과방식은 현재 일하고 있는 사람들에게서 거둔 보험료를 은퇴자에게 사전에 정해진 금액만큼 연금을 지급하는 것으로, 노인 인구가 늘어날 경우 젊은 세대의 부담이 증가할 수 있다고 언급하고 있다.

8 ④

④ 확정급여방식의 경우 나중에 얼마의 연금을 받을 지 미리 정해놓고 보험료를 납부하는 것으로 기금 운용 과정에서 발생하는 투자의 실패를 연금 관리자가 부담하게 된다. 따라서 투자 수익이 부실한 경우에도 가입자가 보험료를 추가로 납부해야 하는 문제는 발생하지 않는다.

9 ③

[A]에서 채소 중개상은 배추 가격이 선물 가격 이상으로 크게 뛰어오르면 많은 이익을 챙길 수 있다는 기대에서 농민이 우려하는 가격 변동에 따른 위험 부담을 대신 떠맡는 데 동의한 것이다. 즉, 선물 거래 당사자인 채소 중개상에게 가격 변동에 따른 위험 부담이 전가된 것이라고 할 수 있다.

10 ①

① ㉠과 ㉡ 모두 가격 변동의 폭에 따라 손익의 규모가 달라진다.

11 ②

전항의 일의 자리 숫자를 전항에 더한 결과 값이 후항의 수가 되는 규칙이다.

$93+3=96$, $96+6=102$, $102+2=104$,
$104+4=108$, $108+8=116$

12 ④

편차는 변량에서 평균을 뺀 값이므로 편차의 총합은 항상 0이 된다는 사실을 이용하여 계산할 수 있다. 따라서 편차를 모두 더하면 $3-1+($　$)+2+0-3=0$이 되므로 '병'의 편차는 -1임을 알 수 있다.

분산은 편차를 제곱한 값들의 합을 변량의 개수로 나눈 값이므로 $(9+1+1+4+0+9)÷6=4$가 되어 분산은 4이다. 분산의 양의 제곱근이 표준편차가 되므로 표준편차는 2가 되는 것을 알 수 있다. 따라서 분산과 표준편차를 합한 값은 6이 된다.

13 ④

외국계기업은 11.8%와 4.1%를 보이고 있어 7.7%p의 가장 큰 차이를 나타내고 있음을 알 수 있다.

14 ①

㉠ 가로축에는 명칭구분(연, 월, 장소 등), 세로축에는 수량(금액, 매출액 등)을 나타낸다.
㉡ 축의 모양은 L자형이 일반적이다.

15 ④

④ 두 표 모두 향후 구매를 '늘리겠다.'고 응답한 비율은 41.2%로 '줄이겠다.'라고 응답한 비율(29.4%)과 '유지하겠다.'라고 응답한 비율(29.4%)보다 높은 것으로 나타났다.

16 ①

$$\frac{647,314-665,984}{665,984}×100=-2.88≒-2.9$$

17 ①

① 2008년 4분기, 2009년 1분기에 각각 GDP 성장률이 하락하였다.

18 ①

2021년 전체 지원자 수를 x라 하면, $27:270 = 100:x$

$\therefore x = 1,000$

2020년의 전체 지원자 수도 1,000명이므로 건축공학과 지원자 수는 $1,000 \times \dfrac{242}{1,000} = 242$

$270 - 242 = 28$(명)

19 ④

A~D의 효과성과 효율성을 구하면 다음과 같다.

구분	효과성		효율성	
	산출/목표	효과성 순위	산출/투입	효율성 순위
A	$\dfrac{500}{(가)}$	3	$\dfrac{500}{200+50} = 2$	2
B	$\dfrac{1,500}{1,000} = 1.5$	2	$\dfrac{1,500}{(나)+200}$	1
C	$\dfrac{3,000}{1,500} = 2$	1	$\dfrac{3,000}{1,200+(다)}$	3
D	$\dfrac{(라)}{1,000}$	4	$\dfrac{(라)}{300+500}$	4

- A와 D의 효과성 순위가 B보다 낮으므로 $\dfrac{500}{(가)}$, $\dfrac{(라)}{1,000}$의 값은 1.5보다 작고 $\dfrac{500}{(가)} > \dfrac{(라)}{1,000}$가 성립한다.

- 효율성 순위가 1순위인 B는 2순위인 A의 값보다 커야 하므로 $\dfrac{1,500}{(나)+200} > 2$이다.

- C와 D의 효율성 순위가 A보다 낮으므로 $\dfrac{3,000}{1,200+(다)}$, $\dfrac{(라)}{300+500}$의 값은 2보다 작고 $\dfrac{3,000}{1,200+(다)} > \dfrac{(라)}{300+500}$가 성립한다.

따라서 이 조건을 모두 만족하는 값을 찾으면 (가), (나), (다), (라)에 들어갈 수 있는 수치는 ④이다.

20 ④

경수는 일반기업체에 정규직으로 입사한 지 1년 이상 되었으며 연 소득도 2,000만 원 이상이므로 '샐러리맨 우대대출' 상품이 적당하다.

21 ③

③ 주가지수가 1,897로 가장 높았던 2007년을 한 예로 보면, 2007년의 시가총액회전율은

$\dfrac{\text{거래대금}}{\text{시가총액}} \times 100 = \dfrac{1,363}{952} \times 100 =$ 약 143(%)인데 그래프상 에서는 300(%)를 넘는 것으로 작성되었다.

22 ④

④ '유학생 또는 해외체재비 송금'을 목적으로 할 경우 건당 한도는 '5만 불'이다.

23 ④

④ 경진은 비영업일(토요일)에 송금을 했으므로 송금액 은 익영업일인 4월 11일 월요일 10시에 출금된다.

24 ③

첫 번째와 두 번째 규칙에 따라 두 사람의 점수 총합은 $4 \times 20 + 2 \times 20 = 120$점이 된다. 이 때 두 사람 중 점수가 더 낮은 사람의 점수를 x점이라고 하면, 높은 사람의 점수는 $120 - x$점이 되므로 $120 - x = x + 12$ 가 성립한다.

따라서 $x = 54$이다.

25 ②

C의 진술이 참이면 C는 출장을 간다. 그러나 C의 진술 이 참이면 A는 출장을 가지 않고 A의 진술은 거짓이 된다. A의 진술이 거짓이 되면 그 부정은 참이 된다. 그러므로 D, E 두 사람은 모두 출장을 가지 않는다. 또 한 D, E의 진술은 거짓이 된다.

D의 진술이 거짓이 되면 실제 출장을 가는 사람은 2명 미만이 된다. 그럼 출장을 가는 사람은 한 사람 또는 한 사람도 없는 것이 된다.

E의 진술이 거짓이 되면 C가 출장을 가고 A는 안 간 다. 그러므로 E의 진술도 거짓이 된다.

그러면 B의 진술도 거짓이 된다. D, A는 모두 출장을 가지 않는다. 그러면 C만 출장을 가게 되고 출장을 가 는 사람은 한 사람이다.

만약 C의 진술이 거짓이라면 출장을 가는 사람은 2명 미만이어야 한다. 그런데 이미 A가 출장을 간다고 했으므로 B, E의 진술은 모두 거짓이 된다. B 진술의 부정은 D가 출장을 가지 않고 A도 출장을 가지 않는 것이므로 거짓이 된다. 그러면 B의 진술도 참이 되어 B가 출장을 가야 한다. 그러면 D의 진술이 거짓인 경가 존재하지 않게 되므로 모순이 된다. 그럼 D의 진술이 참인 경우를 생각하면 출장을 가는 사람은 A, D 이므로 이미 출장 가는 사람은 2명 이상이 된다. 그러면 B, D의 진술의 진위여부를 가리기 어려워진다.

26 ④

④ 대학로점 손님은 마카롱을 먹지 않은 경우에도 알레르기가 발생했고, 강남점 손님은 마카롱을 먹고도 알레르기가 발생하지 않았다. 따라서 대학로점, 홍대점, 강남점의 사례만을 고려하면 마카롱이 알레르기 원인이라고 볼 수 없다.

27 ④

보기 ④의 패스워드는 권장규칙에 어긋나는 패턴이 없으므로 가장 적절하다고 볼 수 있다.

① CVBN은 키보드 상에서 연속한 위치에 존재하는 문자들의 집합이다.
② 숫자가 제일 앞이나 제일 뒤에 오며 연속되어 나타나는 패스워드이다.
③ 영단어 'school'과 숫자 567890이 교차되어 나타나는 패턴의 패스워드이다.

28 ①

김대리 > 최부장 ≥ 박차장 > 이과장의 순이다.
박차장이 최부장보다 크지 않다고 했으므로, 박차장이 최부장보다 작거나 둘의 키가 같을 수 있다. 따라서 B는 옳지 않다.

29 ③

문제의 내용과 조건의 내용에서 알 수 있는 것은 다음과 같다.

• 5층과 1층에서는 적어도 1명이 내렸다.
• 4층에서는 2명이 내렸다. → 2층 또는 3층 중 아무도 내리지 않은 층이 한 개 있다.

그런데 네 번째 조건에 따라 을은 1층에서 내리지 않았고, 두 번째 조건에 따라 을이 내리기 직전 층에서는 아무도 내리지 않아야 하므로, 을은 2층에서 내렸고 3층에서는 아무도 내리지 않은 것이 된다(∵ 2층 또는 3층 중 아무도 내리지 않은 층이 한 개 있으므로)

또한 무는 정의 바로 다음 층에서 내렸다는 세 번째 조건에 따르면, 정이 5층에서 내리고 무가 4층에서 내린 것이 된다.

네 번째 조건에서 갑은 1층에서 내리지 않았다고 하였으므로, 2명이 함께 내린 층인 4층에서 무와 함께 내린 것이고, 결국 1층에서 내릴 수 있는 사람은 병이 된다.

30 ③

각 자리의 숫자를 순서대로 a, b, c, d, e, f, g라 하면, 네 번째 조건에 의해 a = 9임을 알 수 있다. (∵ 한 자리 숫자 중 가장 큰 숫자 = 9)

두 번째 조건에서 가운데 숫자는 5라고 하였으므로 d = 5이며, 다섯 번째 조건에서 가운데 숫자와 그 오른쪽 숫자(= e)의 합은 첫 번째 숫자와 같다고 하였으므로 5 + e = 9에 의해 e = 4가 된다.

마지막 조건에 따라 b + c = f, g = 2f가 성립하는데, 9, 5, 4를 제외한(∵ 일곱 자리에 같은 숫자를 두 번 이상 쓸 수 없기 때문에) 0, 1, 2, 3, 6, 7, 8 중 g = 2f를 만족할 수 있는 숫자는 (1, 2)의 조합과 (3, 6)의 조합이 있으나, (1, 2) 조합일 경우 f = 1이 되어 b + c = f의 조건을 만족할 수 없게 된다. 따라서 g = 6, f = 3이 되며, 이에 따라 b = 1, c = 2 또는 b = 2, c = 1이 된다.

따라서 행운의 일곱 자리의 수 중 가장 큰 수는 9215436이 되며, 첫 번째와 마지막 숫자의 합은 9 + 6 = 15가 됨을 알 수 있다.

31 ④

네 번째 조건에서 수요일에 9대가 생산되었으므로 목요일에 생산된 공작기계는 8대가 된다.

월요일	화요일	수요일	목요일	금요일	토요일
		9대	8대		

첫 번째 조건에 따라 금요일에 생산된 공작기계 수는 화요일에 생산된 공작기계 수의 2배가 되는데, 두 번째 조건에서 요일별로 생산한 공작기계의 대수가 모두 달랐다고 하였으므로 금요일에 생산된 공작기계의 수는 6대, 4대, 2대의 세 가지 중 하나가 될 수 있다.

그런데 금요일의 생산 대수가 6대일 경우, 세 번째 조건에 따라 목~토요일의 합계 수량이 15대가 되어야 하므로 토요일은 1대를 생산한 것이 된다. 그러나 토요일에 1대를 생산하였다면 다섯 번째 조건인 월요일과 토요일에 생산된 공작기계의 합이 10대를 넘지 않는다. (∵ 하루 최대 생산 대수는 9대이고 요일별로 생산한 공작기계의 대수가 모두 다른 상황에서 수요일에 이미 9대를 생산하였으므로)

금요일에 4대를 생산하였을 경우에도 토요일의 생산 대수가 3대가 되므로 다섯 번째 조건에 따라 월요일은 7대보다 많은 수량을 생산한 것이 되어야 하므로 이 역시 성립할 수 없다. 즉, 세 가지 경우 중 금요일에 2대를 생산한 경우만 성립하며 화요일에는 1대, 토요일에는 5대를 생산한 것이 된다.

월요일	화요일	수요일	목요일	금요일	토요일
	1대	9대	8대	2대	5대

따라서 월요일과 토요일에 생산된 공작기계의 합이 10대가 넘기 위해 가능한 수량은 6+7=13이다.

32 ②

인사이동에 따라 A지점에서 근무지를 다른 곳으로 이동한 직원 수는 모두 32 + 44 + 28 = 104명이다. 또한 A지점으로 근무지를 이동해 온 직원 수는 모두 16 + 22 + 31 = 69명이 된다. 따라서 69 − 104 = −35명이 이동한 것이므로 인사이동 후 A지점의 근무 직원 수는 425 − 35 = 390명이 된다.

같은 방식으로 D지점의 직원 이동에 따른 증감 수는 83 − 70 = 13명이 된다. 따라서 인사이동 후 D지점의 근무 직원 수는 375 + 13 = 388명이 된다.

33 ④

A사를 먼저 방문하고 중간에 회사로 한 번 돌아와야 하며, 거래처에서 바로 퇴근하는 경우의 수와 그에 따른 이동 거리는 다음과 같다.

- 회사 − A − 회사 − C − B : 20 + 20 + 14 + 16 = 70km
- 회사 − A − 회사 − B − C : 20 + 20 + 26 + 16 = 82km
- 회사 − A − C − 회사 − B : 20 + 8 + 14 + 26 = 68km
- 회사 − A − B − 회사 − C : 20 + 12 + 26 + 14 = 72km

따라서 68km가 최단 거리 이동 경로가 된다.

34 ④

최장 거리 이동 경로는 회사 − A − 회사 − B − C이며, 최단 거리 이동 경로는 회사 − A − C − 회사 − B이므로 각각의 연료비를 계산하면 다음과 같다.

- 최장 거리 : 3,000 + 3,000 + 3,900 + 3,000 = 12,900원
- 최단 거리 : 3,000 + 600 + 2,100 + 3,900 = 9,600원

따라서 두 연료비의 차이는 12,900 − 9,600 = 3,300원이 된다.

35 ②

2021년 2월 5일에 이행기가 도래한 채무는 A, B, C, D인데 이율이 높은 B와 D가 먼저 소멸해야 한다. B와 D의 이율이 같으므로 이행기가 먼저 도래한 B가 전부 소멸된다.

36 ①

할인내역을 정리하면

○ A 신용카드
- 교통비 20,000원
- 외식비 2,500원
- 학원수강료 30,000원
- 연회비 15,000원
- 할인합계 37,500원

○ B 신용카드
- 교통비 10,000원
- 온라인 의류구입비 15,000원
- 도서구입비 9,000원
- 할인합계 30,000원

○ C 신용카드
- 교통비 10,000원
- 카페 지출액 5,000원
- 재래시장 식료품 구입비 5,000원
- 영화관람료 4,000원
- 할인합계 24,000원

37 ③

투자계획 A와 B의 차이는 금년 말에는 A만 10억 원의 수익을 내고, 내년 말에는 B가 A보다 11억 원의 수익을 더 낸다는 점이다. 두 투자 계획의 수익성 측면에서 차이가 없으려면 금년 말의 10억 원과 내년 말의 11억 원이 동일한 가치를 가져야 하므로 이자율은 10%이어야 한다.

38 ④

한 달 평균 이동전화 사용 시간을 x라 하면 다음과 같은 공식이 성립한다.

$15,000+180x > 18,000+120x$

$60x > 3,000$

$x > 50$

따라서 이용전화 사용 시간이 50분 이상일 때부터 B요금제가 유리하다고 할 수 있다.

39 ①

㈎ 총 무역액은 수출과 수입을 합한 금액이 되어야 하므로 2018년이 1,307.7억 달러, 2019년이 1,344.1억 달러가 되어 36.4억 달러가 증가한 것이 된다. (O)

㈏ 2018년이 -177.5억 달러, 2019년이 -206.1억 달러이므로 적자가 28.6억 달러 증가한 것이 된다. (O)

㈐ $(569.0-565.1) \div 565.1 \times 100 =$ 약 0.7%로 1%를 넘지 않는다. (X)

㈑ 수입액 증가분은 775.1-742.6=32.5억 달러이며, 수출액 증가분은 569.0-565.1=3.9억 달러로 수입액 증가분이 약 8.3배 더 많은 것을 알 수 있다. (X)

40 ④

㈎, ㈏, ㈑는 조직 차원에서의 인적자원관리의 특징이고, ㈐는 개인 차원에서의 인적자원관리능력의 특징으로 구분할 수 있다. 한편, 조직의 인력배치의 3대 원칙에는 적재적소주의 – ㈑, 능력주의 – ㈎, 균형주의 – ㈏가 있다.

41 ④

A : 콜센터를 포함하면 11개의 팀으로 구성되어 있다.

42 ④

제품의 생산 기술력이 공개되어 있고 특별한 노하우가 필요하지 않다는 점, 브랜드 이미지나 생산업체의 우수성 등이 중요한 마케팅 요소로 작용되지 않는다는 점 등으로 인해 기술적 차별화를 이루기 어려우며, 모든 대중들에게 계층 구분 없이 같은 제품이 보급되어 쓰이고 있는 소모품이라는 점 등으로 인해 일부 특정 시장을 겨냥한 집중화 전략이 적절하다고 볼 수 없다. 이 경우, 원자재 구매력 향상이나 유통 단계 효율화 등을 통한 원가우위 전략이 효과적이다.

43 ②

- 조직목표 : 조직이 달성하려는 장래의 상태로 조직이 존재하는 정당성과 합법성을 제공한다.
- 조직구조 : 조직 내의 구성원들 사이에 형성된 관계로 조직목표를 달성하기 위한 조직구성원의 상호작용을 보여준다.
- 조직문화 : 조직이 지속되게 되면서 조직구성원들 간에 공유되는 생활양식이나 가치로 조직구성원들의 사고와 행동에 영향을 미치며 일체감과 정체성을 부여하고 조직이 안정적으로 유지되게 한다.
- 조직의 규칙과 규정 : 조직의 목표나 전략에 따라 수립되어 조직구성원들의 활동범위를 제약하고 일관성을 부여하는 기능을 하는 것으로 인사규정, 총무규정, 회계규정 등이 있다.

44 ②

제시된 그림의 조직구조는 기능적 조직구조의 형태를 갖는다. 환경이 안정적이거나 일상적인 기술, 조직의 내부 효율성을 중요시하며 기업의 규모가 작을 때에는 업무의 내용이 유사하고 관련성이 있는 것들을 결합해서 제시된 그림과 같이 '기능적 조직구조' 형태를 이룬다. 또한, 급변하는 환경변화에 효과적으로 대응하고 제품, 지역, 고객별 차이에 신속하게 적응하기 위해 분권화된 의사결정이 가능한 '사업별 조직구조' 형태를 이룰 필요가 있다. 사업별 조직구조는 개별 제품, 서비스, 제품그룹, 주요 프로젝트나 프로그램 등에 따라 조직화되며 제품에 따라 조직이 구성되고 각 사업별 구조 아래 생산, 판매, 회계 등의 역할이 이루어진다. 한편, 업무적 중요도나 경영의 방향 등의 요소를 배제하고 단순히 산하 조직 수의 많고 적음으로 해당 조직의 장의 권한이 결정된다고 볼 수 없다.

45 ①

인사노무처는 인력을 관리하고, 급여, 노사관리 등의 지원 업무가 주 활동이므로 지원본부, 자원기술처는 생산기술이나 자원 개발 등에 관한 기술적 노하우 등 자원 활용기술 업무가 주 활동이라고 판단할 수 있으므로 기술본부에 속하는 것이 가장 합리적인 조직 배치라고 할 수 있다.

46 ②

'갑' 기업의 상설 조직은 공식적, '을' 기업의 당구 동호회는 비공식적 집단이다. 공식적인 집단은 조직의 공식적인 목표를 추구하기 위해 조직에서 의도적으로 만든 집단이다. 따라서 공식적인 집단의 목표나 임무는 비교적 명확하게 규정되어 있으며, 여기에 참여하는 구성원들도 인위적으로 결정되는 경우가 많다.

47 ①

(가) 위계를 강조하는 조직문화 하에서는 조직 내부의 안정적이고 지속적인 통합, 조정을 바탕으로 일사불란한 조직 운영의 효율성을 추구하게 되는 특징이 있다. 조직원 개개인의 능력과 개성을 존중하는 모습은 혁신과 관계를 지향하는 조직문화에서 찾아볼 수 있는 특징이다.

48 ②

임직원 행동지침에 나타난 내용을 통하여 조직의 업무를 파악할 줄 알아야 한다. 제시된 임직원 행동지침 ③에서는 외국 업체 선정을 위한 기술평가위원회 명단을 공개하는 것을 금지한다고 명시하고 있다. 이는 외부는 물론 내부적으로도 금지하는 것이 원칙으로, 내부에 공개할 경우 정보 누수 등을 통해 외부로 유출될 수 있기 때문이다.

49 ④

가격경쟁력을 확보하고자 하는 것은 원가우위 전략에서 실시하는 세부 전략 내용이다. 원가를 낮춰 더 많은 고객을 확보하는 것이 원가우위 전략의 기본 목표이므로 이러한 전략이 과도할 경우 매출만 신장될 뿐 수익구조가 오히려 악화될 우려가 있다.

한편, 차별화 전략은 여러 세분화된 시장을 표적 시장으로 삼아 이들 각각에 독특한 상품을 제공하고자 하는 전략으로 차별적 마케팅을 추진하기 위하여 많은 비용이 수반된다. 또한, 상품과 시장이 다양해져 그에 따른 관리 비용 역시 많아진다는 것이 가장 큰 단점이라고 할 수 있다.

50 ④

(가) 경영목적, (나) 인적자원, (다) 마케팅, (라) 회계관리, (마) 자금, (바) 경영전략에 대한 설명이다. 조직 경영에 필요한 4대 요소는 경영목적, 인적자원, 자금, 경영전략이다.

정답 및 해설

Answer

1	2	3	4	5	6	7	8	9	10
④	③	④	①	②	③	③	④	④	④
11	12	13	14	15	16	17	18	19	20
③	②	③	④	③	②	①	④	④	④
21	22	23	24	25	26	27	28	29	30
④	②	③	①	②	①	③	①	④	②
31	32	33	34	35	36	37	38	39	40
①	④	④	①	③	④	②	④	①	④
41	42	43	44	45	46	47	48	49	50
②	④	④	①	④	③	③	①	②	③

1 ④

④ ㉢ – 資金用途
- 用途 … 쓰이는 길. 또는 쓰이는 곳
- 用度 … 씀씀이(돈이나 물건 혹은 마음 따위를 쓰는 형편)

2 ③

빈칸 앞의 문장과 '그래서'로 연결되고 있으며, 뒤로 이어지는 내용으로 볼 때, ③이 들어가는 것이 적절하다.

3 ④

④ 세무서장이 발급한 자금출처 확인서는 해외이주비 총액이 10만불을 초과할 때 필요한 서류다.

4 ①

경쟁은 둘 이상의 사람이 하나의 목표를 향해서 다른 사람보다 노력하는 것이며, 이 때 경쟁의 전제가 되는 것은 합의에 의한 경쟁 규칙을 반드시 지켜야 한다는 점이므로 빈

칸에는 '경쟁은 정해진 규칙을 꼭 지키는 가운데서 이루어져야 한다'는 내용이 올 수 있을 것이다. 농구나 축구, 그리고 마라톤 등의 운동 경기는 자신의 소속 팀을 위해서 또는 자기 자신을 위해서 다른 팀이나 타인과 경쟁하는 것이며, 스포츠맨십은 규칙의 준수와 관련이 있으므로 글에서 말하는 경쟁의 한 예로 적합하다.

5 ②

㉠ 사물은 이쪽에서 보면 모두가 저것, 저쪽에서 보면 모두가 이것이다 → ㉡ 그러므로 저것은 이것에서 생겨나고, 이것 또한 저것에서 비롯되는데 이것과 저것은 혜시가 말하는 방생의 설이다 → ㉣ 그러나 혜시도 말하듯이 '삶과 죽음', '된다와 안 된다', '옳다와 옳지 않다'처럼 상대적이다 → ㉢ 그래서 성인은 상대적인 방법이 아닌 절대적인 자연의 조명에 비추어 커다란 긍정에 의존한다.

6 ③

③ 서류전형과 최종합격자 발표는 합격자에게만 개별 유선통보가 되는 것이므로 연락이 없을 경우 합격하지 못한 것으로 판단할 수 있다. 일반적으로 채용 공고문에서는 합격자 발표 방법으로 개별 통보 또는 홈페이지에서 확인 등을 제시하고 있으므로 반드시 이를 숙지할 필요가 있다.
① 접수 가능 시간과 근로자 근무시간대는 동일하게 09:00~18:00이다.
② 접수방법은 이메일이라고 언급하고 있으며, 자격증은 해당자만 제출하면 된다.
④ 근무지는 S공사 경기지역본부이므로 공식 근무지 위치는 경기지역본부 소재지인 경기도 성남시 분당구가 된다.

7 ③

③ '역학조사'는 '감염병 등의 질병이 발생했을 때, 통계적 검정을 통해 질병의 발생 원인과 특성 등을 찾아내는 것'을 일컫는 말로, 한자로는 '疫學調査'로 쓴다.

① '다중'은 '多衆'으로 쓰며, '삼중 구조'의 '중'은 '重'으로 쓴다.

② '출연'과 '연극'의 '연'은 모두 '演'으로 쓴다.

④ '일 따위가 더디게 진행되거나 늦어짐'의 뜻을 가진 '지연'은 '遲延'으로 쓴다.

8 ④

④ 첫 문단에서 GDP를 계산할 때는 총 생산물의 가치에서 중간생산물을 가치를 뺀다고 언급하고 있다.

9 ④

④ 2021년도와 2019년도의 실질 GDP는 7,000원으로 동일하기 때문에 생산 수준이 올랐다고 판단할 수 없다.

10 ④

④ ㉠ 뒤로 언급되는 '이때 GDP는 무역 손실에 따른 실질 소득의 감소를 제대로 반영하지 못하기 때문에 GNI가 필요한 것이다'라는 문장을 통해 알 수 있다.

11 ③

지도상 1cm는 실제로 10km가 된다.

$10 \times \dfrac{7}{4} = 17.5 \text{km}$

12 ②

'들이'의 환산이 다음과 같이 수정되어야 한다.

수정 전 1dℓ = 1,000㎤ = 100mℓ, 1ℓ = 100㎤ = 10dℓ

수정 후 1dℓ = 100㎤ = 100mℓ, 1ℓ = 1,000㎤ = 10dℓ

13 ②

전항의 일의 자리 숫자를 전항에 더한 결과 값이 후항의 수가 되는 규칙이다.

$93 + 3 = 96$, $96 + 6 = 102$, $102 + 2 = 104$,

$104 + 4 = 108$, $108 + 8 = 116$

14 ④

2012년 농산물 물량 : 232.6(천 톤)

2013년 농산물 물량 : 223.5(천 톤)

2012년 농산물 물량을 100%로 봤을 때 2013년 농산물 물량은 96.08770…%이므로 약 3.9% 감소했음을 알 수 있다.

15 ③

$5,000,000 \times 0.29\% = 14,500$원

16 ②

지수상승에 따른 수익률(세전)은 실제 지수상승률에도 불구하고 연 4.67%를 최대로 하기 때문에 지수가 약 29% 상승했다고 하더라도 상원이의 연 최대 수익률은 4.67%를 넘을 수 없다.

17 ①

① 2021년 농업의 부가가치유발계수는 전년 대비 소폭 상승하였다.

18 ④

병원비 지원 기준에 따라 각 직원이 지원 받을 수 있는 내역을 정리하면 다음과 같다.

A 직원	본인 수술비 300만 원(100% 지원), 배우자 입원비 50만 원(90% 지원)
B 직원	배우자 입원비 50만 원(90% 지원), 딸 수술비 200만 원(직계비속→80% 지원)
C 직원	본인 수술비 300만 원(100% 지원), 아들 수술비 400만 원(직계비속→80% 지원)
D 직원	본인 입원비 100만 원(100% 지원), 어머니 수술비 100만 원(직계존속→80% 지원), 남동생 입원비 50만 원(직계존속 신청 有→지원 ×)

이를 바탕으로 A~D 직원 4명이 총 병원비 지원 금액을 계산하면 1,350만 원이다.

A 직원	$300 + (50 \times 0.9) = 345$만 원
B 직원	$(50 \times 0.9) + (200 \times 0.8) = 205$만 원
C 직원	$300 + (400 \times 0.8) = 620$만 원
D 직원	$100 + (100 \times 0.8) = 180$만 원

19 ④

〈표2〉에 따르면 2002년부터 2004년까지는 1호주달러당 원화가 1유로당 원화보다 금액이 컸다. 즉, 호주달러의 가치가 유로의 가치보다 큰 것이다. 그런데 2005년에는 호주달러보다 유로의 가치가 커졌다가 2006년에 동일해졌다. 따라서 ④번 그래프가 잘못 표현되었다.

20 ④

㉠ 1거래일 시가는 12,000원이고 5거래일 종가는 11,800원이다. 따라서 1거래일 시가로 매입한 주식을 5거래일 종가로 매도하는 경우 수익률은 $\frac{11,800-12,000}{12,000} \times 100 =$ 약 -1.6이다.

㉢ 3거래일 종가는 12,800원이고 4거래일 종가는 12,900원이다. 따라서 3거래일 종가로 매입한 주식을 4거래일 종가로 매도하는 경우 수익률은 $\frac{12,900-12,800}{12,800} \times 100 =$ 약 0.8이다.

21 ④

이런 유형은 문제에서 제시한 상황, 즉 1명이 당직을 서는 상황을 각각 설정하여 1명만 진실이 되고 3명은 거짓말이 되는 경우를 확인하는 방식의 풀이가 유용하다. 각각의 경우, 다음과 같은 논리가 성립한다.

고 대리가 당직을 선다면, 진실을 말한 사람은 윤 대리와 염 사원이 된다.

윤 대리가 당직을 선다면, 진실을 말한 사람은 고 대리, 염 사원, 서 사원이 된다.

염 사원이 당직을 선다면, 진실을 말한 사람은 윤 대리가 된다.

22 ②

남자사원의 경우 ㉢, ㉣, ◎에 의해 다음과 같은 두 가지 경우가 가능하다.

	월요일	화요일	수요일	목요일
경우 1	치호	영호	철호	길호
경우 2	치호	철호	길호	영호

[경우 1]

옥숙은 수요일에 보낼 수 없고, 철호와 영숙은 같이 보낼 수 없으므로 옥숙과 영숙은 수요일에 보낼 수 없다. 또한 영숙은 지숙과 미숙 이후에 보내야 하고, 옥숙은 지숙 이후에 보내야 하므로 조건에 따르면 다음과 같다.

	월요일	화요일	수요일	목요일
남	치호	영호	철호	길호
여	지숙	옥숙	미숙	영숙

[경우 2]

		월요일	화요일	수요일	목요일
	남	치호	철호	길호	영호
경우 2-1	여	미숙	지숙	영숙	옥숙
경우 2-2	여	지숙	미숙	영숙	옥숙
경우 2-3	여	지숙	옥숙	미숙	영숙

문제에서 영호와 옥숙을 같이 보낼 수 없다고 했으므로, [경우 1], [경우 2-1], [경우 2-2]는 해당하지 않는다. 따라서 [경우 2-3]에 의해 목요일에 보내야 하는 남녀사원은 영호와 영숙이다.

23 ③

모든 A는 B이고, 모든 B는 C이므로 모든 A는 C이다. 또한 모든 B는 C라고 했으므로 어떤 C는 B이다. 따라서 모두 옳다.

24 ①

조건에 따라 甲의 도서 대여 및 반납 일정을 정리하면 다음과 같다.

월	화	수	목	금	토(9.17)	일
					1권 대출	휴관
• 1권 반납 • 2~3권 대출(3일)		• 2~3권 반납 • 4~6권 대출(5일)				휴관
• 4~6권 반납 • 7~10권 대출(7일)						휴관
• 7~10권 반납						휴관

25 ②

갑, 을, 병의 진술과 과음을 한 직원의 수를 기준으로 표를 만들어 보면 다음과 같다.

과음직원 진술자	0명	1명	2명	3명
갑	거짓	참	거짓	거짓
을	거짓	거짓	참	거짓
병	거짓	참	참	거짓

• 과음을 한 직원의 수가 0명인 경우, 갑, 을, 병 모두 거짓을 말한 것이 되어 결국 모두 과음을 한 것이 된다. 따라서 이 경우는 과음을 한 직원의 수가 0명이라는 전제와 모순이 생기게 된다.
• 과음을 한 직원의 수가 1명인 경우, 을만 거짓을 말한 것이므로 과음을 한 직원의 수가 1명이라는 전제에 부합한다. 이 경우에는 을이 과음을 한 것이 되며, 갑과 병은 과음을 하지 않은 것이 된다.

• 과음을 한 직원의 수가 2명인 경우, 갑만 거짓을 말한 것이 되므로 과음을 한 직원의 수가 1명이 된다. 따라서 이 역시 과음을 한 직원의 수가 2명이라는 전제와 모순이 생기게 된다.
• 과음을 한 직원의 수가 3명인 경우, 갑, 을, 병 모두 거짓을 말한 것이 되어 과음을 한 직원의 수가 3명이 될 것이며, 이는 전제와 부합하게 된다.
따라서 4가지의 경우 중 모순 없이 발생 가능한 경우는 과음을 한 직원의 수가 1명 또는 3명인 경우가 되는데, 이 두 경우에 모두 거짓을 말한 을은 과음을 한 직원이라고 확신할 수 있다. 그러나 이 두 경우에 모두 사실을 말한 사람은 없으므로, 과음을 하지 않은 것이 확실한 직원은 아무도 없다.

26 ①

㈎ 6개월 이내에 보증부대출 채무 인수는 마쳤으나 소유권이전등기를 하지 않았으므로 대출금 조기 만료에 해당된다. (O)
㈏ 병원 입원 기간은 해당 사유에서 제외되므로 대출금이 조기 만료되지 않는다. (X)
㈐ 본인이 담보주택의 소유권을 상실한 경우로 대출금 조기 만료에 해당된다. (O)
㈑ S씨의 대출금과 근저당권 상황은 대출금 조기 만료에 해당될 수 있으나, 채권자인 은행의 설정 최고액 변경 요구에 응하고 있으므로 조기 만료에 해당되지 않는다. (X)

27 ③

③ 논지와 직접적인 관련이 없는 권위자의 견해를 바탕으로 자신의 주장을 정당화하려는 '부적절한 권위에 호소하는 오류'로, 심리적 오류의 유형이다. 이외에 '연민에 호소하는 오류', '군중에 호소하는 오류', '공포에 호소하는 오류' 등이 있다.
① 제한된 정보, 불충분한 통계 자료, 대표성이 결여된 사례 등을 근거로 하여 일반화하려는 '성급한 일반화의 오류'로, 귀납적 오류에 해당한다.
② 반증하지 못함을 근거로 자신의 주장을 정당화하는 '무지에 호소하는 오류'로, 자료적 오류에 해당한다.

④ 단순히 시간상으로 선후 관계에 있는 것을 인과 관계가 있는 것으로 추리하는 '원인 오판의 오류'로, 귀납적 오류에 해당한다.

28 ①

세 번째 명제의 대우명제는 '포만감→소화'로 도식화할 수 있다. 따라서 두 번째 명제, 세 번째 명제의 대우명제, 첫 번째 명제를 차례로 연결하면 '밥→포만감→소화→위'가 되어 A와 같은 '밥을 먹으면 위가 찬다.'라는 결론이 도출될 수 있다.

그러나 밥을 먹으면 포만감이 들지만, 포만감이 들었다고 해서 밥을 먹은 것인지는 알 수 없으므로 B의 옳고 그름은 판단할 수 없다.

29 ④

갑과 을의 전기요금을 다음과 같이 계산할 수 있다.
〈갑〉
기본요금 : 1,800원
전력량 요금 : $(200 \times 90) + (100 \times 180) = 18,000 + 18,000 = 36,000$원
200kWh를 초과하였으므로 필수사용량 보장공제 해당 없음
전기요금 : $1,800 + 36,000 = 37,800$원
〈을〉
기본요금 : 1,260원
전력량 요금 : $(200 \times 72) + (100 \times 153) = 14,400 + 15,300 = 29,700$원
200kWh를 초과하였으므로 필수사용량 보장공제 해당 없음
전기요금 : $1,260 + 29,700 = 30,960$원
따라서 갑과 을의 전기요금 합산 금액은
$37,800 + 30,960 = 68,760$원이 된다.

30 ②

② 동계와 하계에 1,000kWh가 넘는 전력을 사용하면 슈퍼유저에 해당되어 적용되는 1,000kWh 초과 전력량 요금 단가가 2배 이상으로 증가하게 되나, 기본요금에는 해당되지 않는다.

① 기본요금과 전력량 요금 모두 고압 요금이 저압 요금보다 저렴한 기준이 적용된다.
③ 기본요금 900원과 전력량 요금 270원을 합하여 1,170원이 되며, 필수사용량 보장공제 적용 후에도 최저요금인 1,000원이 발생하게 된다.
④ 200kWh 단위로 요금 체계가 바뀌게 되므로 200kWh 씩 나누어 관리하는 것이 전기요금을 절감할 수 있는 방법이다.

31 ①

국제 유가가 상승하면 대체 에너지인 바이오 에탄올의 수요가 늘면서 이것의 원료인 옥수수의 수요가 늘어 옥수수 가격은 상승한다. 옥수수 가격의 상승에 대응하여 농부들은 다른 작물의 경작지를 옥수수 경작지로 바꿀 것이다. 결국 밀을 포함한 다른 농작물은 공급이 줄어 가격이 상승하게 된다(이와 같은 이유로 유가가 상승할 때 국제 농산물 가격도 상승하였다). 밀 가격의 상승은 이를 주원료로 하는 라면의 생산비용을 높여 라면 가격이 상승한다.

32 ④

(가) 토목공사이므로 150억 원 이상 규모인 경우에 안전관리자를 선임해야 하므로 별도의 안전관리자를 선임하지 않은 것은 잘못된 조치로 볼 수 없다.
(나) 일반공사로서 120억 원 이상 800억 원 미만의 규모이므로 안전관리자를 1명 선임해야 하며, 자격증이 없는 산업안전 관련학과 전공자도 안전관리자의 자격에 부합되므로 적절한 선임 조치로 볼 수 있다.
(다) 1,500억 원 규모의 공사이므로 800억 원을 초과하였으며, 매 700억 원 증가 시마다 1명의 안전관리자가 추가되어야 하므로 모두 3명의 안전관리자를 두어야 한다. 또한, 전체 공사 기간의 앞뒤 15%의 기간에는 건설안전기사, 건설안전산업기사, 건설업 안전관리자 경험자 중 건설업 안전관리자 경력이 3년 이상인 사람 1명이 포함되어야 한다. 그런데 C 공사에서 선임한 3명은 모두 이에 해당되지 않는다. 따라서 밤에 정해진 규정을 준수하지 못한 경우에 해당된다.

㉑ 1,600억 원 규모이므로 3명의 안전관리자가 필요한 공사이다. 1년 차에 100억 원 규모의 공사가 진행된다면 총 공사 금액의 5%인 80억 원을 초과하므로 1명을 줄여서 선임할 수 있는 기준에 충족되지 못하므로 3명을 선임하여야 하는 경우가 된다.

33 ④

솜 인형의 실제 무게는 18파운드이며, 주어진 산식으로 부피무게를 계산해 보아야 한다. 부피무게는 28 × 10 × 10 ÷ 166 = 17파운드가 되어 실제 무게보다 가볍다. 그러나 28inch는 28 × 2.54 = 약 71cm가 되어 한 변의 길이가 50cm 이상이므로, A배송사에서는 (18 + 17) × 0.6 = 21파운드의 무게를 적용하게 된다. 따라서 솜 인형의 운송비는 19,000원이다.

34 ①

① 두환이는 K은행의 PB고객이므로 최대 6,000만 원 이내까지 대출이 가능하다.

35 ③

수도권 중 과밀억제권역에 해당하므로 우선변제를 받을 보증금 중 일정액의 범위는 2,000만 원이다. 그런데 ④처럼 하나의 주택에 임차인이 2명 이상이고 그 보증금 중 일정액을 모두 합한 금액(甲 2,000만 원 + 乙 2,000만 원 + 丙 1,000만 원 = 5,000만 원)이 주택가액인 8,000만 원의 2분의 1을 초과하므로 그 각 보증금 중 일정액을 모두 합한 금액에 대한 각 임차인의 보증금 중 일정액의 비율(2 : 2 : 1)로 그 주택가액의 2분의 1에 해당하는 금액(4,000만 원)을 분할한 금액을 각임차인의 보증금 중 일정액으로 봐야 한다.
따라서 우선변제를 받을 보증금 중 일정액은 甲 1,600만 원, 乙 1,600만 원, 丙 800만 원으로 乙과 丙이 담보물권자보다 우선하여 변제받을 수 있는 금액의 합은 1,600 + 800 = 2,400만 원이다.

36 ④

㉮ 1일 평균 근로시간은 '근로시간 ÷ 근로일수'로 계산할 수 있으며, 연도별로 8.45시간, 8.44시간, 8.47시간, 8.45시간으로 2020년이 가장 많다. (O)

㉯ 1일 평균 임금총액은 '임금액 ÷ 근로일수'로 계산할 수 있으며, 연도별로 149.2천 원, 156.4천 원, 161.6천 원, 165.4천 원으로 매년 증가하였다. (O)

㉰ 1시간 당 평균 임금총액은 '임금총액 ÷ 근로시간'으로 계산할 수 있으며, 연도별로 17.7천 원, 18.5천 원, 19.1천 원, 19.6천 원으로 매년 증가하였다. (O)

㉱ 2014년~2016년의 수치로 확인해 보면, 근로시간이 더 많은 해에 임금총액도 더 많다고 할 수 없으므로 비례관계가 성립하지 않는다. (X)

37 ②

甲~戊의 심사기준별 점수를 산정하면 다음과 같다. 단, 丁은 신청마감일(2014. 4. 30.) 현재 전입일부터 6개월 이상의 신청자격을 갖추지 못하였으므로 제외한다.

구분	거주 기간	가족 수	영농 규모	주택 노후도	사업 시급성	총점
甲	10	4	4	8	10	36점
乙	4	8	10	6	10	38점
丙	6	6	8	10	10	40점
戊	8	6	10	8	4	36점

따라서 상위 2가구는 丙과 乙이 되는데, 2가구의 주소지가 B읍·면으로 동일하므로 총점이 더 높은 丙을 지원하고, 나머지 1가구는 甲, 戊의 총점이 동점이므로 가구주의 연령이 더 높은 甲을 지원하게 된다.

38 ④

상품별 은행에 내야 하는 총금액은 다음과 같다.
• A상품 : (1,000만 원 × 1% × 12개월) + 1,000만 원
　　　 = 1,120만 원
• B상품 : 1,200만 원
• C상품 : 90만 원 × 12개월 = 1,080만 원

ⓒ A상품의 경우 자동차를 구입하여 소유권을 취득할 때, 은행이 자동차 판매자에게 즉시 구입금액을 지불하는 상품으로 자동차 소유권을 얻기까지 은행에 내야 하는 금액은 0원이다. → 옳음

ⓒ 1년 내에 사고가 발생해 50만 원의 수리비가 소요된다면 각 상품별 총비용은 A상품 1,170만 원, B상품 1,200만 원, C상품 1,080만 원이다. 따라서 A상품보다 C상품을 선택하는 것은 유리하지만, B상품은 유리하지 않다. → 틀림

ⓒ 자동차 소유권을 얻는 데 걸리는 시간은 A상품 구입 즉시, B상품 1년, C상품 1년이다. → 옳음

ⓔ B상품과 C상품 모두 자동차 소유권을 얻기 전인 1년까지는 발생하는 모든 수리비를 부담해 준다. 따라서 사고 여부와 관계없이 총비용이 작은 C상품을 선택하는 것이 유리하다. → 옳음

39 ①

A~E의 지급 보험금을 산정하면 다음과 같다.

피보험 물건	지급 보험금
A	주택, 보험금액 ≥ 보험가액의 80%이므로 손해액 전액 지급→6천만 원
B	일반물건, 보험금액 < 보험가액의 80%이므로 손해액 × $\dfrac{보험금액}{보험가액의\ 80\%}$ 지급 → $6,000 \times \dfrac{6,000}{6,400} = 5,625$만 원
C	창고물건, 보험금액 < 보험가액의 80%이므로 손해액 × $\dfrac{보험금액}{보험가액의\ 80\%}$ 지급 → $6,000 \times \dfrac{7,000}{8,000} = 5,250$만 원
D	공장물건, 보험금액 < 보험가액이므로 손해액 × $\dfrac{보험금액}{보험가액}$ 지급 → $6,000 \times \dfrac{9,000}{10,000} = 5,400$만 원
E	동산, 보험금액 < 보험가액이므로 손해액 × $\dfrac{보험금액}{보험가액}$ 지급 → $6,000 \times \dfrac{6,000}{7,000} = $ 약 $5,143$만 원

따라서 지급 보험금이 많은 것부터 순서대로 나열하면 A - B - D - C - E이다.

40 ④

시간 관리를 통하여 일에 대한 부담을 줄이는 것은 스트레스를 줄이는 효과적인 접근이 될 수 있다. 또한 시간 관리를 잘 한다면 직장에서 일을 수행하는 시간을 줄이고, 일과 가정 혹은 자신의 다양한 여가를 동시에 즐길 수 있게 된다. 특히, 주어진 매트릭스의 사례에서 볼 수 있듯, 긴급하지 않지만 중요한 일과 긴급하지만 중요하지 않은 일을 자신의 상황과 업무 내용에 따라 적절한 기준을 적용하여 순위에 따라 수행한다면 일의 우선순위를 따져 효과적인 시간 관리를 하는 데 큰 도움을 얻을 수 있다.

④ 처음 계획보다 더 많은 일을 수행하게 되는 것은 긍정적인 현상이라고 볼 수 없으며 이는 일 중독자에게 나타나는 현상으로 볼 수 있다.

41 ②

차별화 전략은 조직이 생산품이나 서비스를 차별화하여 고객에게 가치가 있고 독특하게 인식되도록 하는 전략이다. 차별화 전략을 활용하기 위해 연구개발이나 광고를 통해 기술, 품질, 서비스, 브랜드 이미지를 개선할 필요가 있다.

42 ④

부사장 직속은 4개의 본부와 1개의 부문으로 구성되어 있다.

43 ④

송상현 사원의 1/4분기 복지 지원 사유는 장모상이었다. 이는 본인/가족의 경조사에 포함되므로 경조사 지원에 포함되어야 한다.

44 ①

레드오션은 경쟁을 목표로 하고, 존재하는 소비자와 현존하는 시장에 초점(시장경쟁전략)을 맞춘 반면, 블루오션은 비 고객에게 초점(시장창조전략)을 맞추고 새로운 수요를 창출하고자 한다.

45 ④

이란에서 노란색 꽃은 적대감을 표시한다.

46 ③

③ 일반적으로 메뉴를 선택할 때 손님에게 일임하거나 무조건 같은 것으로 하겠다고 하는 것은 적절한 매너가 아니다.
② 초청자 측의 가장 윗사람 바로 옆에 상대방 측의 가장 윗사람의 자리를 마련한다.

47 ③

조직 내 집단은 공식적인 집단과 비공식적인 집단으로 구분할 수 있다. 공식적인 집단은 조직의 공식적인 목표를 추구하기 위해 조직에서 의도적으로 만든 집단이다. 반면에, 비공식적인 집단은 조직구성원들의 요구에 따라 자발적으로 형성된 집단이다. 이는 공식적인 업무 수행 이외에 다양한 요구들에 의해 이루어진다.

48 ①

조직문화의 7가지 구성요소는 공유가치, 리더십 스타일, 구조, 관리 기술, 전략, 제도 및 절차, 구성원이며 예산은 조직문화 구성요소에 포함되지 않는다.
② 이 밖에도 조직문화는 구성원의 몰입도를 향상시키고 조직의 안정성을 유지시켜 주는 기능도 포함한다.
③ 관리적 조직문화, 과업지향적 조직문화 등과 함께 관계지향적 조직문화, 유연한 조직문화 등이 있다.

49 ②

② '결재권자는 업무의 내용에 따라 이를 위임하여 전결하게 할 수 있다'고 규정되어 있으나, 동시에 '이에 대한 세부사항은 따로 규정으로 정한다.'고 명시되어 있다. 따라서 여건에 따라 상황에 맞는 전결권자를 지정한다는 것은 규정에 부합하는 행위로 볼 수 없다.

50 ③

③ 결재 문서가 아니라도 처리과의 장이 중요하다고 인정하는 문서는 문서등록대장에 등록되어야 한다고 규정하고 있으므로 신 과장의 지침은 적절하다고 할 수 있다.
① 같은 날짜에 결재된 문서인 경우 조직 내부 원칙에 의해 문서별 우선순위 번호를 부여해야 한다.
② 중요성 여부와 관계없이 내부 결재 문서에는 모두 '내부결재' 표시를 하도록 규정하고 있다.
④ 보고서에는 별도의 보존기간 기재란이 없으므로 문서의 표지 왼쪽 위의 여백에 기재란을 마련하라고 규정되어 있으나, 기안 문서에는 문서 양식 자체에 보존기간을 기재하는 것이 일반적이므로 D 사원의 판단은 옳지 않다.

제6회 정답 및 해설

Answer

1	2	3	4	5	6	7	8	9	10
①	④	①	③	③	①	④	①	④	②
11	12	13	14	15	16	17	18	19	20
②	②	④	④	①	③	①	①	①	④
21	22	23	24	25	26	27	28	29	30
③	④	④	③	③	①	④	④	②	①
31	32	33	34	35	36	37	38	39	40
④	②	②	②	①	②	④	④	③	④
41	42	43	44	45	46	47	48	49	50
④	②	④	③	④	③	④	③	④	③

1 ①
밑줄 친 '짚다'는 '여럿 중에 하나를 꼭 집어 가리키다'의 의미로 쓰인 경우이며, ①에서도 동일한 의미로 쓰인다.
② 손으로 이마나 머리 따위를 가볍게 눌러 대다.
③ 바닥이나 벽, 지팡이 따위에 몸을 의지하다.
④ 상황을 헤아려 어떠할 것으로 짐작하다.

2 ④
바로 다음 문장에서 앞의 내용을 강조하기 위해 같은 내용을 반복하고 있다. "다른 사람들이 이해한다는 것은 결국 우리 주위에 있는 사회 일반이 공통적으로 인식한다는 것이다."를 통해 빈칸에 들어갈 문장은 ④임을 알 수 있다.

3 ①
① '자연은~초래된다.'까지의 문장들은 글의 논지를, 그 이후의 문장들은 반사회적 사회성의 개념을 제시하고 있다.

4 ③
③ 환전 가능 외국주화로는 미국 달러, 일본 엔화, 유로화가 있다.

5 ③
③ 뒤의 문장에서 '하지만~수단 역할을 하는 데 있다.'라는 말이 오므로 그전의 문장은 동물의 수단과 관계된 말이 와야 옳다.

6 ①
② 두 번째 문단에서 통화 정책에서 선제적 대응의 필요성을 예를 들어 설명하고 있다.
③ 첫 번째 문단에서 공개 시장 운영이 경제 전반에 영향을 미치는 과정을 인과적으로 설명하고 있다.
④ '선제적', '정책 외부 시차' 등 관련된 주요 용어의 정의를 바탕으로 통화 정책의 대표적인 수단을 설명하고 있다.

7 ④
경제학자 병은 국민들의 생활 안정을 위해 물가 상승률을 매 분기 2%로 유지해야 한다고 주장하였다. 2분기와 3분기의 물가 상승률이 3%이므로 1%p를 낮추기 위해서는 이자율, 즉 기준 금리를 1.5%p 올려야 한다(이자율이 상승하면 경기가 위축되고 물가 상승률이 떨어지므로). 정책 외부 시차는 1개 분기이며 기준 금리 조정에 따른 물가 상승률 변동 효과는 1개 분기 동안 지속되므로 중앙은행은 기준 금리를 1월 1일에 5.5%로 인상하고 4월 1일에도 이를 5.5%로 유지해야 2분기와 3분기의 물가 상승률을 2%로 유지할 수 있다.

8 ①

② ㉠에서는 준칙주의의 엄격한 실천은 현실적으로 어렵다고 본다.

③ ㉠에서는 정책 운용에 관한 준칙을 지키지 않으면 중앙은행에 대한 신뢰가 훼손된다고 본다.

④ ㉡에서도 정책의 신뢰성을 중요하게 생각한다. 다만 이를 위해 중앙은행이 반드시 준칙에 얽매일 필요는 없다는 것이다.

9 ④

④ 반대되는 논거를 제시하여 절충된 가치를 통해 글의 주제에 접근하는 방식의 서술은 다분히 철학적이고 인문학적인 주제의 글보다는 사회 현상에 대한 분석이나 과학적 사고를 요하는 글에 보다 적합한 서술 방식이라고 할 수 있다.

① 첫 번째 문단을 보면 '죽음은 인간의 총체를 형성하는 결정적인 요소이다', '죽음이란 한 존재의 사멸, 부정의 의미이므로 여러 가지 인격을 갖고 살아가고 있는 현대인의 어떤 정체성을 부정하거나 사멸시키는 하나의 행위', '죽음이란 이 세상을 살아가면서 배워서 아는 것' 등 핵심 단어인 죽음에 대해 정의를 찾아가며 논점을 전개하고 있다.

② 삶과 죽음의 의미, 심리학자들의 주장 등에서 누구나 알 수 있는 상식을 제시하면서 삶과 죽음에 대한 새로운 이해를 하려는 시도가 나타나 있다.

③ 인간의 삶은 과학 기술적 접근뿐 아니라 인문학적인 차원에서의 접근도 이루어져야 한다는 점, 삶의 목적은 철학적, 윤리적, 가치론적 입장에서 생각해 볼 수 있다는 점 등의 의견을 제시함으로써 특정 현상을 다양한 각도에서 조명해 보려는 의도가 보인다.

10 ②

네 번째 문단에 따르면 신재생 에너지 시스템은 화석 에너지와 달리 발전량을 쉽게 제어할 수 없고, 지역의 환경에 따라 발전량이 서로 다르다는 특징이 있다. 따라서 ②에서 언급한 발전량 자동 조절보다는 잉여 에너지 저장 기술을 갖추어야 한다고 볼 수 있다.

① 중앙 집중식으로 이루어진 에너지 공급 상황에서 거주자는 에너지 생산을 고려할 필요가 없었으나, 분산형 전원 형태의 신재생 에너지 공급 상황에서는 거주자 스스로 생산과 소비를 통제하여 에너지 절감을 할 수 있어야 할 것이다.

③ 기존의 제한된 서비스를 넘어서는 다양한 에너지 서비스가 탄생될 수 있도록 하는 플랫폼 기술은 스마트 그리드를 기반으로 한 마이크로 그리드 시스템 구축에 필요한 요소라고 판단할 수 있다.

④ 과거의 경험으로 축적된 에너지 사용에 대한 데이터를 분석하여 필요한 상황에 적절한 맞춤형 에너지를 서비스하는 기능은 효과적인 관리 솔루션이 될 수 있다.

11 ②

제품 하나를 만드는 데 A기계만 사용하면 15일이 걸리고, B기계만 사용하면 25일이 걸리므로, A기계는 하루에 제품 하나의 $\frac{1}{15}$ 을 만들고, B기계는 하루에 제품 하나의 $\frac{1}{25}$ 을 만든다. 따라서 A와 B기계를 동시에 사용하면 하루에 제품 하나의 $\left(\frac{1}{15}+\frac{1}{25}\right)=\frac{8}{75}=0.10666\cdots$ 을 만들 수 있다. 즉, 약 10.7%가 만들어진다.

12 ②

총 사원수가 45명이므로 $45-(10+4+3+5+7+9+2)=5$명이다.

13 ④

지방의 특허 출원 건수의 평균 증가량은 $\frac{0+6+8+6}{4}=5$ 이고, 서울의 특허 출원 건수의 평균 증가량은 $\frac{-1+0+1+1}{4}=0.25$이다. 따라서 2021년의 수도권을 제외한 특허 출원 건수를 예측한 값은 $(144+5)+(44+0.25)=193.25$로 소수 첫째 자리에서 반올림하면 193이다.

14 ④

2019년까지는 증가 후 감소하였으나 이후 3.2%→3.7%→5.4%로 줄곧 증가하고 있음을 알 수 있다.

① 2018년, 2020년에는 전년대비 증감 추세가 다르게 나타나고 있다.

② 2020년, 2021년에는 50%p보다 적은 차이를 보인다.

③ 줄곧 증가한 것은 아니며, 급격하게 변화하지도 않았다.

15 ①

$\dfrac{2,838}{23,329} \times 100 = 12.16511 \cdots ≒ 12.2(\%)$

16 ③

- 인터넷 뱅킹을 통한 해외 외화 송금이므로 금액에 상관없이 건당 최저수수료 3,000원과 전신료 5,000원 발생 → 합 8,000원
- 은행 창구를 통한 해외 외화 송금이므로 송금 수수료 10,000원과 전신료 8,000원 발생 → 합 18,000원
- 금액에 상관없이 건당 수수료가 발생하므로 → 10,000원

따라서 총 지불한 수수료는
$8,000 + 18,000 + 10,000 = 36,000$원이다.

17 ①

한 달 동안의 통화 시간 t $(t=0, 1, 2, \cdots)$에 따른
요금제 A의 요금
$y = 10,000 + 150t$　$(t=0, 1, 2, \cdots)$

요금제 B의 요금
$\begin{cases} y = 20,200 & (t=0, 1, 2, \cdots, 60) \\ y = 20,200 + 120(t-60) & (t=61, 62, 63, \cdots) \end{cases}$

요금제 C의 요금
$\begin{cases} y = 28,900 & (t=0, 1, 2, \cdots, 120) \\ y = 28,900 + 90(t-120) & (t=121, 122, 123, \cdots) \end{cases}$

㉠ B의 요금이 A의 요금보다 저렴한 시간 t의 구간은
$20,200 + 120(t-60) < 10,000 + 150t$ 이므로
$t > 100$

㉡ B의 요금이 C의 요금보다 저렴한 시간 t의 구간은
$20,200 + 120(t-60) < 28,900 + 90(t-120)$ 이므로
$t < 170$

따라서, $100 < t < 170$ 이다.

∴ $b-a$ 값은 70

18 ①

㉠ 한국 $2,015 - 3,232 = -1,217$,
　중국 $5,954 - 9,172 = -3,218$,
　일본 $2,089 - 4,760 = -2,671$ 모두 적자이다.

㉡ 소비재는 50% 이상 증가하지 않았다.

	원자재	소비재	자본재
2021	2,015	138	3,444
2018	578	117	1,028

㉢ 자본재 수출경쟁력을 구하면 한국이 일본보다 높다.

한국 $= \dfrac{3,444 - 1,549}{3,444 + 1,549} = 0.38$

일본 $= \dfrac{12,054 - 8,209}{12,054 + 8,209} = 0.19$

19 ①

㉢ 기업의 매출액이 클수록 자기자본비율이 동일한 비율로 커지는 관계에 있다고 가정하면 순이익은 자기자본비율 × 순이익률에 비례한다. 따라서 2008년도 순이익이 가장 많은 기업은 B이다.

㉣ 2008년도 순이익률이 가장 높은 기업은 B이다. 1997년도 영업이익률이 가장 높은 기업은 F이다.

20 ④

④번 그래프는 1997년도 대비 2008년도 7개 기업의 순이익률 변화(%p)를 표현한 것이다.

21 ③

③ 제1조에 을(乙)은 갑(甲)에게 계약금→중도금→ 잔금 순으로 지불하도록 규정되어 있다.

① 제1조에 중도금은 지불일이 정해져 있으나, 제5조에 '중도금 약정이 없는 경우'가 있을 수 있음이 명시되어 있다.

② 제4조에 명시되어 있다.

④ 제5조의 규정으로, 을(乙)이 갑(甲)에게 중도금을 지불하기 전까지는 을(乙), 갑(甲) 중 어느 일방이 본 계약을 해제할 수 있다. 단, 중도금 약정이 없는 경우에는 잔금 지불하기 전까지 계약을 해제할 수 있다.

22 ④

새터민(탈북자)인 경우 이 상품에서 특별우대금리를 적용받기 위해서는 북한 이탈주민 확인서(증명서)를 농협은행 영업점 창구에 제출해야 한다.

23 ④

제시된 상품에 개인으로 가입했을 경우 최고 우대금리는 '특별 우대금리(0.1%p)', '통일염원 우대금리(0.1%p)', '카드거래 우대금리(0.2%p)'를 모두 적용받은 0.4%p이다.

24 ③

명제 2와 3을 삼단논법으로 연결하면, '윤 사원이 외출 중이 아니면 강 사원도 외출 중이 아니다.'가 성립되므로 A는 옳다. 또한, 명제 2가 참일 경우 대우명제도 참이어야 하므로 '박 과장이 외출 중이면 윤 사원도 외출 중이다.'도 참이어야 한다. 따라서 B도 옳다.

25 ③

다섯 사람 중 A와 B가 동시에 가장 먼저 봉사활동을 하러 나가게 되었으며, C~E는 A와 B보다 늦게 봉사활동을 하러 나가게 되었음을 알 수 있다. 따라서 다섯 사람의 순서는 E의 순서를 변수로 다음과 같이 정리될 수 있다.

㉠ E가 두 번째로 봉사활동을 하러 나가게 되는 경우

첫 번째	두 번째	세 번째	네 번째
A, B	E	C 또는 D	C 또는 D

첫 번째	두 번째	세 번째
A, B	E, C	D

㉡ E가 세 번째로 봉사활동을 하러 나가게 되는 경우

첫 번째	두 번째	세 번째	네 번째
A, B	C 또는 D	E	C 또는 D

따라서 E가 C보다 먼저 봉사활동을 하러 나가는 경우가 있으므로 보기 ③과 같은 주장은 옳지 않다.

26 ①

첫 번째 명제에 따라 J는 금요일에 출근하고, S는 출근하지 않는다. (∵ 여섯 번째 명제)

세 번째 명제에 따라 S가 출근하지 않으므로 M은 출근하고, 네 번째 명제에 따라 M이 출근하면 K도 출근한다. 따라서 금요일에 출근하는 사람은 J, M, K이다.

두 번째 명제에서 Y는 화요일과 목요일에 출근한다고 하였으므로 금요일에는 출근하지 않고, 다섯 번째 명제에 따라 Y가 출근하지 않으면 J는 출근한다. → 첫 번째 명제와 모순 없음

27 ④

5명의 진술을 하나씩 검토해 보는 방법으로 문제를 해결할 수 있다. 이들의 진술 내용을 보면 하나는 자신에 대한 진술이고 나머지 하나는 타인에 대한 진술인데, 이 중 타인에 대한 진술로 戊이 가장 많이 언급되고 있으므로 戊에 대한 검토를 먼저 해 보는 것이 효과적이다.

• 丙의 진술 중 첫 번째 진술(戊 = 5층)이 진실일 경우: 丁의 두 번째 진술(戊 = 3층)은 거짓이 되므로 丁의 첫 번째 진술(丁 = 5층)이 진실이어야 하는데, 이는 5층에 배정된 인원이 丁과 戊 두 명이라는 것이 되므로 층당 1명씩 배정받았다는 조건에 모순된다. → 戊 ≠ 5층

• 丁의 진술 중 두 번째 진술(戊 = 3층)이 진실일 경우: 丙의 첫 번째 진술(戊 = 5층)과 戊의 첫 번째 진술(戊 = 2층)이 모두 거짓이어야 하는데, 그렇다면 丙의 두 번째 진술(丙 = 1층)과 戊의 두 번째 진술(丙 = 4

층)이 모두 참이어야 하므로 이 또한 모순이 된다. →
戊 ≠ 3층
- 戊의 첫 번째 진술(戊 = 2층)이 진실일 경우 : 丙의 첫 번째 진술(戊 = 5층)과 丁의 두 번째 진술(戊 = 3층)은 거짓이 되므로, 丙의 두 번째 진술(丙 = 1층)과 丁의 첫 번째 진술(丁 = 5층)은 진실이 된다. 丁 = 5층이라면 乙의 첫 번째 진술(丁 = 1층)은 거짓이 되고, 두 번째 진술(乙 = 4층)은 진실이 된다. 乙 = 4층이라면 甲의 두 번째 진술(乙 = 1층)은 거짓이 되고, 첫 번째 진술(甲 = 3층)은 진실이 된다. → 모순 없음

따라서 1층부터 5층까지 배정받은 사람을 나열하면 丙 − 戊 − 甲 − 乙 − 丁의 순서가 된다.

28 ④

해당 적금은 현역복무사병, 전환복무사병(교정시설경비교도, 전투경찰대원, 의무경찰대원, 의무소방원), 공익근무요원 등 일반 사병에 한정되므로 장교인 규현은 가입할 수 없다.

29 ②

'so what?' 기법은 '그래서 무엇이지?' 하고 자문자답하는 의미로, 눈앞에 있는 정보로부터 의미를 찾아내어 가치 있는 정보를 이끌어 내는 사고이다. ②는 나머지 사고 내용들과 달리 주어진 상황 모두를 종합하여 판단하고 내린 결론이다. 'so what?'을 활용한 논리적 사고는 단어나 체언만으로 표현하는 것이 아니라, 주어진 상황을 모두 분석하여 주어와 술어가 있는 글로 표현함으로써 '어떻게 될 것인가?', '어떻게 해야 한다' 등의 메시지가 포함되어 있어야 한다.

30 ①

국가와 김 씨 모두에게 과실이 있었으므로 과실상계를 한 후 손익상계를 하여야 하는데, 그 금액이 1억 8천만 원이었으므로, 손익상계(유족보상금 3억 원)를 하기 전 금액은 4억 8천만 원이 된다. 총 손해액이 6억 원이므로 법원은 김 씨의 과실을 20%(1억 2천만 원), 국가의 과실을 80%(4억 8천만 원)으로 판단한 것이다.

31 ④

첫 번째는 직계존속으로부터 증여받은 경우로, 10년 이내의 증여재산가액을 합한 금액에서 5,000만 원만 공제하게 된다.

두 번째 역시 직계존속으로부터 증여받은 경우로, 아버지로부터 증여받은 재산가액과 어머니로부터 증여받은 재산가액의 합계액에서 5,000만 원을 공제하게 된다.

세 번째는 직계존속과 기타친족으로부터 증여받은 경우로, 아버지로부터 증여받은 재산가액에서 5,000만 원을, 삼촌으로부터 증여받은 재산가액에서 1,000만 원을 공제하게 된다.

따라서 세 가지 경우의 증여재산 공제액의 합은 5,000 + 5,000 + 6,000 = 1억 6천만 원이 된다.

32 ②

주어진 자료를 근거로, 다음과 같은 계산 과정을 거쳐 증여세액이 산출될 수 있다.
- 증여재산 공제 : 5천만 원
- 과세표준 : 1억 7천만 원 − 5천만 원 = 1억 2천만 원
- 산출세액 : 1억 2천만 원 × 20% − 1천만 원 = 1,400만 원
- 납부액 : 1,400만 원 × 93% = 1,302만 원

33 ②

평일 오전 8시부터 오후 8시까지 최소 비용으로 계속 1명 이상의 아르바이트생을 채용하기 위해서는 강한결과 송민국을 채용하면 된다.

34 ②

평일 오전 8시부터 오후 4시까지 근무하던 강한결의 공백을 채우기 위해서는 희망 근무 시간이 맞는 사람 중 월, 수, 금은 김샛별에게, 화, 목은 금나래에게 먼저 연락해 볼 수 있다.

35 ①

하루 대여 비용을 계산해보면 다음과 같다. 따라서 가장 경제적인 차량 임대 방법은 승합차량 1대를 대여하는 것이다.

① 132,000원

② $60,000 \times 3 = 180,000(원)$

③ $84,000 \times 2 = 168,000(원)$

④ $60,000 + 122,000 = 182,000(원)$

36 ②

주어진 조건에 의해 다음과 같이 계산할 수 있다.

$\{(1,000,000 + 100,000 + 200,000) \times 12 + (1,000,000 \times 4) + 500,000\} \div 365 \times 30 = 1,652,055원$

따라서 소득월액은 1,652,055원이 된다.

37 ②

긴급 상황이나 재난 상황에서 물적자원의 관리 소홀이나 부족 등은 더욱 큰 손실을 야기할 수 있으며, 꼭 필요한 상황에서 확보를 위한 많은 시간을 낭비하여 필요한 활동을 하지 못하는 상황이 벌어질 수 있다. 따라서 개인 및 조직에 필요한 물적자원을 확보하고 적절히 관리하는 것은 매우 중요하다고 할 수 있다.

② 물적자원을 영리 추구의 목적으로 보관하는 것은 효율적인 사용을 위한 관리의 중요성 차원과는 거리가 먼 것이다.

38 ④

현대사회에서는 물적자원에 대한 관리가 매우 중요한 사안이며 bar code와 QR 코드뿐 아니라 이를 지원하는 다양한 기법이나 프로그램들이 개발되고 있어 bar code와 QR 코드에 대한 이해가 필요하다.

④ bar code의 정보는 검은 막대와 하얀 막대의 서로 다른 굵기의 조합에 의해 기호화 되는 것이며, 제품군과 특성을 기준으로 물품을 대/중/소분류에 의해 관리하게 된다.

39 ③

특허가 만료되면 법적인 진입장벽이 제거되기 때문에 누구나 M 제품을 생산·판매할 수 있게 된다. 그 결과 M 제품 시장은 다수의 생산자가 존재하는 경쟁적인 상황으로 바뀌게 되어 거래량이 늘어나고 가격은 하락한다. S사의 경우 경쟁으로 인해 과거보다 낮은 판매가를 책정하게 될 것이며 판매 수량 역시 감소할 가능성이 크기 때문에 이윤이 감소하게 된다.

40 ④

길동이는 적어도 새로운 T 퓨전 음식점을 개업할 때 얻게 되는 이윤만큼 연봉을 받아야만 '맛나 음식점'에서 계속 일할 것이다. 새로운 음식점을 개업할 때 기대되는 이윤은 기대 매출액(3.5억 원) − 연간영업비용(8,000만 원 + 7,000만 원 + 6,000만 원) − 임대료(3,000만 원) − 보증금의 이자부담액(3억 원의 7.5%인 2,250만 원) = 8,750만 원이 된다. 따라서 최소한 8,750만 원의 연봉을 받아야 할 것으로 판단하는 것이 합리적이다.

41 ④

공식조직은 조직의 구조, 기능, 규정 등이 조직화되어 있는 조직을 의미하며, 비공식조직은 개인들의 협동과 상호작용에 따라 형성된 자발적인 집단 조직이다. 또한 영리성을 기준으로 영리조직과 비영리조직으로 구분되며, 규모에 의해 대규모 조직과 소규모 조직으로 구분할 수 있다.

④ 종교단체는 영리를 추구하지 않으므로 비영리조직을 볼 수 있으나, 구조, 기능, 규정을 갖춘 공식조직으로 분류된다.

42 ②

경영은 한마디로 조직의 목적을 달성하기 위한 전략, 관리, 운영활동이다. 즉, 경영은 경영의 대상인 조직과 조직의 목적, 경영의 내용인 전략, 관리, 운영으로 이루어진다. 과거에는 경영(administration)을 단순히 관리(management)라고 생각하였다. 관리는 투입되는 자원을 최소화하거나 주어진 자원을 이용하여 추구하는 목표를 최대한 달성하기 위한 활동이다.

43 ④

집단의사결정은 한 사람이 가진 지식보다 집단이 가지고 있는 지식과 정보가 더 많아 효과적인 결정을 할 수 있다. 또한 다양한 집단구성원이 갖고 있는 능력은 각기 다르므로 각자 다른 시각으로 문제를 바라봄에 따라 다양한 견해를 가지고 접근할 수 있다. 집단의사결정을 할 경우 결정된 사항에 대하여 의사결정에 참여한 사람들이 해결책을 수월하게 수용하고, 의사소통의 기회도 향상되는 장점이 있다. 반면에 의견이 불일치하는 경우 의사결정을 내리는 데 시간이 많이 소요되며, 특정 구성원들에 의해 의사결정이 독점될 가능성이 있다.

44 ③

③ 최 이사와 노 과장의 동반 해외 출장 보고서는 최 이사가 임원이므로 사장이 최종 결재권자가 되어야 하는 보고서가 된다.
① 직원의 휴가는 본부장이 최종 결재권자이다.
② 직원의 해외 출장은 본부장이 최종 결재권자이다.
④ 백만 불을 기준으로 결재권자가 달라진다.

45 ④

그림과 같은 조직 구조는 하나의 의사결정권자의 지시와 부서별 업무 분화가 명확해, 전문성은 높아지고 유연성 및 유기성은 떨어지는 조직 구조라고 볼 수 있다. 또한 의사결정권자가 한 명으로 집중되면서 내부 효율성이 확보된다.
① 조직의 유기적인 협조체제가 구축된 구조는 아니다.
② 의사결정 권한이 집중된 조직 구조이다.
③ 유사한 업무를 통한 내부 경쟁을 유발할 수 있는 구조는 사업별 조직구조이다.

46 ③

성과공유제는 원가절감, 품질향상, 납기단축, 기술개발 등 다양한 분야에서 대기업과 협력사가 현금보상, 단가보상, 장기계약, 지식재산권 공유 등 다양한 방식으로 성과를 공유하는 방식인 반면, 초과이익공유제는 다양한 방식의 성과공유 대신 반드시 '현금'으로 이익을 배분해야 한다. 초과이익공유제는 이익공유 방식의 다양함에 한계가 있다기보다 이익공유의 공정한 실현 가능성에 문제가 있다고 볼 수 있다.

47 ④

차별화 전략, 원가우위 전략, 집중화 전략은 다음과 같은 특징이 있다.
• 차별화 전략 : 소비자들이 널리 인정해 주는 독특한 기업 특성을 내세워 경쟁하는 경쟁전략을 말하며, 고품질, 탁월한 서비스, 혁신적 디자인, 기술력, 브랜드 이미지 등 무엇으로든 해당 산업에서 다른 경쟁기업들과 차별화할 수 있는 특성을 위주로 전략을 펴게 된다.
• 원가우위 전략 : 낮은 비용은 경쟁우위의 중요한 원천의 하나이며 비용우위 전략에서는 비용면에서 '경쟁회사보다도 낮은 비용을 실현한다.'는 것이 기본 테마가 된다. 물론 낮은 비용이라고 해서 품질이나 서비스와는 상관이 없다는 것이 아니지만 기본적으로 비용을 중심으로 경쟁우위를 확립한다.
• 집중화 전략 : 기업이 사업을 전개하는 과정에서 산업 전반에 걸쳐 경쟁하지 않고 고객이나 제품, 서비스 등의 측면에서 독자적 특성이 있는 특정 세분시장만을 상대로 원가우위나 차별화를 꾀하는 사업 수준의 경쟁전략이다. 비록 전체 시장에서 차별화나 원가우위를 누릴 능력을 갖지 못한 기업일지라도 세분시장을 집중 공략한다면 수익을 낼 수 있다고 판단하고 구사하는 경쟁전략의 하나다.

48 ③

환경이 안정적이거나 일상적인 기술, 조직의 내부 효율성을 중요시하며 기업의 규모가 작을 때에는 업무의 내용이 유사하고 관련성이 있는 것들을 결합해서 (B)와 같이 기능적 조직구조 형태를 이룬다. 반면, 급변하는 환경변화에 효과적으로 적응하고 제품, 지역, 고객별 차이에 신속하게 대응하기 위해서는 (A)와 같이 분권화된 의사결정이 가능한 사업별 조직구조 형태를 이룰 필요가 있다. 사업별 조직구조는 개별 제품, 서비스, 제품그룹, 주요 프로젝트나 프로그램 등에 따라 조직화된다. 즉, 그림과 같이 제품에 따라 조직이 구성되고 각 사업별 구조 아래 생산, 판매, 회계 등의 역할이 이루어진다.

49 ④

④ 미흡한 품질관리 시스템을 보완하여 약점을 최소화
   하고 고객서비스에 부응하는 전략이므로 적절한
   WT전략이라고 볼 수 있다.

① 교육을 통한 조직문화 체질 개선 대책 마련(W)

② 산업 변화(T)에 부응하는 정비기술력 개발(S)

③ 직원들의 마인드 개선(W)을 통해 고객과의 신뢰체제
   유지 및 확대(S)

50 ③

③ 우수 일용직 근로자를 선발하여 효율성을 높이게 되
   면 인력 운용에 따른 비용을 절감할 수 있고 이는
   곧 전체적인 가격 경쟁력을 확보하는 방안으로 이
   용될 수 있으므로 적절한 ST전략이 될 수 있다.

① 새로운 건축공법(S) 홍보 강화를 통한 분양률 제고
   모색(T)

② 금융권의 협조(O)를 통한 분양 신청자 유인(T)

④ 지역 주민에게 일자리 창출의 기회 제공하여 기대에
   부응(SO)

1	2	3	4	5	6	7	8	9	10
③	②	③	③	①	①	④	③	①	②
11	12	13	14	15	16	17	18	19	20
③	④	④	①	④	④	④	①	④	④
21	22	23	24	25	26	27	28	29	30
①	④	④	④	②	④	④	④	①	③
31	32	33	34	35	36	37	38	39	40
③	④	③	③	②	④	②	④	①	②
41	42	43	44	45	46	47	48	49	50
③	①	③	④	③	②	③	①	④	①

1 ③

①, ②, ④는 모두 '없던 것이 새로 있게 되다.'는 의미로 쓰인 '생기다'이다.
③은 '자기의 소유가 아니던 것이 자기의 소유가 되다.'의 의미로 쓰인 '생기다'이다.

2 ②

주어진 글에 쓰인 '맞선을 보다'는 선택지 ②의 '잠깐 좀보다'의 경우와 함께 '일정한 목적 아래 만나다'의 의미를 갖는 어휘이다.
① '맡아서 보살피거나 지키다'의 의미를 갖는다.
③ '상대편의 형편 따위를 헤아리다'의 의미를 갖는다.
④ '눈으로 대상의 존재나 형태적 특징을 알다'의 의미를 갖는다.

3 ③

첫 번째 문단에서 문제를 알면서도 고치지 않았던 두 칸을 수리하는 데 수리비가 많이 들었고, 비가 새는 것을 알자마자 수리한 한 칸은 비용이 많이 들지 않았다고 하였다. 또한 두 번째 문단에서 잘못을 알면서도 바로 고치지 않으면 자신이 나쁘게 되며, 잘못을 알자마자 고치기를 꺼리지 않으면 다시 착한 사람이 될 수 있다하며 이를 정치에 비유해 백성을 좀먹는 무리들을 내버려 두어서는 안 된다고 서술하였다. 따라서 글의 중심내용으로는 잘못을 알게 되면 바로 고쳐 나가는 것이 중요하다가 적합하다.

4 ③

'3. 업체상호사용' 항목에 따르면, 양사는 업무제휴의 목적에 부합하는 경우에 한하여 상대의 상호를 마케팅에 사용 가능하나 사전에 협의된 내용을 변경할 수는 없다.

5 ①

증시(證市) : '증권시장(증권의 발행·매매·유통 따위가 이루어지는 시장)'을 줄여 이르는 말
증시(證示) : 증명하여 내보임

6 ①

① B국의 시장 금리가 하락하면, A국에서 유출되었던 자금이 다시 복귀하면서 오버슈팅의 정도는 작아질 것이다.

7 ④

국내 통화량이 증가하여 유지될 경우, 물가가 경직적이어서 실질 통화량(㉠)은 증가하고 이에 따라 시장 금리(㉡)는 하락한다. 시장 금리 하락은 투자의 기대 수익률 하락으로 이어져, 단기성 외국인 투자 자금이 해외로 빠져나가거나 신규 해외 투자 자금 유입을 위축시키는 결과를 초래한다. 이 과정에서 자국 통화의 가치는 하락하고 환율(㉢)은 상승한다. → 따라서 t 이후에 하락하는 a는 ㉡ 시장 금리 그래프이다.

시간이 경과함에 따라 물가가 상승하여 실질 통화량이 원래 수준으로 돌아오고 해외로 유출되었던 자금이 시장 금리의 반등으로 국내로 복귀하면서, 단기에 과도하게 상승했던 환율은 장기에는 구매력 평가설에 기초한 환율로 수렴된다. → 따라서 시간이 경과함에 따라 원래 수준으로 돌아오는 c는 ㉠ 실질 통화량 그래프이고, 구매력 평가설에 기초한 환율로 수렴하는 b는 ㉢ 환율의 그래프이다.

8 ③

③ 입력 데이터 x를 서로 다른 해시 함수 H와 G에 적용한 해시 값 H(x)와 G(x)는 해시 함수에 따라 달라진다.

9 ①

① ㉠ 일방향성은 주어진 해시 값에 대응하는 입력 데이터의 복원이 불가능하다는 것이다. 따라서 일방향성을 지닌 특정 해시 함수를 전자 문서 x, y에 각각 적용하여 도출한 해시 값으로부터 x, y를 복원할 수 없다.

②③ 해시 값을 표시하는 문자열의 길이는 각 해시 함수의 특성이다.

④ 입력 데이터 x, y에 특정 해시 함수를 적용하여 도출한 해시 값이 같은 것은 충돌이다.

10 ②

② 최소수수료 규정과 동일하게 적용되어 3일 이전이므로 납부금액의 10% 수수료가 발생하게 된다.

① 임대일 4일 전에 예약이 되었을 경우 이용요금 결제는 회의실 사용 당일이 아닌 예약 당일에 해야 한다.

③ 이용 당일에는 환불이 없으므로 100%의 이용 요금을 추가로 지불해야 한다.

④ 세금계산서 발행을 원할 경우 반드시 법인 명의로 예약해야 한다고 규정되어 있다.

11 ③

첫 번째 배열은 각 수에 × 2 + 1, 두 번째 배열은 각 수에 × 3 + 1, 세 번째 배열은 각 수에 × 4 + 1의 규칙이 적용되고 있다. 따라서 다섯 번째 배열은 각 수에 × 6 + 1의 규칙이 적용되므로, $43 \times 6 + 1 = 259$이다.

12 ④

④ 원자력 소비량은 2012년에 36.7백만TOE에서 2013년에 37.2백만TOE로 증가하였다가 2014년에는 다시 30.7백만TOE로 감소하였다. 이렇듯 2021년까지 전년 대비 원자력 소비량의 증감추이를 분석하면 증가, 감소, 증가, 감소, 증가, 증가, 감소, 감소, 증가로 증감을 거듭하고 있다.

① 2012년부터 2021년까지 1차 에너지 소비량은 연간 약 230~290백만TOE 사이이다. 석유 소비량은 연간 101.5~106.2백만TOE로 나머지 에너지 소비량의 합보다 적다.

② 석탄 소비량은 전체 기간으로 볼 때 완만한 상승세를 보이고 있다.

③ 기타 에너지 소비량은 지속적으로 증가하는 추세이다.

13 ③

벤치의 수를 x, 동료들의 수를 y로 놓으면
$5x + 4 = y$
$6x = y$
위 두 식을 연립하면
$x = 4$, $y = 24$

14 ①

$A + B = 100 - (10 + 10 + 13 + 15 + 14) = 34$
$C + D = 100 - (13 + 31 + 4 + 9 + 13) = 30$

15 ④

B생산량 × 5명 + D생산량 × 6 + E생산량 × 2 = 500 × 5 + 700 × 6 + 800 × 2 = 8,300set

16 ④

④ 2021년 GDP 대비 M2의 비율은 2014년에 비해 16.6%p 상승하였다.

17 ④

2015년 국내 5대 은행 전체에 대한 A은행 당기순이익 점유비는 4.3%이고 2014년 A은행의 당기순이익 점유비는 4.7%이므로 2015년 A은행의 당기순이익 점유비는 전년 대비 약 0.4%p 감소했음을 알 수 있다.

18 ①

㉠ 2020년의 총사용량은 전년대비 46,478㎥ 증가하여 약 19%의 증가율을 보이며, 2021년의 총사용량은 전년대비 35,280㎥ 증가하여 약 12.2%의 증가율을 보여 모두 전년대비 15% 이상 증가한 것은 아니다.

㉡ 1명당 생활용수 사용량을 보면 2019년 0.36㎥/명 $\left(\dfrac{136,762}{379,300}\right)$, 2016년은 0.38㎥/명 $\left(\dfrac{162,790}{430,400}\right)$, 2017년은 0.34㎥/명 $\left(\dfrac{182,490}{531,250}\right)$이 되어 매년 증가하는 것은 아니다.

㉢ 45,000 → 49,050 → 52,230으로 농업용수 사용량은 매년 증가함을 알 수 있다.

㉣ 가정용수와 영업용수 사용량의 합은 업무용수와 욕탕용수의 사용량의 합보다 매년 크다는 것을 알 수 있다.

2019년 65,100 + 11,000
　　　 = 76,100 > 39,662 + 21,000 = 60,662
2020년 72,400 + 19,930
　　　 = 92,330 > 45,220 + 25,240 = 70,460
2021년 84,400 + 23,100
　　　 = 107,500 > 47,250 + 27,740 = 74,990

19 ④

㉠ 해남군의 논 면적은 23,042ha로, 해남군 밭 면적인 12,327ha의 2배 이하이다.

㉡ 서귀포시의 논 면적은 31,271−31,246=25ha로, 제주시 논 면적인 31,585−31,577=8ha보다 크다.

㉢ 서산시의 밭 면적은 27,285−21,730=5,555ha로 김제시 밭 면적인 28,501−23,415=5,086ha보다 크다.

㉣ 상주시의 밭 면적은 11,047ha로 익산시 논 면적의 90%(=17,160.3ha) 이하이다.

20 ④

㉡ 2014년은 전체 임직원 중 20대 이하 임직원이 차지하는 비중이 50% 이하이다.

21 ①

신입사원 오리엔테이션 당시 다섯 명의 자리 배치는 다음과 같다.

김 사원	이 사원	박 사원	정 사원	최 사원

확정되지 않은 자리를 SB(somebody)라고 할 때, D에 따라 가능한 경우는 다음의 4가지이다.

㉠	이 사원	SB 1	SB 2	정 사원	SB 3
㉡	SB 1	이 사원	SB 2	SB 3	정 사원
㉢	정 사원	SB 1	SB 2	이 사원	SB 3
㉣	SB 1	정 사원	SB 2	SB 3	이 사원

이 중 ㉠, ㉡은 B에 따라 불가능하므로, ㉢, ㉣의 경우만 남는다. 여기서 C에 따라 김 사원과 박 사원 사이에는 1명이 앉아 있어야 하므로 ㉢의 SB 2, SB 3과 ㉣의 SB 1, SB 2가 김 사원과 박 사원의 자리이다. 그런데 B에 따라 김 사원은 ㉣의 SB 1에 앉을 수 없고 박 사원은 ㉢, ㉣의 SB 2에 앉을 수 없으므로 다음의 2가지 경우가 생긴다.

㉢	정 사원	SB 1 (최 사원)	김 사원	이 사원	박 사원
㉣	박 사원	정 사원	김 사원	SB 3 (최 사원)	이 사원

따라서 어떤 경우에도 바로 옆에 앉는 두 사람은 김 사원과 최 사원이다.

22 ④

장소별로 계산해 보면 다음과 같다.

• 분수광장 후면 1곳(게시판) : 120,000원
• 주차 구역과 경비초소 주변 각 1곳(게시판)
  : 120,000원 × 2 = 240,000원
• 행사동 건물 입구 1곳(단독 입식) : 45,000원
• 분수광장 금연 표지판 옆 1개(벤치 2개 + 쓰레기통 1개) : 155,000원
• 주차 구역과 경비초소 주변 각 1곳(단독)
  : 25,000 × 2 = 50,000원

따라서 총 610,000원의 경비가 소요된다.

23 ④

참석인원이 800명이므로 800장을 준비해야 한다. 이 중 400장은 2도 단면, 400장은 5도 양면 인쇄로 진행해야 하므로 총 인쇄비용은 $(5,000 × 4) + (25,000 × 4) = 120,000$원이다.

24 ④

④ 건당 미화 2천불을 초과하는 경우에는 관세청장 및 금융감독원장 통보대상이 된다.

25 ②

• 36개의 로봇을 6개씩 6팀으로 나눠 각 팀의 1위를 가린다. → 6경기
• 각 팀의 1위 로봇끼리 재경기를 해 1위를 가린다. → 1경기(가장 빠른 로봇이 가려짐)
• 가장 빠른 로봇이 나온 팀의 2위 로봇과 나머지 팀의 1위 로봇을 재경기해 1위를 가린다. → 1경기(두 번째로 빠른 로봇이 가려짐)

따라서 36개의 로봇 중 가장 빠른 로봇 1, 2위를 선발하기 위해서는 최소 8경기를 해야 한다.

26 ②

해당 상품은 신규 임관 군 간부만이 가입할 수 있는 상품으로 일반 사병으로 입대한 전 이병은 가입할 수 없다.

27 ④

제시된 적금의 우대금리 조건으로는

• 이 적금 가입기간 중 만기 전월까지 "6개월 이상" 농협은행에 급여이체를 한 경우
• 가입월부터 만기 전월까지 기간 중 농협은행 채움카드(개인 신용 · 체크)로 월 평균 20만 원 이상 이용한 경우
• 만기일 전월말 기준으로 농협은행의 주택청약종합저축(청약저축 포함)에 가입한 경우가 해당되므로 문식만이 우대금리를 받을 수 있다.

28 ④

단식을 하는 날 전후로 각각 최소 2일간은 정상적으로 세 끼 식사를 하므로 2주차 월요일에 단식을 하면 전 주 토요일과 일요일은 반드시 정상적으로 세 끼 식사를 해야 한다. 이를 바탕으로 조건에 따라 김 과장의 첫 주 월요일부터 일요일까지의 식사를 정리하면 다음과 같다.

월	화	수	목	금	토	일
○		○	○	○	○	○
○		○	○		○	○
○	○	○	○		○	○

29 ①

외국인우대통장에 월 50만 원 이상의 급여이체 실적이 있는 경우 우대조건을 충족하게 된다.

30 ③

1명의 투표권자가 후보자에게 줄 수 있는 점수는 1순위 5점, 2순위 3점으로 총 8점이다. 현재 투표까지 중간집계 점수가 640이므로 80명이 투표에 참여하였으며, 아직 투표에 참여하지 않은 사원은 120 - 80 = 40명이다. 따라서 신입사원 A는 40명의 사원에게 문자를 보내야 한다.

31 ③

$300 \div 55 = 5.45 ≒ 5.5$(억 원)이고 3km이므로 $5.5 \times 3 =$ 약 16.5(억 원)

32 ④

㉠ 총 투입시간 = 투입인원 × 개인별 투입시간

㉡ 개인별 투입시간 = 개인별 업무시간 + 회의 소요시간

㉢ 회의 소요시간 = 횟수(회) × 소요시간(시간/회)

∴ 총 투입시간 = 투입인원 × (개인별 업무시간 + 횟수 × 소요시간)

각각 대입해서 총 투입시간을 구하면,

A = $2 \times (41 + 3 \times 1) = 88$

B = $3 \times (30 + 2 \times 2) = 102$

C = $4 \times (22 + 1 \times 4) = 104$

D = $3 \times (27 + 2 \times 1) = 87$

업무효율 = $\dfrac{표준\ 업무시간}{총\ 투입시간}$ 이므로, 총 투입시간이 적을수록 업무효율이 높다. D의 총 투입시간이 87로 가장 적으므로 업무효율이 가장 높은 부서는 D이다.

33 ③

메뉴별 이익을 계산해보면 다음과 같으므로, 현재 총이익은 60,600원이다. 한 잔만 더 판매하고 영업을 종료했을 때 총이익이 64,000원이 되려면 한 잔의 이익이 3,400원이어야 하므로 바닐라라떼를 판매해야 한다.

구분	메뉴별 이익	1잔당 이익
아메리카노	$(3,000-200) \times 5 = 14,000$원	2,800원
카페라떼	$\{3,500-(200+300)\} \times 3 = 9,000$원	3,000원
바닐라라떼	$\{4,000-(200+300+100)\} \times 3 = 10,200$원	3,400원
카페모카	$\{4,000-(200+300+150)\} \times 2 = 6,700$원	3,350원
캐러멜라떼	$\{4,300-(200+300+100+250)\} \times 6 = 20,700$원	3,450원

34 ③

A제품의 생산량을 x개라 하면, B제품의 생산량은 $(50-x)$개이므로,

$50x + 20(50-x) \leq 1,600$ …… ㉠

$3x + 5(50-x) \leq 240$ …… ㉡

㉠을 정리하면 $x \leq 20$

㉡을 정리하면 $x \geq 5$

따라서 ㉠과 ㉡을 합치면 $5 \leq x \leq 20$이므로,

이익이 더 큰 A제품을 x의 최댓값인 20개 생산할 때 이익이 최대가 된다.

35 ②

②는 간접비용, 나머지는 직접비용의 지출 항목으로 분류해야 한다.

※ 직접비용과 간접비용으로 분류되는 지출 항목은 다음과 같은 것들이 있다.

㉠ 직접비용 : 재료비, 원료와 장비, 시설비, 출장 및 잡비, 인건비 등

㉡ 간접비용 : 보험료, 건물관리비, 광고비, 통신비, 사무비품비, 각종 공과금 등

36 ④

자원을 활용하기 위해서는 가장 먼저 나에게 필요한 자원은 무엇이고 얼마나 필요한지를 명확히 설정하는 일이다. 무턱대고 많은 자원을 수집하는 것은 효율적인 자원 활용을 위해 바람직하지 않다. 나에게 필요한 자원을 파악했으면 다음으로 그러한 자원을 수집하고 확보해야 할 것이다. 확보된 자원을 유용하게 사용할 수 있는 활용 계획을 세우고 수립된 계획에 따라 자원을 활용하는 것이 적절한 자원관리 과정이 된다. 따라서 이를 정리하면, 다음 순서와 같다.

1) 어떤 자원이 얼마나 필요한지를 확인하기

2) 이용 가능한 자원을 수집(확보)하기

3) 자원 활용 계획 세우기

4) 계획에 따라 수행하기의 4단계가 있다.

37 ②

질량 배합 비율에 따라 제품 A를 300kg 생산하는 데 사용된 개별 금속의 양과 생산 후 남은 금속의 양은 다음 표와 같다.

구분	구리	철	주석	아연	망간
사용된 양	180	15	0	75	30
남은 양	530	0	33	80	0

남은 양으로 만들 수 있는 제품 B는 530kg(구리 424 + 주석 26.5 + 아연 79.5)이다. 따라서 甲금속회사가 생산한 제품은 A 300kg, B 530kg으로 이를 모두 판매하여 얻을 수 있는 최대 금액은 (300 × 300) + (530 × 200) = 196,000원이다.

38 ④

BBB등급 기준보증료율인 1.4%에서 지방기술사업과 벤처기업 중 감면율이 큰 지방기술사업을 적용하면 ㈜서원의 보증료율은 1.1%이다. 보증료의 계산은 보증금액 × 보증료율 × 보증기간/365이므로 ㈜서원의 보증료는 5억원 × 1.1% × 365/365 = 5,500천원이다.

39 ①

갑, 을, 병 3개 회사가 보증금액(신규)과 보증기간이 동일하므로 보증료율이 높은 순서대로 정렬하면 된다.

- 갑 보증료율 : 1.4%(BBB등급) − 0.3%p(감면율이 큰 국가유공자기업 적용) + 0.3%p(고액보증기업 나 + 장기이용기업 가) = 1.4%
- 을 보증료율 : 1.5%(B등급) − 0.2%(벤처 · 이노비즈기업 중복적용 안 됨) + 0.0%p(장기이용기업 다에 해당하지만 경영개선지원기업으로 가산요율 적용 안 함) = 1.3%
- 병 보증료율 : 1.5%(B등급) − 0.3%p(감면율이 큰 장애인기업 적용) + 0.0%p(가산사유 해당 없음) = 1.2%

따라서 보증료율이 높은 순서인 갑 − 을 − 병 순으로 보증료가 높다.

40 ②

- ㉠ 설립방식 : {(고객만족도 효과의 현재가치) − (비용의 현재가치)}의 값이 큰 방식 선택
  - ㈎ 방식 : 5억 원 − 3억 원 = 2억 원→선택
  - ㈏ 방식 : 4.5억 원 − (2억 원 + 1억 원 + 0.5억 원) = 1억 원
- ㉡ 설립위치 : {(유동인구) × (20~30대 비율) / (교통혼잡성)} 값이 큰 곳 선정(20~30대 비율이 50% 이하인 지역은 선정대상에서 제외)
  - 甲 : 80 × 75 / 3 = 2,000
  - 乙 : 20~30대 비율이 50%이므로 선정대상에서 제외
  - 丙 : 75 × 60 / 2 = 2,250 → 선택

41 ③

우수한 인재를 채용하고자 하는 등의 기본 방침을 설정하는 일은 조직 경영자로서의 역할이라 할 수 있으나, 그에 따른 구체적인 채용 기준을 마련하는 일은 해당 산하 조직의 역할이라고 보아야 한다.

42 ①

7S모형은 조직의 현상을 이해하기 위해 조직의 핵심적 구성요소를 파악한 것으로, 이를 중심으로 조직을 진단하는 것은 조직의 문제해결을 위한 유용한 접근방법이다. 조직진단 7S 모형은 조직의 핵심적 역량요소를 공유가치(shared value), 전략(strategy), 조직구조(structure), 제도(system), 구성원(staff), 관리기술(skill), 리더십 스타일(style) 등 영문자 'S'로 시작하는 단어 7개로 구성하고 있다.

43 ③

제시문은 기업 인수와 합병 즉, M&A의 의미와 기업에게 주는 의미를 간략하게 설명하는 글이다. 기업 입장에서 M&A는 기업의 외적 성장을 위한 발전전략으로 이해된다. 따라서 M&A는 외부적인 경영자원을 활용하여 기업의 성장을 도모하는 가장 적절한 방안으로 볼 수 있는 것이다. '인수'는 상대 기업을 인수받아 인수하는 기업의 일부로 예속하게 되는 것이며, '합병'은 두 기업을 하나로 합친다는 의미를 갖는다. 두 가지 모두 기업 경영권의 변화가 있는 것으로, 제휴나 합작 등과는 다른 개념이다.

44 ④

일반적으로 기자들을 상대하는 업무는 홍보실, 사장의 동선 및 일정 관리는 비서실, 퇴직 및 퇴직금 관련 업무는 인사부, 사원증 제작은 총무부에서 관장하는 업무로 분류된다.

45 ③

네트워크와 유통망이 다양한 것은 자사의 강점이며 이를 통하여 심화되고 있는 일본 업체와의 경쟁을 우회하여 돌파할 수 있는 전략은 주어진 환경에서 적절한 ST 전략이라고 볼 수 있다.
① 세제 혜택(O)을 통하여 환차손 리스크 회피 모색(T)
② 타 해외 조직의 운영 경험(S)을 살려 업무 융통성 벤치마킹(W)
④ 해외 진출 경험으로 축적된 우수 인력(S) 투입으로 잦은 담당자 교체로 인한 업무 누수 방지(W)

46 ②

② 작업상의 안전과 건강을 담당하는 조직이 모두 관리이사 산하로 편제될 경우, 기술이사 산하에는 전문기술실만 남게 된다고 볼 수 있어, 2실이 아닌 1실이 있게 된다.
① 관리이사 추가로 모두 4명의 이사가 된다.
③ 조직(부서)의 증감은 없이 이동만 하는 경우이므로 외부에서 초청하는 관리이사만 추가되는 것이다.
④ 사장 직속 기구가 되어 사장에게 직접 보고를 하는 조직이 된다.

47 ③

비공식조직은 자발적으로 형성된 조직으로 구조나 규정 등이 조직화되어 있지 않아야 한다. 또한 비영리조직은 이윤 추구가 아닌 공익을 추구하는 기관이나 단체가 해당되므로 주어진 보기에서는 계모임과 종교 단체가 각각 비공식조직과 비영리조직에 해당된다고 볼 수 있다.

48 ①

경영참가제도의 문제점으로는 다음과 같은 점들을 꼽을 수 있다.
㉠ 경영능력이 부족한 근로자가 경영에 참여할 경우 의사결정에 시간이 많이 소요되고 비합리적인 결정이 내려질 가능성이 크다.
㉡ 대표로 참여하는 근로자가 조합원들의 권익을 지속적으로 보장할 수 있는가의 문제에 발생한다.
㉢ 경영자의 고유한 권리인 경영권 약화될 수 있다.
㉣ 경영참가제도를 통해 분배문제를 해결함으로써 노동조합의 단체교섭 기능이 약화된다.
따라서 신속한 의사 결정을 기대하는 것은 경영참가제도에 대한 적절한 판단으로 보기 어렵다.

49 ④

④ 해외출장의 출장계획서는 팀장의 전결사항이나, 출장비신청서는 '각종신청서'에 속하므로 사장의 전결 사항으로 규정되어 있다.
① 팀장 전결 사항일 경우, 팀장 결재란에 '전결'이, 사장 결재란에 '팀장'이 표시되며, 본부장은 결재가 필요하지 않으므로 상향대각선을 표시하게 된다.
② 차상위자가 본부장이므로 본부장 결재란에 '전결' 표시를 하여야 한다.

50 ①

100만 원 이하의 법인카드 사용의 건이므로 본부장을 전결권자로 하는 법인카드신청서가 필요한 경우가 된다. 따라서 본부장 결재란에 '전결'을 표시하여야 하며, 최종 결재권자란에 '본부장'을 표시한다. 전결사항에 대해서도 위임 받은 자를 포함한 이하 직책자의 결재를 받아야 하므로 팀장 결재란에 상향대각선을 표시하지 않는다.

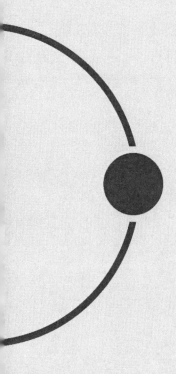

PART

IV

인성검사

CHAPTER

01 인성검사의 개요

1 인성(성격 및 흥미)검사의 개념과 목적

인성이란 개인을 특징짓는 평범하고 일상적인 사회적 이미지, 즉 지속적이고 일관된 공적 성격(Public – personality)이며, 환경에 대응함으로써 선천적 · 후천적 요소의 상호작용으로 결정화된 심리적 · 사회적 특성 및 경향을 의미한다.

인성검사는 직무능력검사를 실시하는 대부분의 기업체에서 병행하여 실시하고 있으며, 인성검사만 독자적으로 실시하는 기업도 있다.

기업체에서는 인성검사를 통하여 각 개인이 어떠한 성격 특성이 발달되어 있고, 어떤 특성이 얼마나 부족한지, 그것이 해당 직무의 특성 및 조직문화와 얼마나 맞는지를 알아보고 이에 적합한 인재를 선발하고자 한다. 또한 개인의 흥미에 적합한 직무 배분과 부족한 부분을 교육을 통해 보완하도록 할 수 있다.

인성검사의 측정요소는 검사방법에 따라 차이가 있다. 또한 각 기업체들이 사용하고 있는 인성검사는 기존에 개발된 인성검사 방법에 각 기업체의 인재상을 적용하여 자신들에게 적합하게 재개발하여 사용하는 경우가 많다. 그러므로 기업체에서 요구하는 인재상을 파악하여 그에 따른 대비책을 준비하는 것이 바람직하다. 본서에서 제시된 인성검사는 크게 '특성'과 '유형'의 측면에서 측정하게 된다.

2 성격의 특성

(1) 정서적 측면

정서적 측면은 평소 마음의 당연시하는 자세나 정신상태가 얼마나 안정되어 있는지 또는 불안정한지를 측정한다.

정서의 상태는 직무수행이나 대인관계와 관련하여 태도나 행동으로 드러난다. 그러므로 정서적 측면을 측정하는 것에 의해, 장래 조직 내의 인간관계에 어느 정도 잘 적응할 수 있을까(또는 적응하지 못할까)를 예측하는 것이 가능하다.

그렇기 때문에, 정서적 측면의 결과는 채용 시에 상당히 중시된다. 아무리 능력이 좋아도 장기적으로 조직 내의 인간관계에 잘 적응할 수 없다고 판단되는 인재는 기본적으로는 채용되지 않는다.

일반적으로 인성검사는 채용과는 관계없다고 생각하나 정서적으로 조직에 적응하지 못하는 인재는 채용단계에서 가려내지는 것을 유의하여야 한다.

① **민감성**(신경도) … 꼼꼼함, 섬세함, 성실함 등의 요소를 통해 일반적으로 신경질적인지 또는 자신의 존재를 위협받는다는 불안을 갖기 쉬운지를 측정한다.

질문	전혀 그렇지 않다	그렇지 않다	그렇다	매우 그렇다
• 배려적이라고 생각한다. • 어지러진 방에 있으면 불안하다. • 실패 후에는 불안하다. • 세세한 것까지 신경쓴다. • 이유 없이 불안할 때가 있다.				

▶측정결과

㉠ '그렇다'가 많은 경우(상처받기 쉬운 유형) : 사소한 일에 신경 쓰고 다른 사람의 사소한 한마디 말에 상처를 받기 쉽다.
 • 면접관의 심리 : '동료들과 잘 지낼 수 있을까?', '실패할 때마다 위축되지 않을까?'
 • 면접대책 : 다소 신경질적이라도 능력을 발휘할 수 있다는 평가를 얻도록 한다. 주변과 충분한 의사소통이 가능하고, 결정한 것을 실행할 수 있다는 것을 보여주어야 한다.

㉡ '그렇지 않다'가 많은 경우(정신적으로 안정적인 유형) : 사소한 일에 신경 쓰지 않고 금방 해결하며, 주위 사람의 말에 과민하게 반응하지 않는다.
 • 면접관의 심리 : '계약할 때 필요한 유형이고, 사고 발생에도 유연하게 대처할 수 있다.'
 • 면접대책 : 일반적으로 '민감성'의 측정치가 낮으면 플러스 평가를 받으므로 더욱 자신감 있는 모습을 보여준다.

② **자책성**(과민도) … 자신을 비난하거나 책망하는 정도를 측정한다.

질문	전혀 그렇지 않다	그렇지 않다	그렇다	매우 그렇다
• 후회하는 일이 많다. • 자신이 하찮은 존재라 생각된다. • 문제가 발생하면 자기의 탓이라고 생각한다. • 무슨 일이든지 끙끙대며 진행하는 경향이 있다. • 온순한 편이다.				

▶측정결과

㉠ '그렇다'가 많은 경우(자책하는 유형) : 비관적이고 후회하는 유형이다.
  • 면접관의 심리 : '끙끙대며 괴로워하고, 일을 진행하지 못할 것 같다.'
  • 면접대책 : 기분이 저조해도 항상 의욕을 가지고 생활하는 것과 책임감이 강하다는 것을 보여준다.
㉡ '그렇지 않다'가 많은 경우(낙천적인 유형) : 기분이 항상 밝은 편이다.
  • 면접관의 심리 : '안정된 대인관계를 맺을 수 있고, 외부의 압력에도 흔들리지 않는다.'
  • 면접대책 : 일반적으로 '자책성'의 측정치가 낮아야 좋은 평가를 받는다.

③ **기분성**(불안도) … 기분의 굴곡이나 감정적인 면의 미숙함이 어느 정도인지를 측정하는 것이다.

질문	전혀 그렇지 않다	그렇지 않다	그렇다	매우 그렇다
• 다른 사람의 의견에 자신의 결정이 흔들리는 경우가 많다. • 기분이 쉽게 변한다. • 종종 후회한다. • 다른 사람보다 의지가 약한 편이라고 생각한다. • 금방 싫증을 내는 성격이라는 말을 자주 듣는다.				

▶측정결과

㉠ '그렇다'가 많은 경우(감정의 기복이 많은 유형) : 의지력보다 기분에 따라 행동하기 쉽다.
  • 면접관의 심리 : '감정적인 것에 약하며, 상황에 따라 생산성이 떨어지지 않을까?'
  • 면접대책 : 주변 사람들과 항상 협조한다는 것을 강조하고 한결같은 상태로 일할 수 있다는 평가를 받도록 한다.
㉡ '그렇지 않다'가 많은 경우(감정의 기복이 적은 유형) : 감정의 기복이 없고, 안정적이다.
  • 면접관의 심리 : '안정적으로 업무에 임할 수 있다.'
  • 면접대책 : 기분성의 측정치가 낮으면 플러스 평가를 받으므로 자신감을 가지고 면접에 임한다.

④ **독자성**(개인도) … 주변에 대한 견해나 관심, 자신의 견해나 생각에 어느 정도의 속박감을 가지고 있는지를 측정한다.

질문	전혀 그렇지 않다	그렇지 않다	그렇다	매우 그렇다
• 창의적 사고방식을 가지고 있다. • 융통성이 있는 편이다. • 혼자 있는 편이 많은 사람과 있는 것보다 편하다. • 개성적이라는 말을 듣는다. • 교제는 번거로운 것이라고 생각하는 경우가 많다.				

▶측정결과

㉠ '그렇다'가 많은 경우 : 자기의 관점을 중요하게 생각하는 유형으로, 주위의 상황보다 자신의 느낌과 생각을 중시한다.

 • 면접관의 심리 : '제멋대로 행동하지 않을까?'

 • 면접대책 : 주위 사람과 협조하여 일을 진행할 수 있다는 것과 상식에 얽매이지 않는다는 인상을 심어준다.

㉡ '그렇지 않다'가 많은 경우 : 상식적으로 행동하고 주변 사람의 시선에 신경을 쓴다.

 • 면접관의 심리 : '다른 직원들과 협조하여 업무를 진행할 수 있겠다.'

 • 면접대책 : 협조성이 요구되는 기업체에서는 플러스 평가를 받을 수 있다.

⑤ **자신감(자존심도)** ⋯ 자기 자신에 대해 얼마나 긍정적으로 평가하는지를 측정한다.

질문	전혀 그렇지 않다	그렇지 않다	그렇다	매우 그렇다
• 다른 사람보다 능력이 뛰어나다고 생각한다. • 다소 반대의견이 있어도 나만의 생각으로 행동할 수 있다. • 나는 다른 사람보다 기가 센 편이다. • 동료가 나를 모욕해도 무시할 수 있다. • 대개의 일을 목적한 대로 헤쳐나갈 수 있다고 생각한다.				

▶측정결과

㉠ '그렇다'가 많은 경우 : 자기 능력이나 외모 등에 자신감이 있고, 비판당하는 것을 좋아하지 않는다.
  • 면접관의 심리 : '자만하여 지시에 잘 따를 수 있을까?'
  • 면접대책 : 다른 사람의 조언을 잘 받아들이고, 겸허하게 반성하는 면이 있다는 것을 보여주고, 동료들과 잘 지내며 리더의 자질이 있다는 것을 강조한다.

㉡ '그렇지 않다'가 많은 경우 : 자신감이 없고 다른 사람의 비판에 약하다.
  • 면접관의 심리 : '패기가 부족하지 않을까?', '쉽게 좌절하지 않을까?'
  • 면접대책 : 극도의 자신감 부족으로 평가되지는 않는다. 그러나 마음이 약한 면은 있지만 의욕적으로 일을 하겠다는 마음가짐을 보여준다.

⑥ **고양성(분위기에 들뜨는 정도)** ⋯ 자유분방함, 명랑함과 같이 감정(기분)의 높고 낮음의 정도를 측정한다.

질문	전혀 그렇지 않다	그렇지 않다	그렇다	매우 그렇다
• 침착하지 못한 편이다. • 다른 사람보다 쉽게 우쭐해진다. • 모든 사람이 아는 유명인사가 되고 싶다. • 모임이나 집단에서 분위기를 이끄는 편이다. • 취미 등이 오랫동안 지속되지 않는 편이다.				

▶측정결과

㉠ '그렇다'가 많은 경우 : 자극이나 변화가 있는 일상을 원하고 기분을 들뜨게 하는 사람과 친밀하게 지내는 경향이 강하다.

- 면접관의 심리 : '일을 진행하는 데 변덕스럽지 않을까?'
- 면접대책 : 밝은 태도는 플러스 평가를 받을 수 있지만, 착실한 업무능력이 요구되는 직종에서는 마이너스 평가가 될 수 있다. 따라서 자기조절이 가능하다는 것을 보여준다.

㉡ '그렇지 않다'가 많은 경우 : 감정이 항상 일정하고, 속을 드러내 보이지 않는다.

- 면접관의 심리 : '안정적인 업무 태도를 기대할 수 있겠다.'
- 면접대책 : '고양성'의 낮음은 대체로 플러스 평가를 받을 수 있다. 그러나 '무엇을 생각하고 있는지 모르겠다' 등의 평을 듣지 않도록 주의한다.

⑦ 허위성(진위성) … 필요 이상으로 자기를 좋게 보이려 하거나 기업체가 원하는 '이상형'에 맞춘 대답을 하고 있는지, 없는지를 측정한다.

질문	전혀 그렇지 않다	그렇지 않다	그렇다	매우 그렇다
• 약속을 깨뜨린 적이 한 번도 없다.				
• 다른 사람을 부럽다고 생각해 본 적이 없다.				
• 꾸지람을 들은 적이 없다.				
• 사람을 미워한 적이 없다.				
• 화를 낸 적이 한 번도 없다.				

▶측정결과

㉠ '그렇다'가 많은 경우 : 실제의 자기와는 다른, 말하자면 원칙으로 해답할 가능성이 있다.

- 면접관의 심리 : '거짓을 말하고 있다.'
- 면접대책 : 조금이라도 좋게 보이려고 하는 '거짓말쟁이'로 평가될 수 있다. '거짓을 말하고 있다.'는 마음 따위가 전혀 없다 해도 결과적으로는 정직하게 답하지 않는다는 것이 되어 버린다. '허위성'의 측정 질문은 구분되지 않고 다른 질문 중에 섞여 있다. 그러므로 모든 질문에 솔직하게 답하여야 한다. 또한 자기 자신과 너무 동떨어진 이미지로 답하면 좋은 결과를 얻지 못한다. 그리고 면접에서 '허위성'을 기본으로 한 질문을 받게 되므로 당황하거나 또다른 모순된 답변을 하게 된다. 겉치레를 하거나 무리한 욕심을 부리지 말고 '이런 사회인이 되고 싶다.'는 현재의 자신보다, 조금 성장한 자신을 표현하는 정도가 적당하다.

㉡ '그렇지 않다'가 많은 경우 : 냉정하고 정직하며, 외부의 압력과 스트레스에 강한 유형이다. '대쪽 같음'의 이미지가 굳어지지 않도록 주의한다.

(2) 행동적인 측면

행동적 측면은 인격 중에 특히 행동으로 드러나기 쉬운 측면을 측정한다. 사람의 행동 특징 자체에는 선도 악도 없으나, 일반적으로는 일의 내용에 의해 원하는 행동이 있다. 때문에 행동적 측면은 주로 직종과 깊은 관계가 있는데 자신의 행동 특성을 살려 적합한 직종을 선택한다면 플러스가 될 수 있다.

행동 특성에서 보여 지는 특징은 면접장면에서도 드러나기 쉬운데 본서의 모의 TEST의 결과를 참고하여 자신의 태도, 행동이 면접관의 시선에 어떻게 비치는지를 점검하도록 한다.

① 사회적 내향성 … 대인관계에서 나타나는 행동경향으로 '낯가림'을 측정한다.

질문	선택
A : 파티에서는 사람을 소개받은 편이다. B : 파티에서는 사람을 소개하는 편이다.	
A : 처음 보는 사람과는 어색하게 시간을 보내는 편이다. B : 처음 보는 사람과는 즐거운 시간을 보내는 편이다.	
A : 친구가 적은 편이다. B : 친구가 많은 편이다.	
A : 자신의 의견을 말하는 경우가 적다. B : 자신의 의견을 말하는 경우가 많다.	
A : 사교적인 모임에 참석하는 것을 좋아하지 않는다. B : 사교적인 모임에 항상 참석한다.	

▶측정결과

㉠ 'A'가 많은 경우 : 내성적이고 사람들과 접하는 것에 소극적이다. 자신의 의견을 말하지 않고 조심스러운 편이다.
  • 면접관의 심리 : '소극적인데 동료와 잘 지낼 수 있을까?'
  • 면접대책 : 대인관계를 맺는 것을 싫어하지 않고 의욕적으로 일을 할 수 있다는 것을 보여준다.

㉡ 'B'가 많은 경우 : 사교적이고 자기의 생각을 명확하게 전달할 수 있다.
  • 면접관의 심리 : '사교적이고 활동적인 것은 좋지만, 자기주장이 너무 강하지 않을까?'
  • 면접대책 : 협조성을 보여주고, 자기주장이 너무 강하다는 인상을 주지 않도록 주의한다.

② 내성성(침착도) … 자신의 행동과 일에 대해 침착하게 생각하는 정도를 측정한다.

질문	선택
A : 시간이 걸려도 침착하게 생각하는 경우가 많다. B : 짧은 시간에 결정을 하는 경우가 많다.	
A : 실패의 원인을 찾고 반성하는 편이다. B : 실패를 해도 그다지(별로) 개의치 않는다.	
A : 결론이 도출되어도 몇 번 정도 생각을 바꾼다. B : 결론이 도출되면 신속하게 행동으로 옮긴다.	
A : 여러 가지 생각하는 것이 능숙하다. B : 여러 가지 일을 재빨리 능숙하게 처리하는 데 익숙하다.	
A : 여러 가지 측면에서 사물을 검토한다. B : 행동한 후 생각을 한다.	

▶측정결과

㉠ 'A'가 많은 경우 : 행동하기 보다는 생각하는 것을 좋아하고 신중하게 계획을 세워 실행한다.
• 면접관의 심리 : '행동으로 실천하지 못하고, 대응이 늦은 경향이 있지 않을까?'
• 면접대책 : 발로 뛰는 것을 좋아하고, 일을 더디게 한다는 인상을 주지 않도록 한다.

㉡ 'B'가 많은 경우 : 차분하게 생각하는 것보다 우선 행동하는 유형이다.
• 면접관의 심리 : '생각하는 것을 싫어하고 경솔한 행동을 하지 않을까?'
• 면접대책 : 계획을 세우고 행동할 수 있는 것을 보여주고 '사려깊다'라는 인상을 남기도록 한다.

③ 신체활동성 … 몸을 움직이는 것을 좋아하는가를 측정한다.

질문	선택
A : 민첩하게 활동하는 편이다. B : 준비행동이 없는 편이다.	
A : 일을 척척 해치우는 편이다. B : 일을 더디게 처리하는 편이다.	
A : 활발하다는 말을 듣는다. B : 얌전하다는 말을 듣는다.	
A : 몸을 움직이는 것을 좋아한다. B : 가만히 있는 것을 좋아한다.	
A : 스포츠를 하는 것을 즐긴다. B : 스포츠를 보는 것을 좋아한다.	

▶측정결과

㉠ 'A'가 많은 경우 : 활동적이고, 몸을 움직이게 하는 것이 컨디션이 좋다.
- 면접관의 심리 : '활동적으로 활동력이 좋아 보인다.'
- 면접대책 : 활동하고 얻은 성과 등과 주어진 상황의 대응능력을 보여준다.

㉡ 'B'가 많은 경우 : 침착한 인상으로, 차분하게 있는 타입이다.
- 면접관의 심리 : '좀처럼 행동하려 하지 않아 보이고, 일을 빠르게 처리할 수 있을까?'

④ 지속성(노력성) … 무슨 일이든 포기하지 않고 끈기 있게 하려는 정도를 측정한다.

질문	선택
A : 일단 시작한 일은 시간이 걸려도 끝까지 마무리한다. B : 일을 하다 어려움에 부딪히면 단념한다.	
A : 끈질긴 편이다. B : 바로 단념하는 편이다.	
A : 인내가 강하다는 말을 듣는다. B : 금방 싫증을 낸다는 말을 듣는다.	
A : 집념이 깊은 편이다. B : 담백한 편이다.	
A : 한 가지 일에 구애되는 것이 좋다고 생각한다. B : 간단하게 체념하는 것이 좋다고 생각한다.	

▶측정결과

㉠ 'A'가 많은 경우 : 시작한 것은 어려움이 있어도 포기하지 않고 인내심이 높다.
- 면접관의 심리 : '한 가지의 일에 너무 구애되고, 업무의 진행이 원활할까?'
- 면접대책 : 인내력이 있는 것은 플러스 평가를 받을 수 있지만 집착이 강해 보이기도 한다.

㉡ 'B'가 많은 경우 : 뒤끝이 없고 조그만 실패로 일을 포기하기 쉽다.
- 면접관의 심리 : '질리는 경향이 있고, 일을 정확히 끝낼 수 있을까?'
- 면접대책 : 지속적인 노력으로 성공했던 사례를 준비하도록 한다.

⑤ **신중성(주의성)** … 자신이 처한 주변상황을 즉시 파악하고 자신의 행동이 어떤 영향을 미치는지를 측정한다.

질문	선택
A : 여러 가지로 생각하면서 완벽하게 준비하는 편이다. B : 행동할 때부터 임기응변적인 대응을 하는 편이다.	
A : 신중해서 타이밍을 놓치는 편이다. B : 준비 부족으로 실패하는 편이다.	
A : 자신은 어떤 일에도 신중히 대응하는 편이다. B : 순간적인 충동으로 활동하는 편이다.	
A : 시험을 볼 때 끝날 때까지 재검토하는 편이다. B : 시험을 볼 때 한 번에 모든 것을 마치는 편이다.	
A : 일에 대해 계획표를 만들어 실행한다. B : 일에 대한 계획표 없이 진행한다.	

▶측정결과

㉠ 'A'가 많은 경우 : 주변 상황에 민감하고, 예측하여 계획 있게 일을 진행한다.
- 면접관의 심리 : '너무 신중해서 적절한 판단을 할 수 있을까?', '앞으로의 상황에 불안을 느끼지 않을까?'
- 면접대책 : 예측을 하고 실행을 하는 것은 플러스 평가가 되지만, 너무 신중하면 일의 진행이 정체될 가능성을 보이므로 추진력이 있다는 강한 의욕을 보여준다.

㉡ 'B'가 많은 경우 : 주변 상황을 살펴보지 않고 착실한 계획 없이 일을 진행시킨다.
- 면접관의 심리 : '사려 깊지 않고, 실패하는 일이 많지 않을까?', '판단이 빠르고 유연한 사고를 할 수 있을까?'
- 면접대책 : 사전준비를 중요하게 생각하고 있다는 것 등을 보여주고, 경솔한 인상을 주지 않도록 한다. 또한 판단력이 빠르거나 유연한 사고 덕분에 일 처리를 잘 할 수 있다는 것을 강조한다.

(3) 의욕적인 측면

의욕적인 측면은 의욕의 정도, 활동력의 유무 등을 측정한다. 여기서의 의욕이란 우리들이 보통 말하고 사용하는 '하려는 의지'와는 조금 뉘앙스가 다르다. '하려는 의지'란 그 때의 환경이나 기분에 따라 변화하는 것이지만, 여기에서는 조금 더 변화하기 어려운 특징, 말하자면 정신적 에너지의 양으로 측정하는 것이다.

의욕적 측면은 행동적 측면과는 다르고, 전반적으로 어느 정도 점수가 높은 쪽을 선호한다. 모의검사의 의욕적 측면의 결과가 낮다면, 평소 일에 몰두할 때 조금 의욕 있는 자세를 가지고 서서히 개선하도록 노력해야 한다.

① 달성의욕 … 목적의식을 가지고 높은 이상을 가지고 있는지를 측정한다.

질문	선택
A : 경쟁심이 강한 편이다. B : 경쟁심이 약한 편이다.	
A : 어떤 한 분야에서 제1인자가 되고 싶다고 생각한다. B : 어느 분야에서든 성실하게 임무를 진행하고 싶다고 생각한다.	
A : 규모가 큰 일을 해보고 싶다. B : 맡은 일에 충실히 임하고 싶다.	
A : 아무리 노력해도 실패한 것은 아무런 도움이 되지 않는다. B : 가령 실패했을 지라도 나름대로의 노력이 있었으므로 괜찮다.	
A : 높은 목표를 설정하여 수행하는 것이 의욕적이다. B : 실현 가능한 정도의 목표를 설정하는 것이 의욕적이다.	

▶측정결과
- ㉠ 'A'가 많은 경우 : 큰 목표와 높은 이상을 가지고 승부욕이 강한 편이다.
  - 면접관의 심리 : '열심히 일을 해줄 것 같은 유형이다.'
  - 면접대책 : 달성의욕이 높다는 것은 어떤 직종이라도 플러스 평가가 된다.
- ㉡ 'B'가 많은 경우 : 현재의 생활을 소중하게 여기고 비약적인 발전을 위하여 기를 쓰지 않는다.
  - 면접관의 심리 : '외부의 압력에 약하고, 기획입안 등을 하기 어려울 것이다.'
  - 면접대책 : 일을 통하여 하고 싶은 것들을 구체적으로 어필한다.

② **활동의욕** … 자신에게 잠재된 에너지의 크기로, 정신적인 측면의 활동력이라 할 수 있다.

질문	선택
A : 하고 싶은 일을 실행으로 옮기는 편이다. B : 하고 싶은 일을 좀처럼 실행할 수 없는 편이다.	
A : 어려운 문제를 해결해 가는 것이 좋다. B : 어려운 문제를 해결하는 것을 잘하지 못한다.	
A : 일반적으로 결단이 빠른 편이다. B : 일반적으로 결단이 느린 편이다.	
A : 곤란한 상황에도 도전하는 편이다. B : 사물의 본질을 깊게 관찰하는 편이다.	
A : 시원시원하다는 말을 잘 듣는다. B : 꼼꼼하다는 말을 잘 듣는다.	

▶측정결과

㉠ 'A'가 많은 경우 : 꾸물거리는 것을 싫어하고 재빠르게 결단해서 행동하는 타입이다.
 • 면접관의 심리 : '일을 처리하는 솜씨가 좋고, 일을 척척 진행할 수 있을 것 같다.'
 • 면접대책 : 활동의욕이 높은 것은 플러스 평가가 된다. 사교성이나 활동성이 강하다는 인상을 준다.
㉡ 'B'가 많은 경우 : 안전하고 확실한 방법을 모색하고 차분하게 시간을 아껴서 일에 임하는 타입이다.
 • 면접관의 심리 : '재빨리 행동을 못하고, 일의 처리속도가 느린 것이 아닐까?'
 • 면접대책 : 활동성이 있는 것을 좋아하고 움직임이 더디다는 인상을 주지 않도록 한다.

3 성격의 유형

(1) 인성검사 유형의 4가지 척도

정서적인 측면, 행동적인 측면, 의욕적인 측면의 요소들은 성격 특성이라는 관점에서 제시된 것들로 각 개인의 장·단점을 파악하는 데 유용하다. 그러나 전체적인 개인의 인성을 이해하는 데는 한계가 있다.

성격의 유형은 개인의 '성격적인 특색'을 가리키는 것으로, 사회인으로서 적합한지, 아닌지를 말하는 관점과는 관계가 없다. 따라서 채용의 합격 여부에는 사용되지 않는 경우가 많으며, 입사 후의 적정 부서 배치의 자료가 되는 편이라 생각하면 된다. 그러나 채용과 관계가 없다고 해서 아무런 준비도 필요없는 것은 아니다. 자신을 아는 것은 면접 대책의 밑거름이 되므로 모의검사 결과를 충분히 활용하도록 하여야 한다.

본서에서는 4개의 척도를 사용하여 기본적으로 16개의 패턴으로 성격의 유형을 분류하고 있다. 각 개인의 성격이 어떤 유형인지 재빨리 파악하기 위해 사용되며, '적성'에 맞는지, 맞지 않는지의 관점에 활용된다.

- 흥미 · 관심의 방향 : 내향형 ◀━━━━▶ 외향형
- 사물에 대한 견해 : 직관형 ◀━━━━▶ 감각형
- 판단하는 방법 : 감정형 ◀━━━━▶ 사고형
- 환경에 대한 접근방법 : 지각형 ◀━━━━▶ 판단형

(2) 성격유형

① 흥미 · 관심의 방향(내향⇆외향) … 흥미 · 관심의 방향이 자신의 내면에 있는지, 주위환경 등 외면에 향하는 지를 가리키는 척도이다.

질문	선택
A : 내성적인 성격인 편이다. B : 개방적인 성격인 편이다.	
A : 항상 신중하게 생각을 하는 편이다. B : 바로 행동에 착수하는 편이다.	
A : 수수하고 조심스러운 편이다. B : 자기 표현력이 강한 편이다.	
A : 다른 사람과 함께 있으면 침착하지 않다. B : 혼자서 있으면 침착하지 않다.	

▶측정결과
㉠ 'A'가 많은 경우(내향) : 관심의 방향이 자기 내면에 있으며, 조용하고 낯을 가리는 유형이다. 행동력은 부족하나 집중력이 뛰어나고 신중하고 꼼꼼하다.
㉡ 'B'가 많은 경우(외향) : 관심의 방향이 외부환경에 있으며, 사교적이고 활동적인 유형이다. 꼼꼼함이 부족하여 대충하는 경향이 있으나 행동력이 있다.

② 일(사물)을 보는 방법(직감⇆감각) … 일(사물)을 보는 법이 직감적으로 형식에 얽매이는지, 감각적으로 상식적인지를 가리키는 척도이다.

질문	선택
A : 현실주의적인 편이다. B : 상상력이 풍부한 편이다.	
A : 정형적인 방법으로 일을 처리하는 것을 좋아한다. B : 만들어진 방법에 변화가 있는 것을 좋아한다.	
A : 경험에서 가장 적합한 방법으로 선택한다. B : 지금까지 없었던 새로운 방법을 개척하는 것을 좋아한다.	
A : 성실하다는 말을 듣는다. B : 호기심이 강하다는 말을 듣는다.	

▶측정결과

㉠ 'A'가 많은 경우(감각) : 현실적이고 경험주의적이며 보수적인 유형이다.

㉡ 'B'가 많은 경우(직관) : 새로운 주제를 좋아하며, 독자적인 시각을 가진 유형이다.

③ 판단하는 방법(감정⇆사고) … 일을 감정적으로 판단하는지, 논리적으로 판단하는지를 가리키는 척도이다.

질문	선택
A : 인간관계를 중시하는 편이다. B : 일의 내용을 중시하는 편이다.	
A : 결론을 자기의 신념과 감정에서 이끌어내는 편이다. B : 결론을 논리적 사고에 의거하여 내리는 편이다.	
A : 다른 사람보다 동정적이고 눈물이 많은 편이다. B : 다른 사람보다 이성적이고 냉정하게 대응하는 편이다.	
A : 남의 이야기를 듣고 감정몰입이 빠른 편이다. B : 고민 상담을 받으면 해결책을 제시해주는 편이다.	

▶측정결과

㉠ 'A'가 많은 경우(감정) : 일을 판단할 때 마음·감정을 중요하게 여기는 유형이다. 감정이 풍부하고 친절하나 엄격함이 부족하고 우유부단하며, 합리성이 부족하다.

㉡ 'B'가 많은 경우(사고) : 일을 판단할 때 논리성을 중요하게 여기는 유형이다. 이성적이고 합리적이나 타인에 대한 배려가 부족하다.

④ **환경에 대한 접근방법** … 주변상황에 어떻게 접근하는지, 그 판단기준을 어디에 두는지를 측정한다.

질문	선택
A : 사전에 계획을 세우지 않고 행동한다. B : 반드시 계획을 세우고 그것에 의거해서 행동한다.	
A : 자유롭게 행동하는 것을 좋아한다. B : 조직적으로 행동하는 것을 좋아한다.	
A : 조직성이나 관습에 속박당하지 않는다. B : 조직성이나 관습을 중요하게 여긴다.	
A : 계획 없이 낭비가 심한 편이다. B : 예산을 세워 물건을 구입하는 편이다.	

▶측정결과

㉠ 'A'가 많은 경우(지각) : 일의 변화에 융통성을 가지고 유연하게 대응하는 유형이다. 낙관적이며 질서보다는 자유를 좋아하나 임기응변식의 대응으로 무계획적인 인상을 줄 수 있다.

㉡ 'B'가 많은 경우(판단) : 일의 진행시 계획을 세워서 실행하는 유형이다. 순차적으로 진행하는 일을 좋아하고 끈기가 있으나 변화에 대해 적절하게 대응하지 못하는 경향이 있다.

4 인성검사의 대책

(1) 미리 알아두어야 할 점

① 출제 문항 수 … 인성검사의 출제 문항 수는 특별히 정해진 것이 아니며 각 기업체의 기준에 따라 달라질 수 있다. 보통 100문항 이상에서 500문항까지 출제된다고 예상하면 된다.

② 출제형식

　　㉠ 1Set로 묶인 세 개의 문항 중 자신에게 가장 가까운 것(Most)과 가장 먼 것(Least)을 하나씩 고르는 유형

다음 세 가지 문항 중 자신에게 가장 가까운 것은 Most, 가장 먼 것은 Least에 체크하시오.

질문	Most	Least
① 자신의 생각이나 의견은 좀처럼 변하지 않는다.	✔	
② 구입한 후 끝까지 읽지 않은 책이 많다.		✔
③ 여행가기 전에 계획을 세운다.		

　　㉡ '예' 아니면 '아니오'의 유형

다음 문항을 읽고 자신에게 해당되는지 안 되는지를 판단하여 해당될 경우 '예'를, 해당되지 않을 경우 '아니오'를 고르시오.

질문	예	아니오
① 걱정거리가 있어서 잠을 못 잘 때가 있다.	✔	
② 시간에 쫓기는 것이 싫다.		✔

　　㉢ 그 외의 유형

다음 문항에 대해서 평소에 자신이 생각하고 있는 것이나 행동하고 있는 것에 체크하시오.

질문	전혀 그렇지 않다	그렇지 않다	그렇다	매우 그렇다
① 머리를 쓰는 것보다 땀을 흘리는 일이 좋다.			✔	
② 자신은 사교적이 아니라고 생각한다.	✔			

(2) 임하는 자세

① **솔직하게 있는 그대로 표현한다** … 인성검사는 평범한 일상생활 내용들을 다룬 짧은 문장과 어떤 대상이나 일에 대한 선로를 선택하는 문장으로 구성되었으므로 평소에 자신이 생각한 바를 너무 골똘히 생각하지 말고 문제를 보는 순간 떠오른 것을 표현한다.

② **모든 문제를 신속하게 대답한다** … 인성검사는 시간 제한이 없는 것이 원칙이지만 기업체들은 일정한 시간 제한을 두고 있다. 인성검사는 개인의 성격과 자질을 알아보기 위한 검사이기 때문에 정답이 없다. 다만, 기업체에서 바람직하게 생각하거나 기대되는 결과가 있을 뿐이다. 따라서 시간에 쫓겨서 대충 대답을 하는 것은 바람직하지 못하다.

③ **일관성 있게 대답한다** … 간혹 반복되는 문제들이 출제되기 때문에 일관성 있게 답하지 않으면 감점될 수 있으므로 유의한다. 실제로 공기업 인사부 직원의 인터뷰에 따르면 일관성이 없게 대답한 응시자들이 감점을 받아 탈락했다고 한다. 거짓된 응답을 하다보면 일관성 없는 결과가 나타날 수 있으므로, 위에서 언급한 대로 신속하고 솔직하게 답해 일관성 있는 응답을 하는 것이 중요하다.

④ **마지막까지 집중해서 검사에 임한다** … 장시간 진행되는 검사에 지치지 않고 마지막까지 집중해서 정확히 답할 수 있도록 해야 한다.

인성검사의 유형

〉〉 유형 Ⅰ

▌1~25▐ 다음 질문에 대해서 평소 자신이 생각하고 있는 것이나 행동하고 있는 것에 대해 주어진 응답요령에 따라 박스에 답하시오.

응답요령
• 응답 Ⅰ : 제시된 문항들을 읽은 다음 각각의 문항에 대해 자신이 동의하는 정도를 ①(전혀 그렇지 않다)~⑤(매우 그렇다)로 표시하면 된다.
• 응답 Ⅱ : 제시된 문항들을 비교하여 상대적으로 자신의 성격과 가장 가까운 문항 하나와 가장 거리가 먼 문항 하나를 선택하여야 한다(응답 Ⅱ의 응답은 가깝다 1개, 멀다 1개, 무응답 2개이어야 한다).

1

문항	응답 Ⅰ					응답 Ⅱ	
	①	②	③	④	⑤	멀다	가깝다
A. 몸을 움직이는 것을 좋아하지 않는다.							
B. 쉽게 질리는 편이다.							
C. 경솔한 편이라고 생각한다.							
D. 인생의 목표는 손이 닿을 정도면 된다.							

2

문항	응답 Ⅰ					응답 Ⅱ	
	①	②	③	④	⑤	멀다	가깝다
A. 무슨 일도 좀처럼 시작하지 못한다.							
B. 초면인 사람과도 바로 친해질 수 있다.							
C. 행동하고 나서 생각하는 편이다.							
D. 쉬는 날은 집에 있는 경우가 많다.							

3

문항	응답 I					응답 II	
	①	②	③	④	⑤	멀다	가깝다
A. 조금이라도 나쁜 소식은 절망의 시작이라고 생각해 버린다.							
B. 언제나 실패가 걱정이 되어 어쩔 줄 모른다.							
C. 다수결의 의견에 따르는 편이다.							
D. 혼자서 술집에 들어가는 것은 전혀 두려운 일이 아니다.							

4

문항	응답 I					응답 II	
	①	②	③	④	⑤	멀다	가깝다
A. 승부근성이 강하다.							
B. 자주 흥분해서 침착하지 못하다.							
C. 지금까지 살면서 타인에게 폐를 끼친 적이 없다.							
D. 소곤소곤 이야기하는 것을 보면 자기에 대해 험담하고 있는 것으로 생각된다.							

5

문항	응답 I					응답 II	
	①	②	③	④	⑤	멀다	가깝다
A. 무엇이든지 자기가 나쁘다고 생각하는 편이다.							
B. 자신을 변덕스러운 사람이라고 생각한다.							
C. 고독을 즐기는 편이다.							
D. 자존심이 강하다고 생각한다.							

6

문항	응답 I					응답 II	
	①	②	③	④	⑤	멀다	가깝다
A. 금방 흥분하는 성격이다.							
B. 거짓말을 한 적이 없다.							
C. 신경질적인 편이다.							
D. 끙끙대며 고민하는 타입이다.							

7

문항	응답 I					응답 II	
	①	②	③	④	⑤	멀다	가깝다
A. 감정적인 사람이라고 생각한다.							
B. 자신만의 신념을 가지고 있다.							
C. 다른 사람을 바보 같다고 생각한 적이 있다.							
D. 금방 말해버리는 편이다.							

8

문항	응답 I					응답 II	
	①	②	③	④	⑤	멀다	가깝다
A. 싫어하는 사람이 없다.							
B. 대재앙이 오지 않을까 항상 걱정을 한다.							
C. 쓸데없는 고생을 하는 일이 많다.							
D. 자주 생각이 바뀌는 편이다.							

9

문항	응답 I					응답 II	
	①	②	③	④	⑤	멀다	가깝다
A. 문제점을 해결하기 위해 여러 사람과 상의한다.							
B. 내 방식대로 일을 한다.							
C. 영화를 보고 운 적이 많다.							
D. 어떤 것에 대해서도 화낸 적이 없다.							

10

문항	응답 I					응답 II	
	①	②	③	④	⑤	멀다	가깝다
A. 사소한 충고에도 걱정을 한다.							
B. 자신은 도움이 안 되는 사람이라고 생각한다.							
C. 금방 싫증을 내는 편이다.							
D. 개성적인 사람이라고 생각한다.							

11

문항	응답 I					응답 II	
	①	②	③	④	⑤	멀다	가깝다
A. 자기주장이 강한 편이다.							
B. 뒤숭숭하다는 말을 들은 적이 있다.							
C. 학교를 쉬고 싶다고 생각한 적이 한 번도 없다.							
D. 사람들과 관계 맺는 것을 보면 잘하지 못한다.							

12

문항	응답 I					응답 II	
	①	②	③	④	⑤	멀다	가깝다
A. 사려 깊은 편이다.							
B. 몸을 움직이는 것을 좋아한다.							
C. 끈기가 있는 편이다.							
D. 신중한 편이라고 생각한다.							

13

문항	응답 I					응답 II	
	①	②	③	④	⑤	멀다	가깝다
A. 인생의 목표는 큰 것이 좋다.							
B. 어떤 일이라도 바로 시작하는 타입이다.							
C. 낯가림을 하는 편이다.							
D. 생각하고 나서 행동하는 편이다.							

14

문항	응답 I					응답 II	
	①	②	③	④	⑤	멀다	가깝다
A. 쉬는 날은 밖으로 나가는 경우가 많다.							
B. 시작한 일은 반드시 완성시킨다.							
C. 면밀한 계획을 세운 여행을 좋아한다.							
D. 야망이 있는 편이라고 생각한다.							

15

문항	응답 I					응답 II	
	①	②	③	④	⑤	멀다	가깝다
A. 활동력이 있는 편이다.							
B. 많은 사람들과 왁자지껄하게 식사하는 것을 좋아하지 않는다.							
C. 돈을 허비한 적이 없다.							
D. 운동회를 아주 좋아하고 기대했다.							

16

문항	응답 I					응답 II	
	①	②	③	④	⑤	멀다	가깝다
A. 하나의 취미에 열중하는 타입이다.							
B. 모임에서 회장에 어울린다고 생각한다.							
C. 입신출세의 성공이야기를 좋아한다.							
D. 어떠한 일도 의욕을 가지고 임하는 편이다.							

17

문항	응답 I					응답 II	
	①	②	③	④	⑤	멀다	가깝다
A. 학급에서는 존재가 희미했다.							
B. 항상 무언가를 생각하고 있다.							
C. 스포츠는 보는 것보다 하는 게 좋다.							
D. 잘한다라는 말을 자주 듣는다.							

18

문항	응답 I					응답 II	
	①	②	③	④	⑤	멀다	가깝다
A. 흐린 날은 반드시 우산을 가지고 간다.							
B. 주연상을 받을 수 있는 배우를 좋아한다.							
C. 공격하는 타입이라고 생각한다.							
D. 리드를 받는 편이다.							

19

문항	응답 I					응답 II	
	①	②	③	④	⑤	멀다	가깝다
A. 너무 신중해서 기회를 놓친 적이 있다.							
B. 시원시원하게 움직이는 타입이다.							
C. 야근을 해서라도 업무를 끝낸다.							
D. 누군가를 방문할 때는 반드시 사전에 확인한다.							

20

문항	응답 I					응답 II	
	①	②	③	④	⑤	멀다	가깝다
A. 노력해도 결과가 따르지 않으면 의미가 없다.							
B. 무조건 행동해야 한다.							
C. 유행에 둔감하다고 생각한다.							
D. 정해진 대로 움직이는 것은 시시하다.							

21

문항	응답 I					응답 II	
	①	②	③	④	⑤	멀다	가깝다
A. 꿈을 계속 가지고 있고 싶다.							
B. 질서보다 자유를 중요시하는 편이다.							
C. 혼자서 취미에 몰두하는 것을 좋아한다.							
D. 직관적으로 판단하는 편이다.							

22

문항	응답 I					응답 II	
	①	②	③	④	⑤	멀다	가깝다
A. 영화나 드라마를 보면 등장인물의 감정에 이입된다.							
B. 시대의 흐름에 역행해서라도 자신을 관철하고 싶다.							
C. 다른 사람의 소문에 관심이 없다.							
D. 창조적인 편이다.							

23

문항	응답 I					응답 II	
	①	②	③	④	⑤	멀다	가깝다
A. 비교적 눈물이 많은 편이다.							
B. 융통성이 있다고 생각한다.							
C. 친구의 휴대전화 번호를 잘 모른다.							
D. 스스로 고안하는 것을 좋아한다.							

24

문항	응답 I					응답 II	
	①	②	③	④	⑤	멀다	가깝다
A. 정이 두터운 사람으로 남고 싶다.							
B. 조직의 일원으로 별로 안 어울린다.							
C. 세상의 일에 별로 관심이 없다.							
D. 변화를 추구하는 편이다.							

25

문항	응답 I					응답 II	
	①	②	③	④	⑤	멀다	가깝다
A. 업무는 인간관계로 선택한다.							
B. 환경이 변하는 것에 구애되지 않는다.							
C. 불안감이 강한 편이다.							
D. 인생은 살 가치가 없다고 생각한다.							

〉〉 유형 II

┃1~30┃ 다음 각 문제에서 제시된 4개의 질문 중 자신의 생각과 일치하거나 자신을 가장 잘 나타내는 질문과 가장 거리가 먼 질문을 각각 하나씩 고르시오.

	질문	가깝다	멀다
1	나는 계획적으로 일을 하는 것을 좋아한다.		
	나는 꼼꼼하게 일을 마무리 하는 편이다.		
	나는 새로운 방법으로 문제를 해결하는 것을 좋아한다.		
	나는 빠르고 신속하게 일을 처리해야 마음이 편하다.		
2	나는 문제를 해결하기 위해 여러 사람과 상의한다.		
	나는 어떠한 결정을 내릴 때 신중한 편이다.		
	나는 시작한 일은 반드시 완성시킨다.		
	나는 문제를 현실적이고 객관적으로 해결한다.		
3	나는 글보다 말로 표현하는 것이 편하다.		
	나는 논리적인 원칙에 따라 행동하는 것이 좋다.		
	나는 집중력이 강하고 매사에 철저하다.		
	나는 자기능력을 뽐내지 않고 겸손하다.		
4	나는 융통성 있게 업무를 처리한다.		
	나는 질문을 받으면 충분히 생각하고 나서 대답한다.		
	나는 긍정적이고 낙천적인 사고방식을 갖고 있다.		
	나는 매사에 적극적인 편이다.		
5	나는 기발한 아이디어를 많이 낸다.		
	나는 새로운 일을 하는 것이 좋다.		
	나는 타인의 견해를 잘 고려한다.		
	나는 사람들을 잘 설득시킨다.		
6	나는 종종 화가 날 때가 있다.		
	나는 화를 잘 참지 못한다.		
	나는 단호하고 통솔력이 있다.		
	나는 집단을 이끌어가는 능력이 있다.		
7	나는 조용하고 성실하다.		
	나는 책임감이 강하다.		
	나는 독창적이며 창의적이다.		
	나는 복잡한 문제도 간단하게 해결한다.		

질문	가깝다	멀다
8 나는 관심 있는 분야에 몰두하는 것이 즐겁다.		
나는 목표를 달성하는 것을 중요하게 생각한다.		
나는 상황에 따라 일정을 조율하는 융통성이 있다.		
나는 의사결정에 신속함이 있다.		
9 나는 정리 정돈과 계획에 능하다.		
나는 사람들의 관심을 받는 것이 기분 좋다.		
나는 때로는 고집스러울 때도 있다.		
나는 원리원칙을 중시하는 편이다.		
10 나는 맡은 일에 헌신적이다.		
나는 타인의 감정에 민감하다.		
나는 목적과 방향은 변화할 수 있다고 생각한다.		
나는 다른 사람과 의견의 충돌은 피하고 싶다.		
11 나는 구체적인 사실을 잘 기억하는 편이다.		
나는 새로운 일을 시도하는 것이 즐겁다.		
나는 겸손하다.		
나는 다른 사람과 별다른 마찰이 없다.		
12 나는 나이에 비해 성숙한 편이다.		
나는 유머감각이 있다.		
나는 다른 사람의 생각이나 의견을 중요시 생각한다.		
나는 솔직하고 단호한 편이다.		
13 나는 낙천적이고 긍정적이다.		
나는 집단을 이끌어가는 능력이 있다.		
나는 사람들에게 인기가 많다.		
나는 활동을 조직하고 주도해나가는데 능하다.		
14 나는 사람들에게 칭찬을 잘 한다.		
나는 사교성이 풍부한 편이다.		
나는 동정심이 많다.		
나는 정보에 밝고 지식에 대한 욕구가 높다.		
15 나는 호기심이 많다.		
나는 다수결의 의견에 쉽게 따른다.		
나는 승부근성이 강하다.		
나는 자존심이 강한 편이다.		
16 나는 한번 생각한 것은 자주 바꾸지 않는다.		
나는 개성 있다는 말을 자주 듣는다.		
나는 나만의 방식으로 업무를 풀어나가는데 능하다.		
나는 신중한 편이라고 생각한다.		

	질문	가깝다	멀다
17	나는 문제를 해결하기 위해 많은 사람의 의견을 참고한다.		
	나는 몸을 움직이는 것을 좋아한다.		
	나는 시작한 일은 반드시 완성시킨다.		
	나는 문제 상황을 객관적으로 대처하는데 자신이 있다.		
18	나는 목표를 향해 계속 도전하는 편이다.		
	나는 실패하는 것이 두렵지 않다.		
	나는 친구들이 많은 편이다.		
	나는 다른 사람의 시선을 고려하여 행동한다.		
19	나는 추상적인 이론을 잘 기억하는 편이다.		
	나는 적극적으로 행동하는 편이다.		
	나는 말하는 것을 좋아한다.		
	나는 꾸준히 노력하는 타입이다.		
20	나는 실행력이 있는 편이다.		
	나는 조직 내 분위기 메이커이다.		
	나는 세심하지 못한 편이다.		
	나는 모임에서 지원자 역할을 맡는 것이 좋다.		
21	나는 현실적이고 실용적인 것을 추구한다.		
	나는 계획을 세우고 실행하는 것이 재미있다.		
	나는 꾸준한 취미를 갖고 있다.		
	나는 성급하게 결정하지 않는다.		
22	나는 싫어하는 사람과도 아무렇지 않게 이야기 할 수 있다.		
	내 책상은 항상 깔끔히 정돈되어 있다.		
	나는 실패보다 성공을 먼저 생각한다.		
	나는 동료와의 경쟁도 즐긴다.		
23	나는 능력을 칭찬받는 경우가 많다.		
	나는 논리정연하게 말을 하는 편이다.		
	나는 사물의 근원과 배경에 대해 관심이 많다.		
	나는 문제에 부딪히면 스스로 해결하는 편이다.		
24	나는 부지런한 편이다.		
	나는 일을 하는 속도가 빠르다.		
	나는 독특하고 창의적인 생각을 잘한다.		
	나는 약속한 일은 어기지 않는다.		
25	나는 환경의 변화에도 쉽게 적응할 수 있다.		
	나는 망설이는 것보다 도전하는 편이다.		
	나는 완벽주의자이다.		
	나는 팀을 짜서 일을 하는 것이 재미있다.		

질문		가깝다	멀다
26	나는 조직을 위해서 내 이익을 포기할 수 있다.		
	나는 상상력이 풍부하다.		
	나는 여러 가지 각도로 사물을 분석하는 것이 좋다.		
	나는 인간관계를 중시하는 편이다.		
27	나는 경험한 방법 중 가장 적합한 방법으로 일을 해결한다.		
	나는 독자적인 시각을 갖고 있다.		
	나는 시간이 걸려도 침착하게 생각하는 경우가 많다.		
	나는 높은 목표를 설정하고 이루기 위해 노력하는 편이다.		
28	나는 성격이 시원시원하다는 말을 자주 듣는다.		
	나는 자기 표현력이 강한 편이다.		
	나는 일의 내용을 중요시 여긴다.		
	나는 다른 사람보다 동정심이 많은 편이다.		
29	나는 하기 싫은 일을 맡아도 표시내지 않고 마무리 한다.		
	나는 누가 시키지 않아도 일을 계획적으로 진행한다.		
	나는 한 가지 일에 집중을 잘 하는 편이다.		
	나는 남을 설득하고 이해시키는데 자신이 있다.		
30	나는 비합리적이거나 불의를 보면 쉽게 지나치지 못한다.		
	나는 무엇이던 시작하면 이루어야 직성이 풀린다.		
	나는 사람을 가리지 않고 쉽게 사귄다.		
	나는 어렵고 힘든 일에 도전하는 것에 쾌감을 느낀다.		

〉〉유형 Ⅲ

|1~200 | 다음 (   ) 안에 당신에게 해당사항이 있으면 'YES', 그렇지 않다면 'NO'를 선택하시오.

YES　　NO

1. 사람들이 붐비는 도시보다 한적한 시골이 좋다. ······(　)(　)

2. 전자기기를 잘 다루지 못하는 편이다. ······(　)(　)

3. 인생에 대해 깊이 생각해 본 적이 없다. ······(　)(　)

4. 혼자서 식당에 들어가는 것은 전혀 두려운 일이 아니다. ······(　)(　)

5. 남녀 사이의 연애에서 중요한 것은 돈이다. ······(　)(　)

6. 걸음걸이가 빠른 편이다. ······(　)(　)

7. 육류보다 채소류를 더 좋아한다. ······(　)(　)

8. 소곤소곤 이야기하는 것을 보면 자기에 대해 험담하고 있는 것으로 생각된다. ······(　)(　)

9. 여럿이 어울리는 자리에서 이야기를 주도하는 편이다. ······(　)(　)

10. 집에 머무는 시간보다 밖에서 활동하는 시간이 더 많은 편이다. ······(　)(　)

11. 무엇인가 창조해내는 작업을 좋아한다. ······(　)(　)

12. 자존심이 강하다고 생각한다. ······(　)(　)

13. 금방 흥분하는 성격이다. ······(　)(　)

14. 거짓말을 한 적이 많다. ······(　)(　)

15. 신경질적인 편이다. ······(　)(　)

16. 끙끙대며 고민하는 타입이다. ······(　)(　)

17. 자신이 맡은 일에 반드시 책임을 지는 편이다. ······(　)(　)

18. 누군가와 마주하는 것보다 통화로 이야기하는 것이 더 편하다. ······(　)(　)

19. 운동신경이 뛰어난 편이다. ······(　)(　)

20. 생각나는 대로 말해버리는 편이다. ······(　)(　)

21. 싫어하는 사람이 없다. ······(　)(　)

22. 학창시절 국·영·수보다는 예체능 과목을 더 좋아했다. ······(　)(　)

23. 쓸데없는 고생을 하는 일이 많다. ······(　)(　)

24. 자주 생각이 바뀌는 편이다. ······(　)(　)

25. 갈등은 대화로 해결한다. ······(　)(　)

26. 내 방식대로 일을 한다. ··( )( )

27. 영화를 보고 운 적이 많다. ···( )( )

28. 어떤 것에 대해서도 화낸 적이 없다. ···( )( )

29. 좀처럼 아픈 적이 없다. ···( )( )

30. 자신은 도움이 안 되는 사람이라고 생각한다. ···( )( )

31. 어떤 일이든 쉽게 싫증을 내는 편이다. ···( )( )

32. 개성적인 사람이라고 생각한다. ···( )( )

33. 자기주장이 강한 편이다. ···( )( )

34. 뒤숭숭하다는 말을 들은 적이 있다. ···( )( )

35. 인터넷 사용이 아주 능숙하다. ···( )( )

36. 사람들과 관계 맺는 것을 보면 잘하지 못한다. ·······································( )( )

37. 사고방식이 독특하다. ···( )( )

38. 대중교통보다는 걷는 것을 더 선호한다. ··( )( )

39. 끈기가 있는 편이다. ···( )( )

40. 신중한 편이라고 생각한다. ··( )( )

41. 인생의 목표는 큰 것이 좋다. ··( )( )

42. 어떤 일이라도 바로 시작하는 타입이다. ··( )( )

43. 낯가림을 하는 편이다. ···( )( )

44. 생각하고 나서 행동하는 편이다. ···( )( )

45. 쉬는 날은 밖으로 나가는 경우가 많다. ··( )( )

46. 시작한 일은 반드시 완성시킨다. ···( )( )

47. 면밀한 계획을 세운 여행을 좋아한다. ··( )( )

48. 야망이 있는 편이라고 생각한다. ···( )( )

49. 활동력이 있는 편이다. ···( )( )

50. 많은 사람들과 왁자지껄하게 식사하는 것을 좋아하지 않는다. ··············( )( )

51. 장기적인 계획을 세우는 것을 꺼려한다. ··( )( )

52. 자기 일이 아닌 이상 무심한 편이다. ···( )( )

53. 하나의 취미에 열중하는 타입이다. ··································( )( )

54. 스스로 모임에서 회장에 어울린다고 생각한다. ··················( )( )

55. 입신출세의 성공이야기를 좋아한다. ·····························( )( )

56. 어떠한 일도 의욕을 가지고 임하는 편이다. ····················( )( )

57. 학급에서는 존재가 희미했다. ···································( )( )

58. 항상 무언가를 생각하고 있다. ··································( )( )

59. 스포츠는 보는 것보다 하는 게 좋다. ···························( )( )

60. 문제 상황을 바르게 인식하고 현실적이고 객관적으로 대처한다. ··( )( )

61. 흐린 날은 반드시 우산을 가지고 간다. ·························( )( )

62. 여러 명보다 1 : 1로 대화하는 것을 선호한다. ···················( )( )

63. 공격하는 타입이라고 생각한다. ·································( )( )

64. 리드를 받는 편이다. ··( )( )

65. 너무 신중해서 기회를 놓친 적이 있다. ·························( )( )

66. 시원시원하게 움직이는 타입이다. ·······························( )( )

67. 야근을 해서라도 업무를 끝낸다. ································( )( )

68. 누군가를 방문할 때는 반드시 사전에 확인한다. ·················( )( )

69. 아무리 노력해도 결과가 따르지 않는다면 의미가 없다. ··········( )( )

70. 솔직하고 타인에 대해 개방적이다. ·····························( )( )

71. 유행에 둔감하다고 생각한다. ···································( )( )

72. 정해진 대로 움직이는 것은 시시하다. ··························( )( )

73. 꿈을 계속 가지고 있고 싶다. ··································( )( )

74. 질서보다 자유를 중요시하는 편이다. ···························( )( )

75. 혼자서 취미에 몰두하는 것을 좋아한다. ························( )( )

76. 직관적으로 판단하는 편이다. ···································( )( )

77. 영화나 드라마를 보며 등장인물의 감정에 이입된다. ·············( )( )

78. 시대의 흐름에 역행해서라도 자신을 관철하고 싶다. ············( )( )

79. 다른 사람의 소문에 관심이 없다. ······························( )( )

80. 창조적인 편이다. ···( )( )

81. 비교적 눈물이 많은 편이다. ·····································( )( )

82. 융통성이 있다고 생각한다. ·······································( )( )

83. 친구의 휴대전화 번호를 잘 모른다. ·······················( )( )

84. 스스로 고안하는 것을 좋아한다. ·····························( )( )

85. 정이 두터운 사람으로 남고 싶다. ···························( )( )

86. 새로 나온 전자제품의 사용방법을 익히는 데 오래 걸린다. ·······( )( )

87. 세상의 일에 별로 관심이 없다. ·······························( )( )

88. 변화를 추구하는 편이다. ···( )( )

89. 업무는 인간관계로 선택한다. ·····································( )( )

90. 환경이 변하는 것에 구애되지 않는다. ·····················( )( )

91. 다른 사람들에게 첫인상이 좋다는 이야기를 자주 듣는다. ·······( )( )

92. 인생은 살 가치가 없다고 생각한다. ·························( )( )

93. 의지가 약한 편이다. ···( )( )

94. 다른 사람이 하는 일에 별로 관심이 없다. ···············( )( )

95. 자주 넘어지거나 다치는 편이다. ·····························( )( )

96. 심심한 것을 못 참는다. ···( )( )

97. 다른 사람을 욕한 적이 한 번도 없다. ·····················( )( )

98. 몸이 아프더라도 병원에 잘 가지 않는 편이다. ·········( )( )

99. 금방 낙심하는 편이다. ···( )( )

100. 평소 말이 빠른 편이다. ···( )( )

101. 어려운 일은 되도록 피하는 게 좋다. ·······················( )( )

102. 다른 사람이 내 의견에 간섭하는 것이 싫다. ·············( )( )

103. 낙천적인 편이다. ··( )( )

104. 남을 돕다가 오해를 산 적이 있다. ··························( )( )

105. 모든 일에 준비성이 철저한 편이다. ·························( )( )

106. 상냥하다는 말을 들은 적이 있다. ····························( )( )

107. 맑은 날보다 흐린 날을 더 좋아한다. ··(   )(   )

108. 많은 친구들을 만나는 것보다 단 둘이 만나는 것이 더 좋다. ···················(   )(   )

109. 평소에 불평불만이 많은 편이다. ··(   )(   )

110. 가끔 나도 모르게 엉뚱한 행동을 하는 때가 있다. ·································(   )(   )

111. 생리현상을 잘 참지 못하는 편이다. ··(   )(   )

112. 다른 사람을 기다리는 경우가 많다. ··(   )(   )

113. 술자리나 모임에 억지로 참여하는 경우가 많다. ···································(   )(   )

114. 결혼과 연애는 별개라고 생각한다. ··(   )(   )

115. 노후에 대해 걱정이 될 때가 많다. ··(   )(   )

116. 잃어버린 물건은 쉽게 찾는 편이다. ··(   )(   )

117. 비교적 쉽게 감격하는 편이다. ··(   )(   )

118. 어떤 것에 대해서는 불만을 가진 적이 없다. ··(   )(   )

119. 걱정으로 밤에 못 잘 때가 많다. ···(   )(   )

120. 자주 후회하는 편이다. ··(   )(   )

121. 쉽게 학습하지만 쉽게 잊어버린다. ··(   )(   )

122. 낮보다 밤에 일하는 것이 좋다. ··(   )(   )

123. 많은 사람 앞에서도 긴장하지 않는다. ···(   )(   )

124. 상대방에게 감정 표현을 하기가 어렵게 느껴진다. ·································(   )(   )

125. 인생을 포기하는 마음을 가진 적이 한 번도 없다. ································(   )(   )

126. 규칙에 대해 드러나게 반발하기보다 속으로 반발한다. ···························(   )(   )

127. 자신의 언행에 대해 자주 반성한다. ··(   )(   )

128. 활동범위가 좁아 늘 가던 곳만 고집한다. ··(   )(   )

129. 나는 끈기가 다소 부족하다. ··(   )(   )

130. 좋다고 생각하더라도 좀 더 검토하고 나서 실행한다. ···························(   )(   )

131. 위대한 인물이 되고 싶다. ··(   )(   )

132. 한 번에 많은 일을 떠맡아도 힘들지 않다. ···(   )(   )

133. 사람과 약속은 부담스럽다. ··(   )(   )

134. 질문을 받으면 충분히 생각하고 나서 대답하는 편이다. ·······························(   )(   )

135. 머리를 쓰는 것보다 땀을 흘리는 일이 좋다. ·····································(   )(   )

136. 결정한 것에는 철저히 구속받는다. ···(   )(   )

137. 아무리 바쁘더라도 자기관리를 위한 운동을 꼭 한다. ·······················(   )(   )

138. 이왕 할 거라면 일등이 되고 싶다. ···(   )(   )

139. 과감하게 도전하는 타입이다. ···(   )(   )

140. 자신은 사교적이 아니라고 생각한다. ···(   )(   )

141. 무심코 도리에 대해서 말하고 싶어진다. ·······································(   )(   )

142. 목소리가 큰 편이다. ···(   )(   )

143. 단념하기보다 실패하는 것이 낫다고 생각한다. ·······························(   )(   )

144. 예상하지 못한 일은 하고 싶지 않다. ···(   )(   )

145. 파란만장하더라도 성공하는 인생을 살고 싶다. ·······························(   )(   )

146. 활기찬 편이라고 생각한다. ···(   )(   )

147. 자신의 성격으로 고민한 적이 있다. ···(   )(   )

148. 무심코 사람들을 평가 한다. ···(   )(   )

149. 때때로 성급하다고 생각한다. ···(   )(   )

150. 자신은 꾸준히 노력하는 타입이라고 생각한다. ·······························(   )(   )

151. 터무니없는 생각이라도 메모한다. ···(   )(   )

152. 리더십이 있는 사람이 되고 싶다. ···(   )(   )

153. 열정적인 사람이라고 생각한다. ···(   )(   )

154. 다른 사람 앞에서 이야기를 하는 것이 조심스럽다. ·························(   )(   )

155. 세심하기보다 통찰력이 있는 편이다. ···(   )(   )

156. 엉덩이가 가벼운 편이다. ···(   )(   )

157. 여러 가지로 구애받는 것을 견디지 못한다. ···································(   )(   )

158. 돌다리도 두들겨 보고 건너는 쪽이 좋다. ·····································(   )(   )

159. 자신에게는 권력욕이 있다. ···(   )(   )

160. 자신의 능력보다 과중한 업무를 할당받으면 기쁘다. ·······················(   )(   )

161. 사색적인 사람이라고 생각한다. ··( )( )

162. 비교적 개혁적이다. ···( )( )

163. 좋고 싫음으로 정할 때가 많다. ··( )( )

164. 전통에 얽매인 습관은 버리는 것이 적절하다. ·····································( )( )

165. 교제 범위가 좁은 편이다. ··( )( )

166. 발상의 전환을 할 수 있는 타입이라고 생각한다. ·······························( )( )

167. 주관적인 판단으로 실수한 적이 있다. ···( )( )

168. 현실적이고 실용적인 면을 추구한다. ···( )( )

169. 타고난 능력에 의존하는 편이다. ···( )( )

170. 다른 사람을 의식하여 외모에 신경을 쓴다. ···( )( )

171. 마음이 담겨 있으면 선물은 아무 것이나 좋다. ·····································( )( )

172. 여행은 내 마음대로 하는 것이 좋다. ···( )( )

173. 추상적인 일에 관심이 있는 편이다. ···( )( )

174. 큰일을 먼저 결정하고 세세한 일을 나중에 결정하는 편이다. ·········( )( )

175. 괴로워하는 사람을 보면 답답하다. ···( )( )

176. 자신의 가치기준을 알아주는 사람은 아무도 없다. ·····························( )( )

177. 인간성이 없는 사람과는 함께 일할 수 없다. ···( )( )

178. 상상력이 풍부한 편이라고 생각한다. ···( )( )

179. 의리, 인정이 두터운 상사를 만나고 싶다. ···( )( )

180. 인생은 앞날을 알 수 없어 재미있다. ···( )( )

181. 조직에서 분위기 메이커다. ··( )( )

182. 반성하는 시간에 차라리 실수를 만회할 방법을 구상한다. ···············( )( )

183. 늘 하던 방식대로 일을 처리해야 마음이 편하다. ·································( )( )

184. 쉽게 이룰 수 있는 일에는 흥미를 느끼지 못한다. ·····························( )( )

185. 좋다고 생각하면 바로 행동한다. ···( )( )

186. 후배들은 무섭게 가르쳐야 따라온다. ···( )( )

187. 한 번에 많은 일을 떠맡는 것이 부담스럽다. ···( )( )

188. 능력 없는 상사라도 진급을 위해 아부할 수 있다. ··( )( )

189. 질문을 받으면 그때의 느낌으로 대답하는 편이다. ···( )( )

190. 땀을 흘리는 것보다 머리를 쓰는 일이 좋다. ···( )( )

191. 단체 규칙에 그다지 구속받지 않는다. ···( )( )

192. 물건을 자주 잃어버리는 편이다. ···( )( )

193. 불만이 생기면 즉시 말해야 한다. ··( )( )

194. 안전한 방법을 고르는 타입이다. ···( )( )

195. 사교성이 많은 사람을 보면 부럽다. ···( )( )

196. 성격이 급한 편이다. ···( )( )

197. 갑자기 중요한 프로젝트가 생기면 혼자서라도 야근할 수 있다. ··························( )( )

198. 내 인생에 절대로 포기하는 경우는 없다. ···( )( )

199. 예상하지 못한 일도 해보고 싶다. ··( )( )

200. 평범하고 평온하게 행복한 인생을 살고 싶다. ···( )( )

경기도공공기관 통합채용

제( )회 모의고사

성명

수험번호

번호	정답				체크	번호	정답				체크
1	①	②	③	④		26	①	②	③	④	
2	①	②	③	④		27	①	②	③	④	
3	①	②	③	④		28	①	②	③	④	
4	①	②	③	④		29	①	②	③	④	
5	①	②	③	④		30	①	②	③	④	
6	①	②	③	④		31	①	②	③	④	
7	①	②	③	④		32	①	②	③	④	
8	①	②	③	④		33	①	②	③	④	
9	①	②	③	④		34	①	②	③	④	
10	①	②	③	④		35	①	②	③	④	
11	①	②	③	④		36	①	②	③	④	
12	①	②	③	④		37	①	②	③	④	
13	①	②	③	④		38	①	②	③	④	
14	①	②	③	④		39	①	②	③	④	
15	①	②	③	④		40	①	②	③	④	
16	①	②	③	④		41	①	②	③	④	
17	①	②	③	④		42	①	②	③	④	
18	①	②	③	④		43	①	②	③	④	
19	①	②	③	④		44	①	②	③	④	
20	①	②	③	④		45	①	②	③	④	
21	①	②	③	④		46	①	②	③	④	
22	①	②	③	④		47	①	②	③	④	
23	①	②	③	④		48	①	②	③	④	
24	①	②	③	④		49	①	②	③	④	
25	①	②	③	④		50	①	②	③	④	

수험번호

⓪	⓪	⓪	⓪	⓪	⓪	⓪	⓪
①	①	①	①	①	①	①	①
②	②	②	②	②	②	②	②
③	③	③	③	③	③	③	③
④	④	④	④	④	④	④	④
⑤	⑤	⑤	⑤	⑤	⑤	⑤	⑤
⑥	⑥	⑥	⑥	⑥	⑥	⑥	⑥
⑦	⑦	⑦	⑦	⑦	⑦	⑦	⑦
⑧	⑧	⑧	⑧	⑧	⑧	⑧	⑧
⑨	⑨	⑨	⑨	⑨	⑨	⑨	⑨

SEOWONGAK

경기도공공기관 통합채용

제( )회 모의고사

성명

수험번호							
⑩	⑩	⑩	⑩	⑩	⑩	⑩	⑩
①	①	①	①	①	①	①	①
②	②	②	②	②	②	②	②
③	③	③	③	③	③	③	③
④	④	④	④	④	④	④	④
⑤	⑤	⑤	⑤	⑤	⑤	⑤	⑤
⑥	⑥	⑥	⑥	⑥	⑥	⑥	⑥
⑦	⑦	⑦	⑦	⑦	⑦	⑦	⑦
⑧	⑧	⑧	⑧	⑧	⑧	⑧	⑧
⑨	⑨	⑨	⑨	⑨	⑨	⑨	⑨

번호	정답				체크	번호	정답				체크
1	①	②	③	④		26	①	②	③	④	
2	①	②	③	④		27	①	②	③	④	
3	①	②	③	④		28	①	②	③	④	
4	①	②	③	④		29	①	②	③	④	
5	①	②	③	④		30	①	②	③	④	
6	①	②	③	④		31	①	②	③	④	
7	①	②	③	④		32	①	②	③	④	
8	①	②	③	④		33	①	②	③	④	
9	①	②	③	④		34	①	②	③	④	
10	①	②	③	④		35	①	②	③	④	
11	①	②	③	④		36	①	②	③	④	
12	①	②	③	④		37	①	②	③	④	
13	①	②	③	④		38	①	②	③	④	
14	①	②	③	④		39	①	②	③	④	
15	①	②	③	④		40	①	②	③	④	
16	①	②	③	④		41	①	②	③	④	
17	①	②	③	④		42	①	②	③	④	
18	①	②	③	④		43	①	②	③	④	
19	①	②	③	④		44	①	②	③	④	
20	①	②	③	④		45	①	②	③	④	
21	①	②	③	④		46	①	②	③	④	
22	①	②	③	④		47	①	②	③	④	
23	①	②	③	④		48	①	②	③	④	
24	①	②	③	④		49	①	②	③	④	
25	①	②	③	④		50	①	②	③	④	

절 취 선

경기도공공기관 통합채용

제( )회 모의고사

성명

수험번호

번호	정답				체크	번호	정답				체크
1	①	②	③	④		26	①	②	③	④	
2	①	②	③	④		27	①	②	③	④	
3	①	②	③	④		28	①	②	③	④	
4	①	②	③	④		29	①	②	③	④	
5	①	②	③	④		30	①	②	③	④	
6	①	②	③	④		31	①	②	③	④	
7	①	②	③	④		32	①	②	③	④	
8	①	②	③	④		33	①	②	③	④	
9	①	②	③	④		34	①	②	③	④	
10	①	②	③	④		35	①	②	③	④	
11	①	②	③	④		36	①	②	③	④	
12	①	②	③	④		37	①	②	③	④	
13	①	②	③	④		38	①	②	③	④	
14	①	②	③	④		39	①	②	③	④	
15	①	②	③	④		40	①	②	③	④	
16	①	②	③	④		41	①	②	③	④	
17	①	②	③	④		42	①	②	③	④	
18	①	②	③	④		43	①	②	③	④	
19	①	②	③	④		44	①	②	③	④	
20	①	②	③	④		45	①	②	③	④	
21	①	②	③	④		46	①	②	③	④	
22	①	②	③	④		47	①	②	③	④	
23	①	②	③	④		48	①	②	③	④	
24	①	②	③	④		49	①	②	③	④	
25	①	②	③	④		50	①	②	③	④	

수험번호

⓪	①	②	③	④	⑤	⑥	⑦	⑧	⑨
⓪	①	②	③	④	⑤	⑥	⑦	⑧	⑨
⓪	①	②	③	④	⑤	⑥	⑦	⑧	⑨
⓪	①	②	③	④	⑤	⑥	⑦	⑧	⑨
⓪	①	②	③	④	⑤	⑥	⑦	⑧	⑨
⓪	①	②	③	④	⑤	⑥	⑦	⑧	⑨
⓪	①	②	③	④	⑤	⑥	⑦	⑧	⑨
⓪	①	②	③	④	⑤	⑥	⑦	⑧	⑨

경기도공공기관 통합채용

제( )회 모의고사

성명

수험번호

번호	정답				체크	번호	정답				체크
1	①	②	③	④		26	①	②	③	④	
2	①	②	③	④		27	①	②	③	④	
3	①	②	③	④		28	①	②	③	④	
4	①	②	③	④		29	①	②	③	④	
5	①	②	③	④		30	①	②	③	④	
6	①	②	③	④		31	①	②	③	④	
7	①	②	③	④		32	①	②	③	④	
8	①	②	③	④		33	①	②	③	④	
9	①	②	③	④		34	①	②	③	④	
10	①	②	③	④		35	①	②	③	④	
11	①	②	③	④		36	①	②	③	④	
12	①	②	③	④		37	①	②	③	④	
13	①	②	③	④		38	①	②	③	④	
14	①	②	③	④		39	①	②	③	④	
15	①	②	③	④		40	①	②	③	④	
16	①	②	③	④		41	①	②	③	④	
17	①	②	③	④		42	①	②	③	④	
18	①	②	③	④		43	①	②	③	④	
19	①	②	③	④		44	①	②	③	④	
20	①	②	③	④		45	①	②	③	④	
21	①	②	③	④		46	①	②	③	④	
22	①	②	③	④		47	①	②	③	④	
23	①	②	③	④		48	①	②	③	④	
24	①	②	③	④		49	①	②	③	④	
25	①	②	③	④		50	①	②	③	④	

⓪	⓪	⓪	⓪	⓪	⓪	⓪	⓪
①	①	①	①	①	①	①	①
②	②	②	②	②	②	②	②
③	③	③	③	③	③	③	③
④	④	④	④	④	④	④	④
⑤	⑤	⑤	⑤	⑤	⑤	⑤	⑤
⑥	⑥	⑥	⑥	⑥	⑥	⑥	⑥
⑦	⑦	⑦	⑦	⑦	⑦	⑦	⑦
⑧	⑧	⑧	⑧	⑧	⑧	⑧	⑧
⑨	⑨	⑨	⑨	⑨	⑨	⑨	⑨

절 취 선

경기도공공기관 통합채용

제( )회 모의고사

성 명

수 험 번 호							
⓪	⓪	⓪	⓪	⓪	⓪	⓪	⓪
①	①	①	①	①	①	①	①
②	②	②	②	②	②	②	②
③	③	③	③	③	③	③	③
④	④	④	④	④	④	④	④
⑤	⑤	⑤	⑤	⑤	⑤	⑤	⑤
⑥	⑥	⑥	⑥	⑥	⑥	⑥	⑥
⑦	⑦	⑦	⑦	⑦	⑦	⑦	⑦
⑧	⑧	⑧	⑧	⑧	⑧	⑧	⑧
⑨	⑨	⑨	⑨	⑨	⑨	⑨	⑨

번호	정답				체크	번호	정답				체크
1	①	②	③	④		26	①	②	③	④	
2	①	②	③	④		27	①	②	③	④	
3	①	②	③	④		28	①	②	③	④	
4	①	②	③	④		29	①	②	③	④	
5	①	②	③	④		30	①	②	③	④	
6	①	②	③	④		31	①	②	③	④	
7	①	②	③	④		32	①	②	③	④	
8	①	②	③	④		33	①	②	③	④	
9	①	②	③	④		34	①	②	③	④	
10	①	②	③	④		35	①	②	③	④	
11	①	②	③	④		36	①	②	③	④	
12	①	②	③	④		37	①	②	③	④	
13	①	②	③	④		38	①	②	③	④	
14	①	②	③	④		39	①	②	③	④	
15	①	②	③	④		40	①	②	③	④	
16	①	②	③	④		41	①	②	③	④	
17	①	②	③	④		42	①	②	③	④	
18	①	②	③	④		43	①	②	③	④	
19	①	②	③	④		44	①	②	③	④	
20	①	②	③	④		45	①	②	③	④	
21	①	②	③	④		46	①	②	③	④	
22	①	②	③	④		47	①	②	③	④	
23	①	②	③	④		48	①	②	③	④	
24	①	②	③	④		49	①	②	③	④	
25	①	②	③	④		50	①	②	③	④	

경기도공공기관 통합채용

제( )회 모의고사

절취선

성명

수험번호							
⓪	⓪	⓪	⓪	⓪	⓪	⓪	⓪
①	①	①	①	①	①	①	①
②	②	②	②	②	②	②	②
③	③	③	③	③	③	③	③
④	④	④	④	④	④	④	④
⑤	⑤	⑤	⑤	⑤	⑤	⑤	⑤
⑥	⑥	⑥	⑥	⑥	⑥	⑥	⑥
⑦	⑦	⑦	⑦	⑦	⑦	⑦	⑦
⑧	⑧	⑧	⑧	⑧	⑧	⑧	⑧
⑨	⑨	⑨	⑨	⑨	⑨	⑨	⑨

번호	정답				체크
1	①	②	③	④	
2	①	②	③	④	
3	①	②	③	④	
4	①	②	③	④	
5	①	②	③	④	
6	①	②	③	④	
7	①	②	③	④	
8	①	②	③	④	
9	①	②	③	④	
10	①	②	③	④	
11	①	②	③	④	
12	①	②	③	④	
13	①	②	③	④	
14	①	②	③	④	
15	①	②	③	④	
16	①	②	③	④	
17	①	②	③	④	
18	①	②	③	④	
19	①	②	③	④	
20	①	②	③	④	
21	①	②	③	④	
22	①	②	③	④	
23	①	②	③	④	
24	①	②	③	④	
25	①	②	③	④	

번호	정답				체크
26	①	②	③	④	
27	①	②	③	④	
28	①	②	③	④	
29	①	②	③	④	
30	①	②	③	④	
31	①	②	③	④	
32	①	②	③	④	
33	①	②	③	④	
34	①	②	③	④	
35	①	②	③	④	
36	①	②	③	④	
37	①	②	③	④	
38	①	②	③	④	
39	①	②	③	④	
40	①	②	③	④	
41	①	②	③	④	
42	①	②	③	④	
43	①	②	③	④	
44	①	②	③	④	
45	①	②	③	④	
46	①	②	③	④	
47	①	②	③	④	
48	①	②	③	④	
49	①	②	③	④	
50	①	②	③	④	

경기도공공기관 통합채용

제( )회 모의고사

성명

수험번호

번호	정답				체크	번호	정답				체크
1	①	②	③	④		26	①	②	③	④	
2	①	②	③	④		27	①	②	③	④	
3	①	②	③	④		28	①	②	③	④	
4	①	②	③	④		29	①	②	③	④	
5	①	②	③	④		30	①	②	③	④	
6	①	②	③	④		31	①	②	③	④	
7	①	②	③	④		32	①	②	③	④	
8	①	②	③	④		33	①	②	③	④	
9	①	②	③	④		34	①	②	③	④	
10	①	②	③	④		35	①	②	③	④	
11	①	②	③	④		36	①	②	③	④	
12	①	②	③	④		37	①	②	③	④	
13	①	②	③	④		38	①	②	③	④	
14	①	②	③	④		39	①	②	③	④	
15	①	②	③	④		40	①	②	③	④	
16	①	②	③	④		41	①	②	③	④	
17	①	②	③	④		42	①	②	③	④	
18	①	②	③	④		43	①	②	③	④	
19	①	②	③	④		44	①	②	③	④	
20	①	②	③	④		45	①	②	③	④	
21	①	②	③	④		46	①	②	③	④	
22	①	②	③	④		47	①	②	③	④	
23	①	②	③	④		48	①	②	③	④	
24	①	②	③	④		49	①	②	③	④	
25	①	②	③	④		50	①	②	③	④	

수험번호

⓪	⓪	⓪	⓪	⓪	⓪	⓪	⓪
①	①	①	①	①	①	①	①
②	②	②	②	②	②	②	②
③	③	③	③	③	③	③	③
④	④	④	④	④	④	④	④
⑤	⑤	⑤	⑤	⑤	⑤	⑤	⑤
⑥	⑥	⑥	⑥	⑥	⑥	⑥	⑥
⑦	⑦	⑦	⑦	⑦	⑦	⑦	⑦
⑧	⑧	⑧	⑧	⑧	⑧	⑧	⑧
⑨	⑨	⑨	⑨	⑨	⑨	⑨	⑨

절 취 선

상식
용어사전
시리즈
합격GO!

1 금융상식 2주 만에 완성하기

금융은행권, 단기간 공략으로 끝장낸다! 필기 걱정은 이제 NO! <금융상식 2주 만에 완성하기> 한 권으로 시간은 아끼고 학습효율은 높이자!

2 중요한 용어만 한눈에 보는 시사용어사전 1130

매일 접하는 각종 기사와 정보 속에서 현대인이 놓치기 쉬운, 그러나 꼭 알아야 할 최신 시사상식을 쏙쏙 뽑아 이해하기 쉽도록 정리했다!

3 중요한 용어만 한눈에 보는 경제용어사전 961

주요 경제용어는 거의 다 실었다! 경제가 쉬워지는 책, 경제용어사전!

4 중요한 용어만 한눈에 보는 부동산용어사전 1273

부동산에 대한 이해를 높이고 부동산의 개발과 활용, 투자 및 부동산 용어 학습에도 적극적으로 이용할 수 있는 부동산용어사전!

자격증 기출문제 총집합!

자격증 별로 정리된
기출문제로 깔끔하게 합격하자!

기출문제로 자격증 시험 준비하자!

건강운동관리사, 스포츠지도사, 손해사정사, 손해평가사,
농산물품질관리사, 수산물품질관리사, 관광통역안내사, 국내여행안내사, 보세사, 사회조사분석사